Konzepte in eCommerce-Anwendungen

© 2003 by

SPC TEIA Lehrbuch Verlag GmbH

Dovestraße 2–4

10587 Berlin

Tel. 030 / 74 74 29-0

Fax 030 / 74 74 29-29

info@teialehrbuch.de

www.teialehrbuch.de

Gestaltung und Satz:
Steenbrink Vormgeving, Berlin
Herstellung: Druckerei zu Altenburg GmbH

ISBN 3-935539-66-5

www.teia.de

Konzepte in eCommerce-Anwendungen

Wissen, das sich auszahlt

 Deutschland klagt über den Mangel an IT-Fachkräften. Um dem sich weiter verschärfenden Mangel an geeignet qualifizierten Internet-Arbeitskräften kurzfristig und in großer Breite entgegenzuwirken, hat die Teles AG im April 2000 die „TELES European Internet Academy (TEIA)" gegründet.

Die WebLearning-Studenten der TEIA lernen u.a. Internet-Kommunikationstechnik (z.B. WebSite-Administration & Grundlagen Apache), Internet-Anwendungstechnik (z.B. PHP), Internet-Anwendungen und Dienste (z.B. Konzepte in eCommerce Anwendungen) und Internet-Wirtschaft (z.B. Recht im Internet, Marketing). Die TELES European Internet Academy will einerseits mit ihrer TEIA-Buchreihe zum eBusiness-Manager ihren Studenten Begleitmaterial für ihr WebLearning-Studium bereitstellen und andererseits auch jenen ihr hochwertiges Qualifikationsangebot zugänglich machen, denen traditionelles Lehrmaterial vertrauter ist als die Methode des WebLearning. Die Lehrinhalte sind von hervorragenden Fachexperten auf den jeweiligen Gebieten erarbeitet, von anerkannten Gutachtern in ihrer Qualität gesichert und von der ZFU (Zentralstelle für Fernunterricht) zertifiziert. Sie sind umfassend in der Aussage, didaktisch durchdacht aufgebaut und auf universitärem Niveau angesiedelt. Sie vermitteln nicht nur das jeweilige Wissen, sondern trainieren auch den Lernenden bis er damit souverän umgehen kann.

Autorenteam

Gerrit Tamm unter Mitarbeit von Markus Banach, Delia Ebert, Thorsten Hirsemann, Harald Telorac, Hubertus Thomasius, Alexander Wolf und Maria Wünsche.

Dipl.-Wirt.-Ing. Gerrit Tamm, Jahrgang 1970, studierte Wirtschaftsingenieurwesen an der Technischen Universität Berlin sowie Financial Management und Managerial Accounting an der University of California in Berkeley. Gerrit Tamm arbeitete u. a. für DeTeWe, Siemens, PSI und Bertelsmann und gründete die Recruitingplattform absolvent.de, den Marktplatz asperado.com sowie matrixmove.com für Rehabilitations- und Freizeitsportanwendungen. Er war Stipendiat im Berlin-Brandenburger Graduiertenkolleg „Verteilte Informationssysteme" und ist seit 1999 Gründer und Geschäftsführer des Electronic-Business-Forums der Humboldt-Universität zu Berlin.

Herr Tamm ist auch Autor des Buches „Mittelstands-Shopsysteme: OPENSTORE & GS ShopBuilder Pro" (SPC TEIA Lehrbuch Verlag, 2003, ISBN 3-935539-71-1).

Gutachter

Dipl.-Kfm. Thomas R. Köhler, Jahrgang 1968, studierte Betriebswirtschaftslehre mit den Schwerpunkten Wirtschaftsinformatik und Logistik. Nach dem Studium an der Universität Würzburg war er zunächst als wissenschaftlicher Mitarbeiter am dortigen Lehrstuhl für Wirtschaftsinformatik tätig, und dort für Projekte im Bereich Datenkommunikation verantwortlich–unter anderem im Projektteam für den ersten Internetauftritt der Deutschen Telekom AG.

Herr Köhler ist Vorstand der AISYS.DE - Advanced Internet Systems AG (München).

Er ist Autor der Bücher „Electronic Commerce - Konzipierung, Realisierung und Nutzung in der Praxis" (Addison-Wesley, 2. Auflage 2000) und „Internet Projektmanagement" (Addison-Wesley, 2002) sowie zahlreicher Fachbeiträge in Sammelwerken und Zeitschriften sowie häufig geladener Redner auf Fachkongressen und Firmenveranstaltungen.

Herr Köhler lehrt Wirtschaftsinformatik an der FH Ansbach.

INHALT

[1] GESCHÄFTSMODELLE UND STRUKTUREN BEIM HANDEL IM INTERNET

Obwohl in der Tages- und Wirtschaftspresse in den Jahren 2001 und 2002 Meldungen über Misserfolge und Pleiten bei den im Rahmen des Internetbooms in den letzten Jahren gegründeten – häufig als „dot.coms" bezeichneten – Unternehmen nicht abreißen, nehmen die Nutzung des Internet und damit auch der Handel über dieses Medium eine weiterhin wachsende Bedeutung ein.

Dies wird auch durch die Allensbacher Computer- und Telekommunikations-Analyse 2001 (vgl. <u>ACTA 2001</u>), einer Studie des Instituts für Demoskopie Allensbach bestätigt.

www.acta-online.de
(Abruf 23.10.2002)

So stieg allein der Anteil derjenigen, die angaben das Internet täglich zu nutzen von 11,8 % im Jahr 2000 auf 17,1 % im Jahre 2001.

Regelmäßige Nutzung des Internet

Jahr	täglich	2 – 3 mal die Woche
1999	6 %	4,9 %
2000	11,8 %	8,1 %
2001	17,1 %	11,7 %

Abbildung 1.1:
Entwicklung der
Internetnutzung in
Deutschland

Basis: Stichprobe 14–64 jährige Bevölkerung in der Bundesrepublik Deutschland, insgesamt 50,58 Mio. (vgl. ACTA 2001)

www.ard-werbung.
de/showfile.phtml/
eimeren.pdf?foid=
5292
(Abruf 27.11.2002)

„Immer mehr Deutsche nutzen das Internet" lautet auch das Fazit der ARD/ZDF Online Studie 2002. Im Jahr 2002 sind es bereits 28,3 Millionen, also etwa 44 Prozent der Bevölkerung ab 14 Jahren. Davon sind 12,1 Millionen Frauen. In den vergangenen fünf Jahren ist der Nutzeranteil um das Siebenfache angestiegen. Die Zuwachsrate schrumpft aber, ermittelte die ARD/ZDF-Online-Studie. Während sie 1999 gegenüber 1998 rund 68 Prozent betrug, gab es in diesem Jahr gegenüber 2001 nur 14 Prozent mehr Netznutzer. Im Jahr 2005 werden schätzungsweise 55 Prozent der Deutschen das Internet frequentieren.

Am meisten, nämlich zu 80,3 Prozent, ist die Gruppe der 20- bis 29-Jährigen online. Danach kommen die 14- bis 19-Jährigen mit 76,9 Prozent. Senioren, also Deutsche ab 60 Jahren, sind nur zu 7,8 Prozent im Netz vertreten. Unterdessen holen die Frauen kräftig auf. Betrug ihr Anteil 1997 nur 26 Prozent und im vergangenen Jahr dann schon 40 Prozent, sind es nunmehr knapp 43 Prozent.

Auch die Anzahl der Personen, die über das Internet Käufe tätigten, verzeichnete in den vergangenen beiden Jahren eine rasante Entwicklung. So stieg allein die Anzahl der Onlinekäufer in dem betrachteten Alterssegment von 25,4 % im Jahre 2001 auf 30,2 % im Jahr 2002 (vgl. ACTA 2001, ACTA 2002).

Jahr	Käufer insgesamt (in Mio.)	Es wollen künftig häufiger online kaufen (in Mio.)
2000	4,94	3,1
2001	12,85	6,21
2002	15,27	–

Abbildung 1.2: Anzahl der Online Käufer in Deutschland

Basis: Stichprobe 14–64 jährige Bevölkerung in der Bundesrepublik Deutschland, insgesamt 50,58 Mio.

Neben der akademischen Neugierde an diesem Thema, ist das Interesse im Hinblick auf E-Business im Allgemeinen und E-Commerce im Besonderen deswegen ganz praktisch von der Frage geprägt, wie ein Unternehmen an dieser Entwicklung partizipieren kann. Zur Beantwortung dieser Frage soll die vorliegende Qualifikationseinheit dienen. Sie soll Konzepte und Strukturen der Internetökonomie erklären, gedankliche Werkzeuge zur eigenständigen Analyse und Realisierung eines E-Shops bereitstellen, Begrifflichkeiten erläutern und praktische Übungen zur Selbstkontrolle zur Verfügung stellen. Der Ansatz ist angesichts dieser Fragestellung und des Umfangs des Moduls im Zweifel eher praktisch, obwohl das erforderliche theoretische Hintergrundwissen nicht außer Betracht bleiben kann.

Die Aufbereitung des Themas wirft Schwierigkeiten auf, die dem Studenten bei der Lektüre bewusst werden und bleiben sollten. Die Qualifikationseinheit kann nicht umfassend und abschließend sein. Die Materie weist einen Umfang an technischen, betriebswirtschaftlichen und juristischen Fragestellungen auf, die nicht in jedem möglichen Teilaspekt umfassend bearbeitet werden können. Der Student ist zur Vertiefung auf andere Qualifikationseinheiten der TEIA und eigene Recherche angewiesen.

Insbesondere in Hinblick auf die geringe Halbwertszeit von Informationen zu diesem Thema bieten sich die heutigen Suchmaschinen an, über die Sie zu den jeweiligen Stichwörtern aktuelles Material noch sehr viel effizienter finden, als über Literaturverweise. So sind auch sonst eher statische Bereiche von der Schnelllebigkeit der Entwicklung betroffen, wie beispielsweise die rechtlichen Rahmenbedingungen die hier stark von der aktuellen Rechtssprechung geprägt werden.

Als Einstieg in die Konzepte von E-Commerce Anwendungen nehmen wir uns im Kapitel 1.1 dieser Lerneinheit der Unschärfe der verwendeten Termini in diesem Umfeld an. Die hier getroffenen Begriffsabgrenzungen und Definitionen bilden die Grundlagen für deren weitere Verwendung in dieser Qualifikationseinheit.

Im Kapitel 1.2 erfolgt eine Diskussion der Akteure und Rollen beim Handel im Internet. Kapitel 1.3. liefert einen Rahmen, in dem sich Geschäftsmodelle im Internet einordnen lassen. Statistische Eckwerte zu Electronic Commerce werden in Kapitel 1.4 vorgestellt und Kapitel 1.5 diskutiert die Eignung von Produkten für den Handel im Internet.

Wir möchten Sie an dieser Stelle für die Vertiefung des in der Qualifikationseinheit behandelten Stoffes Ihre Aufmerksamkeit auf, nach unserer Einschätzung, zwei sehr gute Bücher lenken.

- Das Buch von Michael Merz „E-Commerce und E-Business – Marktmodelle, Anwendungen und Technologien" (Merz, M.: E-Commerce und E-Business, 2. Auflage, Heidelberg 2002, ISBN 3-89864-123-6, www.e-merz.de) verfolgt im stärkeren Maße eine praktische Herangehensweise an die Thematik.

www.e-merz.de

- Ein sehr gut theoretisch fundiertes Werk hingegen ist das Buch „Electronic Business" von Bernd W. Wirtz (Wirtz, B. W.: Electronic Business, 2. Auflage, Wiesbaden 2001, ISBN 3-409-21660-X, www.eclab.de).

www.eclab.de

1.1 Definitionen und Begriffsabgenzung

Was ist eigentlich „Electronic Commerce"? Was verstehen wir unter „Electronic Business"?

Das Studium akademischer Literatur, wie auch die Recherche im Internet offenbaren, dass diese Begriffe vielfältig belegt und noch weit von einer einheitlichen Verwendung entfernt zu sein scheinen, wie folgende Stichprobe zeigt:

Definitionen von Electronic Business und Electronic Commerce

Quelle	Definition
„Electronic Commerce" Thome, R./Schinzer, H. (Hrsg.): Electronic Commerce, München, 1997:	„Electronic Commerce ermöglicht eine umfassende, digitale Abwicklung der Geschäftsprozesse zwischen Unternehmen und zu deren Kunden über globale öffentliche und private Netze (Internet)."
„Electronic Commerce" Electronic Commerce Info Net (ECIN), Glossar http://www.ecin.de/abc, Abruf 20.09.2002	„Der wohl am weitesten verbreitete Begriff für den elektronischen Handel. Im Gegensatz zum E-Business beschreibt der E-Commerce im strengen Sinne nur diejenigen Prozesse bzw. Erträge, die unmittelbar aus oder über das Internet angestoßen werden. Hierzu zählen dann Dienstleistungen ebenso wie die vielschichtigen Transaktionen innerhalb des Zwischenhandels."
„Electronic Business" Electronic Commerce Info Net (ECIN), Glossar http://www.ecin.de/abc, Abruf 20.09.2002	„Die Anbahnung und Abwicklung von geschäftlichen Transaktionen auf elektronischem Wege. Der Begriff E-Business (im sprachlichen Gebrauch oft synonym mit E-Commerce) beschreibt dabei nicht nur die Prozesse, die über das Internet angestoßen werden, sondern bezieht auch alle Produkte und Dienstleistungen die zur Herleitung dieser Prozesse erforderlich sind in die Begriffsbildung mit ein."
„Electronic Commerce" Microsoft, Glossar, http://www.microsoft.at/kontext/templates/Glossar_Showpage.asp?Number=429&active=3, Abruf 20.09.2002	„Allgemeine Bezeichnung für über Datennetze abgewickelten Geschäftsverkehr. Darunter fallen Warenbestellungen über das Internet ebenso wie der Kontakt zwischen einzelnen Firmen."
„Electronic Business" Wirtz, B.W.: Electronic Business,	„Unter dem Begriff Electronic Business wird die Anbahnung, sowie die teilweise respektive vollständige Unterstützung, Abwicklung und Aufrechterhaltung von Leistungsaustauschprozessen mittels elektronischer Netze verstanden."

Quelle	Definition
„Electronic Commerce" Wirtz, B.W.: Electronic Business, Wiesbaden, Gabler, 2001	„Electronic Commerce beinhaltet die elektronische Unterstützung, die in direkten Zusammenhang mit dem Kauf und Verkauf von Gütern und Dienstleistungen via elektronischer Netze in Verbindung stehen."
„Electronic Commerce" Weiber, R. (Hrsg.): Handbuch Electronic-Business, Wiesbaden, 2000	„Summe der Möglichkeiten der Warendistribution und Umsatzgenerierung über Online Systeme, insbesondere das Internet (elektronischer Handel)"
„Electronic Commerce" Stähler, Patrick: Geschäftsmodelle in der digitalen Ökonomie: Merkmale, Strategien und Auswirkungen, Köln-Lohmar, Josef Eul Verlag, 2001	„Unter E-Commerce verstehe ich die Verwendung von elektronischen Medien bei Transaktionen von Gütern, Informationen oder Dienstleistungen zwischen Geschäftspartnern und Kunden."
„Electronic Business" Stähler, Patrick: Geschäftsmodelle in der digitalen Ökonomie: Merkmale, Strategien und Auswirkungen, Köln-Lohmar, Josef Eul Verlag, 2001	„E-Business schließt E-Commerce mit ein und integriert mittels neuer Medien sowohl die Austauschverhältnisse zwischen Unternehmen und Kunden bzw. Unternehmen und Geschäftspartnern als auch die internen Koordinationsmechanismen."
„Electronic Commerce" KPMG, Glossar, http://www.kpmg.de/services/tax/etax/ glossar/glossar_b.html, Abruf 20.09.2002	„Unter E-Commerce als Oberbegriff in einer weiten Auslegung ist jede kommerzielle Transaktion zwischen Parteien zu verstehen, die über die elektronischen Netze angebahnt oder abgewickelt werden. In einem engeren Verständnis ist darunter Beförderung, Handel und Lieferung eines Endprodukts an den Kunden zu verstehen."
„Electronic Business" KPMG, Glossar, http://www.kpmg.de/services/tax/etax/ glossar/glossar_b.html, Abruf 20.09.2002	„E-Business als Oberbegriff umfasst über den Begriff des E-Commerce hinaus noch die Liefererkette (supply chain) und innerbetriebliche Vorgänge."

Abbildung 1.3: Definitionen zu Electronic Business und Electronic Commerce

Bei dem Vergleich dieser teilweise sehr unterschiedlichen Definitionen gibt es jedoch einige wenige durchgängige Übereinstimmungen. So sind elektronische Netze implizit oder explizit Bestandteil jeder Definition. Auch finden vielfach Geschäftsbeziehungen und Transaktionen Erwähnung, wobei jedoch deren Umfang und Intensität meist im Unklaren bleibt. Unklarheit und Uneinigkeit herrscht auch über den Kreis der beteiligten Akteure (vgl. Wirtz 2001, S. 32).

Wie werden nun diese Begriffe im weiteren Verlauf der Lerneinheit verwendet?

Die von Wirtz stammenden Definitionen dienen uns für die weitere Diskussion als Ausgangspunkt.

Während Electronic Business aus unserer Sicht alle Geschäftsprozesse innerhalb und außerhalb von Unternehmen umfasst, so hat Electronic Commerce viel mehr mit kommerziellen Aktivitäten zwischen Marktteilnehmern zu tun.

Allerdings sind die Grenzen zwischen innerhalb und außerhalb so fließend, das Electronic Commerce auch innerhalb einer Organisation stattfinden kann.

Electronic Commerce findet demnach immer dann statt, wenn es zwischen autonomen Organisationseinheiten zu einem kommerziellen Austausch kommt (vgl. Merz 2002, S. 19).

Die Beziehung zwischen Electronic Business und Electronic Commerce wirkt häufig auch von außen nach innen: „Durch rascheren Wandel im Umfeld des Unternehmens ist eine Anpassungsfähigkeit der internen Prozesse erforderlich, so dass man sagen kann, dass der externe Electronic Commerce nur bei adäquatem internen E-Business erfolgreich sein kann."(vgl. Merz 2002, S.20)

Bei einer umfassenden Definition der beiden Begriffe, besteht das Problem, nicht alle Aspekte erfassen zu können. Die gegebenen Definitionen erscheinen jedoch noch zu abstrakt und allgemein. Um uns diesem Thema weiter zu nähern, wenden wir im nächsten Kapitel den Akteuren und Interaktionsmustern des Electronic Business zu.

1.2 Klassifikation nach Akteuren und Rollen

Zu den Akteuren einer Handelstransaktion im Rahmen des Electronic Business, zählen grundsätzlich all diejenigen, die Anbieter oder Empfänger eines elektronisch basierten Leistungsaustauschprozesses sein können. Praktisch treten somit:

- Unternehmen *(Business)*
- öffentliche Institutionen, insbesondere die Verwaltung *(Administration)*
- und Privatpersonen *(Consumer)*

als Akteure auf. Diese Akteure treten miteinander in Interaktion, wie die folgende Matrix zeigt.

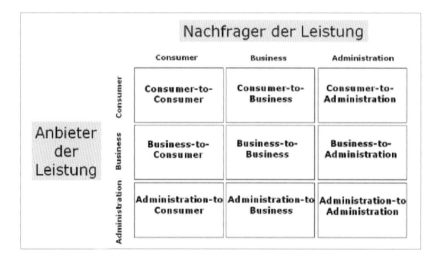

Abbildung 1.4:
Akteure und
Interaktionsmuster

Nicht alle dieser Ausprägungen sind für uns von praktischer Relevanz. Wir werden im Folgenden auf die Bereiche
- Business-to-Business (B2B)
- Business-to-Consumer (B2C)
- Business-to-Administration (B2A)
- Administration-to-Consumer (A2C)
- Consumer-to-Consumer (C2C)
näher eingehen.

Business to Consumer

Im Business-to-Consumer Bereich steht der Onlinevertrieb zwischen Unternehmen und Konsumenten im Vordergrund. Merz führt für diesen Bereich folgende charakteristische Merkmale an (vgl. Merz 2002, S. 24):

- Als vorherrschendes Muster findet ein einfach strukturierter Kaufprozess unter Beteiligung eines menschlichen Benutzers statt, bei der neben der Produktauswahl und möglicherweise der Auslieferung, vor allem die Bezahlung online erfolgt.
- Die Bindung zwischen den beteiligten Akteuren ist eher locker. Die Handelstransaktionen zeichnen sich durch Spontaneität aus.
- Das Transaktionsvolumen ist zumeist niedrig.

Wesentliche Unterschiede zum B2B Bereich bestehen abgesehen von einem Web-Browser, im Fehlen entsprechender Anwendungssoftware auf der Kundenseite. Auch sind Handelsbeziehungen nicht in dem Maße individuell ausgeprägt, wie es bei beteiligten Unternehmen im B2B Bereich der Fall ist. Im B2C Bereich dominiert neben dem Verkauf vor allem die Abwicklungsphase. Eine Verhandlung findet üblicherweise nicht statt, da dies bei der teilweise großen und auch wechselnden Zahl der Kunden untragbare Kosten verursachen würde.

Business-to-Business

Der Business-to-Business Bereich ist in der Regel durch langfristige Geschäftsbeziehungen zwischen den Transaktionspartnern gekennzeichnet. Der Handel erfolgt hierbei entlang komplexer WERTSCHÖPFUNGSKETTEN deren Ausprägungen sich in Zulieferbeziehungen widerspiegeln. Dabei steht die Schaffung einer Infrastruktur flexibler Kooperationstechniken zwischen den beteiligten IT Systemen stärker im Vordergrund, als die vollständige Abwicklung der Transaktion.

GLOSSAR S.466

B2B findet somit im Wesentlichen zwischen Softwaresystemen statt. Jedoch muss neben der technischen Kopplung von Softwareanwendungen auch die Integration von Prozessen, Organisationen und Regeln berücksichtigt werden.

GLOSSAR S.466

EXTRANETS dienen dabei als Kooperationsgrundlage zwischen Geschäftspartnern, dies sich gegenseitig Zugang zu einem Teil Ihrer Online- und Datendienstleistungen verschaffen.

GLOSSAR S.466

GLOSSAR S.466

Stand hierbei bisher der elektronische Datenaustausch (EDI) im Vordergrund, so stehen mit der Verbreitung des Internet neuere Technologien, wie z.B. der XML-basierte Datenaustausch als Kandidaten zur Ergänzung und Ablösung des EDI bereit (vgl. Merz 2002, S. 25).

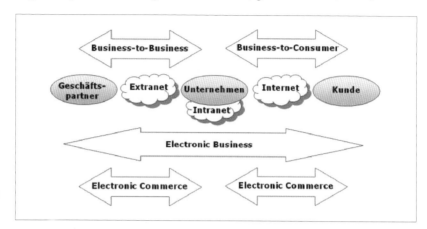

Abbildung 1.5:
Begriffsabgrenzung
Electronic Business/
Electronic Commerce
(In Anlehnung an
Stähler 2001, S.52)

Daneben haben sich in den letzten Jahren weitere Beziehungstypen der Form X2Y herausgebildet. Hier liegt die Besonderheit in der Anbindung eines Online Shops an eine Reihe von BACKEND-Systemen, wie der ERP Software des Shopanbieters aber auch die Integration der IT Systeme der Lieferanten der Produkte, der Spediteure etc. B2B2C konzentriert sich also auf die Besonderheiten, die ein Online-Shop Betreiber in seinen B2B Geschäftsbeziehungen zu beachten hat.

GLOSSAR S.466

E-GOVERNMENT als Business-to-Administration (B2A)

Der Staat (bzw. die öffentliche Verwaltung) ist verpflichtet, Beschaffungsmaßnahmen gewisser Größenordnungen nach einem vorgeschriebenen, formalisierten Ausschreibungsverfahren durchzuführen. An dieser Stelle seien die Verdingungsordnung für Leistungen (VOL, Abruf 22.10.2002) oder speziell die Verdingungsordnung für Bauleistungen (VOB, Abruf 22.10.2002), welche allgemeine Bestimmungen für die Vergabe von Bauleistungen enthält, genannt. Für die bei einer öffent-

www.verwaltung.
uni-karlsruhe.de/
info/formulare/
vol_2000.pdf

www.bmvbw.de/
Verdingungsord
nung-fuer-
Bauleistungen-
VOB-. 716.htm

lichen Ausschreibung spezifizierten Aufträge, können Unternehmen innerhalb gegebener Fristen Angebote unterbreiten, die nach vorgegebenen Kriterien zu vergleichen und bewerten sind. B2A ist somit sehr stark am Beschaffungswesen orientiert und beschränkt sich meistens auf die Unterstützung der Informations- und Verhandlungsphase (vgl. Merz 2002, S. 27).

Weitere Aktivitäten B2A Aktivitäten des Staates im Bereich der Finanzämter oder der Amtsgerichte (in ihrer Rolle als Verwalter des Handelsregisters) können in Zukunft in einem sehr viel direkteren Zugriff auf Unternehmensdaten über elektronische Netzwerke liegen. Einen wichtigen Beitrag spielt hier die Errichtung einer Vertrauensinfrastruktur für denkbare Informationsdienste in diesem Bereich. Diesem Thema werden

Seite 165

wir uns detailliert noch einmal in *Lerneinheit 6* (Sicherheit und Datenschutz) dieser Qualifikationseinheit zuwenden.

E-Government als Administration-to-Consumer (A2C)

Die hier diskutierten A2C Beziehungen haben wenig kommerziellen Charakter, dennoch sind in diesem Bereich hochinteressante Anwendungen denkbar, die dem Kunden den Zugang zur öffentlichen Verwaltung ermöglichen.

Die elektronische Steuererklärung ist für die meisten Finanzämter in Deutschland schon ein etabliertes Verfahren. Nähere Informationen

www.elster.de

hierzu finden sich unter http://www.elster.de.

Allerdings beschränkt sich Ihr „elektronischer" Charakter im Jahr 2002 nur auf die Datenübertragung.

Consumer-to-Consumer

Im steigenden Maße nutzen auch Privatpersonen die Möglichkeit das Internet für Handel und Tauschgeschäfte. So betreiben unter anderem Privatanwender beispielsweise über Banner-Tauschringe füreinander Werbung. Auch ermöglichen Internetauktionshäuser, wie Ricardo oder

www.ricardo.de
www.ebay.de

Ebay Privatpersonen die Möglichkeit Produkte einander direkt anzubieten und einen Online-(Ver) Kauf auf Basis von Auktionen (oder Festpreisverkäufen) abzuschließen.

GLOSSAR S.466

Besonderer Beliebtheit im Bereich „Consumer-to-Consumer" erfreuen sich dezentrale Peer-to-Peer (engl. für „von gleich zu gleich") Netze, die maßgeblich für den – nicht immer legalen – Tausch DIGITALER GÜTER genutzt werden. In der dezentral gestalteten Peer-to-Peer Architektur können Computer, die normalerweise als CLIENT (Gastrechner) in einem Client/Server-Modell fungieren, zugleich als Client und als SERVER agieren, also wie Peers („Gleiche"). Diese Funktionsweise ermöglicht, neben dem direkten Austausch von Programmen und Dateien jeglicher Art, auch das Bereitstellen von Rechenleistung des eigenen Computers oder das Vermieten von leerem Speicherplatz auf der Festplatte.

1.3 Geschäftsmodelle im Electronic Business

 Seite 36

Die unternehmerischen Aktivitäten im Internet haben rasant zugenommen (Statistiken hierzu werden im *Abschnitt 1.4* dieser Lerneinheit vorgestellt). Allerdings kann man dabei nur zum Teil auf traditionelle Geschäftsmodelle zurückgreifen, da im Internet andere Markt- und Wettbewerbsbedingungen herrschen. Gleichzeitig werden neue Geschäftsmodelle durch das Internet technisch oder ökonomisch erst möglich gemacht. Das schnelle Veränderungstempo im Internet bringt es mit sich, dass hier nur sehr begrenzt auf Erfahrungswerte zurückgegriffen werden kann und Erfolgschancen nur schwer abzuschätzen sind.

Bevor wir aber auf die Besonderheiten von Geschäftsmodellen im Kontext des Internet zu sprechen kommen, soll in diesem Abschnitt zunächst geklärt werden, was man unter einem „Geschäftsmodell" versteht und wofür diese Begriffsbildung notwendig ist.

Vor allem im Zusammenhang mit Startup – Unternehmen, die eine auf das Internet fokussierte Geschäftsidee verfolgen, wird in den Medien häufig von einem „tragfähigen" oder „nicht tragfähigen" Geschäftsmodell gesprochen. Dabei wird der Begriff selbst meist nicht näher erläutert oder einheitlich verwendet.

http://ecommerce. ncsu.edu/topics/ models/models. html,

Diesem Sprachgebrauch liegt ein Begriffsverständnis zugrunde, wie es von Rappa (vgl. Rappa 2000, Abruf am 23.10.2002) formuliert wird: „In the most basic sense, a business model is the method of doing business by which a company can sustain itself – that is, generate revenue." Demnach ist ein Geschäftsmodell (engl. Business Model) in seiner grundsätzlichen Bedeutung also die Art, wie ein bestimmtes Unternehmen zu Einnahmen kommt, um sich zu tragen.

Diese Begriffsdefinition ist jedoch zu allgemein und unspezifisch. Sie beschränkt die Verwendung des Begriffs auf die Fragen nach dem Schwerpunkt der unternehmerischen Aktivitäten und der Erlöserzielung. Diese sehr ungenaue Verwendung des Begriffs steht jedoch im Wiederspruch zu der sehr spezifischen Bedeutung, die eine Dekomposition des Terminus Geschäftsmodell nahe legt.

Eine umfassende Begriffsdefinition sollte wesentliche und relevante Aspekte des Geschäfts beinhalten. Ein Geschäftsmodell wird jedoch nie *alle* wesentlichen und relevanten Aspekte abbilden können, da es dann zu komplex würde, um noch überschaubar zu sein (vgl. Klein 2001).

Einen Weg zur Bewältigung dieser Komplexität zeigt Wirtz (vgl. Wirtz 2001, S. 209 ff.) auf. Er liegt in der Aufspaltung in Untermodelle, die in einem integrierten Geschäftsmodell überblicksartig dargestellt sind, aber bei Bedarf isoliert und detaillierter betrachtet werden können.

Geschäftsmodelle dienen der „Aggregation wesentlicher, relevanter Aspekte aus den betriebswirtschaftlichen Teildisziplinen, um hierdurch zu einem einfachen, komprimierten Überblick der Geschäftsaktivitäten in Modellform zu gelangen." (vgl. Wirtz 2001, S. 211)

Quelle: Wirtz, B. W.: Electronic Business, 2. Auflage, Wiesbaden 2001, S. 211

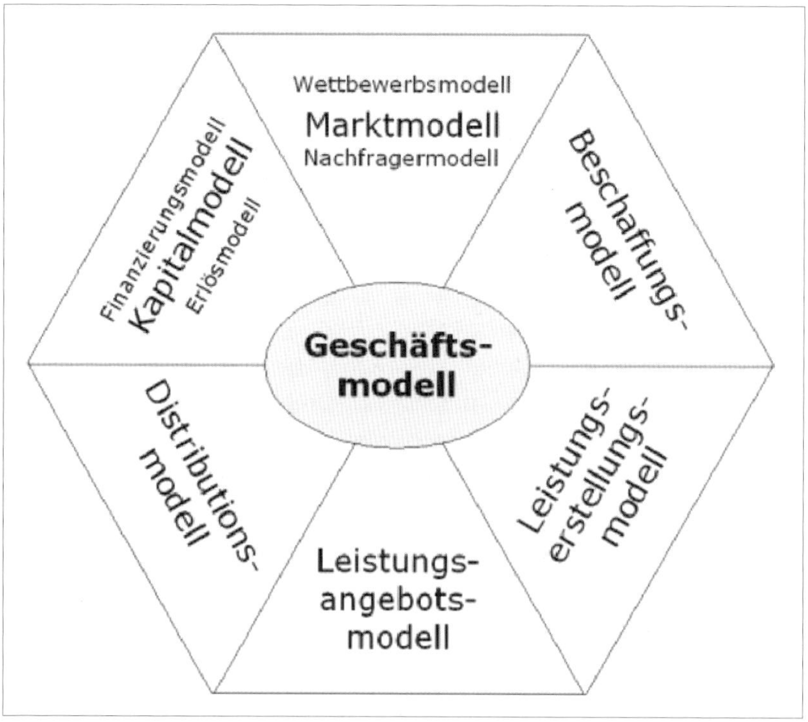

Abbildung 1.6: Partialmodelle eines integrierten Geschäftsmodells

Das **Marktmodell** beschreibt, welchen Akteuren das Unternehmen in welchen Märkten gegenübersteht und welche Strukturen diese Märkte aufweisen (vgl. Wirtz 2001, S. 211).

Bei den Handelnden wird zwischen Wettbewerbern und Nachfragern unterschieden. Der Markt konstituiert sich aus den unterschiedlichen Bedürfnissen der Kunden (der Nachfrager). Nachfragebedürfnisse und damit einhergehenden Marktsegmentierungen erfolgten bisher nach verhaltensorientierten, geografischen, psychografischen und soziodemografischen Kriterien. Dabei wurden Käufergruppen (Marktsegmente) untersucht.

Die Identifizierung einzelner Kunden und Ihrer Nachfragebedürfnisse ist durch moderne Informations- und Kommunikationstechnologien bereits realisierbar. Die bisher verfolgte Segmentierung der Märkte kann daher verfeinert werden und in der Konsequenz zu aus einzelnen Kunden bestehenden Segmenten (segment-of-one) führen.

Die Untersuchung der Wettbewerber betrifft die einzelnen Absatzmärkte des Unternehmens in Bezug auf das Wettbewerbsumfeld und somit das Verhältnis zu unmittelbar konkurrierenden Unternehmen.

Das **Beschaffungsmodell** bildet das Verhältnis der Unternehmen zu ihren Lieferanten ab.

GLOSSAR S.466

Es beschäftigt sich mit dem Beschaffungsmarkt, der einen wesentlichen Teil des bereits erwähnten BUSINESS-TO-BUSINESS-Bereichs umfasst und später bei der Behandlung des ELECTRONIC-PROCUREMENT relevant wird.

Das **Leistungserstellungsmodell** beschäftigt sich mit dem Prozess, in dem mit Hilfe von Ressourcen (Güter und Dienstleistungen) Angebotsleistungen erstellt werden.

Die unterschiedlichen Bedürfnisse haben wir bereits im Marktmodell (Nachfragermodell) angesprochen. Das **Leistungsangebotsmodell** beschäftigt sich mit der Fragestellung, welches Leistungsspektrum welchen Nachfrager bzw. Kundengruppen angeboten werden soll.

Im **Distributionsmodell** wird dargelegt, welche Produkte und Dienstleistungen in welcher Weise zu welchem Zeitpunkt vom Anbieter zum Nachfrager transportiert werden. Interessante Fragestellungen ergeben sich für digitale, also nicht materielle Güter, welche sofort online ausgeliefert werden können. Als Beispiel sei hier die Software-Distribution

Seite 43

genannt. Eine ausführliche Behandlung dieser Fragestellung erfolgt im *Abschnitt 1.5* der Lerneinheit.

Das **Kapitalmodell** einer Unternehmung untergliedert sich in das Finanzierungs- und Erlösmodell. Das Finanzierungsmodell zeigt die Quellen auf, aus denen das zur Finanzierung der Unternehmenstätigkeit eingesetzte Kapital stammt.

Für das Erlösmodell schlägt Wirtz eine Klassifikation von Erlösformen vor, die Erlöse zum einem nach dem Akteur, von dem sie bezogen werden, in **direkte** und **indirekte Erlöse**, zum anderen nach den Preiskonditionen in **transaktionsabhängige** und **transaktionsunabhängige** Erlöse unterteilt.

	Direkte Erlösgenerierung	Indirekte Erlösgenerierung
transaktionsabhängig	▪ Transaktionserlöse i.e.S. ▪ Verbindungsgebühren ▪ Nutzungsgebühren	▪ Provisionen
transaktionsunabhängig	▪ Einrichtungsgebühren ▪ Grundgebühren	▪ Bannerwerbung ▪ DATA MINING Erlöse ▪ Sponsorship

Abbildung 1.7: Erlösmodelsystematik nach Wirtz

Quelle: Wirtz, B. W.: Electronic Business, 2. Auflage, Wiesbaden 2001, S. 215

Nicht immer lassen sich Leistungen, die zu Erlösen führen, eindeutig in diese Systematik einordnen. Wenn beispielsweise ein Softwarehersteller Client Software verschenkt und damit eine Nachfrage nach Server Software erzeugt, dann sind die Erlöse aus dem Verkauf der Server Software transaktionsabhängig und direkt, bezüglich des Verschenkens der Client-Software aber transaktionsunabhängig und indirekt.

Basisgeschäftsmodelltypen im B2C Bereich

Mit der Verbreitung von Electronic Commerce oder Electronic Business entstand für viele Unternehmen nicht nur die Möglichkeit einen neuen Vertriebskanal einzurichten, sondern es entstanden Unternehmen mit völlig neuen Geschäftsideen und Leistungen, z.B. Suchmaschinen, die auf die spezifischen Anforderungen globaler Kommunikationsinfrastrukturen und computervermittelter Geschäftstransaktionen ausgerichtet sind.

Die in diesem Bereich auftretende Innovativität von Geschäftsmodellen und des daraus angebotenen Leistungsspektrums lassen sich relativ stabil mit den Parametern von Inhalt, Kontext und Infrastruktur beschreiben (vgl. Klein 2001, S. 825).

Wirtz verfolgt bei der Typologisierung von Geschäftsmodellen einen ähnlichen Ansatz. Er grenzt Geschäftsmodelle anhand des *Leistungsange-bots* voneinander ab und identifiziert so die Geschäftsmodelltypen **C**on-tent, **C**ommerce, **C**ontext und **C**onnection.

GLOSSAR S.466

Diese Geschäftsmodelltypologie wird auch als das 4C-NET-BUSINESS-MODEL bezeichnet.

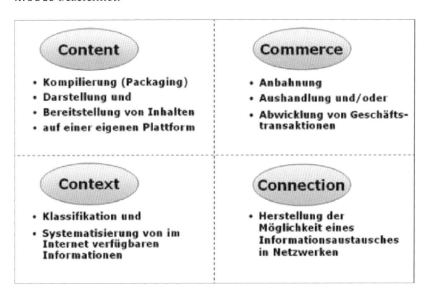

Abbildung 1.8:
Basisgeschäftsmodel
ltypen des 4C-Net-
Business-Model

Quelle: Wirtz, B. W.: Electronic Business, 2. Auflage, Wiesbaden 2001, S. 218

Selten sind diese Geschäftsmodelltypen in Reinform anzutreffen (so genannte Pure Player). Oft bieten Unternehmen Leistungen an, die sich in mehrere dieser Kategorien klassifizieren lassen.

Content

Content-Lieferanten bereiten Inhalte auf, die sie auf einer eigenen Platt-form dem Kunden anbieten. Dies kann entgeltlich oder unentgeltlich geschehen. Die für das Internet aufbereiteten Inhalte gliedern sich the-matisch in Information, Unterhaltung und Ausbildung.

Unter der Rubrik Information lassen sich die Onlineausgaben der Tages-zeitungen aufführen, zum Beispiel http://www.tagesspiegel.de und http://www.zeit.de.

www.
tagesspiegel.de
www.zeit.de

Auch Unternehmen, die reine Unterhaltung in Form von Spielen, Filmen oder Musik anbieten, sind Content-Lieferanten, wie z.B. http://www.mp3.com.

www.mp3.com

Der Ausbildungsbereich fasst sämtliche Angebote zusammen, die mit Bildungs- und Weiterbildungsangeboten zu tun haben. Dies sind virtuelle Universitäten wie die Virtual University WU Wien oder auch Institutio-nen wie die TEIA (Teles European Internet Academy).

http://vu.wu-wien.
ac.at

www.teia.de

Commerce

Der Geschäftsmodelltyp Commerce beinhaltet die Unterstützung aller Handlungen, die für eine Geschäftstransaktion erforderlich sind. Dazu zählen die *Anbahnung (Attraction), Aushandlung (Bargaining/Negotia-tion)* und/oder *Abwicklung (Transaction)* der Geschäftstransaktionen.

Zur Geschäftsmodellvariante *Attraction* gehört zum Beispiel die Bannerwerbung. Dazu zählen Betreiber wie AdLink, die sich auf die Vermarktung, Bewirtschaftung und Vermittlung von Werbeflächen im Internet spezialisiert haben.

www.adlink.de

Eine andere Variante der Bannerschaltung ist der Bannertausch. Hier-bei schließen sich eine Vielzahl von Anbietern von Webseiten mit dem Ziel zusammen, ihre Werbebanner untereinander zu tauschen. Um auch die gewünschte Zielgruppe zu erreichen, haben sich im Internet Tauschringe gebildet, die ausschließlich Seiten zu einem bestimmten Themengebiet aufnehmen. Ein Beispiel hierfür ist der Musikerbanner-tausch von track4, (Abruf 18.09.2002).

www.track4.de/
banner/anmelde
formular.php3

Bei der Geschäftsmodellvariante *Bargaining/Negotiation*, welche die Aushandlung von Geschäftsbedingungen zum Inhalt hat, werden für ein Gut oder eine Dienstleistung als wichtigste Einflussgrößen der Preis bzw. die Einkaufskonditionen verhandelt.

Wirtz teilt diese Geschäftsmodellvariante in verschiedene Gruppen auf:

GLOSSAR S.466

- CO-SHOPPING,
- INTERNETAUKTIONEN oder
- PREISVERGLEICHER.

Das Co-Shopping, auch POWER-SHOPPING genannt, ist eine Form der Nachfrage-Aggregation, bei der sich möglichst viele Konsumenten als Einkaufsgemeinschaft organisieren, um durch eine zahlenmäßig große Nachfrage den Preis eines Produktes zu senken. http://www.letsbuyit.com war beispielsweise ursprünglich als reine Co-Shopping-Plattform im Internet vertreten. Anfang Juni 2002 hat das Unternehmen seine Dienstleistungen um Direct Shopping (direkter Kauf von Waren über das Internet) erweitert. Daneben gibt es aber weiterhin Co-Shopping-Angebote.

www.letsbuyit.com

INTERNET-AUKTIONshäuser, die erfolgreichsten unter ihnen hierzulande sind http://www.ebay.de und http://www.ricardo.de, nehmen traditionell die Rolle eines Mittlers ein, der einen Geschäftsabschluss zwischen Dritten fördert. Sie erzielen Ihre Erlöse hauptsächlich über Grundgebühren für die Bereitstellung eines Produktes im Rahmen einer Auktion und umsatzabhängigen Provisionen bei erfolgreicher Durchführung. Zunehmend werden außerdem ergänzende Dienstleistungen wie Zahlungs- und Transportabwicklung angeboten.

www.ebay.de
www.ricardo.de

Auktionen können nach unterschiedlichen Verfahren durchgeführt werden. Die wohl bekannteste ist die ENGLISCHE AUKTION, die Form des schrittweisen Überbietens zuvor genannter Gebotspreise. Die Auktion findet offen statt, jeder Bieter kann die anderen Bieter beobachten. Zum Zuschlag kommt es, wenn nach einem festgesetzten Zeitpunkt kein weiteres Gebot eintrifft. Die Holländische Auktion, welche ebenfalls offen ist, beginnt seitens des Anbieters mit einem meist für alle Bieter zu hohen Preis. Dieser wird schrittweise reduziert, bis der erste Bieter zuschlägt. Bei der Vickrey (benannt nach William Vickrey, Nobelpreisträger 1996 im Bereich Wirtschaftswissenschaften) Auktion handelt es sich im Gegensatz zu den vorhergenannten Auktionen, um eine verdeckte Auktion. Sie erfolgt ohne Einsicht der Teilnehmer in die Gebotspreise der anderen. Das besondere an der Vickrey Auktion ist, dass der Meistbietende den zweithöchsten Gebotspreis zahlt. Dies nimmt den Bietern den Anreiz speku-

GLOSSAR S.466

lativ zu bieten. Vielmehr werden die Teilnehmer bereit sein den Preis zu nennen, den sie tatsächlich bereit sind zu zahlen. Die Vickrey Auktion wird allgemein für die Preisfindung von öffentlichen Dienstleistungsaufträgen vorgeschlagen.

GLOSSAR S.466

Eine andere Form der Auktion ist die REVERSE AUCTION (umgekehrte Auktion). Hierbei handelt es sich um kein grundsätzlich anderes Auktionsverfahren. Im Gegensatz zur Englischen Auktion sind „Kaufgebote" in diesem Fall „Verkaufsgebote" und die Bieter mindern den Preis schrittweise anstatt ihn zu erhöhen. Wie bei einem Ausschreibungsverfahren ist der Auftrag bzw. das Produkt im Vorfeld vollständig spezifiziert. Schrittweise erklären sich die Auftragnehmer, zu einem immer niedrigen Preis die Anfrage zu bedienen.

Während im B2C Bereich auf den oben genannten Marktplätzen überwiegend das Verfahren der Englischen Auktion betrieben wird, finden die anderen Auktionsverfahren ihren Einsatz verstärkt im Business-to-Business Bereich.

GLOSSAR S.466

PREISVERGLEICHER sind eine weitere Gruppe der Geschäftsmodellvariante Bargaining/Negotiation. Bei Ihnen kann sich ein Kunde ein von ihm gewünschtes Produkt im Katalog des Anbieters heraussuchen und sich dazu das preiswerteste Angebot im Internet anzeigen lassen. Neben den Preis stehen dem Kunden auch noch andere Untersuchungskriterien zur Auswahl. Ein Beispiel für diese Geschäftsmodellvariante finden Sie unter http://www.preisauskunft.de.

www. preisauskunft.de

Die letzte Geschäftsmodellvariante im Bereich Commerce wird als Abwicklung bzw. *Transaction* bezeichnet.

Unternehmen in diesem Bereich, sind an der Erfüllung des online geschlossenen Kaufvertrages beteiligt. Sie untergliedert sich funktional in die Zahlungsabwicklung (Kreditkartenunternehmen, Digitale Bezahlunternehmen zum Beispiel http://www.e-wallet.com/) und die Lager- und Lieferlogistik (http://www.dpag.de/, http://www.ups.com/)

www.e-wallet.com
www.dpag.de
www.ups.com

SUCHMASCHINEN und WEBKATALOGE gehören zur Kategorie des Geschäftsmodelltyps CONTEXT.

Context-Anbieter sind oft die ersten Webseiten im Internet, die vom Nutzer bei der Internetnutzung aufgerufen werden. Sie dienen der Orientierung und der Navigation. Context-Anbieter klassifizieren und systematisieren die im Internet verfügbaren elektronischen Informationen.

Hierbei wird das Internet aufgrund spezieller Nutzeranfragen mit Hilfe technischer Applikationen auf relevante Informationen untersucht (vgl. Wirtz 2001, S. 243). Suchmaschinen werden weitgehend automatisch – zum Beispiel mit Hilfe von Robots – erstellt. Ein Robot ist ein Programm, welches sich von Webseite zu Webseite ‚hangelt' und somit neue Einträge in der Datenbank der Suchmaschine generiert. Dabei wertet der Robot insbesondere Stichworte in den Meta-Daten im Quellcode der Webseiten aus. Unter Metadaten versteht man zusätzliche Daten, die einem HTML Dokument sozusagen zugrunde liegen (griechisch meta), wie Autor, Copyright, Sprache. In HTML werden diese Daten am Anfang der Datei (genaugenommen zwischen <head> und </head>) innerhalb des Tags <meta> gespeichert.

Webkataloge unterscheiden sich von Suchmaschinen darin, dass sie nicht gänzlich automatisiert sind, sondern von Mitarbeitern des verantwortlichen Unternehmens gepflegt werden.

Suchmaschinen und Webkataloge haben gemeinsam, dass sie von indirekten Erlösmodellen leben, durch die hohe Besucherzahl sind sie auch für Bannerwerbung attraktiv. Populäre Webkataloge sind http://web.de und http://yahoo.com.

http://web.de
http://yahoo.com

Connection

GLOSSAR S.466

Beim Geschäftsmodell CONNECTION werden Kommunikationsverbindungen angeboten, die technologischer, kommerzieller und kommunikativer Natur sein können (vgl. Wirtz 2001, S.252).

Unterschieden wird hier nach INTRA-CONNECTION und INTER-CONNECTION. Zum Intra-Connection-Modell gehören z.B. COMMUNITIES und MAILING SERVICES. COMMUNITY bedeutet Gemeinschaft. Dies können private oder gewerbliche Interessengemeinschaften sein. Das Geschäftsmodell INTER-CONNECTION betrifft national oder international agierende Anbieter wie T-Online, AOL und Tiscali. Sie stellen den Zugang zu den physischen Netzwerkverbindungen her. Sämtliche INTERNETSERVICE PROVIDER (ISP) fallen in diese Kategorie.

www.t-online.de
www.aol.com
www.tiscali.de

	Content	Commerce	Context	Connection
Definition	Kompilierung (Packaging), Systematisierung, Darstellung und Bereitstellung von Inhalten auf einer eigenen Plattform	Anbahnung, Aushandlung und/oder Abwicklung von Geschäftransaktionen	Klassifikation und Systematisierung von im Internet verfügbaren Informationen	Herstellung der Möglichkeit eines Informationsaustausches in Netzwerken
Ziel	Online Bereitstellung von konsumentenzentrierten personalisierten Inhalten	Ergänzung bzw. Substitution traditioneller Transaktionsphasen durch das Internet	Komplexitätsreduktion, Navigation	Schaffung von technologischen, kommerziellen oder rein kommunikativen Verbindungen in Netzen
Erlösmodell	Indirekte Erlösmodelle	Transaktionsabhängige, direkte und indirekte Erlösmodelle	Indirekte Erlösmodelle	Direkte und indirekte Erlösmodelle
Beispiele	■ Financial Times Deutschland ■ MP3.com	■ Amazon ■ Dell ■ E-Bay	■ Google ■ Yahoo	■ AOL ■ T-Online ■ GMX

Abbildung 1.9: Charakteristika der Geschäftsmodelltypen

Quelle: In Anlehnung an Wirtz, B. W.: Electronic Business, 1. Auflage, Wiesbaden 2000, S.95

Geschäftsmodelltypologien im Business-to-Business Bereich

Das 4C-NET-BUSINESS-MODELL kann auch auf den BUSINESS-TO-BUSINESS-Bereich angewendet werden:

GLOSSAR S.466

Im Leistungsangebot CONTENT dominieren die Anbieter kostenpflichtiger Datenbankangebote. Unternehmen sind eher als Privatpersonen bereit, für wichtige, beruflich benötigte Informationen zu bezahlen. Ein Beispiel für ein kostenpflichtiges Datenbankangebot, das sich an Juristen

www.juris.de

wendet, ist http://www.juris.de.

Auch im Geschäftsmodell COMMERCE besteht im B2B-Bereich ein wesentlicher Unterschied zum B2C-Sektor. Sind im Business-to-Consumer Bereich Marketing und Vertrieb von maßgebender Bedeutung, so wird im Business-to-Business Bereich eine „Transaktionskostenreduktion durch Geschäftsprozessoptimierung" (vgl. Wirtz 2001, S. 274) an erster Stelle angestrebt. Hier gewinnt der Beschaffungsmarkt für Unternehmen in Form des so genannten E-PROCUREMENT immer mehr an Bedeutung.

www.ecin.de/
news/2001/12/
19/03673

GLOSSAR S.466

Diese Entwicklung unterstreicht auch folgender Artikel des Electronic Commerce Info Net vom 19.12.2001 (Abruf: 18.09.2002). Hier wird von den Erfahrungen des DaimlerChrysler-Konzerns in Spanien mit E-PROCUREMENT berichtet. Demnach sind Einsparungen von ca. 1,5 – 3 Millionen EURO auf die Einführung von E-Procurement zurückzuführen. 20 – 30 % des eingesparten Betrages gehen unmittelbar auf Prozesskostenreduzierung zurück. Das hierfür erforderliche Softwaresystem hatte sich zu diesem Zeitpunkt bereits zu 80 % amortisiert.

Unter E-Procurement versteht man die automatisierte Bestellung von Waren über das Internet. Der Bestellprozess kann dabei entweder von der unternehmensweiten Warenwirtschaft angestoßen werden oder über ein internes Shopsystem, in dem die Mitarbeiter Bestellungen aufgeben können.

Durch die Automation werden die Prozesskosten deutlich reduziert, da auf manuelle Eingaben weitgehend verzichtet werden kann.

GLOSSAR S.466

Im Geschäftsmodell CONTEXT fallen die Unterschiede zum B2C-Bereich nicht so bedeutsam aus. Denkbar wären hier im Bereich der Suchmaschinen Angebote, die den Bedürfnissen professioneller Anwender stärker Rechnung tragen. Auch der Einsatz sogenannter ‚Intelligenter Agenten' wäre im Business-to-Business Bereich vorstellbar. Hierbei handelt es sich um eine bereits seit Jahren diskutierte Technologie, die helfen soll, komplexe Aufgaben von Menschen auf Softwaresysteme zu übertragen. Ein Agent kann dabei für ein eingeschränktes Gebiet Wissen erwerben, Entscheidungen treffen und Aufgaben lösen.

GLOSSAR S.466

Im Bereich CONNECTION sind die Anforderungen an die Leistungsfähigkeit des Systeme und Anwendungen deutlich höher. Dabei spielen die Faktoren Sicherheit, Zuverlässigkeit, Wirtschaftlichkeit und Kompatibilität eine entscheidende Rolle, die durch Zusatzleistungen der in diesem Bereich spezialisierten Unternehmen (z.B. die Colt Telecom Group

www.colt.de

http://www.colt.de/) Rechnung getragen wird (vgl. Wirtz 2001, S. 275). Der Kreis der Anbieter im Bereich Connection B2B umfasst neben den ausschließlich auf Geschäftskunden fokussierten Anbietern zum Teil auch Unternehmen die primär aus dem Endkundenbereich marktbekannt sind, wie z.B. die Deutsche Telekom AG und andere nationale europäische Telekommunikationsunternehmen (Telcos).

1.4 Statistiken zum Electronic Commerce

Die detaillierte Kenntnis potenzieller Kunden und eine präzise Markt-segmentierung sind die Voraussetzungen für ein erfolgreiches Agieren auf elektronischen Märkten (vgl. Wirtz 2001, S.125). Sowohl der potenzielle Kunde als auch der elektronische Markt sind einer umfangreichen Analyse zugänglich, da eine Flut an Daten in diesem Bereich zur Verfügung steht. Dies liegt nicht nur daran, dass jede Bewegung im Internet „Spuren" hinterlässt und damit nachvollziehbar ist, sondern auch an zahlreichen Unternehmen, die Erhebungen über Kundenverhalten im Netz erarbeiten und anbieten. Erwähnt seien hier das Electronic Commerce Info Net, die Tochtergesellschaft des Verlagshauses Gruner & Jahr G+J Electronic Media Service GmbH oder die vom Institut für Demoskopie Allensbach herausgegebene Allensbacher Computer- und Telekommunikations-Analyse.

www.ecin.de
www.ems.guj.de
www.acta-online.de

Der Markt

Das Internet ist und bleibt ein prosperierender Markt. Bereits als Informations- und Kommunikationsmedium sind die Wachstumszahlen beträchtlich. Nach einem Bericht des Unternehmens NUA Ltd. vom 26. April 2002 waren fast 145 Millionen Europäer im Jahre 2001 online. 63 % der Internetbenutzer kamen dabei aus den Ländern Deutschland, Großbritannien, Italien und Frankreich (Quelle: http://www.nua.ie/, Abruf am 20.09.2002).

www.nua.ie/
surveys/?f=VS&art_
id=905357895&
rel=true

Allein in Deutschland, das absolut die meisten Onlinebesuche zu verzeichnen hat, nutzten 30 Millionen Menschen das Internet. Bis zum Jahr 2004 wird jeder fünfte Internetbesucher in Europa aus Deutschland kommen, und über 221 Millionen Europäer werden das Internet als Kommunikationsmedium nutzen.

Man kann jedoch nicht davon ausgehen, dass jeder Internetnutzer auch ein potenzieller Käufer in einem E-Shop ist.

Nach einer Erhebung des G+J Electronic Media Services nimmt jedoch der Anteil der Nutzer von Einkaufsmöglichkeiten im Internet beständig zu. Absolut ist die Zahl der ‚Onlineshopper‘ um beachtliche 4,6 Millionen auf fast 14 Millionen E-Commerce-Nutzer gestiegen (Ergebnis der GfK-Online-Monitor-Umfrage unter Mitwirkung der G+J Electronic Media Service GmbH, die vom 4.12.2000 bis zum 28.Januar 2001 stattfand, vgl. GfK 2001). Das bedeutet, dass im Jahre 2000 56 % der Deutschen, die das Internet nutzen auch hier etwas gekauft haben.

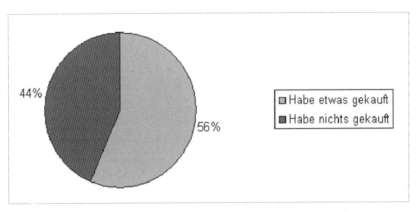

Abbildung 1.10:
Kaufverhalten im
E-Commerce

Quelle: G+J *Electronic Media Service, Erhebung vom Dezember 2000 und Januar 2001,*
http://www.ems.guj.de/download/download.php?file=ems_gfk7te_erhebungswelle.pdf, Abruf: 20.09.2002

Laut der mittlerweile zum dritten Mal von Taylor Nelson Sofres Interactive in 37 Ländern durchgeführten E-Commerce-Studie „Global E-Commerce Report 2002" haben 11 Prozent der deutschen Gesamtbevölkerung oder 26 Prozent der deutschen Internet-Nutzer im Mai 2002 online eingekauft (Der vollständige Bericht der Studie kann unter: http://www.tnsofres.com/GeR2002/, Abruf 27.11.2002, kostenlos eingesehen werden). Die Internet-Nutzung ist nach dieser Studie in Deutschland um sechs Prozentpunkte von 36 Prozent im Jahre 2001 auf nunmehr 42 Prozent im Jahre 2002 gestiegen.

www.tnsofres.com/
GeR2002/

Die bereits erwähnte ARD/ZDF-Online-Studie (vgl. ARD/ZDF 2002) geht im Vergleich hierzu für das Jahr 2002 davon aus, dass von etwa 44 Prozent der deutschen Bevölkerung ab 14 Jahren das Internet bereits genutzt wird.

Das Gesamtvolumen der E-Commerce-Umsätze im B2C Bereich und deren Steigerungsrate sind ebenfalls beachtlich:

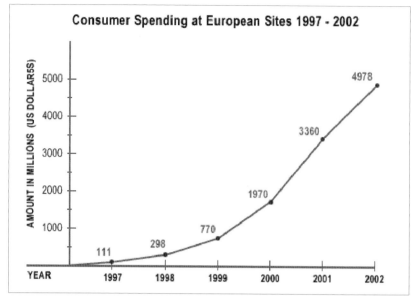

Abbildung 1.11: Die Gesamtausgaben der Käufer auf europäischen Websites von 1997 bis 2002

Quelle: Datamonitor, www.nua.ie/surveys/analysis/graphs_charts/comparisons/consumer_spending_europe.html

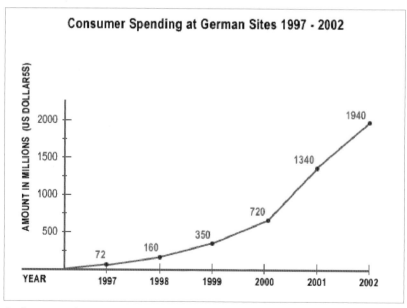

Abbildung 1.12: Die Gesamtausgaben der Käufer auf deutschen Websites von 1997 bis 2002

Quelle: Datamonitor, www.nua.ie/surveys/analysis/graphs_charts/comparisons/_consumer_spending_germany.html, Abruf: 20.09. 2002

Die Abbildungen 1.11 und 1.12 informieren über die Ausgaben von Endverbrauchern im Internet. Der größte Teil des Gesamtumsatzes im E-Commerce wird jedoch durch Handel zwischen Wirtschaftssubjekten im Business-to-Business Bereich generiert.

Der B2C-Sektor nimmt traditionell den weitaus kleineren Anteil am Gesamtumsatz im E-Commerce ein. Nach einer am 26.4.2002 veröffentlichten Prognose des Unternehmens <u>NUA Internet Surveys Ltd.</u>, Abruf: 20.09.2002) wird der B2B-Umsatz um 50 % vom Jahr 2002 auf 482 Milliarden US$ im Jahre 2003 wachsen und 2004 die 1 Billion-US$-Schwelle überschreiten. Die letztgenannte Prognose bezieht sich allerdings auf eine andere Vorhersage des Unternehmens eMarketer, das die Zahlen für das Jahr 2002 um 17 Milliarden US$ nach unten korrigiert hat. Skepsis gegenüber Prognosen sollte also beibehalten werden. Ein Grund hierfür ist die mangelhafte empirische Basis dieser noch recht ‚jungen‘ Märkte.

<u>www.nua.com/
surveys/index.cgi?f
=VS&art_id=90535
7891&rel=true</u>

Für den B2C-Sektor wird ebenfalls 2002 ein Wachstum von rund 50 % gegenüber dem Jahr 2001 erwartet: von 49.8 Milliarden US$ (2001) auf 75 Milliarden US$ (2002).

Welches sind nun aber die beliebtesten Produkte, die über das Netz eingekauft werden?

Der folgenden Tabelle liegen Ergebnisse der GfK-Online-Monitor-Umfrage vom 4.12.2000 bis zum 28.Januar 2001 zugrunde

Bücher	22,3 % der Internetnutzer
Musik-CDs	13,3 % der Internetnutzer
Eintrittskarten	13,2 % der Internetnutzer
Software-CDs	10,2 % der Internetnutzer
Geschenkartikel	10,1 % der Internetnutzer
Computer/ Hardware	9,5 % der Internetnutzer
Kleidung/Schuhe	8,8 % der Internetnutzer
Wertpapiere	8,7 % der Internetnutzer
Computer- und Videospiele	8,3 % der Internetnutzer
Bahntickets	7,6 % der Internetnutzer
Hotelbuchungen	7,1 % der Internetnutzer
Online-Auktionen	7,1 % der Internetnutzer
Anwendungssoftware	7,0 % der Internetnutzer
Buchung von Reisen	5,7 % der Internetnutzer
Flugtickets	5,5 % der Internetnutzer
Spielwaren	5,2 % der Internetnutzer

Abbildung 1.13:
Beliebte Produkte
beim Einkauf im
Internet

Quelle: http://www.ems.guj.de/download/download.php?file=ems_gfk7te_erhebungswelle.pdf,
Abruf: 20.09.2002

Es ist keine Überraschung, dass Produkte auf dem elektronischen Markt beliebt sind, deren Kaufattraktivität kaum von sinnlicher Wahrnehmung abhängt. Eine Diskussion, welche Produkte sich für den Onlinehandel eignen, erfolgt in *Abschnitt 1.5* dieser Lerneinheit.

 Seite 43

Die Käufer

Im Business-to-Consumer-Bereich (B2C) steht der Endverbraucher im Zentrum der Aufmerksamkeit der Unternehmen. Je mehr Informationen über den Verbraucher vorhanden sind, desto erfolgreicher kann das Angebot gestaltet werden.

Im vorangegangenen Kapitel wurde bereits erwähnt, dass im Jahre 2001 30 Millionen Menschen in Deutschland das Internet genutzt haben.

In der bereits zitierten Studie GfK-Online-Monitor aus dem Jahr 2000 wird folgende Differenzierung der Internetnutzer vorgenommen:

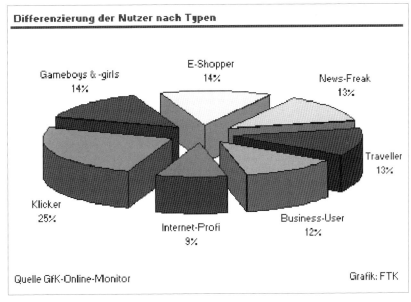

Abbildung 1.14: Differenzierung der Internetnutzer nach Typen

Quelle: *http://www.ems.guj.de/download/download.php?file=ems_gfk7te_erhebungswelle.pdf*, Abruf: 30.09.2002

Die Aussagekraft der verwendeten Begriffe sei dahingestellt, fest steht jedoch, dass mit 25 % der Anteil der „Klicker" der höchste ist. Das impliziert, dass in Deutschland ca. 7,5 Millionen Menschen mehr oder weniger ziellos durchs Internet streifen. Die Zahl der tatsächlich elektronisch einkaufenden deutschen Internetnutzer („E-Shopper") wird für das Jahr 2000 mit 14 % angegeben. Eine weitere Studie des Unternehmens Nua Ltd. besagt, dass im Jahre 2001 21 % der deutschen Internetbesucher online eingekauft haben. Lassen sich die Zahlen der beiden Studien vergleichen, so kann man daraus schließen, dass die Zahl der ‚E-Shopper' in dem Zeitraum von 2000 bis 2001 um 50 % angestiegen ist.

www.nua.ie/surveys/index.cgi?f=VS&art_id=905357888&rel=true

(Abruf: 20.09.2002)

Doch welche Charakteristika weist der sich im Internet bewegende Konsument auf, die aus Sicht eines E-Shop-Betreibers wichtige Informationen für den optimalen Zuschnitt eines Angebots darstellen? Es existieren dazu Erhebungen über soziodemografische Strukturen der Internet-Nutzung in Deutschland durch G+J Electronic Media Service.

Der folgenden Tabelle liegen die Zahlen der fünften Erhebungswelle des GfK-Online-Monitors zugrunde:

Geschlecht (14 – 59 Jahre)	Gesamtbevölkerung	Internet-Nutzer
Männlich	49,9 %	61,1 %
Weiblich	50,1 %	38,9 %
Alter		
14–19 Jahre	8,9 %	17,6 %
20–29 Jahre	15,6 %	24,5 %
30–39 Jahre	21,5 %	24,6 %
40–49 Jahre	18,9 %	18,4 %
50–59 Jahre	18,9 %	12,0 %
60–69 Jahre	16,3 %	2,8 %
Berufliche Stellung		
Freiberufler/Selbständige	8,9 %	11,6 %
Leitende Angestellte/Beamte	8,6 %	11,4 %
Sonstige Angestellte/Beamte	51,6 %	44,8 %
Arbeiter	15,2 %	6,4 %
Haushaltsnettoeinkommen		
Unter 500 €	1,9 %	1,5 %
500–< 1000 €	7,3 %	4,2 %
1000–< 1500 €	14,7 %	8,6 %
1500–< 2000 €	18,1 %	15,0 %
2000–< 2500 €	14,8 %	14,9 %
> 2500 €	24,3 %	38,9 %

Abbildung 1.15: Klassifizierung der Internetnutzer

Quelle: Internet-Nutzung in Deutschland – Analyse der fünften Erhebungswelle des GfK-Online-Monitors, Band I, Hamburg 2000

Aus diesen Zahlen geht hervor, dass der typische Internet-Nutzer des Jahres 2000 männlich im Alter zwischen 20 und 39 Jahre alt war.

Insgesamt lässt sich beobachten, dass sich die soziodemographischen Merkmale der Gesamtbevölkerung und die der Internetnutzer zunehmend annähern (vgl. Wirtz 2001, S.131).

1.5 Welche Güter eignen sich für den elektronischen Markt?

Nicht alle Produkte sind gleichermaßen für den Onlinehandel geeignet. Ob ein Produkt oder eine Dienstleistung erfolgreich über das Netz verkauft werden kann, hängt nicht allein von dessen Eigenschaften ab. Vielmehr spielen verschiedene Aspekte eine Rolle, die sowohl durch den Betreiber eines E-Shops als auch durch die Konsumenten beeinflusst werden. Dazu gehören:

- der Auslieferungsaufwand des Händlers,
- die Wahrnehmung der Produkteigenschaften durch den Konsumenten,
- die Bekanntheit des Produkts und das Vertrauen in den Händler,
- der Preis,
- der Aufwand der Kaufabwicklung gemessen am Nutzen sowie
- der Konsumententyp.

Produkte, die heute im Internet erhältlich sind, lassen sich in materielle und DIGITALE GÜTER unterteilen.

GLOSSAR S.466

Aus **Sicht der Händler** machen im Falle der materiellen Güter Prozesse, wie die Auslieferung, Nachbestellung oder Produktionsaufträge die an andere Organisationseinheiten oder externe Partner veranlasst werden, eine Integration der Shop-Systeme in die Warenwirtschaft des Unternehmens erforderlich.

Völlig andere Fragestellungen aber ergeben sich bei digitalen Gütern, also nicht materiellen Produkten, wie Audio- und Videoclips, Dokumente oder Software Distributionen. Diese können, ohne das eine Lagerbestandsverwaltung notwendig ist, sofort online ausgeliefert werden.

Seite 216

In diesem Fall muss die Bezahlung sofort veranlasst werden. Eine ausführliche Diskussion hierzu erfolgt in *Lerneinheit 7* (Zahlungsverfahren). Aber nicht nur die Bezahlung sondern auch der Zugriff auf die Produkte wirft eine weitere Reihe von Problemen auf (vgl. Merz 2002, S. 394).

Entscheidend für den Kauf sind aus **Sicht der Konsumenten** die Möglichkeiten der **Wahrnehmung und Bewertung der Eigenschaften** des Produkts/der Dienstleistung. Viele Hersteller von kommerziellen Softwareprodukten stellen deshalb ihren potenziellen Kunden Demo-

und Evaluationsversionen zum Test zur Verfügung, um eine endgültige Kaufentscheidung zu begünstigen.

Die Frage, welche Möglichkeiten angeboten werden, die Eigenschaften des Produkts/der Dienstleistung wahrzunehmen, gewinnt umso mehr an Bedeutung, je mehr das Produkt physischer Natur ist. Neben DIGITALEN PRODUKTEN werden nach der Gütersystematik von Illik (vgl. Illik 1999, S. 10 ff.) SEMI-DIGITALE, SEMI-PHYSISCHE und PHYSISCHE PRODUKTE unterschieden. Semi-digitale Güter sind digitale Güter, deren Nutzung die physische Anwesenheit von Personen (zum Beispiel Trainer, Berater) erfordert. Semi-physische Güter sind nach dieser Systematik physische Güter, über die digitale Informationen vorliegen. Dabei ist es unerheblich, ob diese Informationen im Internet, auf einer CD-Rom oder einen beliebigen anderen Medium hinterlegt sind.

GLOSSAR S.466

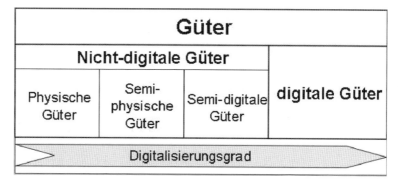

Abbildung 1.16:
Gütersystematik
nach Illik

Quelle: Illik J.A.: „Electronic Commerce. Grundlagen und Technik für die Erschließung elektronischer Märkte", Oldenbourg Verlag München/ Wien, 1999, S. 16

Die physischen Eigenschaften werden über die fünf Sinne – Sehen, Hören, Riechen, Schmecken und Tasten – wahrgenommen und bewertet. Unter den Bedingungen des Onlinekaufs können aber nur zwei dieser fünf Sinne genutzt werden. Die fehlenden Möglichkeiten der Wahrnehmung müssen durch das intellektuelle Abwägen rationaler Faktoren ersetzt werden, wie z.B. der Preis, die Lieferzeiten, die Verpackung, die Diskretion beim Onlinekauf u.s.w. Es kommt also darauf an, wie es gelingt, über entsprechende Informationen eine Art „Brücke" vom Produkt zum Kunden bzw. Interessenten zu spannen.

Für Produkte, bei denen ein physisches Erlebnis die Kaufentscheidung auslöst, wird der Verkaufsort „Internet" zum Problem. Das ist ein besonderer Nachteil des Onlinekaufs, denn die Produkte sind „nicht greifbar". Die Warenverkaufszahlen bestätigen, dass neben Computer/Software, Beratungen und Dienstleistungen eher Standardprodukte gekauft werden.

So sind als weitere Eignungsfaktoren die **Bekanntheit** eines Produkts bzw. des Unternehmens anzusehen sowie das **Vertrauen** des Kunden, das er zu dem Produkt/Unternehmen aufgebaut hat. Erleben Kunden, dass ihr bestehendes Vertrauen in ein Produkt auch beim Onlinekauf nicht enttäuscht wird, entfällt die Notwendigkeit, das Produkt in seinen wahrnehmbaren Eigenschaften darzustellen, um die Kaufentscheidung auszulösen. Circa 80 % des Lebensmitteleinkaufs besteht beispielsweise aus Produkten, die bei den Kunden bereits eingeführt sind und ein hohes Maß an Vertrauen genießen. Ähnlich verhält es sich allgemein bei Markenprodukten.

Eine Folge davon ist, dass die Betreiber von Internetsupermärkten höchste Ansprüche an die Qualität ihrer Waren stellen müssen. Dabei müssen sie einerseits auf Qualitätswaren achten und sie müssen andererseits diese Waren auch so lagern und transportieren, dass die Qualität bis zur Übergabe an den Endverbraucher gesichert bleibt.

Weiterhin entscheidet über die Eignung von Produkten auch das Abwägen von **Aufwand und Nutzen bei der Abwicklung des Onlinehandels**. Dominierend im E-Commerce sind z.B. Produktgruppen, die mit hoher Regelmäßigkeit beschafft werden und bei denen die konventionellen Beschaffungswege mit einem relativ großen Transaktionsaufwand im Vergleich zum Warenwert verbunden sind. Beispiele sind Betriebsmittel, Büromaterialien und Rohstoffe.

Eine nicht unerhebliche Rolle spielt der **Produktpreis**. Produkte mit niedrigen oder moderaten Preisen eignen sich für den Onlinehandel besser als teure Produkte *(siehe Abbildung 1.13)*. Eine Ausnahme bilden Flugreisen und andere Tickets/Eintrittskarten/Fahrkarten, die im Jahre 2001 mit 28,6 % im E-Commerce den größten Umsatzanteil erreichten und mit Durchschnittskosten von ungefähr 400 Euro pro Onlinekauf nicht zu den Niedrigpreisprodukten gehören (vgl. GfK 2001). Die Ausnahme legt aber auch den Schluss auf die mögliche Erklärung nahe: Bei

Produkten, bei denen die Qualitätserfassung auch im Offline Bereich durch sinnliche Wahrnehmung ohnehin nicht möglich oder nebensächlich ist, steigt das Risiko, mangelhafte Ware zu erhalten, im Onlinehandel nicht. Das Schadensrisiko ist aus Sicht des Kunden online wie offline gleich hoch. Somit werden teure Produkte gleichermaßen im Internet gekauft, wenn sich das Schadensrisiko in Ermangelung einer „sinnlichen" Überprüfbarkeit nicht erhöht. Außerdem gilt: Der Kunde ist angesichts des Aufwands eher bereit, auf die physische Qualitätskontrolle zu verzichten, wenn das Schadensrisiko wegen eines relativ geringen Preises ohnehin nicht sehr groß ist.

[2] VERKAUFSPROZESS UND TECHNOLOGISCHE GRUNDLAGEN VON E-SHOPS

GLOSSAR S.466

In *Lerneinheit 1* wurden die Konzepte von E-Commerce Anwendungen eingeführt. Hierfür wurden die Akteure sowie deren Rollen und Beziehungen im Internet-Handel vorgestellt *(Abschnitt 1.2)*. Nach einer betriebswirtschaftlichen Diskussion von Geschäftsmodellen im Allgemeinen Teil *(Abschnitt 1.3)* wurden die Geschäftsmodelltypologien des Electronic Commerce und Electronic Business eingeführt. Die Differenzierung der Modelle erfolgte hierbei primär nach dem Leistungsangebot *(Abschnitt 1.3.1* und *1.3.2)*. In dieser Lerneinheit werden zunächst die Verkaufsprozesse für einen E-SHOP aus Sicht des Betreibers und des Nachfragers beschrieben. Neben der Analyse von Vertriebspolitiken und Kommunikationspolitiken für das Marketing eines E-Shops werden abschließend die technischen Anforderungen an einen E-Shop vorgestellt.

2.1 Analyse des Verkaufsprozesses

Im Rahmen der Verkaufsprozessanalyse werden zunächst die allgemeinen Vertriebspolitiken des Marketings vorgestellt und hierbei auf die Besonderheiten des Vertriebs über das Internet eingegangen. Danach werden die für einen E-Shop relevanten Kommunikationsstrategien vorgestellt. Im Besonderen wird hierbei auf das AIDA-Modell eingegangen.

GLOSSAR S.466
🖱

Vertriebsprozesse des elektronischen Marktes

Die Vertriebspolitik stellt nach Bruhn (Bruhn, 2001, Seite 237ff) ein weiteres Modul des Marketingmixes, neben der Preis-, Produkt-, und Kommunikationspolitik dar. Unter der Vertriebspolitik werden jene Funktionen eines ökonomischen Systems zusammengefasst, welche Unternehmen im Rahmen der Güterversorgung gegenüber dem Kunden erfüllen. Aus Anbietersicht kommt dabei den so genannten logistischen Funktionen, welche sich mit der Überbrückung von Raum und Zeit durch Transport und Lagerung beschäftigen, eine besondere Bedeutung bei. Der Einsatz des Internets als Transportsystem für Waren und Dienstleistungen spielt eine immer wichtigere Rolle im Handel. Für neue Absatzmittler birgt das Internet interessante Geschäftsmodelle. Etablierte Absatzmittler, wie z.B. Großhändler, Einzelhändler und Handelsvertreter müssen ihre Geschäftsmodelle den Anforderungen des Internets anpassen. Die Handelskette, die beim Hersteller beginnt und zahlreiche Vermittler, wie Großhändler, Zwischenhändler und Einzelhändler integriert, damit Produkte oder Dienstleistungen den Kunden erreichen, kennzeichnet das herkömmliche Handelsmodell. Hersteller nutzen Instrumente der Kommunikationspolitik (z.B. Werbekampagnen und Maßnahmen der Verkaufsförderung), um ihre Produkte oder ihre Dienstleistungen bei Händlern und Kunden bekannt zu machen. Die Handelskette vereint somit nicht nur Anbieter und Händler, sondern auch AGENTEN, welche neben den Produkten und Dienstleistungen auch Informationen über die Produkte und Dienstleistungen potenziellen Kunden anbieten. Die Leistung des HANDELS liegt in der DISTRIBUTION, also in der „Verfügbarmachung" der Ware am Markt. Diese „Verfügbarmachung" lässt sich in vier Dimensionen aufteilen: räumlich, zeitlich, quantitativ und qualitativ.

Die durch die Händler bewirkte räumliche Nähe des Produkts zum Konsumenten erspart dem Hersteller den Unterhalt einer eigenen Vertriebsrepräsentanz (räumliche Transformation). Händler bieten Herstellern ein effizientes Lagerhaltungssystem. Die Menge der gelagerten Produkte verringert sich beim Hersteller, wenn das Lagersystem des Händlernetzes in Anspruch genommen wird. Verbraucher können so kontinuierlich mit Produkten versorgt werden. Hersteller sind daher von der Lagerhaltung weitestgehend entbunden (zeitliche Transformation). Unter quantitativer Transformation durch den Handel versteht man das Angebot von Ware in einer endverbraucherverträglichen Artikelmenge und -größe im Unterschied zur Großhandels- oder Herstellermasse. „Qualitative Transformation" beschreibt schließlich das gemischte Warenangebot eines einzelnen Anbieters, das viele Bedürfnisse eines Kunden abdeckt und ihn davon entbindet, mehrere Hersteller zum Erwerb einer bestimmten Ware aufsuchen zu müssen (Klassifizierung vgl. Wirtz, 2001, S. 161).

Der Handel nimmt im klassischen Vertriebsmodell, das heißt Handel ohne Einsatz des Internet, die direkte Kommunikationsschnittstelle gegenüber dem Endverbraucher ein. Der Hersteller der Produkte steht daher oft nicht im direkten Kontakt mit dem Kunden und ist auf die Absatzmittler angewiesen. In der Betriebswirtschaftslehre wird diese Handelsstruktur des starken Zwischenhändlers INTERMEDIATION genannt (von mittellateinisch „intermedium", vgl. Wahrig Fremdwörterlexikon, 2000).

GLOSSAR S.466

Das Vertriebsmodell des elektronischen Marktes unterscheidet sich zum klassischen Modell dahingehend, dass zunehmend DISINTERMEDIATION beobachtet wird. Es wird auch von einem Aussterben der Zwischenhändler gesprochen (vgl. Schneider, Gerbert, 1999, S. 72 und vgl. Merz, 2002, S. 135). Das Medium Internet verkürzt den Vertriebsprozess und stellt den unmittelbaren Kontakt zwischen Kunden und Herstellern her. Auf die vier Distributionsleistungen der Händler bezogen bedeutet dies: Über das Internet kauft der Konsument (oder das Unternehmen) ortsunabhängig, „räumliche Verfügbarmachung" ist deswegen nicht mehr erforderlich. Die durch den direkten Internetkauf entfallende Lagerhaltung der Händler stellt für die anbietenden Hersteller und Großhändler einen gewissen zeitlichen Nachteil dar. Sie müssten ihre Ware kontinuierlich liefern können. Viele Hersteller arbeiten „on-demand", das heißt, sie beginnen erst zu produzieren, wenn ein Auftrag vorliegt. Zeitliche Transformation ist keine Leistung mehr, die einen Zwischenhändler erforderlich machen würde.

GLOSSAR S.466

In Bezug auf die QUANTITATIVE TRANSFORMATION stellen sich Hersteller und Großhändler entsprechend dem Bedarf des Kunden um. Die qualitative Transformation stellt kein Problem dar, wenn der nächste Anbieter nur einen Mausklick entfernt ist.

Nach Wirtz (vgl. Wirtz, 2001, S. 163) gewinnt der Hersteller durch Disintermediation folgende Vorteile:

- Die Gewinnspanne des Handels entfällt oder kommt dem Hersteller zugute.
- Dem Hersteller entstehen nur geringe zusätzliche Kosten.
- Der Hersteller hat unmittelbaren Kundenkontakt und damit die Chance, Kundendaten zu erheben und zu verarbeiten.

Die Disintermediation beschreibt den Prozess der Reduzierung der Absatzmittler. Oft ist in der Internetökonomie auch ein entgegengesetzter Prozess zu beobachten. Durch die Auslagerung (OUTSOURCING) einer Vielzahl von Geschäftsprozessen, also einer Verteilung vormals integrierter Arbeitsprozesse an externe Dienstleister, entstehen im Internet neue Absatzmittler, sogenannte INTERMEDIÄRE. In diesem Zusammenhang wird dann von einer REINTERMEDIATION gesprochen. Die Veränderungen der Vertriebspolitik haben somit einen direkten Einfluss auf die Wertschöpfungsketten und Geschäftsmodelle des Internets. Prozesse laufen oft nicht mehr linear und sukzessiv ab, vielmehr wird der Wertschöpfungsprozess in Form eines „Value Circle" dargestellt, in dessen Mittelpunkt der Kunde steht. Der Kunde ist nicht nur Ausgangspunkt und Hauptzielgröße aller unternehmerischen Wertschöpfungsaktivitäten, sondern übernimmt in der Internetökonomie selbst einen Teil der wertschaffenden Aktivitäten (vgl. Herrmann, Sulzmaier, 2001, S. 31).

Kundenverhalten auf dem virtuellen Markt – das AIDA-Modell

Nach dem die Veränderungen für der Vertriebspolitiken im Rahmen der Internetökonomie vorgestellt wurden, wird in diesem Abschnitt mit Hilfe des AIDA-Modells die Kommunikationspolitik für die Internetökonomie eingeführt.

Mit Information und Werbung wird der Kunde im klassischen Handel auf ein Produkt oder eine Dienstleistung aufmerksam (**A**ttention) und entwickelt daraufhin ein mehr oder weniger großes Kaufinteresse (**I**nterest). Daraus kann sich ein Kaufwunsch entwickeln (**D**esire), der schließlich zur konkreten Kaufhandlung bzw. zur konkreten Inanspruchnahme führt (**A**ction). Diese Entscheidungsprozesse, die beim Kunden zum Kauf führen, folgen dem so genannten AIDA-MODELL. (vgl. Bruhn, 2001, S. 201ff) Hierbei geht die Initiative vom Anbieter aus. Der Kunde bleibt bis auf den eigentlichen Kauf weitgehend passiv. Im Gegensatz dazu erlaubt das elektronische Handelsmodell dem Kunden, die zum Kauf führenden Prozesse stärker zu beeinflussen.

GLOSSAR S.466

Werbung und Maßnahmen der Verkaufsförderung gehen zwar, wie bisher, vom Anbieter bzw. von den von ihm beauftragten Agenten aus und richten sich direkt an den Kunden. In seiner Vermittlerrolle wird der Anbieter aber aus der aktiven Position herausgedrängt. Der Kunde selbst sucht sich im Internet die Informationen über Faktoren, die den Kauf bestimmen und löst dann mit der Bestellung den Auftrag zur Lieferung aus. Der Einfluss des Anbieters auf den Kunden reduziert sich damit auf die Gestaltung der zum Kauf führenden Faktoren. Hierzu können im Einzelnen folgende Faktoren genannt werden:

- die Erreichbarkeit im Netz,
- die Übersichtlichkeit und Klarheit des Angebots,
- die Reichhaltigkeit und kompakte Präsentation des Leistungsbündels,
- die VERFÜGBARKEIT der Produkte oder Dienstleistungen,
- den Preis,
- die ausreichenden Produktinformationen,
- die Qualität des Kundendienstes und
- die einfache und sichere Kaufabwicklung.

GLOSSAR S.466

Die Entscheidungsprozesse, die beim Kunden zum Onlinekauf führen, folgen weiterhin dem **AIDA**-Modell, doch bevor der Kunde kauft, muss er erst einmal

- auf das Informationsangebot des Herstellers aufmerksam werden (**A**ttention),
- Interesse entwickeln, das Informationsangebot des Herstellers aufzusuchen (**I**nterest),
- den Wunsch haben, sich das Informationsangebot des Herstellers anzusehen (**D**esire) und schließlich
- das Informationsangebot des Herstellers im Netz aufsuchen (**A**ction).

In der gleichen Weise kann der Kunde das Informationsangebot im Internet nutzen und sehr schnell und ohne hohe Transaktionskosten (Kosten der Produktsuche und des gesamten Kaufprozesses) andere Hersteller aufsuchen und dort Produkte und Preise vergleichen. Der Vergleich von Produkten und Dienstleistungen ist im Internet aus Kundensicht wesentlich kostengünstiger und einfacher zu realisieren. Kunden können im Internet eine Vielzahl von Anbietern vergleichen und Bewertungsfaktoren berücksichtigen, bevor sie auf das Angebot eines Anbieters eingehen.

Die Kommunikation zwischen Anbieter und Kunde verändert sich zudem durch die Interaktivität des Mediums dahingehend, dass die Initiative zur Aktion zunehmend vom Kunden ausgeht. Das hat entscheidende Auswirkungen auf den Handlungsspielraum und das Verhalten des Anbieters, vor allem hinsichtlich der Vertriebs- und Kommunikationspolitik.

Der Verkaufsprozess in einem E-Shop

GLOSSAR S.466

Ein E-SHOP ist eine vertriebs- und kommunikationsorientierte Website (vgl. Schmitt, Schneider, 2001). Im Mittelpunkt des E-Shops stehen die Präsentation der Produkte, die Kommunikation von zusätzlichen Produktinformationen und die Verkaufsabwicklung. Im Folgenden wird der Verkaufsprozess in einem E-Shop zunächst aus Sicht des Kunden untersucht. Die Untersuchung konstruiert dabei zwei Ebenen, die parallel aufgezeigt werden. Die erste Ebene bildet abstrakt das Modell der klassischen HANDELSTRANSAKTIONSPHASEN ab. Die zweite Ebene übersetzt die Modelle in den Kaufprozess eines E-Shops. Anschließend wird der hier abgebildete Prozess nochmals aus Sicht des Shopbetreibers analysiert.

GLOSSAR S.466

Der Verkaufsprozess in einem E-Shop aus Sicht des Kunden

Tabelle 2.1:
Klassische Handels-
transaktionen

Die klassische Handelstransaktion lässt sich folgendermaßen darstellen (vgl. Schmitt, Schneider, 2001, S. 7):

Information		Vereinbarung		Abwicklung		After Sales	
(Anbieter-suche)	Infor-mation	Anbahnung	Abschluss	Bezahlung	Distri-bution	Service	Community
Suche eines geeigneten Anbieters	Sammlung und Ver-gleich von Produkt-informa-tionen	Beurteilung oder Ver-handlung von Preisen und Kondi-tionen	Bestellung der ge-wählten Produkte (Auftrags-erteilung)	Entschei-dung über geeignete Zahlungs-form Bezahlung	Entschei-dung über geeignete Lieferart Lieferung der Pro-dukte	Inanspruch-nahme von Beratung, Betreuung, zus. Ange-boten	Diskussion, Austausch mit anderen Kunden über die Leistun-gen des Anbieters

Information		Vereinbarung		Abwicklung		After Sales	
Shopsuche	Info	Anbahnung Kauf	Abschluss Kauf	Bezahlung	Lieferung	Service	Commu-nity
1.	**2.**	**3.**	**4.**	**5.**	**6.**	**7.**	**8.**

Tabelle 2.2:
Erscheinungsform
im E-Shop

1. E-Shops können über SUCHMASCHINEN, virtuelle Marktplätzen oder durch Anzeigen im Internet identifiziert werden. Der Kunde recher-chiert on- und offline, welcher Anbieter seinen Bedarf befriedigen könnte, oder er stößt durch Zufall auf ein Angebot, das ihn interessiert. Diese Phase läuft außerhalb des E-Shops ab. Fähigkeiten und Kennt-nisse des Kunden über die gewünschten Produkteigenschaften, aber auch die Kenntnis im Umgang mit Internettechnologien (z.B. die Anpassung einer Suchanfrage innerhalb einer Suchmaschine), ent-scheiden über die erfolgreiche und schnelle Suche eines E-Shops. Unspezifischen Anfragen an Suchmaschinen liefern oft sehr große Ergebnismengen.

2. Wenn der Kunde einen oder mehrere für ihn interessante E-Shops gefunden hat, informiert er sich über die Artikel. Dazu kann er einerseits die Suchfunktion des Shops oder verschiedene Artikelpräsentationen wie eine Highlight-Rubrik nutzen oder andererseits auch auf andere Quellen wie Preisvergleicher oder Testberichte zurückgreifen. Die für die Kaufentscheidung relevanten Angaben werden vom Kunden untersucht. Die Informationen müssen für den Kunden übersichtlich und verständlich aufbereitet sein. Bei komplexeren Wahlmöglichkeiten können unterstützende Funktionen wie Hilfe-BUTTON oder eine Kundenservice-Nummer eingesetzt werden.

GLOSSAR S.466

3. Artikel der engeren Wahl können in den virtuellen WARENKORB gelegt werden. (Was sich hinter einem Warenkorb genau verbirgt, erfahren

Seite 73,114

   Sie in den *Lerneinheiten 3 und 4*). Diese Auswahl des Produktes in den Warenkorb stellt noch keinen abgeschlossenen Handel dar. Zu diesem Zeitpunkt ist der Kaufprozess noch unverbindlich und reversibel. Der Kunde erhält auf Wunsch eine Aufstellung des Warenkorbinhalts samt Kaufsumme. Der Ablauf ist für den Kunden in guten E-Shops transparent.

4. Eine Bestellung der im Warenkorb selektierten Produkte wird vom Kunden generiert. Sobald der Kunde die Bestellung durch Betätigung des entsprechenden Buttons auslöst ist der Handel im juristischen Sinne abgeschlossen. Vor dem Einleiten des Bezahlvorgangs wird der Kunde in der Regel dazu aufgefordert, seine Kenntnisnahme der Allgemeinen Geschäftsbedingungen des E-Shops schriftlich zu bestätigen. Die Bestellung des Kunden stellt rechtlich ein Kaufgesuch (= Angebot) dar und ist verbindlich. Der Kunde erhält regelmäßig eine Bestätigung seiner Bestellung per E-Mail, welche als Eingangsbestätigung der Bestellung oder gelegentlich auch als Annahmeerklärung des Kaufgesuchs formuliert ist. Der Kaufvertrag zwischen dem E-Shop-Betreiber und dem Kunden ist nun geschlossen.

5. Je nach Shop werden verschiedene Bezahlsysteme angeboten, die gängigsten sind: Rechnung, Nachnahme, Kreditkarte, Abbuchung vom Konto, (ausführlich wird das Thema „Zahlungssysteme" in *Lerneinheit 7* behandelt). Im Falle der Zahlung per Kreditkarte muss der Kunde in Form seiner Kreditkartennummer sehr sensible Daten über

Zahlungsverfahren
Seite 216

Sicherheit und
Datenschutz
Seite 165

das Netz verschicken. Qualitativ hochwertige Shops bieten Kunden für die Übermittlung sensibler Daten sichere Verbindung an. Mehr zum Thema Sicherheit erfahren Sie in *Lerneinheit 6.*

6. Die Lieferung der Produkte erfolgt durch beauftragte Logistikunternehmen (z.B. Deutsche Post).

7. Die Inanspruchnahme von Beratung, Betreuung, zusätzlichen Angeboten kann während des gesamten Besuchs des E-Shops in Anspruch genommen werden, aber auch kaufunabhängig bzw. nach dem Kauf **GLOSSAR S.466** (AFTER-SALES). Diese Serviceleistungen zielen zunehmend darauf ab, dem potenziellen Kunden ein Gefühl von persönlicher Betreuung zu vermitteln, um ihn langfristig an das Unternehmen zu binden. Dabei wird dem Kunden signalisiert, dass weniger der konkrete Kaufabschluss als vielmehr dessen generelle Zufriedenheit im Zentrum des Interesses steht.

8. Communities bieten Kunden eines E-Shops die Gelegenheit mit anderen Kunden des E-Shops zu diskutieren. E-Shop Betreiber geben Kunden dadurch einen Einblick in das Kaufverhalten anderer Kunden (anonymisiert) und reduzieren durch den gegenseitigen Informationsaustausch Unsicherheiten bei der Kaufentscheidung im E-Shop. Zudem kann sich durch die Diskussion bei dem Kunden auch ein eigenes Kaufinteresse entwickeln.

Der Verkaufsprozess in einem E-Shop aus Sicht des Betreibers

Der Verkaufsprozess gestaltet sich aus der Perspektive eines E-Shop-Unternehmers komplexer als aus Sicht des Kunden. Viele Abläufe, die der Besucher des E-Shops überhaupt nicht wahrnimmt, müssen im Hintergrund organisiert und bereitgestellt werden. Zur Darstellung der wichtigsten Abläufe in einem E-Shop bieten sich die in *Lerneinheit 1 (Abschnitt 1.3)* vorgestellten Partialgeschäftsmodelle nach Wirtz (vgl. Wirtz, 2001, S. 210 ff) an.

Seite 25

GLOSSAR S.466

Zur Beschreibung und Darstellung der Abläufe des Gesamtmarktes eignet sich zunächst die Ableitung eines MARKTMODELLS. Mit Hilfe des Marktmodells kann ein Unternehmen Nachfrager, Wettbewerber und Zielmärkte identifizieren. Innerhalb des Marktmodells gibt das NACHFRAGERMODELL Auskunft darüber, welche Leistung in welcher Menge nachgefragt wird und welche Zahlungsbereitschaft die einzelnen Zielgruppen vorweisen. Mit diesem Wissen kann der Unternehmer seine Kommunikationspolitik und seine Vertriebspolitik den Bedingungen des Marktes strategisch planen oder anpassen. Zusammenfassend können daher für den Betreiber eines E-Shops folgende Anforderungen an das Geschäftsmodell gestellt werden:

1. Der Betreiber eines E-Shops benötigt zunächst Informationen darüber, welche Leistungen in welchen Mengen mit welcher Zahlungsbereitschaft nachgefragt werden. Mit Hilfe dieser Information kann der E-Shop Betreiber eine Kommunikationspolitik gegenüber den Nachfragern entwickeln. Dazu zählt unter anderem die Darstellung und Präsentation des Leistungsbündels im E-Shop. Entscheidungen hinsichtlich der Lieferung der Ware oder der Dienstleistung werden im DISTRIBUTIONSMODELL getroffen.

GLOSSAR S.466

2. Neben den bereits vorgestellten Teilen des Geschäftsmodells muss der Unternehmer weitere Entscheidungen treffen. Hierzu rechnet man unter anderem Entscheidungen hinsichtlich der Beschaffung der Waren und Dienstleistungen (BESCHAFFUNGSMODELL), der Erstellung des Leistungsbündels (ERSTELLUNGSMODELL) und hinsichtlich des Erlösmodells. Aus Nachfragersicht sind nur Teile des gesamten Geschäftsmodells sichtbar. Primär wird aus Kundensicht die Präsentation der Ware auf der Website und deren Distribution, also Lieferung der Bestellung, wahrgenommen. Für den Unternehmer hingegen ist die Berücksichtigung aller Teile des Geschäftsmodells notwendig. Zudem kann der Betreiber eines E-Shops die Kundendaten auswerten. Der Begriff DATA MINING bezeichnet die Auswertung der gespeicherten und registrierten Vorgänge innerhalb eins E-Shops. Inhaltlich neue Zusammenhänge, Muster und Trends können durch die Ergebnisse der Auswertungen großer Datenbestände und durch die Anwendung von Mustererkennungstechnologien sowie statistischen und mathematischen Techniken identifiziert werden.

I.	II.	III.	IV.	V.
Zulieferer	Beschaffungsmodell	Leistungs-erstellungsmodell	Leistungsangebots-modell	Erlös-und Distributionsmodell
Unternehmen1	Liefert Schnitt-blumen	Sträuße werden nach Kunden-wunsch gebunden	Kommunikations-politik	Preisgestaltung und Lieferung der Sträuße
Unternehmen2	Liefert Grußkarten		Präsentation und Darstellung der Sträuße innerhalb des E-Shops	

Tabelle 2.3: Geschäftsmodell eines E-Shops aus Anbietersicht. Beispiel: E-Shop für Blumen

Um die in diesem ersten Teil der *Lerneinheit 2* beschriebenen theoretischen Abläufe eines Verkaufsprozesses in einem E-Shop technisch realisieren zu können, sind einige Voraussetzungen aus Sicht des Betreibers erforderlich. Wie in den einzelnen Abschnitten bereits angemerkt, wird im Verlauf der gesamten Qualifikationseinheit noch auf wesentliche Aspekte wie Zahlungsmethoden, Erhebung von Kundendaten und Sicherheitsaspekten eines E-Shops eingegangen. Im zweiten Teil dieser Lerneinheit werden nun grundlegende technische Voraussetzungen für die Realisierung und den Aufbau eines E-Shops vorgestellt.

2.2 Technische Grundlagen von E-Shops

GLOSSAR S.466

Um die technischen Grundlagen von E-Shopsystemen genauer untersuchen zu können, wird dieser Abschnitt in drei Bereiche unterteilt: Zunächst soll in einem kurzen Abriss das Internet als technische Basis des E-COMMERCE untersucht werden, bevor einige Aspekte zu DATENBANKEN als zentrale Bestandteile von E-Commerce-Anwendungen beschrieben werden. Abschließend werden grundlegende technische Konzepte von E-Shopsystemen vorgestellt.

Das Internet als technische Basis des E-Commerce

Das WWW basiert auf dem Client/Server-Konzept, bei dem WWW-CLIENTS über das Internet Dokumente vom WWW-Server anfordern. Dies müssen keineswegs nur statische Dokumente sein, es können auch durch die Ausführung von Programmen oder in Folge von Datenbankzugriffen dynamisch generierte Daten sein. Erhält ein Webserver eine Anforderung von einem Webclient werden die Daten von diesem über das Internet an den Webclient gesendet. Die Daten werden dann als Texte oder Bilder im WEBBROWSER dargestellt.

WWW-SERVER stellen die notwendigen Dienste für die Kommunikation im WWW bereit. Sie bearbeiten die Datenanfragen durch die Webclients und liefern die angeforderten Daten. Unter einem Webserver wird dabei sowohl der physische Server (Hardware) als auch das eigentliche Webserver-Programm (Software) verstanden. Der Datenaustausch zwischen Webserver und Webclient erfolgt über das HYPERTEXT TRANSFER PROTOCOL, kurz HTTP genannt. Das PROTOKOLL regelt die Verbindung und die Kommunikation auf der Anwendungsebene zwischen einem WWW-Server und einem WWW-Client. Dieses Protokoll wurde entwickelt, um das Arbeiten mit Hypertext-Dokumenten zu ermöglichen.

Das WORLDWIDEWEB (WWW) ist ein Informationssystem, das einen Zugriff auf Informationen, die auf vielen verschiedenen Computern gespeichert sind, in der Form von Hypertext- und Hypermedia-Links ermöglicht. Der Zugriff erfolgt nach dem Prinzip von Server und Client über das Internet mit dem Protokoll HTTP. Text-Informationen werden

GLOSSAR S.466

auf den WWW-Servern in der Form von HTML-Files, WML-Files (WML – Wireless Markup Language) und XML-Files (XML – Extensible Markup Language) gespeichert. Außerdem können auch Bilder, Töne, Videos und beliebige sonstige Files über das WWW übertragen werden, und es können Programme gestartet und Benutzer-Eingaben verarbeitet werden. Das WWW wurde am europäischen Kernforschungszentrum CERN in Genf entwickelt. Die Beschreibungssprache HTML ist mit dem Ziel entwickelt worden, Dokumente für das World Wide Web (WWW) erstellen zu können, die auf möglichst vielen verschiedenen Systemen mit geeigneten Programmen, den Browsern, dargestellt werden können. Dadurch sollte ein möglichst universelles Medium geschaffen werden, das mit einer großen Anzahl verschiedener Browser, plattformübergreifend, das heißt auf verschiedenen Hardware- und Softwaresystemen, benutzt werden kann.

GLOSSAR S.466

Neben dem bereits angesprochenen Protokoll HTTP nimmt im Internet die Protokollfamilie **TCP/IP** eine zentrale Stellung ein. Alle Anwendungs-Protokolle im Internet (z.B. HTTP-Protokoll für die Übertragung von Web-Inhalten) basieren auf dem Transmission Control Protocol (TCP) und dem Internet Protocol (IP). TCP/IP garantiert eine allgemeingültige, robuste und konfigurierbare Kommunikation im Netz. TCP/IP ermöglicht, dezentral aufgebaute Computernetze miteinander kommunizieren zu lassen. Hintergedanke für diese Protokolle war ursprünglich ein militärischer Nutzen. 1962 wurde Paul Baran von der RAND Corporation (Vgl. http://www.rand.org), im Namen der U.S. Air Force beauftragt, eine Studie über mögliche Sicherheitsmaßnahmen für Netzwerke nach einem nuklearen Angriff durchzuführen. Militärisches „Forschungs-Netzwerke" sollten nach einem nuklearen Angriff dezentral weiter existieren können, so dass im Falle einer teilweisen Zerstörung des Netzwerkes Daten weiterhin übertragen werden können. Barans Lösung für die Übertragung der Daten war ein Paket-orientiertes Protokoll – das TCP/IP Protokoll. Die Zerteilung einer Nachricht in Pakete und die Zusammensetzung einer Nachricht aus Paketen wird vom Transmission Control Protocol (TCP) geregelt. TCP nummeriert die einzelnen Pakete und packt jedes Paket in einen „IP-Umschlag". TCP ist somit für die Datenpaket-Erstellung und die Segmentierung der Daten in Blöcke ver-

www.rand.org

antwortlich. Zudem wird über TCP die bidirektionale Verbindung durch Sequenznummern, Prüfsummen, Quittung, Zeitüberwachung, und Sendewiederholung gesichert. Mit IP können die Pakete über beliebige Netze übertragen. IP ist für die Sender- und Empfängeradressierung verantwortlich. Zudem optimiert IP die Verbindung (Router-Weg) zwischen den Netzwerk-Servern. IP verfügt über einen Schutzmechanismus. Das Empfangssystem kann durch die Nummerierung der Pakete alles wieder in der richtigen Reihenfolge zusammensetzen. Die Adressierung einer Nachricht, um sie am richtigen Ort ankommen zu lassen, wird auf niedrigerer Kommunikationsebene vom Internet Protokoll (IP) gesteuert. Das IP (Internet Protocol) versieht das Datenpaket mit den IP-Adressen des Absenders und Empfängers und ist für die Vermittlung innerhalb eines Netzwerkes verantwortlich. Mit Hilfe dieser Information kann die günstigste Datenverbindung hergestellt werden. Das Datenpaket wird – über mehrere Stationen – solange weitergeleitet, bis es an der Zieladresse angekommen ist. Folgende Abbildung verdeutlicht den Zusammenhang zwischen **HTTP**, **TCP** und **IP**.

GLOSSAR S.466

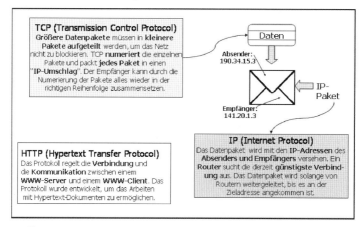

Abbildung 2.1:
Zusammenhang
HTTP, TCP und IP

Quelle: Tamm, G.: Basistechnologien des Electronic Business, Vorlesung Grundlagen des Electronic Business 2002,
http://ebf.wiwi.huberlin.de/2/literatur2.asp?title=Literatur%20VL2&folder=Lehre&id=2,
Abruf: 15.10.2002

Die Datenbank als zentraler Bestandteil eines Shopsystems

Die Datenspeicherung in einer Datenbank ist ein wesentlicher Aspekt bei der Funktion eines E-Shopsystems. In der Datenbank werden sowohl Produkt- als auch Kundendaten gespeichert. Datenbanken werden in unterschiedliche Datenbankmodelle eingeteilt, wobei man ein Datenbankmodell vereinfacht als eine Abbildung eines Ausschnittes der realen Welt betrachten kann. Ein Datenbankmodell beschreibt das Organisationsprinzip, nach dem Daten über Objekte und deren Beziehungen untereinander abgebildet werden. Die wichtigsten heute üblichen Datenbankmodelle sind:

- das **hierarchische Datenbankmodell,**
- das **Netzwerkmodell,**
- das **relationale Datenbankmodell** und
- das **objektorientierte Datenbankmodell.**

Im **hierarchischen Modell** werden Daten mit Hilfe von Bäumen beschrieben, die sich von einem Objekt zu untergeordneten Objekten erstrecken, von denen aus es wiederum Verzweigungen zu weiteren untergeordneten Objekten geben kann. Mit diesem Modell können Rechner sehr effizient arbeiten. Ein Nachteil dieses Modells ist es aber unter anderem, dass Dateneinträge, die in verschiedenen hierarchischen Zusammenhängen stehen, auch mehrfach im Modell eingebunden werden müssen. Die ersten hierarchischen Datenbanksystem wurden in der zweiten Hälfte der 60er Jahre von IBM eingeführt.

Im **Netzwerkmodell** sind die Objekte wie in einem Netzwerk miteinander verknüpft. In ihm können komplexe Beziehungen zwischen den einzelnen Objekten abgebildet und mehrfache Dateneinträge aufgrund der netzartigen Verknüpfungsmöglichkeiten vermieden werden. Die ersten Netzwerkmodelle für Datenbanken wurden mit UDS-System (Universelles Datenbank-System) von Siemens aus dem Jahre 1976 eingeführt.

Das **relationale Datenbankmodell,** das heute zu den am häufigsten eingesetzten Datenbankmodellen gehört, und somit auch bei Shopsystemen sehr verbreitet ist, wurde erstmals 1970 von E.F.Codd entworfen.

Die Daten sind in diesem Modell in voneinander unabhängigen Tabellen organisiert. Die Tabellen bestehen aus Reihen und Spalten, wobei die Reihenfolge der Reihen und Spalten keine Bedeutung für die dort zu speichernden Daten hat. Jede Spalte repräsentiert ein bestimmtes Attribut der durch die Tabelle beschriebenen Objekte und jede Reihe der Tabelle wiederum beschreibt die Ausprägungen eines Attributes für ein einzelnes Objekt der Tabelle. Verknüpfungen zwischen den Tabellen werden über Spalten mit gleichem Inhalt (Attribut) hergestellt.

Der Hauptvorteil des relationalen Datenbankmodells besteht darin, dass z.B. durch Hinzufügen oder auch Entfernen von Tabellen Änderungen an der Struktur der Datenbank vorgenommen werden können, ohne dass daraus zwingend auch Änderungsanforderungen an die Anwendungsprogramme resultieren. Darüber hinaus können beliebig viele virtuelle Tabellen – so genannte Sichten – der Daten mit unterschiedlicher logischer Struktur durch Kombination verschiedener Tabellen oder Teilen von Tabellen erzeugt werden, ohne die physische Struktur der Datenbank zu verändern. Zu den wichtigsten Datenbanksystemen, die auf diesem Modell beruhen, zählen heute: DB2 von IBM, Oracle, INGRES, Informix, SYBASE, MySQL und ADABAS.

GLOSSAR S.466

Ende der 1980er Jahre wurde erstmals das **objektorientierte Datenbankmodell** beschrieben. Es erweitert die bereits diskutierten klassischen Datenbankmodelle um Konzepte zur besseren Darstellung der Struktur von Anwendungsobjekten wie komplexe Werte, Objektidentität oder Vererbung von Attributen und um Konzepte zur Darstellung objektspezifischer Operationen wie Methoden. Objektorientierte Datenbanksysteme sind seit 1987 verfügbar (z.B. Fast Objects von Poets oder O2).

Als Abfragesprache für relationale Datenbanken wird **SQL** eingesetzt. Das Abfragen, Einfügen, Verändern und Löschen von Daten wird durch SQL ermöglicht. SQL wurde in den 1970er Jahren von der Firma IBM entwickelt.

Für die Speicherung der Daten in Shopsystemen werden regelmäßig relationale Datenbanken eingesetzt. In einem E-Shop werden in einer Datenbank beispielsweise für ‚Artikeldaten‘ und ‚Lagerdaten‘ allgemein verschiedene Tabellen verwendet, diese sind jedoch in einer Datenbank zusammengefasst. Man kann dies in einem ENTITY-RELATIONSHIP-MODELL

GLOSSAR S.466

darstellen. Das Entity-Relationship-Modell ist ein wichtiges Modell in der Planung und Konzeption einer Datenbank und definiert die Objekte, ihre Attribute, ihre eindeutigen Schlüssel und ihre Beziehungen untereinander. Die Objekte (Entities) können beispielsweise Personen, Anschriften, Gebäude, Räume, Projekte und so weiter sein. Die Attribute zur Person wiederum sind Name, Geburtsdatum, Familienstand oder ähnliches. Eine Beziehung (Relationship) verknüpft mehrere Objekte miteinander, z.B. wenn eine Person eine oder mehrere Anschriften hat oder wenn eine Person an einem, zwei oder an mehreren Projekten mitarbeitet. Ein vollständiges Entity-Relationship-Modell ist eine wichtige Grundlage für ein erfolgreiches Datenbank-Design, wobei es Regeln zur Normalisierung von Entity-Relationship-Modellen gibt.

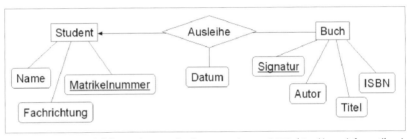

Abbildung 2.2:
Beispiel für ein Entity
Relationship
Diagramm

(Quelle: Kesper B.: Einführung in Datenbanksysteme, Januar 2000, http://www.informatik.uni-hamburg.de/TIS/Lehre/ws_99_00/DBS/html/, Abruf: 25.10.2002)

Die Auswahl des Datenbanksystems, hängt von mehreren Faktoren ab. Zahlreiche Standardsoftwarelösungen bündeln bereits die eigentliche Shoplogik mit einem bestimmten Datenbanksystem. In diesem Fall ist die Entscheidung determiniert. In allen anderen Fällen sollte bei der E-Shop-Entwicklung zunächst berücksichtigt werden, welches Datenbanksystem bereits im Unternehmen eingesetzt wird, da eine Kompatibilität mit vorhandenen Systemen eine einfachere Implementierung des neuen Shopsystems ermöglicht.

Um einen Vergleich für die Anschaffung eines neuen Datenbanksystems anstellen zu können, müssen zunächst die Anforderungen an diese Systeme näher betrachtet werden. Folgende Entscheidungsfaktoren können berücksichtigt werden:

- Wie groß ist die Anzahl der zu verwaltenden Datensätze?
- Wie groß wird das erwartete Wachstum der Datenbank?
- Welche vorhandene oder geplante DV-Infrastruktur (lokales Netz, Server, Betriebssysteme, bereits vorhandene Datenbanksysteme) steht zur Verfügung?
- Welches Personal (Administratoren) ist vorhanden?
- Wie hoch ist das verfügbare Budget?
- Welche laufenden Kosten könnten entstehen?
- Sind Datenbestände auf andere Datenbanksysteme zu transferieren? (Migration)
- Wie wichtig ist eine ununterbrochene Verfügbarkeit des Datenbanksystems?
- Wie soll die Datensicherung erfolgen?
- Welche Mindestanzahl von gleichzeitigen Benutzern soll unterstützt werden?
- Ist das Lizenzmodell (unternehmensweit, prozessorbasiert, userbasiert, usw.) des Datenbankanbieters für den geplanten Einsatz geeignet? Gibt es ein spezielles Lizenzmodell für den Einsatz im Internet?

Für welches der oben aufgeführten Systeme sich der Betreiber dann entscheidet, hängt vom Ergebnis einer individuell zu erstellenden Kosten-Nutzen-Analyse für die jeweiligen konkreten Bedürfnisse ab.

Die lizenzkostenfrei nutzbare MySQL-Datenbank beispielsweise ist geeignet, in selbstentwickelte Pogramme und Internetanwendungen eingebunden zu werden. Für E-Shopsysteme zeichnet sich MySQL durch seine hohe Performance und die Kostenvorteile aus. Wird die Anwendung komplexer, z.B. wenn sich der Verkauf in einem E-Shop nicht nur auf kompakte einzelne Produkte beschränkt, sondern auch individuelle Zusammenstellungen und Personalisierungsmöglichkeiten verlangt werden, dann überwiegen die Nachteile von MySQL (Es wird beispielsweise nicht der komplette Sprachumfang von SQL zur Verfügung gestellt und verschiedene Funktionen zur Transaktionsunterstützung sind erst zum Teil implementiert). In diesem Fall ist der Einsatz eines leistungsfähigeren Datenbanksystems sinnvoll.

Als Alternative zu einem selbständig betriebenen E-Shop einschließlich der Datenbank kann die Datenhaltung auch einem externen Dienstleister anvertraut werden, der sich um die gesamte Administration kümmert. In diesem Fall spricht man von einem so genannten Internet-Service-Provider-Modell (ISP), bei dem der Zugang zum Datenbanksystem über das Internet ermöglicht wird. Das bedeutet, dass der Datenbankserver beim ISP steht und der Shopanbieter keinen eigenen Datenbankserver unternehmensintern betreiben muss.

Technische Konzepte von E-Shopsystemen

Der funktionelle und strukturelle Aufbau von Software wird als Softwarearchitektur bezeichnet. Den Rahmen für Funktionen und Struktur von E-Shop Softwarelösungen bilden die zu realisierenden bzw. realisierten Geschäftsprozesse.

Das technische Konzept eines E-Shops nach KPMG Consulting

GLOSSAR S.466

Historisch lassen sich in der technischen Entwicklung der E-Shopsysteme laut KPMG Consulting (vgl. KPMG, 2000) drei Stufen mit zunehmender INTEGRATIONSTIEFE erkennen, die stark mit den wachsenden Fähigkeiten des Internet korrespondieren. Die Integration auf Datenebene (1. Ebene) sichert den Datenaustausch zwischen Systemen, die Integration auf Objektebene (2. Ebene) sichert die richtige Interpretation der übertragenen Daten und die Integration auf Prozessebene (3. Ebene) steuert Datenströme zwischen Geschäftsobjekten entlang von Geschäftsprozessen.

Entwicklungsstufen der E-Shopsysteme bezüglich ihrer Integrationstiefe:

1. **Integration auf Datenebene – Datenaustausch zwischen Systemen**
   In der Anfangsphase des Internet **("Readonly Internet")** wurden den Benutzern lediglich begleitende Produktinformationen bereitgestellt.
2. **Integration auf Objektebene – Interpretation der übertragenen Daten**
   In der zweiten Entwicklungsstufe, des **"Interaktiven Internets",** gab es bereits die Möglichkeit der Kontaktaufnahme des Endkunden mit

GLOSSAR S.466

dem Anbieter über einen elektronischen Katalog (E-CATALOG). Aufgrund der im E-Catalog abgebildeten Produktinformationen waren qualifizierte Bestellungen durchführbar. Es ließen sich bereits Verkaufsprozesse im Internet abbilden (Warenkorbmanagement, Kundenregistrierung, Zahlungsverfahren).

3. Integration auf Prozessebene – Steuerung von Datenströmen entlang von Geschäftsprozessen

Heute befinden wir uns in der Phase der **„Electronic Sales-Systeme"**, deren wesentliches Kennzeichen die Anbindung des E-Catalog in das ENTERPRICE RESSOURCE PLANNING (ERP) System eines Unternehmens ist und die zudem Funktionen zur Pflege der Kundenbeziehungen (Customer Relationship-Management/**CRM**) bieten. Unter ERP-SYSTEMEN versteht man eine Software, die für die unternehmensweite Ressourcen-Planung mit Hilfe von gezieltem Workflow-Management sorgt. Sie verbindet Back-Office-Systeme wie z.B. Produktions-, Finanz-, Personal-, Vertriebs-, Materialwirtschaftssysteme. Wohl bekanntestes Beispiel in diesem Zusammenhang ist die betriebswirtschaftliche Standardsoftware SAP R/3. **CRM-SYSTEME** hingegen werden genutzt, um beispielsweise Informationen über das Anrufverhalten in einem Call-Center oder das Kaufverhalten von Kunden in einem E-Shop zu sammeln und zu analysieren. Eine detaillierte Erläuterung des CRM-Konzepts ist Bestandteil der *Lerneinheit 8).*

Kundenbindung
und Support
Seite 258

Mit den modernen „Electronic Sales-Systemen" wird die elektronische Abwicklung eines Verkaufsprozesses als Ganzes unterstützt. Sie bieten darüber hinaus Schnittstellen zur Anbindung externer Systeme wie Call Center, Business Communities, elektronische Marktplätze und ERP-Systeme.

Das Architekturmodell eines Shopsystems lässt sich in drei Ebenen gliedern (vgl. KPMG, 2000, S. 16):

1. die **Präsentationsebene,**
2. die **Ebene der Logik** und
3. die **Datenbankebene.**

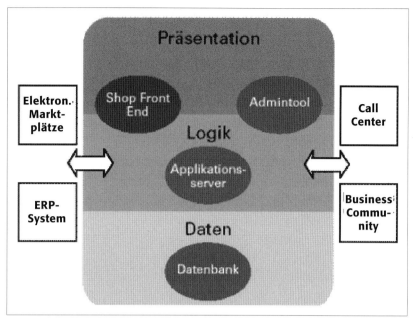

Abbildung 2.3:
Drei-Ebenen-
Architekturmodell

Quelle: KPMG Consulting, Electronic Sales – Standardsoftware für integrierte Shopsysteme,2000,
http://www.competencesite.de/ecommerceshop.nsf/fbfca92242324208c12569e4003b2580/0d
b64ed596427847c125697300438015!OpenDocument, S. 16, Abruf 19.07.2002

Im Folgenden sollen die Hauptfunktionen der Ebenen kurz beschrieben
werden.

Die Präsentationsebene

Die Präsentationsebene enthält sowohl das *Administrationstool* des Shopbetreibers als auch das eigentliche SHOP-FRONTEND. Die Bezeichnung
„Frontend" steht im Englischen für „Vorderseite" und bezeichnet die grafische und funktionale Schnittstelle zwischen E-Shop und dem Nutzer.
BACKEND ist das Gegenstück zum Frontend und umfasst in der Regel das
Datenbankmanagement. Dazu zählen Aufgaben der Datenbankverwal-
tung (Zugriffskontrolle, Überwachung und Datensicherung). Oft sind
die Datenbankprozessoren und die Datenbank selbst in einem separaten
System untergebracht.

Die Administrationskomponente bietet Funktionalitäten zur Verwaltung der Kunden-, Auftrags- und Produktdaten und liefert regelmäßig Möglichkeiten, das Design der Darstellung der Produkte anzupassen. Zur Administration gehören auch weitergehende Einstellungen, wie verschiedene Sprachen, Währungen, Steuerklassen und Wechselkurse des Shopsystems.

Die Komponente des *Shop-Frontend* enthält alle Basis- und Zusatzfunktionalitäten, die sich auf den Kunden und auf seine Aktionen richten. Dazu gehören

- Information für den Kunden,

GLOSSAR S.466

- Darstellung des PRODUKTKATALOGS,
- Erfassung der Kundendaten,
- Darstellung des Warenkorbs,
- Zahlungsfunktionen und Zahlungsoptionen für den Kunden,
- Auftragsverfolgung sowie
- PERSONALISIERUNG von Vorgängen und Angeboten.

Seite 73

Auf sämtliche relevante Aspekte des *Shop-Frontend* wird in der *Lerneinheit 3* im Rahmen der Betrachtung der Anforderungen an E-Shops aus Kundensicht genau eingegangen.

Die Logikebene

Die zentrale Komponente der Logikebene ist nach der Studie von KPMG (vgl. KPMG, 2000, S. 16) der APPLIKATIONSSERVER. In den Prozessen des Applikationsservers sind die Geschäftsprozesse des Shopsystems abgebildet. Die Prozesse bilden somit den gesamten Datenfluss zwischen Kunde und E-Shop Betreiber ab. Außerdem werden, sofern vorhanden, **externe Systeme** wie z.B. Call Center, Business Communities, elektronische Marktplätze, und ERP-Systeme auf dieser Ebene an das Shopsystem angebunden. Mit den Komponenten der Präsentationsebene wird

Seite 58

über Protokollverbindungen wie HTTP (siehe *Abschnitt 2.2)* kommuniziert. Für statistische Auswertungen des Shopsystems kann ein *Reportingtool* integriert werden.

Die Datenbankebene

Nach der von KPMG konzipierten Struktur (vgl. KPMG, 2000, S. 16) ist die Komponente dieser Ebene die physikalische Datenbank. Hier werden alle Daten des Shopsystems erfasst. Dabei kann zwischen statischen und dynamischen Daten unterschieden werden (auch als Stamm- und Bewegungsdaten bezeichnet). Statische Daten umfassen alle Daten, die nur geringen Veränderungen unterworfen sind, wie Produkt- oder Kundenstammdaten. Dynamische Daten, wie beispielsweise Auftragsdaten, werden erst zur Laufzeit des Shopsystems erstellt.

Die Softwarearchitektur eines Shopsystems nach Merz

Nach Merz (Merz, 2002, S. 403f.) besitzen E-Shopsysteme folgende grundlegende Softwarekomponenten:

- Shop-Datenbank mit Produktinformationen
- Administrationsdatenbank
- Präsentationssystem

GLOSSAR S.466

- PAYMENT GATEWAY
- Werkzeuge

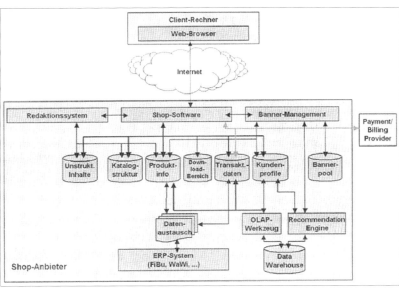

Abbildung 2.4:
E-Shop Architektur

Quelle: MERZ, M., Electronic Commerce: Marktmodelle, Anwendungen und Technologien, 2. Aufl. Heidelberg: dpunkt-Verlag, 2002, S. 409

Shop-Nutzer greifen über das Internet auf das Angebot eines E-Shop zu. Hierfür benötigen die Shop-Nutzer einen Web-Browser und einen Client-Rechner, welcher an das Internet angeschlossen ist. Der E-Shopbetreiber kann über ein Redaktionssystem Inhalte (z.B. Produktbeschreibungen) in die Datenbanken des E-Shops einpflegen. Mit Hilfe des Redaktionssystems kann der E-Shopbetreiber zudem Daten aktualisieren, verändern oder löschen. Die zunächst unstrukturierten Daten können mit Hilfe der Shop-Software strukturiert werden. Hierfür eignet sich eine Datenbank, die bereits nach einer geeigneten Katalogstruktur konzeptioniert wurde. Die personalisierten Produktinformationen werden mit Hilfe der Kundenprofildatenbank in einer Produktinformationsdatenbank bereitgestellt. Empfehlungssysteme (Recommendation Engine) könne mit Hilfe geeigneter Funktionen des Data-Mining die Präferenzen der Kunden identifizieren und daraufhin automatisch personalisierte Produktangebote erstellen. Mit Hilfe der Shop-Software kann der E-Shopbetreiber zudem die gesamten Transaktionsdaten kontrollieren und steuern. Besonders für die Anbindung an ein ERP-System (z.B. Anbindung an die Finanzbuchhaltung) ist die Funktion innerhalb des E-Shops unentbehrlich. Zusätzlich stehen dem E-Shopbetreiber oftmals Funktionen für ein Bannermanagement zur Verfügung. Auf Basis der Empfehlungen der Recommendation Engine werden Nutzern von E-Shops personalisierte Werbebanner präsentiert. Die Zahlungsabwicklung zwischen E-Shopkunde und E-Shopbetreiber erfolgt in dem Szenario von Merz über ein gesondertes Zahlungssystem (Payment-/Billingsystem), welches durch einen externen Anbieter bereitgestellt wird.

Die **Produkt- und Kundendatenbank** ist zentraler Bestandteil eines E-Shops. Durch den Einsatz einer Datenbank können Produkt- und Kundendaten effizient verwaltet werden. Die Produkte können mit Hilfe der Datenbank kategorisiert (Bildung von Waren- oder Artikelgruppen) werden. Eigenschaften (beispielsweise „Farbe") werden zugeordnet und die Ausprägung der Eigenschaften festgelegt. Produktbezogene Daten über Preise, Rabatte, Versandart, Bilder, Beschreibungen, Werbung, Liefertermine usw. in einer Datenbank ermöglichen nach Merz (Merz, 2002) einerseits eine einfache Aktualisierung und ein einheitliches Auslesen der Produktinformationen.

Die **Administrationsdatenbank** enthält Verwaltungsinformationen, die für den Betrieb eine E-Shops erforderlich sind (z.B. Parameter für Payment Gateways, Lagerbestands- und Transaktionsinformationen). Die Verwaltung dieser Datenbank wird oft über ein passwortgeschütztes WEB-INTERFACE realisiert. Unterschiedliche Funktionen werden in der Regel über unterschiedliche URLs zugänglich gemacht. Dadurch können z.B. unterschiedliche Zugangsberechtigungen flexibel umgesetzt werden können.

GLOSSAR S.466

Das **Präsentationssystem** ist in E-Shops eine Funktionalität, die Produkt- oder Verwaltungsdaten aus dem System über eine grafische Oberfläche darstellt. Hierbei werden die Ergebnisse einer SQL-Anfragen an die Datenbank in Form von HTML-Seiten angezeigt. Auf dem Weg von der Datenbank bis zur Präsentation beim Kunden werden üblicherweise HTML-Vorlagen (TEMPLATES) verwendet, welche aus einem HTML-Gerüst bestehen, in das die Daten aus der Datenbank eingefügt werden. Das Präsentationssystem kann aufgrund dieser Vorgänge hohe Ansprüche an die Leistungsfähigkeit des Webservers und besonders an die der Datenbank stellen. Folgende Abbildung veranschaulicht die Einstellung des grafischen Oberfläche mit dem Shopsystem OPENSTORE (P4.2.0.6). Mit dem dargestellten Funktionen können Texte, welche im E-Shop dargestellt werden sollen, festgelegt werden und zudem kann die Farbgestaltung und Auswahl der angezeigten Daten vollzogen werden.

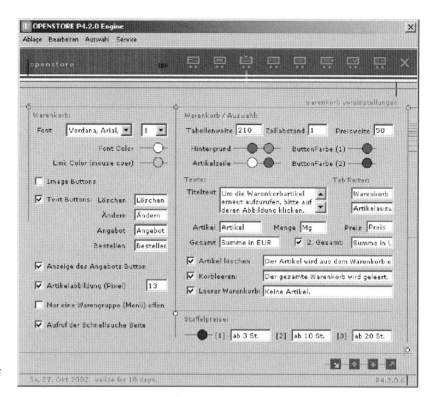

*Abbildung 2.5:
Einstellung des grafischen Oberfläche
(Frontend) des
E-Shops OPENSTORE
(P4.2.0.6)*

Seite 216

Für die Abwicklung des elektronischen Zahlungsverkehrs (siehe *Lerneinheit 7*) werden von spezialisierten Anbietern Module für das **Payment-Gateway** bereitgestellt. Dabei handelt es sich um Schnittstellen zu Clearingsystemen von Kreditkartenanstalten oder Banken, deren Konfiguration ein besonderes Know-how erfordert. In viele Shopsysteme sind standardisierte Payment-Gateways bereits implementiert. Weitere Payment-Gateways können über Standardschnittstellen nachträglich in die Shopsoftware eingebunden werden. Zudem gibt es auch externe Systemanbieter für Zahlungssysteme, die Kundenpräferenzen in der personalisierten Darstellung der verfügbaren Zahlungssysteme berücksichtigen. Es werden dann nur Zahlungsoptionen angeboten, die der Kunde bereits bei dem externen Zahlungssystemanbieter als mögliche Zahlungssysteme angegeben hat.

[3] ANFORDERUNGEN AN E-SHOPS AUS KUNDENSICHT

GLOSSAR S.466

Da **E-Shops** sowohl den Bedürfnissen des Kunden als auch denen des Shopbetreibers gerecht werden müssen, sollten sie aus verschiedenen Perspektiven betrachtet werden. Nach Merz (Merz, M., E-Commerce und E-Business, 2. Auflage, Heidelberg 2002, S. 393) ist das Shopsystem „die Schnittstelle zwischen Kunde und Händler beim **B2C**-Commerce." In dieser Lerneinheit soll die Perspektive des Kunden, der einen E-Shop zum Kauf von Waren und Dienstleistungen benutzt, behandelt werden. Die Betrachtung der Anforderungen aus Betreibersicht eines E-Shops ist Inhalt der darauf folgenden Lerneinheit *(Lerneinheit 4)*. Es wird sich herausstellen, dass die Anforderungen des Kunden an den E-Shop eine Teilmenge aus den Anforderungen des Betreibers darstellen (vgl. adesso, 2000, S. 12).

Anforderungen an
E-Shops
Seite 114

Die Aktivitäten des Kunden in einem E-Shop können mit dem Verhalten in einem herkömmlichen Geschäft verglichen werden. Das **AIDA-MODELL**, das bereits in der *Lerneinheit 2* ausführlich behandelt wurde,

Seite 48

kann auch hier zur Strukturierung dieses Handlungsablaufes herangezogen werden. Die Autoren Lohse und Spiller liefern eine Gliederung der Kundenanforderungen an einen E-Shop (vgl. Lohse/Spiller, 1998), an die sich diese Lerneinheit anlehnt. Darauf aufbauend werden praktische Hinweise und Erläuterungen gegeben, wie Betreiber diesen Anforderungen nachkommen können. Die Kundenanforderungen lassen sich unter den folgenden Kategorien zusammenfassen:

- Waren: Ansicht, Information und Auswahl (Attention),
- Einsatz und Gestaltung von verkaufsfördernden Maßnahmen (Werbung): Aktionen, Rabatte (Attention, Interest) ,
- Verkaufsunterstützende Maßnahmen: Service, Beratung (Attention, Interest),

GLOSSAR S.466

- Komfort: Bedienbarkeit, VERFÜGBARKEIT, Geschwindigkeit, Gestaltung, PERSONALISIERUNG,
- NAVIGATION: Orientierung und Vergleichsmöglichkeiten (Interest, Desire),
- Bezahlung und WARENKORB (Desire, Action) und
- Sicherheit bei der Bezahlung und der Angabe persönlicher Daten.
- Mit der folgenden Abbildung lässt sich die Kategorisierung der Anforderungen an einen E-Shop aus Kundensicht veranschaulichen:

Ware	Werbung	Service	Komfort	Navigation	Bezahlung	Sicherheit
– Sortiments- umfang	– Information	– Informationen	– Bedienung	– Suche	– Warenkorb	– Zahlungs- abwicklung
– Produkt- informationen	– Aktionen	– Beratung	– Personali- sierung	– Orientierung	– Bezahlung	– Persönliche Daten
– Konfiguration	– Preis- gestaltung	– Kommunika- tion	– Verfügbarkeit	– Vergleich	– Lieferung	
			– Geschwindig- keit		– Service	
			– Layout			

Abbildung 3.1:
Anforderungen aus
Kundensicht

3.1 Ansicht, Information und Auswahl von Waren

Um eine positive Kaufentscheidung des Kunden herbeizuführen, muss der Kunde zunächst auf den Onlineshop aufmerksam gemacht und über dessen angebotene Produkte informiert werden. Dabei spielen Aspekte wie die Gestaltung des Sortiments, die Informationsmöglichkeiten des Kunden über die gewünschten Artikel und die Konfigurationsmöglichkeit für ausgewählte Produkte eine entscheidende Rolle.

Sortiment

Laut dem Leitfaden der hessischen Landesregierung für E-Shop-Betreiber (vgl. Alpar et al., 2000) versteht man unter einem Sortiment die Waren und Dienstleistungen, die über den E-Shop vertrieben werden sollen. Die Zusammenstellung der Produkte im E-Shop hängt eng mit deren Eigenschaften, den Kundenbedürfnissen und dem Verhalten relevanter Wettbewerber zusammen. Wenn man bereits ein klassisches Warengeschäft führt und deren Vertrieb mit einem E-Shop ergänzen möchte, bietet sich die Möglichkeit an, die gesamte Produktpalette anzubieten oder sogar einzelne Produkte exklusiv über den E-Shop zu vertreiben. Alternativ dazu ist es möglich, nur mit einem Teil der Produktpalette in den elektronischen HANDEL zu einzusteigen oder lediglich produktergänzende Dienstleistungen bzw. Zubehör über das Internet zu verkaufen. (vgl. Alpar et al., 2000, S.11)

Ein E-Shop sollte ein weitgehend vollständiges und umfassendes Sortiment bieten, das in Breite und Tiefe den Erwartungen des Kunden beim Aufsuchen des Offlineshops entspricht. Handelt es sich um einen E-Shop mit einem sach- oder themenbezogenen (branchenbezogenen) Sortiment, sollte das Sortiment in die Tiefe gehen und Artikel in speziellen Varianten anbieten (z.B. Anglerbedarf mit einem Sortiment von über 1000 verschiedenen Angelhaken). Ist der E-Shop eher am Warenhauscharakter orientiert, sollte das Sortiment möglichst breit gefächert ausgerichtet werden (z.B. wird ein Shop für Urlauber- und Touristikbedarf vielleicht nur drei verschiedene Angelhaken führen, dafür aber beispielsweise auch Badehosen), denn die Kunden erwarten von E-Shops mit Warenhauscharakter nicht unbedingt die Bereitstellung einer großen Sortimentstiefe.

Fragen zur Sortierung und Gliederung des Sortimentes (Kategorisierung) werden im *Abschnitt 3.5* erörtert, in dem auf die Navigation und die Orientierung in einem E-Shop eingegangen wird.

Artikelinformationen

Zu den wesentlichen Produktinformationen gehören die genaue Bezeichnung der Ware, die Beschreibung der wesentlichen Eigenschaften und Anwendungen, Konfigurationsmöglichkeiten (wie z.B.: Farben oder Größen) sowie Angaben zu Preisen und Verfügbarkeit. Eine sinnvolle Strukturierung der angebotenen Informationen (beispielsweise: *allgemeine Information, genauere Informationen und Wissen für Spezialisten*) hilft dem Kunden, sich besser zu orientieren und nicht den Überblick zu verlieren.

In einem Offlineshop ist es für einen Kunden selbstverständlich, dass er alle seine Sinne (Sehen, Fühlen, Riechen, Schmecken, Anprobieren etc.) zum Prüfen und Erkunden einer Ware einsetzen kann. Das ist in einem E-Shop nicht oder nur teilweise möglich, andererseits können E-Shops aber weitergehende Informationsmöglichkeiten bieten. Alle über das Medium Internet zur Verfügung stehenden Informationsmöglichkeiten (Text, Bild, Audio, Video) können hier gezielt eingesetzt werden, um Informationen zu den Artikeln zu liefern. So können zum Beispiel zu technischen Produkten Datenblätter und Testberichte zusätzlich zur Artikelbeschreibung und -bebilderung bereitgestellt werden.

Konfigurationsmöglichkeit ausgewählter Produkte

GLOSSAR S.466

Für konfigurierbare Produkte, z.B. individuell zusammengestellte Computer, sind PRODUKTKONFIGURATOREN sehr hilfreich. Dabei kann der Kunde nach seinen Bedürfnissen das Produkt zusammenstellen und gleichzeitig den Gesamtpreis überwachen. E-Shops bieten einzigartige Möglichkeiten für den Verkauf von kundenindividuellen Artikeln (vgl. Schneider/Gerbert, 1999, S. 160). Die E-Shops können bei komplexen Produkten schnellere und bessere Informationen liefern, als es der beste Verkäufer könnte. Obwohl die Konfiguration des Produkts durch den Kunden kaum Kosten verursacht, kann sie einen deutlich höheren Nutzen als ein standardisiertes Produkt erzeugen. Individuelle Artikel stellen aus diesem Grund eine der interessantesten Möglichkeiten zur Kunden- Seite 258 bindung dar. In der *Lerneinheit 8 – Kundenbindung und Support* wird vertiefend auf dieses Thema eingegangen.

3.2 Verkaufsfördernde Maßnahmen

Zu den verkaufsfördernden Maßnahmen zählen aus Kundensicht insbesondere Zusatzinformationen, besondere Aktionen und auch eine individuelle Preisgestaltung. Auf diese drei Aspekte wird in den folgenden Abschnitten eingegangen.

Zusatzinformationen

Tipps für die Nutzung von Produkten (beispielsweise Tipps zur Rasenpflege beim Kauf von Rasendünger) oder Berichte von unabhängigen Einrichtungen über durchgeführte Tests zu Produkten („ADAC stuft diesen Kindersitz als sicher ein"), fördern den Verkauf. Große E-Shops wie beispielsweise Amazon.de bieten ihren Kunden bei jedem Besuch auch Informationen über neue Produkte.

Aktionen

Die Entscheidung des Kunden, einen E-Shop zu besuchen, kann durch angebotene Aktionen positiv beeinflusst werden. Gewinnspiele sind beispielsweise spezielle Aktionen, die verkaufsfördernd wirken können. Schneider/Gerbert (vgl. Schneider/Gerbert, 1999, S. 136) gehen davon

GLOSSAR S.466

aus, dass Onlinespiele nicht nur für Kinder interessant sind. DISKUSSIONSLISTEN oder CHATROOMS können den Informationsaustausch zwischen Kunden und eventuell auch geschultem Verkaufspersonal fördern. Zudem können E-Shop-Betreiber neue Kunden mit zeitlich begrenzten Sonderangeboten, Gutscheinen oder Themenaktionen anziehen.

Preisgestaltung

Die Kaufentscheidung wird besonders durch den Preis eines Produktes beeinflusst. Ein Rabattschema für Dauerkunden oder Mengenrabatte beziehungsweise kostenfreie Zugaben bei der Überschreitung von bestimmten Gesamtsummen, aber auch flexible Preisfindungsmechanis-

GLOSSAR S.466

men wie beispielsweise AUKTIONEN, können die Kauffreudigkeit unterstützen. Zudem kann der Erwerb eines Schnäppchens für den Kunden ein Erlebnis sein, das zum wiederholten Kauf in diesem Shop anregt.

3.3 Verkaufsunterstützende Maßnahmen

Ergänzend zu den bereits aufgezeigten verkaufsfördernden Maßnahmen zählen zu den verkaufsunterstützenden Maßnahmen diejenigen, die den Prozess des Verkaufens vereinfachen sollen. Dazu gehören u. a. zusätzliche Produktinformationen, eine ausführliche Beratung und die Möglichkeiten der Kommunikation. Diese sollen in diesem Abschnitt als Anforderungen an ein E-Shopsystem aus Kundensicht hervorgehoben werden.

Zusätzliche Produktinformationen

Wegen der Abstraktheit des elektronischen Einkaufs sollten dem Kunden neben den Informationen zu den Produkten möglichst auch umfassende Informationen zu folgenden Aspekten geboten werden, die mit dem online gekauften Produkt zusammenhängen:

- Unternehmen des Anbieters (z.B. Geschichte, Struktur),
- Transaktionssicherheit,
- Gewährleistung, Rückgaberecht und Abwicklung der Rückgabe,
- Abwicklung der Bezahlung,
- Versandgebühren,
- Versandarten,
- Qualität und
- Hilfestellungen zu Produkt und Einkaufsvorgang.

GLOSSAR S.466

Einige dieser Fragen werden in den **AGB** beantwortet, andere sollten an geeigneter Stelle der Website zugänglich sein. Abbildung 3.2 zeigt beispielhaft, welche hilfreichen Informationen Amazon.de seinen Kunden unter dem auf der Startseite aufrufbaren Link „Hilfe" zur Verfügung stellt:

Abbildung 3.2:
Zusätzliche Kunden-
informationen bei
Amazon.de

Quelle: *http://www.amazon.de/exec/obidos/tg/browse/-/504874/ref=cs_nav_top_4/302-76679413483245,*
Abruf: 04.05.2002

Beratung

Beratende Informationen können dem Kunden bei der Auswahl von Produkten helfen. Als beratende Informationen können z.B. vergleichende Größentabellen von Konfektionsgrößen verschiedener Maßsysteme bezeichnet werden. Bei schwierig zu handhabenden oder zu installierenden Produkten kann auch eine Kundenhotline dem Kunden schnell helfen, seine Probleme zu lösen. Diese kann durch Angabe einer Telefonnummer, aber auch durch das Angebot eines Rückrufs oder eines internetbasierten Supportcalls gewährleistet werden.

Kommunikation

In einem E-Shop sollte es für den Kunden möglich sein, unterschiedliche Mittel der Kommunikation zu nutzen.

GLOSSAR S.466

Dazu zählen einerseits die SYNCHRONE KOMMUNIKATIONSMÖGLICHKEITEN, die eine Kommunikation in beide Richtungen zur gleichen Zeit ermöglichen. Zu ihnen gehören beispielsweise Telefon, Chat oder Videokonferenzen. Andererseits sollten stets Mittel und Angaben zur ASYNCHRONEN KOMMUNIKATION bereitstehen, die eine Kontaktaufnahme zunächst in eine Richtung ermöglichen und zu einer – später zeitversetzt eintreffenden – Antwort auffordern, wie Fax, E-Mail oder Kontaktformular.

Die für die Kommunikation erforderlichen Angaben (Nummern und Adressen) sollten an zentraler Stelle der Website, möglichst unter einer leicht zu erreichenden Rubrik „Kontakt" aufgeführt sein.

3.4 Komfort

Ein wesentlicher Faktor für die Akzeptanz eines E-Shop ist nach Bellmann u.a. der Komfort (vgl. Bellmann et al., 1999). In diesem Abschnitt wird auf einige praktische Aspekte eingegangen, die für den Komfort bei der Bedienung von E-Shops eine herausragende Rolle spielen.

Bedienungsfreundlichkeit

GLOSSAR S.466

Die Bedienung eines E-Shops sollte möglichst intuitiv sein, wobei wenige Klicks genügen sollten, um eine Produktwahl und einen Kauf zu vollziehen. Hyperlinks sollten als solche deutlich erkennbar sein, darüber hinaus sollte eine Hilfestellung in Form von KONTEXTSENSITIVER HILFETEXTE oder eindeutiger ICON gegeben werden. Fehlermeldungen sollten dem Kunden eine Handlungshilfe geben und keinesfalls nur z.B. eine Fehlercodierung anzeigen. Der Prozess des Kaufens kann bei Vorhandensein der Kundendaten auf einen einzelnen Klick reduziert werden (beispielsweise bei Amazon.de: ONE-CLICK-TO PURCHASE). Ein Klick auf ein Produkt gilt dabei als Kauf, wenn nicht innerhalb einer Zeitspanne ein Widerruf erfolgt. Dieses von Amazon in den USA zum Patent angemeldete Verfahren setzt allerdings eine vorherige Erhebung persönlicher Daten (siehe *Abschnitt 3.4.2*) voraus.

Seite 83

Praktische Aspekte zur Ergonomie der Bedienung

Bei der Gestaltung von Benutzungsschnittstellen bzw. Oberflächen taucht häufig der Begriff ERGONOMIE auf. Ergonomie bedeutet in seiner allgemeinen Definition die Wissenschaft von der Anpassung der Technik an den Menschen zur Erleichterung der Arbeit mit dem Ziel, die Arbeitsbelastung so gering wie möglich zu halten (vgl. Luczak, 1997). Im Vordergrund der Webseiten- und Software-Ergonomiegestaltung steht dementsprechend die Benutzerfreundlichkeit, die die Gebrauchstauglichkeit (usability) und die Nützlichkeit (utility) einschließt. Hierbei kommen Erkenntnisse aus technischen, medizinischen, psychologischen sowie sozialen Bereichen zum Tragen. Der Begriff der Arbeit wird hier im Zusammenhang mit dem Einkaufen als Tätigkeit natürlich in etwas erweiterter Bedeutung verwendet.

Überträgt man diese Definition auf einen E-Shop, so kommt man zu dem Ergebnis, dass ein E-Shop es dem Kunden ermöglichen sollte,

- sich einen schnelle Übersicht über die Struktur des E-Shops zu verschaffen,
- mit wenigen Klicks bzw. Seitenaufrufen zu den gewünschten Produkten zu gelangen,
- die Bestellmenge und mögliche spezielle Wünsche anzugeben und
- die Bestellung zusammen mit Personendaten und Anschrift abzusenden.

www.normung.
din.de/

www.komm
design.de/texte/
din.htm

http://home.nord
west.net/hgm/
ergo/kap-swe.htm

Die Norm DIN EN ISO 9241-10 fasst die wesentlichen Kriterien der Software-Ergonomie zusammen, die dem Web-Publisher Qualitätskriterien an die Hand geben, mit denen auch E-Shops nutzergerecht gestaltet werden können. Die DIN EN ISO 9241-10-Norm ist über das deutsche Institut für Normung e.V. unter http://www.normung.din.de/ zu erwerben. Eine Zusammenfassung der Norm lassen sich unter http://www.kommdesign.de/texte/din.htm (Abruf: 24.10.2002) oder unter http://home.nordwest.net/hgm/ergo/kap-swe.htm (Abruf: 24.10.2002) finden.

Studienmaterial

www.ergo-online.de

Sehr ausführlich und umfassend sind die ergonomischen Regeln und die Fragen zu Farben, Typografie etc. unter http://www.ergo-online.de zusammengefasst. Bitte studieren Sie dieses Thema unter dem genannten Link.

Personalisierung

Anforderungen
an E-Shops aus
Betriebersicht
Seite 114

GLOSSAR S.466

Auch bei der Personalisierung muss man zwischen Anforderungen aus Kundensicht und aus Betriebersicht unterscheiden. Die *Lerneinheit 4* wird sich intensiver mit der Thematik der Erstellung von KUNDENPROFILEN und den Möglichkeiten beschäftigen, die ein E-Shopsystem zur Personalisierung zur Verfügung stellen sollte. Dort wird auch auf die technische Realisierung mittels DATA-MINING und anderen Mitteln eingegangen.

Allgemein spricht man von Personalisierung, wenn die Präsentation des Angebotes für den jeweiligen Kunden nach dessen Vorlieben und Bedürfnissen ausgerichtet wird. Dies kann einerseits auf Grund von freiwillig mitgeteilten persönlichen Angaben (Kundenanmeldung/Befragung) oder andererseits durch die Analyse des allgemeinen Kundenverhaltens realisiert werden. Entsprechend des gewonnenen Profils des Kunden werden Sonderangebote, Warensortierungen und Reihenfolge von Artikellisten angepasst. Laut Schneider/Gerbert sind individuell angepasste Websites eine der ältesten MARKETINGideen im Internet (vgl. Schneider/Gerbert, 1999, S. 165). Genauso wenig, wie man in seinem bevorzugten Einkaufszentrum alle Läden oder in einem Warenhaus alle Abteilungen nutzt, fragt der einzelne Kunde nicht alle Sortimente des E-Shops nach. Technisch ist es relativ einfach zu realisieren, jedem Kunden ein individuelles Sortiment anzubieten. Bekannt ist diese Vorgehensweise wiederum besonders vom Online-Buchhändler Amazon, der seinen Kunden je nach getätigtem Einkauf beim nächsten Besuch verwandte Produkte anbietet.

Nach Merz helfen Profile auf der Kundenseite zudem, redundante Interaktionen zur Dateneingabe zu vermeiden: „Wenn sich ein Teilnehmer bei einem Dienst registrieren lässt, werden immer wieder die gleichen Daten abgefragt – Name, Adresse, E-Mail etc. Profile können hierbei helfen, diese Information in standardisierter Weise zu übertragen, so dass das wiederholte Ausfüllen endloser Formulare vermieden werden kann." (vgl. Merz, 2002, S. 518).

Verfügbarkeit

Da das Medium Internet dem Kunden einen zeitlich unabhängigen Zugriff auf einen E-Shop rund um die Uhr ermöglicht, führen Ausfälle zu Enttäuschungen und somit unter Umständen auch zu einem Kundenverlust, denn oftmals ist der konkurrierende E-Shop lediglich einen Mausklick entfernt.

Für die Kundenakzeptanz des Shopsystems und die Kaufentscheidung ist ebenso relevant, ob, in welchem Umfang und zu welchem Zeitpunkt die im E-Shop angebotenen Artikel lieferbar sind. Ein E-Shop ist

GLOSSAR S.466

für Kunden nur dann interessant, wenn die angebotenen Produkte und Dienstleistungen auch tatsächlich verfügbar sind. Sinnvoll ist daher in jedem Fall einer Artikelbestandsanzeige im E-Shop und die Hinterlegung von Angaben zur Lieferzeit.

Geschwindigkeit

Wartezeiten beim Laden und bei der Darstellung der Webseiten haben ebenfalls großen Einfluss auf die Akzeptanz beim Kunden und die Kaufentscheidung. Es ist leicht nachzuvollziehen, dass Kunden aufgrund unakzeptabler Wartezeiten die Geduld und das Vertrauen in den E-Shop verlieren und zu konkurrierenden Shops abwandern.

Ladezeiten sind sowohl von der Menge der zu übertragenen Information (Textinhalte, Bilder, HTML-Code und weitere eingebundene Elemente wie Video, Audio oder JAVA-APPLETS) als auch von der Übertragungsgeschwindigkeit des dem Benutzer zur Verfügung stehenden Internetanschlusses abhängig. Die Ausstattung der Nutzer reicht von MODEMS, die durchschnittlich 2-5 KB (Kilobyte) an Daten je Sekunde übertragen können bis hin zu modernen STANDLEITUNGEN und DSL-Anschlüssen, die mehrere hundert Kilobyte in der Sekunde übertragen. Telekom T-DSL, das in Deutschland meistverbreitete Breitbandinternetzugangsangebot auf der Basis von DSL, erzielt beispielsweise Übertragungsraten die bis zu bei 768 KB/s (Downstream) liegen, was der zwölffachen ISDN-Geschwindigkeit entspricht. Die Sendegeschwindigkeit beträgt in diesem Fall maximal 128 KB/s (Upstream) und ist somit doppelt so hoch wie bei ISDN. Weitere DSL-Varianten können auch mehrere Mbits/s erreichen – je nach Anbieter und Produktvariante.

Die nachfolgende Tabelle zeigt eine Aufstellung von Geräten und der jeweiligen Übertragungsdauer für eine Webseite mit einer Größe von 100 KB:

GLOSSAR S.466

Gerät	Bandbreite (in Kilobyte/Sek.)	Geschätzte Ladezeit (in Sek.)
Modem	14,4	72
Modem	33,6	31
Modem	56	19
ISDN	64	13
DSL Upstream	128	6
DSL Downstream	768	ca. 1

Tabelle 3.1: Übertragungsdauer von 100 KB Daten bei verschiedenen Bandbreiten

Nach Merz (vgl. Merz, 2000, S. 363) ist „State-of-the-Art [...] nach wie vor ein normaler Dial-in über Modems ISDN-Verbindungen oder Festverbindungen." Für den Kunden ist die Dauer der Internetnutzung unter diesen technischen Zugangsvoraussetzungen nach wie vor ein Kostenfaktor. Unnötige Wartezeiten für den Aufbau von Webseiten im BROWSER des Kunden verursachen demnach auch unnötige Kosten. In der Regel ist ein Drittel der Benutzer bereit, 8–10 Sekunden Wartezeit in Kauf zu nehmen (vgl. Zona Research Inc., 1999). Spätestens dann erwartet er die Darstellung erster Informationen. Bleiben diese aus, brechen viele Benutzer den Ladevorgang ab.

GLOSSAR S.466

Eine Reihe von Ursachen können zu langwierigen Ladezeiten führen. Wie die häufigsten vermieden werden können, wird im folgenden Absatz erklärt:

GLOSSAR S.466

▶ **Problem:** *Der WEBSERVER mit dem E-Shop beantwortet die Abfragen zu langsam.*

Abhilfe: *Der Webserver sollte mit ausreichend Arbeitsspeicher, Taktgeschwindigkeit, ggfs. leistungsoptimierter Ausstattung wie Parallelprozessoren, Hochgeschwindigkeitsspeichersystem etc. entsprechend dem Transaktionsaufkommen ausgestattet werden. Bei der Berechnung sollte darauf geachtet werden, dass das maximale Transaktionsaufkommen (Peaks) als Rechengrundlage benutzt wird, und nicht das durchschnittliche, weil dieses weit darunter liegen kann. Um die Abwicklung der Abfragen zu beschleunigen, sollten die verschiedenen Funktionsbereiche des E-Shop-Systems, wie Webserver, Artikeldatenbank, Kundendatenbank etc.) möglichst auf verschiedene Rechner verteilt werden Zwischen den Rechnern sollten Netzwerke mit ausreichender Geschwindigkeit eingerichtet und PROXY-TECHNIKEN (Zwischenspeichern von sehr häufig abgefragten Webseiten) verwendet werden.*

▶ **Problem:** *Die serverseitige Internetanbindung ist unzureichend.*

Abhilfe: *Zur Überprüfung der erforderlichen Bandbreite der serverseitigen Internetanbindung schätzt man die maximal gleichzeitig möglichen Zugriffe von Nutzern auf die Webseite und errechnet die Datenmengen, die dabei gleichzeitig über diese Leitung fließen* *müssen und dabei den Nutzern eine gute Performance bieten. Gege- benenfalls muss bei dem entsprechenden Dienstleister Bandbreite hinzugekauft werden.*

▶ **Problem:** *Grafiken und Bilder sind nicht für schnelle Übertragung optimiert.*

Abhilfe: *Mit einschlägiger Bildbearbeitungssoftware kann die Datei- größe von Bildern reduziert werden. Den größten Effekt erzielt man dabei, wenn Grafiken (geometrische Flächen mit einheitlichen Far- ben) im GIF-Format und Bilder (z.B. Fotos) im JPEG-Format (.jpg) für die Bildschirmdarstellung optimiert gespeichert werden. Da die Dar- stellung auf dem Computermonitor erfolgt, deren Auflösungen derzeit zwischen 72 dpi und 75 dpi (dots per inch) schwanken, ist eine größe- re Auflösung von Grafiken und Bildern nicht erforderlich.*

▶ **Problem:** *Tabellen werden erst angezeigt, wenn die Übertragung aller Tabellendaten beendet ist.*

Abhilfe: *Lange Tabellen lassen sich einfach in mehrere kleine unter- teilen, so dass jede übertragene Tabelle sofort angezeigt wird und der Nutzer sich schon mit dem Inhalt der zuerst übertragenen Tabellen beschäftigen kann.*

Systemkompatibilität

Browserkompatibilität

Die technische Repräsentation einer Website und damit auch die eines E-Shops, dessen Ansicht in Form von einzelnen Webseiten erfolgt, basiert auf hauptsächlich auf der Beschreibungssprache HTML (Hyper- text Markup Language) aber auch auf anderen verbreiteten Beschrei- bungssprachen wie z.B. XML (Extended Markup Language) oder XHTML (Extended Hypertext Markup Language). Unterschiedliche Browser- typen und personalisierte Einstellungen der Nutzer führen jedoch dazu, dass diese Beschreibungen zum Teil auf unterschiedliche Art und Weise interpretiert werden. Da sich die Beschreibungssprachen mit den Browsern weiterentwickeln, haben Webdesigner unter Umständen nicht nur Probleme mit der unterschiedlichen Interpretation ihrer Arbeiten durch verschiedenen Browser, wie Microsoft Internet Explorer, Netscape

Navigator, Opera, usw., sondern müssen ebenso bedenken, dass ältere Browser bestimmte Gestaltungsmöglichkeiten überhaupt nicht anbieten und folglich möglicherweise eine fehlerhafte Ansicht darstellen.

Vor der Inbetriebnahme sollte ein E-Shop daher sorgfältig auf verschiedenen Browsern getestet werden, da es vorkommen kann, dass mit älteren Computern oder älteren Browserversionen nicht alle notwendigen Funktionalitäten eines E-Shops nutzbar sind. Die BROWSERKOMPATIBILITÄT ist für E-Shopbetreiber ein nicht zu unterschätzender Erfolgsfaktor, der, wenn die Kompatibilität nicht gewährleistet werden kann, mitunter negative Auswirkungen auf die Kundengewinnung hat. Auf der anderen Seite mindern Fehler in der Anzeige oder der Programmierung das Vertrauen der Besucher in die Qualität und Zuverlässigkeit des Online-Shops. Im schlimmsten Fall kann es sein, dass einige Benutzer den Shop überhaupt nicht nutzen können.

Andererseits lässt sich mit geeigneter Multimediaunterstützung sogar blinden oder sehbehinderten E-Shopnutzern „Accessibility", also ein Zugang, zum Warenangebot verschaffen. Eine umfangreiche Linksammlung zu diesem Thema finden Sie beispielsweise unter http://www.webaccessibility.de.

Marktanteile der wichtigsten Browser

Trotz des Strebens nach einer möglichst weitreichende Browserkompatibilität sollten E-Shop-Betreiber Kosten und Nutzen gegeneinander abwägen. Die Optimierung einer Website für einen Browser, dessen Marktanteil nur einen geringen Prozentsatz beträgt, ist mitunter teurer, als die Einnahmen, die sich durch Nutzer eines veralteten oder ungebräuchlichen Browsers ergeben.

Nach einer Erhebung von http://www.webhits.de lag der weltweite Nutzungsanteil von Microsofts Internet Explorer im Mai 2002 bei rund 83,5 Prozent. Der Netscape Navigator wird von weitaus wenigern Internetbenutzer – nur noch von rund 14,7 Prozent – eingesetzt. Opera liegt mit rund 0,5 Prozent auf dem dritten Platz. Zu beachten ist bei diesen Angaben jedoch, dass diese Zahlen je nach Website und Nutzergemeinde stark schwanken können. Für Linux-Anwender ist beispielsweise der Netscape Navigator noch immer der gebräuchlichste Browser. Die Ein-

GLOSSAR S.466

www.
webaccessibility.de

www.webhits.de/
webhits/browser.
htm

grenzung der zu erwartenden Zielgruppe und der von ihr eingesetzten Systeme bzw. Browser ist demnach eine Voraussetzung dafür, eine Kosten/Nutzen-Analyse hinsichtlich der gewährleistenden Browserkompatibilität durchführen zu können.

Bildschirmauflösung

GLOSSAR S.466

Ähnlich wie bei den verschiedenen am MARKT eingesetzten Browsern verhält es sich mit der BILDSCHIRMAUFLÖSUNG. Unter der Bildschirmauflösung versteht man die Anzahl der dargestellten Bildpunkte (Pixel) auf dem Monitor des Computers. Die meisten Systeme bieten Bildschirmauflösungen von 640 x 480 Pixel bis hin zu 1600 x 1200 Pixel, wobei auch diese Zahlen einer ständigen Dynamik in der technischen Entwicklung und Verbreitung unterliegen. Im Mai 2002 war die Bildschirmauflösung 1024 x 768 Pixel mit rund 60 Prozent am weitesten verbreitet. Ihr folgte die Einstellung von 800 x 600 Pixel mit rund 20 Prozent (vgl.

www.webhits.de/ webhits/browser. htm

http://www. webhits.de/webhits/browser.htm, Abruf: 30.11.2002).

Je geringer die Bildschirmauflösung ist, desto größer, jedoch auch grobkörniger, erscheint die Darstellung der Webseitenoberfläche. Je höher die Bildschirmauflösung desto kleiner werden Bilder und Schriften dargestellt. Dafür wirken diese jedoch ungleich schärfer. Welche Bildschirmauflösungen der Computer anbietet, hängt von der Grafikkarte, dem Monitor und der Software, die die Grafikkarte steuert, dem so genannten Gerätetreiber, ab.

Anhand eines folgenden Beispiels soll veranschaulicht werden, welchen Einfluss die Bildschirmauflösung auf die Darstellung eines E-Shops haben kann:

Der Bildschirmaufbau einer E-Shop-Website ist oft in drei Spalten gegliedert. Am linken Bildschirmrand befindet sich das Menü mit den Produktkategorien des E-Shops. Dieses Menü hat eine Breite von ca. 200 Pixeln. Am rechten Rand befindet sich ein schmalerer Streifen, der etwa 150 Pixel breit ist, in welchem der Benutzer ständig seinen Warenkorb sieht. Im mittleren Bereich werden Produkte, Informationen und Preise abgebildet. Bei einer Auflösung von 800 x 600 Bildpunkten stehen somit für die Produktinformation noch 450 Pixel Breite zur Verfügung, bei einer Auflösung von 1024 x 768 Pixel immerhin 674 Pixel. Der Unterschied der beiden Bildschirmeinstellungen beträgt 224 Pixel. Diese zusätzliche Fläche bietet eine Menge Raum für Informationen oder würde eine größere Abbildung des Produkts zulassen. Diese Angaben beziehen sich auf die mögliche Maximalbreite des Browserfensters, wobei es die gesamte Monitoroberfläche ausnutzt. Je weniger das Browserfenster geöffnet ist, desto kleiner sind auch die dargestellten Bereiche. Die beiden folgenden Screenshots vergleichen die Größe der Webseitenausschnitte, die bei zwei unterschiedlich eingestellten Bildschirmauflösungen dargestellt werden:

Abbildung 3.3: Darstellung der Website www.otto.de bei 800 x 600 Pixel (Abruf: 14.05.2002)

Abbildung 3.4:
Darstellung der
Website www.otto.de
bei 1024 x 768 Pixel
(Abruf: 14.05.2002)

Layout

Die wesentlichen Informationen eines E-Shops sollen auf einen Blick durch den Kunden wahrgenommen werden können, weshalb eine Gestaltung die den Besucher zum Scrollen nötigt, möglichst zu vermeiden ist. Knappe aber präzise formulierte Texte und eine grafisch einprägsame Gestaltung sind wesentliche Bestandteile eines guten LAYOUTS. Zu einem übersichtlichen Layout gehören auch eine intuitive Überschriftenhierarchie, farbliche Textgestaltung und Statusindikatoren, die anzeigen, wo sich der Nutzer im E- Shop gerade befindet und welche Tätigkeiten auf der Webseiten er bereits vorgenommen hat (z.B. bereits angeschaute oder gekaufte Produkte).

Für die Nutzung von anderen Endgeräten als dem Computer, z.B. PDA (Personal Digital Assistants), Handy, internettauglichen Fernsehgeräten u.a. müssen gesonderte Überlegungen für das passende Layout angestellt werden. Endgeräteneutrale Darstellungen werden zunehmend durch den Einsatz von XML realisiert.

GLOSSAR S.466

Als grundlegende und richtungsweisende Lektüre für das Webdesign sei hier die Übersetzung zum „Yale Web Style Guide" zu empfehlen. (Auch als Buch erschienen: Herausgeber akademie.de, Erfolgreiches Web-Design von Patrick J. Lynch, Sarah Horton, Koch Media Verlag, 1999)

www.tu-chemnitz. de/docs/yale/ contents.html

Farbliche Gestaltung

Bei der aufmerksamen Betrachtung der farblichen Gestaltung von Filialen einer Supermarktkette lässt sich beobachten, dass diese eine einheitliche Darstellung anstreben. Die Summe aller Bemühungen eines Unternehmens für eine einheitliche Erscheinungsweise wird als das CORPORATE DESIGN bezeichnet und ist innerhalb des unternehmerischen Gesamtkonzepts der CORPORATE IDENTITY, der Unternehmenskultur, einzuordnen. Im Sinne des Corporate Design finden sich beispielsweise bestimmte Farbgestaltungen überall in der optischen Gestaltung der Verkaufseinrichtungen wieder: an der Außenwerbung, den Regalen, der Kleidung des Personals, den Preisschildern, Einkaufstüten usw. Diese Einheitlichkeit dient sowohl der optischen Abgrenzung gegenüber Mitbewerbern als auch dem Auf- bzw. Ausbau einer Markenbekanntheit, die letztlich in Kundenbindung münden soll.

GLOSSAR S.466

Mehr zum Thema Aufbau von Marken und Markenbekanntheit erfahren Sie auf der englischsprachigen Website brandchannel.com. Auch Wirtz befasst sich in seinem Buch „Electronic Business" umfassend mit Instrumenten und Strategien des Electronic Brandings (vgl. Wirtz, 2001, S. 475–493).

www.brandchannel. com/papers.asp

Um die Frage zu klären, worauf es bei den Firmenfarben ankommt, werden im folgenden Abschnitt einige Punkte zusammengestellt, die eine Hilfe zur Wahl der „richtigen" Farben bieten sollen.

Farbe bezüglich der Branchenzugehörigkeit

Im Offline-Handel haben sich im Verlauf der Jahre branchenspezifische Farbkombinationen herauskristallisiert. So findet man bei Bäckereien häufig eine Kombination aus Rot-, Gelb- und Brauntönen vor. Grün hingegen wird gern von Finanzdienstleistern und Versicherungen eingesetzt. Blau ist bei technologieorientierten Unternehmen besonders attraktiv. Mit dem Medium Internet sind Unternehmen hinsichtlich ihrer Farbwahl durchaus experimentierfreudiger geworden. So haben grafische Modeerscheinungen wie zum Beispiel die Farbe Orange an Boden gewonnen (vgl. Piller, 2001).

Die Farbwahl bezüglich der Information

Die Farbwahl für einen E-Shop stehen nicht nur die Vorgaben des Corporate-Designs, die in vielen Unternehmen für die Online-Gestaltung existieren, im Vordergrund, sondern sie wird vor allem durch die folgenden funktionalen Kriterien bestimmt

- Lesbarkeit von Texten
- Kontrast
- Orientierung
- Wiedererkennungswert

Obwohl sich kein allgemeingültiger Ratschlag für den Einsatz von Farben formulieren lässt, kann man sich grob nach folgenden Regeln richten:

Tabelle 3.2:
Farbenanzahl und
Wirkungen

Farbanzahl	Erscheinungsweise	Wirkung
Viele Farben	Bunt, lebendig bis reizend	Höhere Aufmerksamkeitswirkung
Wenige Farben	Homogen, gesetzt	Höhere Merkfähigkeit

Farben werden bestimmte Assoziationen zugesprochen. Der bewusste Einsatz von Farbassoziationen unterstützt den Kunden beim Informieren und Orientieren. Die folgende Tabelle gibt einen Überblick über häufig genutzte Farben und deren intuitive Wirkung:

Farbe	Positive Assoziation	Negative Assoziation
Rot	Aufmerksamkeit, Energie, Liebe, Leidenschaft	Aggressivität, Brutalität, Wut
Orange	Optimismus, Lebensfreude, Aufgeschlossenheit, Kontaktfreude, Gesundheit, Selbstvertrauen	Leichtlebigkeit, Aufdringlichkeit, mangelnde Seriosität
Gelb	Licht, Heiterkeit, Freude. Steht auch für Wissen, Weisheit, Vernunft und Logik	Egoismus, Geiz, Neid, Täuschung, Rachsucht, Pessimismus
Grün	Erneuerung, Großzügigkeit, Sicherheit, Harmonie, Hoffnung	Neid, Gleichgültigkeit, Krankheit, Müdigkeit
Cyan (Türkis)	Wachheit, Bewusstheit, Klarheit, geistige Offenheit, Freiheit	Kühle, Leere, Distanz
Blau	Ruhe, Vertrauen, Sehnsucht, Pflichttreue, Schönheit	Verträumtheit, Nachlässigkeit oder Melancholie
Violett	Mystik/Magie, Inspiration, Extravaganz	Stolz, Arroganz oder auch Mangel an Moral
Magenta (Pink)	Idealismus, Dankbarkeit, Engagement, Mitgefühl	Dominanz, Snobismus, Arroganz
Weiß	Reinheit, Klarheit, Erhabenheit, Unschuld	Unnahbarkeit, Empfindsamkeit, Reserviertheit
Grau	Neutralität, Vorsicht, Zurückhaltung, Kompromissbereitschaft	Langeweile, Eintönigkeit, Unsicherheit bis Angst
Schwarz	Würde, Ansehen, Feierlichkeit	Trauer, Unergründlichkeit, Unabänderlichkeit, das Furchterregende, das Geheimnisumwitterte

Tabelle 3.3: Farben und Assoziationen

Die Wahl der Schriftart

Neben den Farben beeinflusst auch die jeweilige Schriftwahl die Wirkung einer Website. Aufgrund der unterschiedlichen **Darstellungsschärfe** eines Textes auf dem Computerbildschirm gilt es, die folgenden Regeln zu beachten:

Sowohl am Computer als auch in den Printmedien findet bei der Darstellung bzw. beim Druck eine Rasterung der Information (Text oder Bild) statt. Die Rasterweite wird oft in DPI angegeben, eine Abkürzung für „dots per inch" (Punkte pro Inch, 1 Inch = 2,54 cm). Während der Buchstabe eines gebundenen Buches mit etwa 1200 DPI, also etwa 47 Punkte je Millimeter gedruckt wird, erfolgt die Darstellung eines Textes auf einem herkömmlichen Monitor mit etwa 72 DPI, also rund 2,8 Punkte je Millimeter. Das Schriftbild auf dem Computer wirkt daher

GLOSSAR S.466

grobkörniger. Aus diesem Grund ist der Einsatz von kleinen Schriftgrößen sowie Schriften mit Serifen (häkchenartige Enden an Buchstaben) nur bedingt empfehlenswert.

GLOSSAR S.466

	Serifenschrift	Serifenlose Schrift
Normale Buchstabengröße	Lorem ipsum dolorLorem ipsum dolor sit amet, consectetuer adipiscing elit, sed diam nonummy nibh euismod tincidunt ut laoreet dolore magna aliquam erat volutpat. Ut wisi enim ad minim veniam, quis nostrud exerci tation ullamcorper suscipit lobortis nisl ut aliquip ex ea commodo consequat.	Lorem ipsum dolor Lorem ipsum dolor sit amet, consectetuer adipiscing elit, sed diam nonummy nibh euismod tincidunt ut laoreet dolore magna aliquam erat volutpat. Ut wisi enim ad minim veniam, quis nostrud exerci tation ullamcorper suscipit lobortis nisl ut aliquip ex ea commodo consequat.
Kleine Buchstabengröße	Lorem ipsum dolorLorem ipsum dolor sit amet, consectetuer adipiscing elit, sed diam nonummy nibh euismod tincidunt ut laoreet dolore magna aliquam erat volutpat. Ut wisi enim ad minim veniam, quis nostrud exerci tation ullamcorper suscipit lobortis nisl ut aliquip ex ea commodo consequat.	Lorem ipsum dolor Lorem ipsum dolor sit amet, consectetuer adipiscing elit, sed diam nonummy nibh euismod tincidunt ut laoreet dolore magna aliquam erat volutpat. Ut wisi enim ad minim veniam, quis nostrud exerci tation ullamcorper suscipit lobortis nisl ut aliquip ex ea commodo consequat.

Tabelle 3.4: Vergleich von Schriftarten und Schriftgröße

Des Weiteren sollte berücksichtigt werden, dass nicht jede Schriftart, die
auf dem Computer des Webdesigners installiert ist, auch für eine Webseite verwendet werden kann. Deshalb sollten für Fließtexte grundsätzlich nur Standardschriftarten (wie Arial und Verdana) verwendet werden,
die auch auf den meisten Systemen installiert sind. Der Webdesigner muss
beachten, dass spezielle Firmenschriftarten nicht auf dem Computer des
E-Shop-Besuchers installiert sind. Wenn deren Einsatz aus Corporate
Design Gründen jedoch vorteilhaft erscheint müssen entsprechende Texte als Grafiken angelegt und eingebettet werden. Da die Übertragung von
Grafiken wesentlich länger als die Textübertragung dauert, beschränkt
man sich bei der Webseitengestaltung auf die grafische Gestaltung von
Überschriften und Buttons. Die vektorielle Erstellung von Grafik-
elementen (Linien und Flächen), wie bei Flash-Animationen oder SVG
(Scalable Vector Graphics), kann alternativ die Datenmengen reduzieren.

GLOSSAR S.466

Zusammenfassende Empfehlungen zum Layout

Farben und Schriften
- einheitliche Farbwahl
- Einsatz von maximal vier Grundfarben
- farbliche Unterscheidung von Inhalten
- Lesbarkeit durch Hell-Dunkel-Kontraste, Warm-Kalt-Kontraste vermeiden
- kräftigen Farben bei kleinen Flächen (z.B. Buttons) und aufgehellte bzw. abgedunkelte Farben bei großen Flächen
- helle Hintergrundfarben und dunkle Textfarben vorteilhaft für Ausdrucke

Struktur
- tabellarische Strukturierung der wesentlichen Informationen mit farblich alternierenden Tabellenzeilen
- Vermeidung von Informationsüberflutung, Links auf Zusatzinformationen
- Umfangreiche Texte durch grafische Elemente ersetzten (z.B. ein Kreuz für „vergriffen/nicht lieferbar" oder ein Häkchen für „schon bestellt")
- Unterteilung von umfangreichen Tabellen in mehrere kleine, um Ladezeiten zu verringern und um Verschwinden des Tabellenkopfes durch Scrollen zu verhindern
- Verwendung von Fremdworten oder Anglizismen vermeiden

Diese Aufstellung von Ratschlägen bietet eine Einführung in Fragen des Layouts und dient als Orientierungshilfe bei der Realisierung der Webseiten für ein überschaubares Produktangebot. Bei größeren E-Shop-Projekten sollten für Layout und Design in Betracht gezogen werden, professionell ausgebildete Fachkräfte (Webdesigner, PR-Agenturen) heranzuziehen.

3.5 Navigation

Unter der Navigation einer Website wird der strukturelle Aufbau der Steuerungsmöglichkeiten einer Website verstanden. Elemente der Navigation sind daher zum einen das der Steuerung zu Grunde liegende Prinzip und zum anderen die zugehörigen Werkzeuge wie Buttons, Links oder Suchfunktionen. Erst das Zusammenspiel dieser Komponenten ermöglicht dem Besucher eine intuitive und effiziente Nutzung eines E-Shops.

Schneider/Gerbert unterschieden zwei Grundtypen der Navigation: *,hierarchisch'* oder *,vernetzt'.* „Die hierarchische Navigation baut die Bereiche einer Website wie eine Pyramide auf und führt den Besucher vom Allgemeinen zum Besonderen. Das bedeutet je nach Umfang der Website mehrere Zwischenstopps bis zum Ziel. […] Die vernetzte Navigation baut die Bereiche einer Website wie ein Netz auf, in dem diese miteinander verbunden oder verwoben sind. Site-Maps, Pop-Up-Menüs, Indexe und Suchfunktionen unterstützen den Besucher bei der Orientierung. Während es durch hierarchisch gestaltete Websites wenige Hauptwege gibt, führen durch global navigierte Websites viele Pfade und Abkürzungen und ermöglichen daher ein spontanes Kauferlebnis." (vgl. Schneider/Gerbert, 1999, S. 141 und vgl. McLaren,1996)

Unterstützung bei der Suche

Die einfache und zielgerichtete Suche nach Produkten hat eine zentrale Bedeutung für den Kunden. In einem E-Shop sollten dem Kunden folglich Instrumente und Methoden zur Verfügung stehen, die ihm die Suche erleichtern. Zur Unterstützung der Suche stehen zum einen Suchmaschinen zur Volltextsuche und zur Suche in den Produktkategorien und zum anderen eine intuitive Produktkategorisierung zur Verfügung, die es dem Kunden schnell und unkompliziert erlaubt, einen bestimmten Artikel zu finden.

Beispiele Suchwerkzeuge

In vielen E-Shops reicht eine Produktkategorisierung (Einteilung in Sortiment) nicht mehr aus, um Produkte einfach aufzufinden. Sobald die Anzahl der Kategoriestufen mehr als fünf beträgt oder die Anzahl der pro Unterkategorie abzubildenden Produkte mehr als 20, sollte eine Suchfunktion dem Kunden zusätzliche Hilfe anbieten.

Auch bei Produkten, deren Bezeichnung eindeutig ist (z.B. Medien wie Bücher, CDs, DVDs, Software, usw.), der Benutzer also die genaue Betitelung kennt, kommt er mit einem Suchwerkzeug schneller zum Ziel.

In E-Shops sind vorwiegend folgende Arten von Suchfunktionen implementiert:

- E-Shop-weite Suche im Volltext in allen Produktkategorien und Beschreibungen
- Einzelsuche in einer Produktkategorie und in Beschreibungen
- Suche durch Kombination mehrerer Suchbegriffe
- Verknüpfung mit UND und ODER zwischen den Suchbegriffen
- Suche mit Schlüsselwörtern und Indexen.

www.bol.de

www.otto.de

Bei dem Online-Buchhändler BOL können in der Schnellsuche nach Autor, Titel, Stichwort oder der ISBN gesucht werden. Der OTTO Versand lässt dagegen eine einfache (Volltextsuche mit einem Begriff) wie auch eine erweiterte Stichwortsuche (mehrere Begriffe logisch verknüpft) zu.

*Abbildung 3.5
Beispiel: Suchwerk-
zeug für Bücher bei
BOL*

Quelle: *http://www.bol.de*, Abruf: 05.11.2002

*Abbildung 3.6:
Beispiel: OTTO
Suchmaske*

Quelle: http://www.otto.de, Abruf: 05.11.2002

GLOSSAR S.466

www.idealo.com

Einen interessanten Ansatz, Kategorien und Suchmaschinen miteinander zu verbinden, findet man bei dem PREISVERGLEICHER http://www.idealo.com. Dort gibt der Besucher zunächst eine Hauptkategorie an, anschließend eine Unterkategorie. Im Anschluss daran kann er seine Produktwünsche weiter spezifizieren.

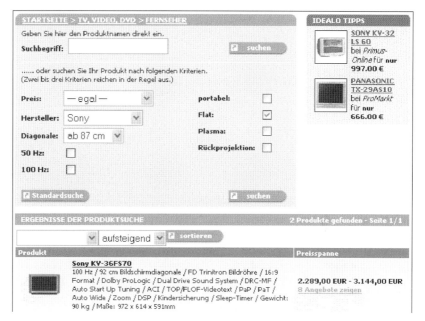

Abbildung 3.7:
Beispiel: Idealo.com
Profisuche

Quelle: http://www.idealo.com, Abruf 05.11.2002

Orientierungshilfen

Durch geeignete Maßnahmen kann verhindert werden, dass der Kunde die Orientierung im E-Shop verliert. KONSISTENTE NAVIGATIONSELEMENTE,

GLOSSAR S.466

KONTEXTSENSITIVE LINKS und SITE-INDEX bzw. Site-Maps sind dabei zu nennende Lösungen.

Zu den **konsistenten Navigationselementen** zählen z.B. Menüleisten, Linklisten oder Orientierungsleisten, die auf jeder Website an gleicher Stelle wieder zu finden sind, oftmals den derzeitigen Standort hervorheben und den Nutzer nicht im unklaren lassen über die von dieser Seite aus zu erreichenden Shopbereiche. Durch **Sitemaps** lässt sich – ähnlich einem Baumdiagramm – der inhaltliche Aufbau und die Struktur der Website anschaulich darstellen.

Die Informationsgestaltung

Den Kunden eines E-Shops sollten eine übersichtliche Darstellung der Informationen, Transparenz über die Informationsstruktur und Hinweise über seinen aktuellen Standort innerhalb der Informationshierarchie geboten werden. Es sollte möglichst verdeutlicht werden, an welcher Stelle er sich im KATALOG befindet, ob er bereits Waren in den Warenkorb gelegt hat oder ob er sich bereits im Bezahlvorgang befindet. Symbole und Farben unterstützen die Orientierung.

GLOSSAR S.466

Die produktbezogenen Angaben stellen in einem E-Shop die wesentlichen Informationen dar. Deshalb sollten Attribute wie Warenname, kurze Produktbeschreibung, Produkteigenschaften, Optionen, Preise und Rabatte, Lieferzeiten und –modalitäten sowie Zahlungsbedingungen, dem Kunden übersichtlich zur Verfügung stehen.

Die Strukturierung des Produktangebots

Es gibt mehrere Möglichkeiten, dem Benutzer einen verständlichen Zugang zum Produktangebot zu geben und damit die Produktsuche wesentlich zu erleichtern:

- Zusammenfassung der Produkte in Gruppen (Kategorien).
- Farbliche Unterscheidung der Produkte und Bildschirmbereiche.
- Suche nach dem Produkt über ein SUCHFORMULAR (Volltextsuche).
- Suche nach einem Produkt über SITEMAPS.
- Welche Suchmöglichkeiten ein Betreiber anbieten kann, wird in *Lerneinheit 4* näher erörtert.

GLOSSAR S.466

Seite 114

Kategorien

Unter Produktkategorien versteht man Hierarchiebäume, in denen Produkte entsprechend ihrer Eigenschaften oder ihres Einsatzzwecks abgebildet werden. Dabei können Produkte sowohl einmalig als auch mehrmalig vorkommen, wenn sich eine Einordnung in mehrere Gruppen anbietet.

Sowohl die Anzahl der Kategorien je Hierarchieebene als auch die Zahl der Produkte je Kategorie sollten für den Kunden überschaubar bleiben. Mehr als fünf Hierarchiestufen sind in den seltensten Fällen sinnvoll, da ansonsten einerseits die Transparenz der Kategorisierung verschleiert und andererseits die Geduld des Besuchers für den Seitenaufbau bei jeder Kategoriestufe geringer wird. Als grobe Richtlinie bietet sich folgende Aufteilung an:

■ Hauptkategorie

Wenn mehr als eine Produktgruppe angeboten werden, sollten Hauptkategorien gebildet werden. Diese PRODUKTGRUPPEN sollten in keinem thematischen Zusammenhang stehen (z.B. bei den Gruppen Farben/Tapeten einerseits und Gartenwerkzeuge, -pflanzen und -möbel andererseits). Es sollte versucht werden, wenige Hauptkategorien einzusetzen, da ansonsten der Übersichtscharakter verloren geht und zudem die Gefahr besteht, dass der Kunde ein Produkt nicht mehr eindeutig einer Kategorie zuordnen kann.

■ Unter-/Subkategorien

Unterkategorien sind sinnvoll, wenn sich die Produkte hinsichtlich ihrer Eigenschaften, Verwendungsweise oder des Verwendungszwecks stark von einander unterscheiden. Auch hier sollten nicht mehr als jeweils zehn Unterkategorien zum Einsatz kommen. Anhand der Kategoriebezeichnung sollte deutlich werden, welche spezifischen Eigenschaften unterschieden werden.

Wenn es notwendig erscheint, die Unterkategorien weiter zu unterteilen, sollte parallel dazu ein Suchwerkzeug angeboten werden, mit dem der Besucher anhand von Produktnamen, Artikelnummer oder beschreibenden Eigenschaften schneller und gezielter zu dem gewünschten Produkt gelangen kann.

Sitemaps

Sitemaps stellen gerade bei komplexen E-Shops eine wichtige Orientierungsmöglichkeit dar. Mit Hilfe von Sitemaps werden die Produktgruppen eines E-Shops in einer hierarchischen Struktur übersichtlich dargestellt. Bei der Gestaltung sollte darauf geachtet werden, dass die einzelnen „Äste" sich deutlich voneinander abgrenzen. Über weiterführende Textlinks kann der Kunden daraufhin zu den gefundenen Produktgruppen oder Informationen gelangen.

Die üblichen Darstellungsweisen von Sitemaps werden im Folgenden gegenübergestellt:

- **Kategorisiertes Stichwortverzeichnis**

  listet mit den zugehörigen Webseiten verlinkte Stichworte nach Kategorien auf,

- **Schematisches Stichwortverzeichnis**

  bilden die Struktur der Website meist grafisch unterstützt ab,

- **MAPA-System**

  bildet die Struktur der Website wie eine Landkarte ab.

Hier einige Gestaltungsbeispiele:

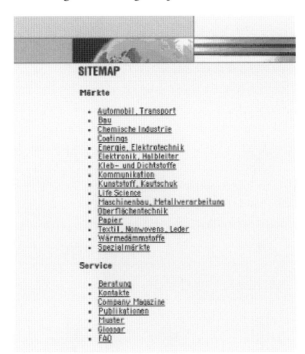

Abbildung 3.8:
Sitemap als
kategorisiertes
Stichwortverzeichnis

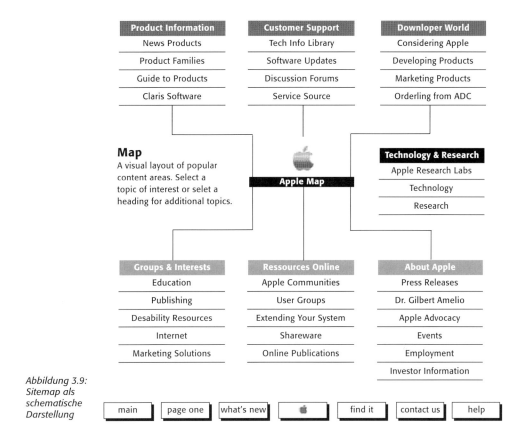

Abbildung 3.9:
Sitemap als
schematische
Darstellung

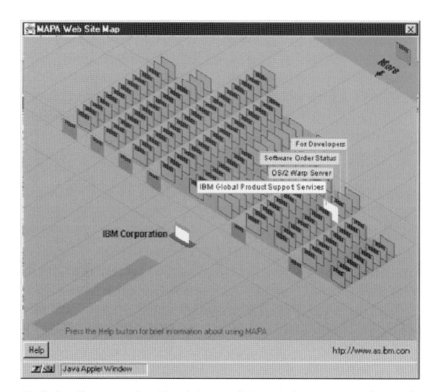

Abbildung 3.10:
Beispiel für den
Einsatz des MAPA
Systems

(Quelle: http://www.casa.ucl.ac.uk/martin/amster.pdf, S. 42, Abruf: 10.09. 2001. In dieser Quelle sind auch weitere interessante Visualisierungen für Sitemaps zu finden)

3.6 Abwicklung des Kaufprozesses

Nachdem der Kunde in einem E-Shop die Waren gewählt hat, die er kaufen möchte, beginnt die Phase der Umsetzung des Kaufwunsches (die Phasen „Desire" und „Action" im AIDA-Modell).

Warenkorb

In Analogie zum „Einkaufskorb" ist das Warenkorbsystem eine Shopfunktionalität, die es dem Käufer ermöglicht, einzelne Produkte und Dienstleistungen per Mausklick auf einer eigenen Liste vorzumerken. Technisch gesehen ist der Warenkorb eine temporäre DATENBANK, die alle Angaben über die bisher eingesammelten Waren enthält.

GLOSSAR S.466

Bevor die Bestellung abgesendet wird, kann diese Liste eingesehen und korrigiert werden. Der Warenkorb sollte für den Kunden immer sichtbar und zugreifbar sein. Der Kunde sollte gewählte Produkte in den Warenkorb legen können, sie wieder herausnehmen können sowie die Anzahl der Produkte im Warenkorb frei ändern können. Links zu den Produktbeschreibungen des Katalogs sind ebenfalls ein hilfreiches Feature. Dabei sollte jedoch darauf geachtet werden, dass bereits bestehende Bestellinformationen nicht verloren gehen. Komfortable Warenkörbe bleiben auch nach einiger Zeit der Unterbrechung des Kaufvorganges erhalten, damit der Einkauf später ohne Neuauswahl fortgesetzt werden kann.

In der Darstellung des Warenkorbs werden alle zum Kauf markierten Waren mit den kaufrelevanten Informationen tabellarisch aufgelistet. Zu den kaufrelevanten Informationen zählen vor allem:

- Artikelnummer,
- Warenname,
- Einzelpreis,
- Stückzahl,
- Einzelpreis x Stückzahl,
- Mehrwertsteuer,
- Lieferzeit und der
- Gesamtpreis über alle Waren.

Zudem sollte innerhalb der Warenkorbansicht die Möglichkeit zur Änderung der Einkaufsliste gegeben sein, wobei die Stückzahl geändert oder Waren auch komplett aus dem Warenkorb entfernt werden können. Am Ende der Bestellliste sollte ein Link zum Auslösen der Bestellung und der Eingabe der Kundendaten führen.

▶ **Übung**

Vergleichen Sie verschiedene Warenkörbe: Gehen Sie in ein virtuelles Geschäft, legen Sie einige Artikel in Ihren Warenkorb und beschreiben Sie dabei gute und schlechtere Lösungen!
(Anmerkung: Wenn Sie den Kaufprozess nicht fortsetzen, also keine Bestellung auslösen, wird der Warenkorb nach einer gewissen Zeit verworfen und hat keine Bestellung zur Folge.)

Die folgenden Abbildungen stellen Warenkörbe von bekannten Online-Buchhandlungen dar:

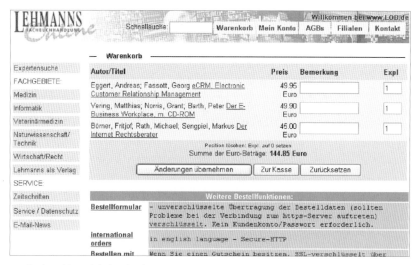

Abbildung 3.11: Warenkorb bei Lehmanns Online Buchshop

Quelle: *http://www.lob.de*, Abruf: 05.11.2002

Abbildung 3.12:
Warenkorb bei
amazon.de

Quelle:  http://www.amazon.de, Abruf: 05.11.2002

Bezahlung

Verkaufsprozess
und technologische
Grundlagen von
E-Shops
Seite 48

Wie bereits in der *Lerneinheit 2* angesprochen, bieten E-Shopsysteme meist mehrere Möglichkeiten zur Zahlung des Einkaufs. Die Auswahl von verschiedenen Zahlungsmöglichkeiten wirkt sich positiv auf die Akzeptanz des E-Shops aus.

Die im Internet zur Verfügung stehenden Zahlungsarten werden in zwei Gruppen eingeteilt:

- Herkömmliche Zahlungsverfahren:
  - Rechnung/Nachnahme
  - Bankeinzug
  - Kreditkarte

GLOSSAR S.466

- Internetspezifische Zahlungsverfahren:
  - Kreditkartenzahlung über **SET** (Secure Electronic Transaction)
  - Micropayment (z.B. Paybox, Firstcash)
  - Geldkarte basierend auf der Smartcart/d-Technologie mit Chipkartenlesegerät

(vgl. Alpar et al, 2000 und vgl. Wirtz, 2001, S. 616ff)

Sicherheit und
Datenschutz
Seite 165

Die *Lerneinheit 6* beschäftigt sich ausführlich mit den in E-Shops verwendeten Zahlungsmethoden, stellt ihre jeweiligen Vor- und Nachteile gegenüber und geht auf Aspekte der Sicherheit bei Zahlungstransaktion ein.

Lieferung

Nach Merz haben sich die Kundenanforderungen an die Flexibilität und Lieferfähigkeit der Online-Händler in den letzten Jahren zunehmend erhöht (vgl. Merz, 2002 S. 441). Dies betrifft Lieferzeiten, die Auswahl von Versand- und Zahlungsarten, die Definition von festgelegten Lieferzeitpunkten, Mehrfachlieferungen und die Belieferung von Pick-up- oder Abholstationen. Viele potenzielle Kunden geben an, die Bestellungen abzubrechen oder nachträglich zu stornieren, wenn die Lieferzeit zu lange dauert. Studien zufolge nimmt die Bereitschaft, online gekaufte Produkte wieder zurückzugeben oder umzutauschen, mit zunehmender Lieferzeit zu (vgl. Merz, 2002, S. 442).

Die Lieferungsmodalitäten stehen im engen Zusammenhang mit den Zahlungsverfahren. So bieten viele Händler die Lieferungen mit Nachnahme, mit Rechnungsstellung oder mit Bankeinzug an. Auch Klauseln, nach denen die erste Lieferung nur nach vorheriger Be- oder Anzahlung erfolgen kann, sind möglich. Ein Risiko auf Seiten des Händlers bleibt immer, vor allem, wenn er dem Kunden entgegenkommt. Allerdings gibt es auch ein Risiko der Nichtlieferung, welches vom Kunden empfunden werden kann. Bedenken der Kunden beziehen sich hauptsächlich auf die mögliche Unseriosität des Anbieters und damit auf den Verlust von geleisteten Einzahlungen. Als Maßnahmen zur Reduktion dieser Unsicherheiten können hier zum Beispiel Pflege der Anbieterreputation, Zertifikate und Gütesiegel für die Webseite genannt werden.

Service

GLOSSAR S.466

Als integraler Bestandteil der Kundenkommunikation ist der Kundenservice laut Merz ein wichtiger Prozess im FULFILLMENT – der Wahrnehmung der Vertragserfüllung (vgl. Merz, 2002, S. 453). Neben der Benutzeroberfläche bildet der Kundenservice den einzigen Kontakt des Online-Händlers mit dem Kunden. Zum Kundenservice gehören beispielsweise die automatische Auftragsbestätigungen per E-Mail (mit allen Informationen zum Kauf) und das Anbieten weiterer Leistungen im Sinne „Was kann ich noch für Sie tun?" sowie die Anzeige eines Bestellstatus.

GLOSSAR S.466

Das Verfolgen der Warenlieferung wird als TRACKING bezeichnet. Diese Art des Services hat sich als sehr nutzenbringend für den Kunden erwiesen. Über die Webseite oder per E-Mail kann er stetig den Status der Abwicklung seiner Bestellung verfolgen. „Insgesamt entsteht im Idealfall ein durchgängiges Datenbild eines Artikels bzw. später eines Auftrags und Pakets von der Einlieferung bis zur Ablieferung beim Kunden. Viele dieser Statusdaten können dem Kunden online zur Verfügung gestellt werden *(Track & Trace)* und erhöhen somit die Transparenz der Bestellung. Voraussetzung hierfür ist allerdings eine Vernetzung aller in der Transportkette beteiligten Akteure und eine Harmonisierung von Barcodeformaten, Datenformaten und Übertragungsstandards." (vgl. Merz, 2002, S. 449)

Um dem Kunden den größten Service und Komfort zu geben, sollten ihm mehrere Kommunikationsarten zur Auswahl gestellt werden (vgl. Merz, 2002, S. 453). Diese sind Telefon, Fax, E-Mail und die Webseiten. Viele (kostenintensive) Nachfragen können durch proaktive Kommunikation, wie beispielsweise E-Mails mit Informationen zum Bestell- und Lieferstatus, vermieden werden. Adressänderungen und Stornierungen können problemlos über entsprechende Bereiche des E-Shops abgewickelt werden. Außerdem können eine Reihe von häufig gestellten Fragen durch übersichtliche und leicht auffindbare FAQs (Frequently Asked Questions) beantwortet werden.

3.7 Sicherheit

Wenn man die Sicherheit unter dem Aspekt der Anforderungen an einen E-Shop aus Kundensicht betrachtet, steht vor allem die sichere Abwicklung der Zahlung, der Lieferung und der Schutz der persönlichen Daten der Kunden im Vordergrund. Da die sichere Abwicklung der Bezahlung in *Lerneinheit 6* ausführlich besprochen wird, soll an dieser Stelle auf diese Lerneinheit verwiesen werden.

Sicherheit und
Datenschutz
Seite 165

Implikationen des
Onlinerechts auf
E-Shops
Seite 374

GLOSSAR S.466

Praktizierte und dokumentierte Datensicherheit kann die Akzeptanz elektronischer Zahlungsmittel wie auch die Akzeptanz der Personalisierung verbessern. Wie in *Lerneinheit 12* ausführlich erörtert wird, ist der Betreiber gesetzlich zum Datenschutz verpflichtet.

Im Mittelpunkt der Anforderungen des Kunden an die Sicherheit seiner persönlichen Daten stehen die Begriffe VERTRAULICHKEIT, INTEGRITÄT, AUTHENTIZITÄT und AUTORISIERUNG. Der Kunde erwartet, dass keine ihn betreffenden Daten von Fremden einsehbar sind (Vertraulichkeit), dass die Daten unverfälscht (Integrität) sowie beim beabsichtigten Empfänger (Authentizität) eintreffen. Der Empfänger muss zudem berechtigt sein (Autorisierung), die Daten zu empfangen und zu verwalten. Bei fehlenden Sicherheitsgarantien sind zunehmend Abbrüche von Bestellvorgängen festzustellen. Basis für die Gewährleistung von Datensicherheit sind die Datenverschlüsselung bei der Übertragung von Informationen sowie die in den AGB's zugesicherte Datenschutzgarantie.

ZUSAMMENFASSUNG

In dieser Lerneinheit wurden die Anforderungen an einen E-Shop aus der Kundensicht erarbeitet. Es wurde deutlich, wie viele Aspekte den Erfolg oder Misserfolg eines E-Shops bestimmen. Neben der *Produktauswahl* und der *Sortimentstiefe* stellt auch die *Informationsgestaltung* ein wesentliches Erfolgskriterium dar. Aber nicht nur detaillierte Produktinformationen sondern auch *Marketingaktionen*, Sonderangebote und neue Artikel schaffen die notwendige Aufmerksamkeit für E-Shops.

Wie unter *Abschnitt 3.4* erläutert, sind auch die Nutzerfreundlichkeit und der Bedienkomfort wichtige Faktoren für den Erfolg eines E-Shops. Zu den Kriterien gehören die *intuitive Bedienung*, die *Möglichkeit zur Personalisierung*, eine möglichst hohe *Verfügbarkeit* und *Geschwindigkeit* sowie ein ansprechendes und logisch aufgebautes *Shoplayout*. Aus Kundensicht spielt selbstverständlich eine übersichtliche *Navigation* innerhalb des E-Shops eine sehr große Rolle. Es wurde ferner aufgezeigt, dass zur Unterstützung der Hypertextnavigation zusätzliche Navigationselemente wie *Suchwerkzeuge* oder *Sitemaps* wichtig sind.

Übersichtlichkeit und eine komfortable Bedienung des *Warenkorbs* tragen ebenfalls dazu bei, eine Kaufentscheidung herbeizuführen. Elementar für die Akzeptanz und das Vertrauen der Kunden in einen E-Shop sind die sichere und bequeme Abwicklung des Zahlungsvorgangs sowie die zuverlässige Lieferung der bestellten Produkte. Zur Stärkung des Kundenservices empfiehlt es sich, dem Kunden möglichst viele *Kommunikationskanäle* zur Verfügung zu stellen, um eine einfache Kontaktaufnahme (mündlich und schriftlich) zu ermöglichen und durch Eingehen auf Kundenbedürfnisse die Kundenzufriedenheit zu erhöhen.

Aufbauend auf den Anforderungen aus Kundensicht werden in der folgenden *Lerneinheit 4* die Anforderungen aus Sicht eines Shopbetreibers herausgearbeitet, die für die Einrichtung eines E-Shops wesentlich sind.

[4] ANFORDERUNGEN AN E-SHOPS AUS BETREIBERSICHT

Neben den in der vorhergehenden Lerneinheit aufgezeigten Anforderungen an einen E-Shop aus Kundensicht gibt es selbstverständlich auch eine Reihe von Anforderungen, die ein E-Shop aus Betreibersicht erfüllen muss. Die Anforderungskriterien aus Betreibersicht schließen die Anforderungskriterien des Kunden ein, denn ein E-Shop sorgt einerseits für die Schnittstelle und Funktionen zum Kunden (FRONTEND) und andererseits auch für die Funktionalitäten innerhalb des Geschäfts (BACKEND).

GLOSSAR S.466

Anforderungen an
E-Shops aus
Kundensicht
Seite 73

Ferner ist die Kundenzufriedenheit ein wesentlicher Faktor für den Erfolg eines E-Shopsystems.

Ein Großteil der in *Lerneinheit 3* aufgeführten Anforderungen an einen E-Shop aus Kundensicht wird von den meisten E-Shopsystemen erfüllt.

Seite 52

In dieser Lerneinheit werden die wichtigsten Anforderungen an ein - E-Shopsystem aus Betreibersicht zusammengestellt. Die grobe Einteilung der einzelnen Abschnitte orientiert sich an den in *Abschnitt 2.1.3* ausgeführten HANDELSTRANSAKTIONSPHASEN, die in Anlehnung an Schmitt/ Schneider (vgl. Schmitt, Schneider 2001) beschrieben wurden. Hierbei handelt es sich, wie in der angegebenen Quelle beschrieben, um die Phasen **Information, Vereinbarung, Abwicklung** und **After Sales.** Nach der Diskussion der Handelstransaktionsphasen gehen wir kurz auf Anforderungen an E-Shopsysteme bezüglich der Administration, Sicherheit und SKALIERBARKEIT ein, die nicht direkt in die Transaktionsphasen einzuordnen sind, aber dennoch für den Betreiber eine nicht zu unterschätzende Relevanz aufweisen.

Die Entscheidung eines E-Shopbetreibers, das jeweils einzusetzende System zu kaufen, selbst erstellen zu lassen oder zu mieten („Make or Buy"), spielt in dieser Betrachtung keine Rolle. Schwerpunkte dieser Lerneinheit sind die von einem E-Shop bereitzustellenden Funktionalitäten, nicht betriebswirtschaftliche Gesichtspunkte. Diese werden ausführlich in *Lerneinheit 9* besprochen.

Konzepte in eCommerce-Anwendungen – Outsourcing, Make or Buy
Seite 285

In der folgenden Abbildung wird der Aufbau der vorliegenden Lerneinheit noch einmal strukturiert dargestellt:

Informationsphase	Vereinbarungsphase	Abwicklungsphase	After-Sales-Phase	Administration
Produktkatalog	Preisfindung	Kundenverwaltung	Kundenservice	**Sicherheit**
Layout	Agenten	Auftragsverwaltung	Support	**Skalierbarkeit**
Marketing	Lieferung	Zahlungsvorgang	Statistik	
Datenspeicherung		Zusatzkosten		
		Zahlungsmethoden		

Abb. 4.1:
Anforderungen an E-Shopsysteme aus Betreibersicht

4.1 Anforderungen hinsichtlich des Informationsangebots

Informationsphase	Vereinbarungsphase	Abwicklungsphase	After-Sales-Phase	Administration
Produktkatalog	Preisfindung	Kundenverwaltung	Kundenservice	Sicherheit
Layout	Agenten	Auftragsverwaltung	Support	Skalierbarkeit
Marketing	Lieferung	Zahlungsvorgang	Statistik	
Datenspeicherung		Zusatzkosten		
		Zahlungsmethoden		

 Seite 65

Mit den Funktionen, die ein E-SHOP-FRONTEND zur Verfügung stellen sollte, hat sich die vorhergehende *Lerneinheit 3* eingehend beschäftigt, in diesem Abschnitt soll der Blick nun vorwiegend auf das E-Shop-Backend gerichtet werden, das bereits in *Abschnitt 2.2.3* als einer der technischen Grundbestandteile eines E-Shopsystems vorgestellt wurde.

Produktkatalog

Der PRODUKTKATALOG ist das Herzstück eines E-Shops, in ihm sind die Beschreibung der Produkte und Metainformationen zu den Produkten gespeichert. Die Funktionen, die dem Betreiber eines E-Shops zur Gestaltung des Katalogs dienen, haben vor allem die Aufgabe, den Katalog übersichtlich zu strukturieren.

Organisation und Strukturierung des Katalogs

Wie bereits in der vorhergehenden Lerneinheit aufgezeigt wurde, erfolgt eine logische Strukturierung des Katalogs durch Bildung von Warengruppen oder Kategorien (Klassifizierung). Die Klassifizierung kann in mehreren Dimensionen erfolgen, z. B. könnte in einem E-Shop, in dem man Schrifttypen (Fonts) kaufen kann, die Kategorisierung wie folgt abgestuft sein:

- Schriften nach Schriftfamilien,
- Schriftgrößen,
- Schriftschnitten,
- Schriften für Bleisatz,
- elektronische Schriften usw.

www.
fontexplorer.com

Ein Beispiel hierfür ist das Onlineangebot des Unternehmens Linotype (siehe http://www.fontexplorer.com, Abruf 20.09.2002).

Als Beispiel für eine einfache Organisation eines Produktkatalogs sei an dieser Stelle das Shopsystem Intershop 4 der Intershop AG genannt. Für das Anlegen des Katalogs und der Produktinformationen stehen dort entsprechende „Manager" oder „Wizards" genannte Funktionen zur Verfügung. Zuvor definierte Produkte können in den Katalog aufgenommen werden. Einzelne Produkte können dabei als Sonderangebot gekennzeichnet werden bzw. als Angebot für die Einstiegsseite in den E-Shop. Über den Katalog-Manager wird dabei die gesamte Artikelstruktur hierarchisch in Katalogen abgebildet. Der Administrator kann alle Rubriken eingeben, die dann im Katalog des Anbieters erscheinen (z. B. Wohnzimmereinrichtung –> Couchgarnituren + Sessel + Lampen; Lampen –> Tischlampen + Wandlampen etc., vgl. Merz 2002, S.421).

Nach einer Untersuchung von Ulrich Frank (vgl. Frank et al.) sollten folgende charakteristische Anforderungen an einen Produktkatalog beachtet werden:

1. Es sollten prinzipiell beliebige Produkte (genauer: Produktarten oder -klassen) abbildbar sein.
2. Die Erfassung neuer Produkttypen sollte dabei keine Änderung des Programmcodes oder des Datenbankschemas erforderlich machen, weil dies angesichts der i.d.R. durchgängigen Verfügbarkeit der Systeme und des häufigen Auftretens neuer Produkttypen nicht akzeptabel wäre.
3. Die auf der Basis konzeptioneller Produktmodelle verwalteten Objekte sollen den Kunden bei der Suche nach geeigneten Produkten unterstützen.
4. Dabei sollte die Beschreibung der Produkte aus der Sicht der Kunden gehaltvoll sein und ihren unter Umständen variierenden Bedürfnissen nach Detaillierung und Anschaulichkeit gerecht werden.

Daneben gibt es nach Frank eine Reihe von Anforderungen an den Produktkatalog, die mit der automatisierten Verwaltung und Pflege von Produktdaten zusammenhängen:

1. Produktbeschreibungen sollten es erlauben, im Zeitverlauf betriebswirtschaftlich relevantes Wissen über das Kaufverhalten der Kunden zu sammeln.
2. Das System sollte die Erfassung unlogischer Produktbeschreibungen weitgehend ausschließen. Gleiches gilt für die Erfassung von Bestellungen der Kunden.
3. Es sollte möglich sein, Produktvarianten als solche darzustellen, weil auf diese Weise nicht nur die bereits genannten Analysen des Kaufverhaltens unterstützt werden, sondern auch Redundanz bei der Datenerfassung und -verwaltung vermieden wird.
4. Der Kunde sollte in die Lage versetzt werden, individuelle (und gleichzeitig korrekte) Konfigurationen zu spezifizieren.
5. Verschiedene Formen der Preisbildung und Preiszuordnung (zu Produktarten und einzelnen Produkten) sollten möglich sein.

Zur Beurteilung eines E-Shopsystems bezüglich der Anforderungen aus Betreibersicht sind in Beziehung auf die Strukturierung des Katalogs nach Frank auch folgende Fragen von Interesse:

- Wie viele verschiedene Produktattribute können pro Produkt verwaltet werden? Werden mehrere Attribute, beispielsweise bei Konfektionsbekleidung, zur Auswahl und Präzisierung des Kundenwunsches angeboten (Größen, Farben, Materialien)?
- Kann ein Produkt mehreren Kategorien zugeordnet werden? Diese Anforderung ist sinnvoll, wenn Produkte in mehrere Kategorien eingeordnet werden sollen bzw. müssen. Der Kunde würde dann auf das gleiche Produkt stoßen, auch wenn er sich über verschiedene Kategorien im Katalog orientiert.
- Lassen sich Varianten von Produkten explizit verwalten? „Im einfachsten Fall ist eine Variante dadurch gekennzeichnet, dass einzelne Merkmale bestimmte Zustände aufweisen (etwa eine bestimmte Farbe)."

Layoutgestaltung

 Seite 87

Die Anforderungen, die ein E-Shop-Frontend aus Kundensicht erfüllen sollte, wurden in der vorhergehenden Lerneinheit im *Abschnitt 3.4.5* ausgeführt. Für den Betreiber sollte das E-Shopsystem vor allem komfortable Möglichkeiten bereitstellen, diese LAYOUTvorgaben möglichst einfach vom Backend aus umzusetzen. Für die Gestaltung werden üblicherweise HTML-TEMPLATES (Vorlagen) verwendet (vgl. Merz 2002, S. 404), welche aus einem HTML-Gerüst bestehen, in die Template-Variablen eingebaut sind. Es werden also an geeigneten Stellen Platzhalter für spezifische Daten (Artikelname, Preis etc.) eingefügt. Ruft der Nutzer eine solche Seite auf, werden die entsprechenden Daten aus einer DATENBANK ausgelesen, in das Template eingefügt und anschließend über das Frontend dargestellt. Die Webseiten werden somit dynamisch erzeugt und sind damit immer auf den neusten Stand, sofern die Datenbasis in den Katalogen des E-Shops stets aktuell ist.

Über Templates kann auch die Mehrsprachigkeit realisiert werden. Es ist technisch möglich, festzustellen, auf welche Sprachversion der BROWSER des Kunden eingestellt ist. E-Shopsysteme können darauf reagieren und beispielsweise nur die zu dieser Sprache passenden Templates auswählen und kultur- sowie landesspezifische Besonderheiten (Maßsysteme, Währungen) anpassen. Die Produktbeschreibungen (im Katalog gespeichert) müssen hiefür in verschiedenen Sprachen vorliegen, die Wechselkurse zwischen Währungen an Veränderungen angepasst werden.

Marketingfunktionen

Möglichkeiten des Online-Marketings für E-Shops Seite 338

Eine weitere wichtige Anforderung, die ein E-Shopsystem aus Betreibersicht erfüllen sollte, ist die Bereitstellung unterschiedlicher Marketingmethoden. Was sich genau hinter diesen Marketingmaßnahmen verbirgt, wird in der *Lerneinheit 11* vermittelt, hier soll das Augenmerk lediglich darauf gelenkt werden, welche technischen Voraussetzungen ein E-Shopsystem hierfür erfüllen sollte.

GLOSSAR S.466

Mit den vorhandenen technischen Mitteln können potentielle und vorhandene Kunden auf verschiedenen Wegen angesprochen werden. NEWSLETTER und MAILING-LISTEN, direkte Kundenansprache und PROFILING, **Sonderangebote** (Schnäppcheneinträge) im Artikelkatalog, **Gewinnspiele** und Vergünstigungen für eingetragene Kunden sind Marketingstrategien zur Verbesserung der Kundenbeziehung. Nach Schneider/Gerbert kennen die meisten Unternehmen ihre Kunden zu wenig, werten Kundendaten nur unzureichend aus und können Neukunden nur mit erheblichem Aufwand gewinnen (vgl. Schneider, Gerbert 1999). Insgesamt werden demnach die Möglichkeiten direkter Kundenbeziehungen von den wenigsten Unternehmen ausgeschöpft. Stattdessen wenden sie erhebliche Mittel für die Gewinnung von Neukunden auf, die dem Wettbewerb abgenommen werden müssten.

Im Folgenden werden daher diese aufgeführten einfachen Möglichkeiten zur Kundenbindung kurz dargestellt:

Bei den **Sonderangeboten** handelt es sich in der Regel um zeitlich beschränkte Angebote mit einem günstigeren Preis, die es ermöglichen, auf das Gesamtangebot aufmerksam zu machen. Ferner sollte ein E-Shopsystem das so genannte CROSS SELLING unterstützen. Hierbei handelt es sich um eine Methode, die Aufmerksamkeit des Kunden auf ergänzende Produkte zu lenken, die im Zusammenhang mit den eigentlichen Produkten stehen (beispielsweise ein Ersatzakku oder eine Ledertasche für das vom Kunden ausgesuchte Mobiltelefon).

Für den Fall, dass ein vom Kunden gewähltes Produkt nicht verfügbar ist, sollte ein Shopsystem als Alternative ein **Ersatzprodukt** anbieten.

Seite 78

Wie bereits in *Lerneinheit 3* aufgezeigt wurde, können **Gewinnspiele** ebenfalls einen Beitrag zum Marketing des jeweiligen Shops leisten. Das E-Shopsystem sollte demnach über entsprechende Funktionalitäten verfügen.

BANNER und **Pop-up-Fenster** sind die gebräuchlichsten **Werbeformen.** Nach Wirtz stehen auf dem Gebiet der Werbung die Möglichkeiten der Bannerwerbung im Vordergrund. Der unmittelbare Vorteil eines durch Bannerwerbung erzeugten Kontaktes besteht in der Möglichkeit zur direkten bidirektionalen Kommunikation mit einem Interessenten, welcher durch das Anklicken des Banners auf die Anbieterinternetseite weitergeleitet wird (vgl. Wirtz 2001, S. 512). Demnach stellen Funktionen zum Verwalten und Steuern von Werbung eine weitere Anforderung an ein E-Shopsystem dar. Dabei könnte man beispielsweise an das dynamische Einblenden von Werbung passend zum Suchbegriff denken, wenn der Kunde einen Suchvorgang auslöst. Die Literaturempfehlungsfunktion von Amazon.com als Beispiel ist inzwischen weithin bekannt. Zu einem vom Besucher selektierten Buch wird eine Liste weiterer Bücher gezeigt wird, die andere Kunden zusammen mit dem gesuchten Buch bestellt habe.

Ein weiteres Marketinginstrument, das ein E-Shop dem Betreiber an die Hand geben sollte, ist die Einrichtungsmöglichkeit eines sogenannten **Newsletters.** Das Prinzip dieser Newsletter beruht auf der Verteilung von E-Mail-Nachrichten an Hand einer Liste von E-Mail-Adressen. Mit Newslettern können gleichlautende Nachrichten z.B. über Aktionen, Sonderangebote, neue Produkte usw. einfach an eine sehr große Zahl von Kunden per E-Mail verschickt werden. Die Zusammenstellung der Informationen für Newsletter kann durch das E-Shopsystem unterstützt werden.

GLOSSAR S.466

„ VIRTUAL COMMUNITIES entstehen aus gemeinsamen Interessen" (vgl. Merz 2002, S. 136 ff.) Zu einem vordefinierten Thema treffen sich Teilnehmer, die dieses spezielle Gebiet als gemeinsames Interesse haben, ansonsten aber i.d.R. wenige oder keine Berührungspunkte haben und Beispielsweise meist auch nicht persönlich kennen. Im E-Commerce dienen Communities zur Produktinformation, zur Beratung vor dem Kauf, zum Support nach dem Kauf und dem Kontakt zum Kunden. E-Shop-Betreiber bietet sich hier die Möglichkeit eine nahezu unverfälschte Rückkopplung zu ihren Kunden herzustellen.

Unter kommerziellen Gesichtspunkten ist eine derartige Plattform in mehrfacher Hinsicht interessant:

- Durch das Interesse der Mitglieder an einem bestimmten Themengebiet ist zielgerichtet Werbung und der Verkauf spezieller Produkte möglich.
- Aufgrund der bekannten demographischen Daten ergibt sich ebenfalls eine gute Eignung für Kundenbefragungen und Marktanalysen.

Falls es dem Anbieter also gelingt, rund um sein Angebot eine virtuelle Gemeinschaft zu etablieren, bekommt er ein effektives Instrument, um Kunden langfristig zu binden und zielgerichtet Waren und Dienst-

www.dooyoo.de
www.ciao.de

leistungen verkaufen zu können. Für einen Überblick über die Angebote von Meinungsbildungsportalen soll an dieser Stelle auf die Portale http://www.dooyoo.de und http://www.ciao.de hingewiesen werden.

Speicherung von Datenbeständen

 Seite 116

 Seite 61

Damit der Betreiber eines E-Shops die in *Abschnitt 4.1.1* angeführten Daten zum Produktkatalog und die Kunden- sowie Lieferantendaten immer im aktuellen Zustand zur Verfügung hat, muss das System in seiner Datenbank (*siehe Abschnitt 2.2.2*) folgende zentrale Datenbestände halten:

- Artikeldaten
  Hierbei handelt es sich um Daten für die Präsentation der Artikel/Produkte. Dazu gehören beispielsweise der Artikelname, die Bestellnummer, Kurz- und Langbeschreibungen inklusive der technischen Daten des Artikels, ein Bild des Artikels, die unterschiedlichen Preise inklusive Staffeln und Aktualitätsdatum des Preises, die Mehrwertsteuer, das nächste Lieferdatum, der Lieferant (als Verweis auf eine Lieferantendatenbank) sowie die Verfügbarkeit am Lager.

- Lagerdaten
  Die Datenbank sollte sofort Auskunft geben können, ob bestimmte Artikel am Lager sind und gegebenenfalls sofort ausgeliefert werden können. Zu den Lagerdaten gehören beispielsweise Artikelnummer, Artikelnamen, Stückzahl am Lager, nächster Liefertermin, Einkaufspreis, Abgabepreis, Mehrwertsteuer, Zölle und ggf. auch der produktverantwortliche Mitarbeiter. Beim Unterschreiten einer Mindestmenge eines bestimmten Artikels im Lager kann eine automatische Artikelnachbestellung ausgelöst werden. Die Artikeldaten und Lagerdaten werden verknüpft.

- Lieferantendaten
  Sollte der Betreiber eines Shopsystems über mehrere Lieferanten verfügen, ist eine Speicherung der Lieferanten in der Datenbank zweckmäßig. Dazu gehören beispielsweise Name des Lieferanten, Anschrift, Daten zur Kommunikation (Telefon, Fax, E-Mail, Handy...), Dauer der Geschäftsbeziehung und der Ansprechpartner beim Lieferanten.

Anbindung an
Backoffice-Systeme
Seite 142

GLOSSAR S.466

Diese Daten werden bei höherer Integrationstiefe des Systems (vgl. *Lerneinheit 5*) i.d.R. jedoch nicht im E-Shop selbst sondern im BACKEND-System gehalten.

- Kundendaten
Für die Abwicklung des Kauf- und Lieferprozesses sind Daten der Kunden erforderlich. Hierzu zählen vor allem Name und Lieferadresse, aber auch Kundennummer und Passwort für das Login in die Übersicht der Bestellvorgangsdaten sowie die Bankverbindung oder die Kreditkartennummer, wenn die Zahlung der bestellten Waren nicht per Rechnung oder Nachnahme durchgeführt wird. In diesem Fall muss auf die datenschutzrechtlichen Bestimmungen besonderen Wert gelegt werden. Zu den Zahlungsmethoden werden in der *Lerneinheit 7* und zu den Datenschutzbestimmungen in der *Lerneinheit 6* weiterführende Informationen gegeben.

Zahlungsverfahren
Seite 216

Sicherheit und
Datenschutz
Seite 165

- Bestelldaten
Bei diesen Datensätzen handelt es sich um laufende Bestellvorgänge, speziell um eine Liste der bestellten Artikel (Warenkorbdaten) bzw. einen Verweis auf den Warenkorb und einen Verweis auf die Kundendaten sowie Zeitangaben zum Bestellvorgang. Aus diesen Daten können Lieferscheine und Rechnungen generiert werden. Einige Shopsysteme erzeugen die Belege aus den Daten im Warenkorb und Verknüpfungen mit anderen Daten (Kundendaten).

- Transportdaten
Optional werden Daten zu Transportdiensten und Versand-Dienstleistungsunternehmen geführt, die dann mit anderen Datenbanktabellen verknüpft werden können.

Die Pflege der Daten kann je nach Umfang sehr aufwändig werden, beispielsweise müssen die Preiseinträge stets aktuell sein, neue Artikel müssen eingepflegt sowie alte gelöscht werden. Sehr effizient lässt sich dies durch geeigneten Datenimport und -export aus/in andere Datenbanken (Import- und Exportfunktionen) lösen, sofern die E-Shop-Datenbank nicht bereits mit den weiteren Datenbanken im Betrieb verknüpft ist. Nähere Informationen zu diesem Thema werden in der *Lerneinheit 5* gegeben, in der die Einbindung eines E-Shopsystems in die bisherige Unternehmens-IT-Infrastruktur behandelt wird.

Anbindung an
Backoffice-Systeme
Seite 142

4.2 Anforderungen bezüglich der Vereinbarungsphase

Informationsphase	Vereinbarungsphase	Abwicklungsphase	After-Sales-Phase	Administration
Produktkatalog	Preisfindung	Kundenverwaltung	Kundenservice	**Sicherheit**
Layout	Agenten	Auftragsverwaltung	Support	**Skalierbarkeit**
Marketing	Lieferung	Zahlungsvorgang	Statistik	
Datenspeicherung		Zusatzkosten		
		Zahlungsmethoden		

 Seite 52

Wie bereits in *Abschnitt 2.1.3* aufgezeigt, wird unter der Vereinbarungsphase alles subsumiert, was innerhalb der Verkaufsphase in einem E-Shop zu den Schritten „Anbahnung des Kaufs" und „Abschluss des Kaufs" gehört. Auch für diese Phase kann ein E-Shopsystem unterschiedliche Funktionalitäten zur Verfügung stellen. Dazu zählen vor allem unterschiedliche Möglichkeiten der Preisfindung, Agenten und Lieferungsbedingungen. Auf diese Aspekte wird im Folgenden kurz eingegangen.

Unterschiedliche Möglichkeiten der Preisfindung

Rabatte können nach der Menge (Stückzahl, Mengenrabatte), nach dem Umsatz und nach Kundengruppen gewährt werden.

Neben Festpreisen und Rabatten stellen einige E-Shops auch weitere Möglichkeiten der Preisfindung zur Verfügung.

GLOSSAR S.466

Hierbei handelt es sich beispielsweise um die in *Lerneinheit 1* beschriebenen AUKTIONEN und den Gruppeneinkauf (POWER-SHOPPING) im Rahmen von **Einkaufsgemeinschaften**. Ein Shopsystem, das Gruppeneinkauf unterstützt, lässt innerhalb eines Zeitraumes das Anmelden von Kunden für einen Gruppenkauf für ein Produkt zu. Die Anzahl der eingetragenen Kunden entscheidet über den Preis. Über Communities und Newsletter können Kunden zu Einkaufsgemeinschaften oder auch Auktionen aufgerufen werden.

Agenten

GLOSSAR S.466

Bei intelligenten AGENTEN handelt es sich um eine Technologie, die helfen soll, komplexe Aufgaben von Menschen auf Softwaresysteme zu übertragen. Ein Agent kann dabei in einem eingeschränkten Gebiet Wissen erwerben, Entscheidungen treffen und Aufgaben lösen. Denkbar wäre, dass ein intelligenter Agent im Auftrage seines Benutzers Angebote verhandelt und Online Waren ein- oder verkauft (vgl. Merz 2002, S. 875).

Hier sei erwähnt, dass die Kategorisierung der Software-Agenten für das Internet durch die heterogene Struktur der wissenschaftlichen Literatur sowie die irreführende Verwendung des Agentenbegriffs für Marketingzwecke durch verschiedenste Software-Anbieter stark erschwert wird. So wird derzeit fast jede innovative Interaktionsmöglichkeit in Softwareprogrammen als Agent oder als agentenbasiert bezeichnet.

Trotz einer uneinheitlichen Belegung des Begriffs charakterisieren die meisten Autoren Softwareagenten anhand der folgenden Eigenschaften (vgl. Ollmert, Schinzer 2000):

- **Autonomie:** Die Fähigkeit der Agenten, auch ohne Rückkopplung mit dem Benutzer selbständig definierte Aufgaben zu übernehmen, erlaubt z.B. eine umfassende Konkurrenz- und Preisanalyse aller angeschlossenen Anbieter und die Erstellung einer Entscheidungsmatrix für den Nutzer.

- **Kollaboration und Kommunikation:** Ein Agent hat die Fähigkeit, zu kommunizieren und mit seinem Benutzer, mit der Softwareumgebung oder mit anderen Agenten zusammenzuarbeiten. Die Voraussetzung für eine erfolgreiche Kommunikation der Agenten untereinander ist eine gemeinsame Ontologie , d.h., sie müssen eine gemeinsame Sprache sprechen. Beispiel hiefür ist die Knowledge Query and Manipulation Language (KQML).

- **Mobilität:** Unter Mobilität versteht man die Fähigkeit eines Agenten, sich von einem Ort zum anderen innerhalb eines Computernetzwerkes zu bewegen. So erfordern die Fähigkeiten zur Kommunikation und Mobilität eine intensive Berücksichtigung der Netzwerk- bzw. Internettechnologie.

- **Entscheidungskompetenz und Anpassungsfähigkeit:** Ein Agent kann die Möglichkeit haben, darüber hinaus bestimmte Aufgaben nicht nur selbständig durchzuführen, sondern auch Entscheidungen selber zu treffen, wenn diese für die Lösung der Aufgabe nötig sind. Des Weiteren nimmt er seine Umgebung wahr und kann von dieser lernen.
- **Vertrauenswürdigkeit:** Ein enorm wichtiger Aspekt für die Akzeptanz von Internet-Agenten ist die Eigenschaft „Vertrauenswürdigkeit". Der Benutzer muss sich sicher sein, dass der Agent in seinem Sinne handelt und versucht, seine Interessen zu vertreten. Dies kommt besonders dann zum Tragen, wenn der Agent auch finanzielle Transaktionen durchführen oder beispielsweise Verträge in seinem Namen unterzeichnen soll.

Die verfügbaren Software-Agenten im Internet sind in verschiedensten Anwendungen und Ausprägungen des Electronic Commerce zu finden. Einsatzmöglichkeiten bieten sich bei Suchmaschinen, Auktionslösungen, Shopping Malls oder im Online-Banking-Umfeld.

Um die Anwendungsfelder besser einordnen zu können, seien folgende drei generelle Aufgabenschwerpunkte definiert. Aufgabe eines **Informationsagenten** ist die Identifikation, Selektion und Filterung von Datenquellen auf Basis eines vordefinierten Anforderungsprofils durch den Benutzer. Demgegenüber konzentrieren sich **Kooperationsagenten** auf die Lösung komplexer Aufgabenstellungen durch Kollaboration und Kommunikation mit anderen Agenten. **Transaktionsagenten** dagegen unterstützen die Benutzer bei der Durchführung und Kontrolle beliebiger Transaktionen, sei es beim Online-Shopping o.ä.

Fulfillment – Lieferung

In diesem Abschnitt sollen kurz wesentliche Aspekte des Fulfillment diskutiert werden.

Unter Fulfillment (engl. Erfüllung) wird die Gesamtheit aller Aktivitäten verstanden, die nach dem Vertragsabschluss der (größtenteils physischen) Belieferung des Kunden dienen (vgl. Merz 2002, S. 441).

Seite 110

Wie bereits im *Abschnitt 3.6.3* ausgeführt, haben sich die Kunden-anforderungen an die angebotenen Liefermöglichkeiten, der einen wesentlichen Teil des Fulfillment darstellt, von E-Shops in den letzten Jahren zunehmend erhöht. Nach einer Studie der Deutsche Post World Net, die in Zusammenarbeit mit den Marktforschungsinstituten Comcult Research und Rheingold erstellt wurde, messen Online Käufer beim Kauf der Ware den Lieferbedingungen eine besondere Bedeutung zu (vgl. http://www.deutschepost.de, Abruf: 03.12.2002).

www. deutschepost.de/ index.html?inhalt=/ postag/news/ new0111/ ne011110.html

Die Zustellung muss – nach dieser Studie – zuverlässig und billig oder sogar kostenlos sein. Eine Haftung für verlorene und beschädigte Sendungen wird von den Kunden ebenso gewünscht wie eine bequeme Rückgabemöglichkeit mit Geld-zurück-Garantie. Die Schnelligkeit und Zuverlässigkeit der Lieferung von bestellten Waren entscheidet maßgeblich über die Kundenzufriedenheit und somit die Bereitschaft, erneut im gleichen Shop Produkte zu bestellen.

Viele potenzielle Kunden geben an, die Bestellung abgebrochen oder nachträglich storniert zu haben, weil die Lieferzeit zu lang gewesen ist (vgl. Symposion 2001, http://www.symposion.de, Abruf 22.10.2001).

www. symposion.de/ shoppingreport/ 2001/ report2001.htm

Neben der eigentlichen Auslieferung der Waren spielen beim Fulfillment auch Prozesse des Lagermanagements und der Kommissionierung eine wesentliche Rolle.

Das Lagermanagement beinhaltet alle Prozesse und Aktivitäten die sich im Lager abspielen. Neben der Kernfunktion des Lagers, dem Aufbewahren und Bereithalten von Artikeln, spielt darüber hinaus auch die Zusatzfunktion des Kommissionierens eine bedeutende Rolle. Unter dem Kommissionieren versteht man das Zusammenstellen von Ware aus einem bereitgestellten Sortiment nach vorgegebenen Aufträgen. Die Rahmen der Lagerverwaltung eingesetzten Systeme erfassen meistens die Waren über einen Barcode und geben Auskunft darüber, wo sich die Artikel befinden und wie viele Artikel an einem Lagerplatz vorhanden sind. Die Kommissionierung wird dahingehend unterstützt, indem auf Basis von verschiedenen Zielvorgaben, wie z.B. Wegminimierung, die optimale Kommissionierreihenfolge eines Auftrags berechnet wird.

Ein weiterer wichtiger Punkt des Fulfillments stellt das Retourenmanagement dar. Das Retourenmanagement beginnt mit der Annahme der zurückgesendeten Waren im Wareneingang. Diese werden meist in einem separaten Bereich gesammelt und dort bearbeitet (Auspacken der Waren, Feststellen von Schäden, Reparaturen…).

Da durch das Fernabsatzgesetz geregelt ist, dass der Kunde die Waren auf Kosten des Lieferanten bzw. Online-Händlers zurücksenden kann, entsteht somit für den Shop noch ein zusätzliches Kostenrisiko. Dieses drückt sich nicht allein durch die Kosten für den Paketdienst oder die Spedition aus. Auch die so genannten Handlingkosten (Überprüfung der Produkte nach dem Wiedereintreffen im Lager, Rückführung in den Lagerbestand, Reparaturen oder Entsorgung) können hier einen erheblichen Anteil ausmachen.

www.pracht.de

Viele Logistikdienstleister die Erfahrung im Versandhandel mit großvolumigen Gütern haben (z. B. Kühlschränke, Waschmaschinen, Möbel etc.) bieten als Zusatzdienste Retourenmanagement und Reparaturdienstleistungen an. Als Beispiel sei hier das Unternehmen Pracht erwähnt, dass für das Lager- und Retourenmanagement großvolumiger Güter von Neckermann verantwortlich ist. Nach der physischen Retourenabwicklung erfolgt nach Austausch der Daten zwischen Logistikdienstleister und Online-Händler die finanzielle Rückabwicklung des Auftrags.

www.heise.de/
newsticker/data/
anw-26.11.02-003/

Ein weiterer Trend liegt im vollständigen Outsourcing des gesamten Logistikprozesses, wie folgendes Beispiel zeigt. So hat sich die Bertelsmann AG dazu entschlossen alle logistischen Aufgaben des von Ihr in den USA betriebenen Internet-Musikhandels CDNow an amazon.com zu übertragen. Der Internet-Auftritt und die Marke CDnow blieben im Besitz von Bertelsmann (vgl. http://www.heise.de/newsticker/data/anw-26.11.02-003/, Abruf 03.12.2002).

4.3 Anforderungen bezüglich der Abwicklung der Bestellungen

Informationsphase	Vereinbarungsphase	**Abwicklungsphase**	After-Sales-Phase	Administration
Produktkatalog	Preisfindung	Kundenverwaltung	Kundenservice	**Sicherheit**
Layout	Agenten	Auftragsverwaltung	Support	**Skalierbarkeit**
Marketing	Lieferung	Zahlungsvorgang	Statistik	
Datenspeicherung		Zusatzkosten		
		Zahlungsmethoden		

☞ Seite 122

Ein E-Shopsystem muss aus Betreibersicht Funktionalitäten zur Verfügung stellen, um die Bedingungen des Kaufvertrages zu erfüllen. Hier werden einige wesentliche Aspekte aus diesem Bereich aufgeführt, die eng mit den bereits in *Abschnitt 4.1.4* aufgeführten zu speichernden Datensätzen verbunden sind und die in den folgenden Abschnitten aufgezeigt werden.

Kundenverwaltung

Für die Lieferung der bestellten Waren an den Besteller sind Angaben über den Empfänger erforderlich, was ebenfalls eine Verwaltung von Kundenadressen erforderlich macht.

Sicherheit und Datenschutz ☞ Seite 165

Kundenverwaltungen sind meist Zusätze in Form vom Programmerweiterungen für E-Shop-Lösungen. Diese Funktionen erlauben, dass jeder Nutzer mit seinen für die Bestellung relevanten Daten gespeichert wird und alte Bestellungen eingesehen werden können. Aspekte des Datenschutzes in diesem Zusammenhang werden in *Lerneinheit 6* detailliert vorgestellt.

Auftragsverwaltung

Die Auftragsverwaltung registriert jeden Kaufvorgang und stellt die Funktionen wie Lieferscheindruck, Rechnungslegung, Mahnungsgenerierung, Benachrichtigung der Logistik, Benachrichtigung des Kunden (Auftragsbestätigung per E-Mail, Fax, Briefpost etc.) bereit.

Zusatzkosten

Zusatzkosten entstehen für **Versandkosten, Steuern** und **Zölle.** Die **Versandkosten** fallen je nach Versandart und Transport- und Dienstleistungsunternehmen in unterschiedlicher Höhe an. Noch vor Abschluss des Bestellauftrages sind entsprechende Auswahlmöglichkeiten und die anfallenden Kosten transparent darzustellen. Werden durch den Betreiber Kooperationsverträge mit Lieferdiensten geschlossen, können Kostenvorteile auch an die Kunden weitergegeben werden. Ein E-Shopsystem sollte möglichst pauschale oder produktbezogene Versandkosten mit Schwellenwerten bzgl. Menge oder Umsatz zur Versandkostenbefreiung oder Erhebung zusätzlicher Versandkosten z.B. bei übergewichtigen oder überformatigen Gütern zulassen.

Ferner ist es für den Betrieb eines E-Shops notwendig, unterschiedliche **Umsatzsteuersätze** für die zu vertreibenden Artikel vergeben zu können, da die Umsatzsteuer artikelabhängig ist. Der derzeit (2002) gültige Regelsteuersatz für steuerpflichtige Umsätze beträgt 16 %, die Steuer ermäßigt sich auf 7 % für die in § 12 Abs. 2 UStG bezeichneten Leistungen.

Sowohl im Produktkatalog als auch im Warenkorb sollte die Umsatzsteuer explizit angeführt werden können. Es muss ersichtlich sein, ob die Preise inklusive oder exklusive Umsatzsteuer sind. Es empfiehlt sich für den Betreiber eines E-Shops, Nettopreise in der Datenbank zu führen und in der Artikeldatenbank jeden Artikel mit einer Kennzeichnung zu versehen, zu welcher Umsatzsteuerkategorie er gehört. Darüber hinaus besteht für Betreiber eines E-Shops die Pflicht zur Angabe „inkl. Mwst" in den ausgeschriebenen Preisen.

GLOSSAR S.466

www.bundesfinanz ministerium.de/ Aktuell-.484.7326/ Electronic-Commerce-und-Steuern-Online-Leitfaden-fuer-kleine-und-mittlere-Unternehmen.htm

Im Kontext des E-Commerce (z.B. bei DIGITALEN GÜTERN) ergeben sich weitere Fragen zur Umsatzsteuer. Aus Gründen des Umfangs kann an dieser Stelle nicht auf die Fragestellungen der Erhebung von Umsatzsteuer bei einer Transaktion innerhalb der EU bzw. zwischen der EU und einem Drittland eingegangen werden (z.B. Einfuhrumsatzsteuer). Für weitere Fragen in diesem Zusammenhang wird hier auf den ‚Electronic Commerce und Steuern – Online-Leitfaden für kleine und mittlere Unternehmen' des BMF hingewiesen, Abruf: 20.09.2002).

Da das Internet einen Einkauf auch über die Landesgrenzen hinweg ermöglicht, erfordert ein solcher Einkauf die Berücksichtigung der Zollbestimmung des Absender- und des Empfängerlandes. Aus Betreibersicht ist demnach die Möglichkeit der Verwaltung von landesbezogenen und produktbezogenen **Zöllen** eine wichtige Funktionalität.

 www.zoll-d.de

Die deutsche <u>Bundeszollverwaltung</u> stellt auf ihrer Webseite Informationen, Formblätter, Dokumente und Fachwissen rund um den Zoll zur Verfügung.

Zahlungsverfahren

Seite 109

Wie bereits im *Abschnitt 3.6.2* aufgeführt, stellen E-Shopsysteme in der Regel eine Reihe unterschiedlicher Zahlungsmethoden zur Verfügung. Aus Betreibersicht sollte darauf geachtet werden, dass die gängigsten im jeweiligen E-Shopsystem berücksichtigt werden. Um welche Methoden es sich dabei handelt und welche Auswirkungen die einzelnen Systeme auf den Betrieb des E-Shops haben, ist Gegenstand der *Lerneinheit 7*.

Zahlungsverfahren
Seite 216

4.4 Anforderungen bezüglich After-Sales-Funktionalitäten

Informationsphase	Vereinbarungsphase	Abwicklungsphase	**After-Sales-Phase**	Administration
Produktkatalog	Preisfindung	Kundenverwaltung	Kundenservice	Sicherheit
Layout	Agenten	Auftragsverwaltung	Support	Skalierbarkeit
Marketing	Lieferung	Zahlungsvorgang	Statistik	
Datenspeicherung		Zusatzkosten		
		Zahlungsmethoden		

Kundenservice und Support

 Seite 110

Wie bereits in *Abschnitt 3.6.4* aufgezeigt, stellt nach Merz der Kundenservice als integraler Bestandteil der Kundenkommunikation einen wichtigen Prozess im Fulfillment da (vgl. Merz 2002, S. 453). Auch aus Betreibersicht ist demnach eine Bereitstellung umfangreicher Möglichkeiten zur Kundenbegleitung und Betreuung in einem E-Shop unabdingbar. Um welche Methoden es sich dabei handelt, wurde bereits in o.g. Abschnitt ausgeführt.

Auswertung der Besucherstatistik

GLOSSAR S.466

Jede Aktivität eines Nutzers in einem E-Shop wird in so genannten LOGFILES registriert, welche sich mit geeigneten Werkzeugen auswerten lassen. Bei Logfiles handelt es sich in diesem Zusammenhang um Dateien, in denen der Informationsaustausch zwischen dem Browser des Kunden und dem WEBSERVER des E-Shop Betreibers protokolliert wird.

www.
websuccess.de

www.webtrends.de

www.sas.de

www.hyperion.de

Beispiele für Logfile-Auswertungsprogramme:
- *WebSuxess Enterprise* (http://www.websuccess.de, Exody)
- *WebTrends Enterprise Suite* (http://www.webtrends.de, Danet Internet Solutions)
- *Web Hound* (http://www.sas.de, SAS Institute)
- *Hyperion Web Analysis Suite* (http://www.hyperion.de, Hyperion)

Neben dieser Aufzählung sei noch erwähnt, dass einzelne Shopprodukte darüber hinaus auch Werkzeuge für shopspezifische Auswertungen zur Verfügung stellen.

Seite 258

GLOSSAR S.466

Wie *Lerneinheit 8 – Kundenbindung und Support* noch umfassender erläutern wird, können mit Hilfe von DATA MINING berichtende und prognostizierende Kundenverhaltensprofile erstellt werden. Dabei geht es dem Betreiber nicht um das Kaufverhalten eines bestimmten Kunden, sondern um Tendenzen und Verhaltenmuster, die für die weitere Entwicklung des E-Shops wichtig sind. Das Erstellen umfassender Kundenprofile ermöglicht es dem Betreiber, die Kundenbedürfnisse und die Kunden gemäss der Profitabilität der Kundenbeziehung zu bewerten.

Für den Betreiber ist die Erfolgskontrolle von einzelnen Maßnahmen in seinem E-Shop von sehr großer Bedeutung. Die während des Betriebs aufgezeichneten Daten ergeben eine interessante Datenbasis, denn durch eingehende Analyse lassen sich Trends erkennen. Data Mining ist ein Prozess der automatischen oder halbautomatischen Extraktion implizit vorhandener, aber in der Datenmenge verborgener Informationen. Werden Daten aus den Logdateien der Webserver ausgewertet, bezeichnet man den analytischen Vorgang als Web Log Mining. Werden weitere Datenbestände (Transaktionsdaten) einbezogen, spricht man von INTEGRATED WEB USAGE MINING oder kurz „web mining" (vgl. Bensberg, Weiss, 1999).

GLOSSAR S.466

Die Analyse von Logfiles liefert zunächst nur allgemeine Erkenntnisse über Verhaltensweisen, die nicht mit den einzelnen Kunden in Verbindung gebracht werden können und dürfen. Für eine personalisierte Kundenbetreuung ist es jedoch notwendig, die genauen Schritte eines jeden Kunden auf der Website nachvollziehen zu können. Es ist also erforderlich, einen Kunden möglichst bei jedem Besuch der Website zu identifizieren und die von ihm beobachteten Verhaltensweisen und bekundeten Interessen in dessen Kundendatei zu hinterlegen.

Darüber hinaus ist es von Interesse, Stippvisiten auf der Webseite oder abgebrochene Kaufvorgänge zu erfassen und diese unter Umständen auch separat zu analysieren. Dazu ist eine frühe Identifikation nötig. Dieser Themenbereich wird, wie bereits erwähnt, in *Lerneinheit 8* umfassend diskutiert.

▶ **Übung**

www.pi.danet.de/
products/german/
wt_reports.html

www.pi.danet.de/
products/german/
samplelog/
wt_ctrs_web/

Beispiele mit den verschiedensten Analysemöglichkeiten finden Sie unter der Adresse:

http://www.pi.danet.de/products/german/wt_reports.html
(Abruf: 20.09.2002)

und für Marketinganalysen speziell:

http://www.pi.danet.de/products/german/samplelog/wt_ctrs_web/
(Abruf: 20.09.2002).

Auf diesen Websites bekommen Sie viele Anregungen und Einsicht in die statistischen Möglichkeiten eines E-Shops und den damit verbundenen Logfileanalysen.

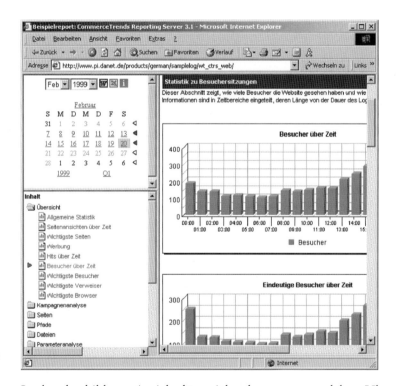

*Abbildung 4.2:
Analysewerkzeug
zur Auswertung von
Logfiles*

In der abgebildeten Ansicht lässt sich erkennen, zu welchen Uhrzeiten (Zeitbereich) die Webseite an einem bestimmten Tag wie lange besucht wurde.

4.5 Anforderungen an die Administration des E-Shops

Informationsphase	Vereinbarungsphase	Abwicklungsphase	After-Sales-Phase	**Administration**
Produktkatalog	Preisfindung	Kundenverwaltung	Kundenservice	**Sicherheit**
Layout	Agenten	Auftragsverwaltung	Support	**Skalierbarkeit**
Marketing	Lieferung	Zahlungsvorgang	Statistik	
Datenspeicherung		Zusatzkosten		
		Zahlungsmethoden		

Folgenden Merkmale einer komfortablen Systempflege, sollten als Anforderungen an ein E-Shopsystem aus Betreibersicht gelten:

GLOSSAR S.466

- **MEHRBENUTZERFÄHIGKEIT**

  Der gleichzeitige Zugriff auf Datenbestände muss möglich sein, ohne dass die Konsistenz der Daten gestört wird.

- **STAGING**

  Hierbei handelt es sich um die Möglichkeit, gleichzeitig den E-Shop zu betreiben und Pflegearbeiten an Gestaltung und Layout auszuführen, ohne dass es zu Störungen oder erneuten Installationsarbeiten kommt. In einem STAGING-Konzept wird ein identisches System (Kopie) zum E-Shop benötigt. Veränderungen an Layout und Funktionalität können unter fast realen Bedingungen implementiert und getestet werden. Erst mit erfolgreichem Abschluss der Tests wird der Inhalt des Staging-Servers dann in das Live-System überführt.

- **Backup**

  Die Datensicherung muss bei laufendem Betrieb und das nach Möglichkeit bei geringer Auslastung des E-Shops, beispielsweise in der Nacht, erfolgen können.

- **Administrationsapplikation**

  Administrationsapplikationen für Produktverwaltung, Kundenverwaltung usw. können über Browser und damit unabhängig vom Rechnersystem und vom Serverstandort erfolgen. Andererseits gibt es für E-Shopsysteme spezielle Applikationen zur Administration.

■ **Datenhaltung**

Man muss sich bei der Speicherung von Templates, Grafiken und Multi-mediadaten im Klaren sein, ob sie in einer Datenbank gespeichert werden oder die Dateien in ein Dateiverzeichnissystem abgelegt werden. Sollen die entsprechenden Dateien in einer Datenbank gehalten werden, so muss man darauf achten, dass das verwendete Datenbanksystem auch die hierfür notwendigen Datentypen bereitstellt.

4.6 Anforderungen an die Sicherheit

Informationsphase	Vereinbarungsphase	Abwicklungsphase	After-Sales-Phase	Administration
Produktkatalog	Preisfindung	Kundenverwaltung	Kundenservice	**Sicherheit**
Layout	Agenten	Auftragsverwaltung	Support	**Skalierbarkeit**
Marketing	Lieferung	Zahlungsvorgang	Statistik	
Datenspeicherung		Zusatzkosten		
		Zahlungsmethoden		

Internetnutzer empfinden unabhängig davon, wofür sie das Internet allgemein ein besonderes Bedürfnis, sich bei ihrer Kommunikation vor möglichen Angriffen Dritter zu schützen (vgl. Merz 2002, S. 153 ff.).

 Seite 112
Die Sicherheitsanforderungen an einen E-Shop aus Kundensicht wurden in *Abschnitt 3.7* bereits angesprochen, aber auch aus Betreibersicht muss ein E-Shopsystem gewisse Sicherheitsanforderungen erfüllen. Hier geht es neben der Sicherheit der in *Lerneinheit 7* zu behandelnden Zahlungsmechanismen insbesondere um die **Datenübertragung** und um die Sicherheit der **Datenbestände.** Allerdings muss erwähnt werden, dass es sich in diesem Zusammenhang nicht oder nur zum Teil um direkte Funktionalitäten von E-Shopsystemen handelt, sondern um Anforderungen, die zusätzlich zu den eigentlichen E-Shopsystemen erforderlich sind.

Datenübertragung

Die wichtigsten Verfahren zur Gewährleistung einer sicheren Datenübertragung sind

- **SSL** (Secure Sockets Layer)
  Hierbei handelt es sich um ein Verschlüsselungsprotokoll für die sichere Übertragung von Daten über Netze, primär natürlich über das Internet. Es gewährleistet die Sicherheit durch die Verschlüsselung und durch die Überprüfung der Vollständigkeit und Korrektheit der übertragenen Daten. Entwickelt wurde das SSL-Protokoll von Netscape. 1995 wurde die Version SSL 2 erstmals im Webbrowser Netscape Navigator 2.0 implementiert. Da der Netscape Navigator zu dieser Zeit noch der mit Abstand am häufigsten benutzte Webbrowser war, wurde

SSL rasch verbreitet und entwickelte sich zu einem De-facto-Standard. Die Protokoll-Software muss auf dem Webserver implementiert werden und zugehörige Lizenzen sind kostenpflichtig.

■ **S-HTTP**

GLOSSAR S.466

Bei der SSL-Anwendung HTTPS (HYPERTEXT TRANSFER PROTOCOL over SSL) wird SSL/TLS verwendet, um eine sichere HTTP-Verbindung zu ermöglichen. Eine solche Verbindung kann mit allen modernen Browsern aufgebaut werden. Damit der Client (beispielsweise ein Webbrowser) weiß, dass statt der normalen (unsicheren) **TCP**-Verbindung eine sichere SSL-/TLS-Verbindung zu einem Webserver aufgebaut werden soll, wird das URL-Schema HTTPS (Hypertext Transfer Protocol over SSL) benutzt.

Sicherheit und Datenschutz
Seite 165

Die Thematik wird in *Lerneinheit 6* ausführlich behandelt.

Datenbestände

Die vorhandenen Datenbestände eines E-Shops sollten durch den Betreiber z. B. durch FIREWALLS vor Ausspähung über das Internet geschützt werden. Die Sicherheit der gesamten Hardwareinfrastruktur kann durch einen Grundschutz (Feuer, Wasser, Stromausfall, Diebstahl, Sabotage usw.) geplant und realisiert werden. Eine umfassende Anleitung findet man im Grundschutzhandbuch des Bundesamtes für Sicherheit in der Informationstechnik (http://www.bsi.de). Darüber hinaus sind hier auch elementare Themen bei der Programmierung der Shopsoftware, die beispielsweise ein Datenauslesen unmöglich machen, relevant.

www.bsi.de

4.7 Anforderungen an die Skalierbarkeit

Informationsphase	Vereinbarungsphase	Abwicklungsphase	After-Sales-Phase	Administration
Produktkatalog	Preisfindung	Kundenverwaltung	Kundenservice	**Sicherheit**
Layout	Agenten	Auftragsverwaltung	Support	**Skalierbarkeit**
Marketing	Lieferung	Zahlungsvorgang	Statistik	
Datenspeicherung		Zusatzkosten		
		Zahlungsmethoden		

Wenn die Besucherzahlen in einem E-Shop ansteigen, kann das gesamte System an die Grenzen seiner Leistungsfähigkeit stoßen. Dies kann zur Auswirkung haben, dass die Antwortzeiten länger werden. Das wiederum kann dazu führen, dass die Kunden unzufrieden werden und wegbleiben. Steigende Transaktionslasten müssen demnach durch eine Skalierung des Systems abgefangen werden.

MULTITHREAD

Um eine Skalierung erreichen zu können, sollte das E-Shopsystem multithreadfähig sein. Das heißt, dass es in der Lage sein sollte, in einer Multiprozessorumgebung auf mehreren Prozessoren zu arbeiten und bei Erweiterung der Prozessoren diese auch in Anspruch zu nehmen.

LASTVERTEILUNG

Die Methode der Lastverteilung geht davon aus, dass einzelne Komponenten des E-Shopsystems auf mehrere Rechnersysteme verteilt werden. Laufen anfänglich alle Komponenten eines E-Shopsystems auf einem Rechner, sollte bei steigender Transaktionslast eine Verteilung der Komponenten auf mehrere Rechnersysteme möglich sein.

Bei der flexiblen Erweiterbarkeit eines E-Shopsystems trennt sich die Spreu vom Weizen (vgl. Merz 2002, S. 405): Nicht alle Systeme verfügen demnach auch softwaretechnisch über die klare Architektur, die im Hochglanzprospekt visualisiert wird. Eine über Jahre und über wechselnde Kundenanforderungen hinweg gewachsene „Spaghetti – Architektur" (Tendenz in einem Netzwerk, mit immer mehr ‚Zwischensteckern' die Daten- und Prozessschnittstellenkomplexität zu erhöhen, was zu einer unübersichtlichen Struktur führt) verhindert jedoch gerade die flexible

GLOSSAR S.466

Erweiterbarkeit. Hier kann es bei der Anpassung des Systems schnell zu entscheidenden Verzögerungen kommen. Die erforderlichen Werkzeuge hierfür sind im **CORBA** oder DCOM Umfeld zu finden. Auch klar dokumentierte APIs (Application Programmer Interface) oder Java-Klassen zur Programmierung von Erweiterungen helfen dem Shop Entwickler, das System kundengerecht anzupassen.

ZUSAMMENFASSUNG

Nachdem in der Lerneinheit 3 aufgezeigt wurde, welche Anforderungen aus Kundensicht an E-Shopsysteme gestellt werden, wurden in der vorliegenden Lerneinheit 4 die Anforderungen aus Betreibersicht untersucht. Viele der genannten Aspekte überschneiden sich, ein übersichtlicher Produktkatalog ist beispielsweise sowohl für einen Kunden bei der Auswahl der gewünschten Produkte als auch für eine übersichtliche Pflege des Datenbestands durch den Betreiber vorteilhaft. Bei dem Produktkatalog handelt es sich um ein zentrales Element, das bei der Entscheidung für oder gegen ein bestimmtes E-Shopsystem einer genauen Betrachtung unterzogen werden sollte. Bezüglich der Gestaltungsmöglichkeiten des Frontends sollte ein E-Shopsystem eine übersichtliche und leichte Bearbeitung der verwendeten Templates im Backend ermöglichen.

Neben dem übersichtlichen und visuell ansprechenden Erscheinungsbilds eines E-Shops spielen aber auch die zur Verfügung stehenden Marketingmöglichkeiten eine Rolle, um eine möglichst intensive Kundenbindung zu erreichen.

Ist innerhalb der vier unterschiedlichen Handelstransaktionsphasen die zweite, also die Vereinbarungsphase, erreicht, sollten aus Betreibersicht vor allem unterschiedliche Möglichkeiten der Preisfindung und unterschiedliche Lieferungsmöglichkeiten zur Verfügung stehen. Während in der Abwicklungsphase vor allem die Preisberechnungs- und Zahlungsmethoden im Vordergrund stehen, muss ein E-Shopsystem in der After-Sales-Phase den Betreiber beim Support und bei der Auswertung der gesammelten Kundenprofilinformationen unterstützen können. Gerade in diesem Bereich sind aber noch weitere Informationen zu beachten, weshalb sich auch die gesamte *Lerneinheit 8* damit beschäftigt.

Viele der zu beachtenden technischen Aspekte konnten im Rahmen der vorliegenden Lerneinheit nur ausschnittsweise betrachtet werden, da diesem Themenbereich mit der *Lerneinheit 5* ein eigenständiger Abschnitt gewidmet ist.

Kundenbindung
und Support
Seite 258

Anbindung an
Backoffice-Systeme
Seite 142

[5] ANBINDUNG AN BACKOFFICE-SYSTEME

GLOSSAR S.

Bei der Planung von E-Shops spielt die Integration in die vorhandenen BACKOFFICE-SYSTEME eine wichtige Rolle. In dieser Lerneinheit werden die Bedeutung der Integration und wichtige Integrationstechniken vorgestellt sowie einige inhaltliche Aufgabenstellungen der Integration erläutert.

5.1 Überblick

GLOSSAR S.

Die Entscheidung, ob und wie ein E-Shop in vorhandene Backoffice-Systeme integriert werden soll, hat Auswirkungen auf Entwicklungskosten, Einführungszeit, Komplexität und VERFÜGBARKEIT des Gesamtsystems. Mit der Integration werden folgende Ziele verfolgt:

- Durch Zugriff auf im Backoffice-System vorhandene Daten sollen Probleme vermieden werden, die im Zusammenhang mit mehrfacher Datenhaltung entstehen. Am Beispiel der Artikeldaten wird das Problem leicht ersichtlich. In einem E-Shop ohne Integration müssen die Artikeldaten erfasst werden, obwohl sie bereits im Backoffice-System vorliegen. In der Regel ist das Backoffice-System das führende System, was bedeutet, dass dort alle Änderungen an Artikeldaten erfasst werden. Im E-Shop müssen diese Änderungen ebenfalls nachgetragen werden. Es ist leicht nachvollziehbar, dass sich mit steigender Artikelzahl und steigender Änderungshäufigkeit beide Datenbestände schnell in immer stärkerem Maße unterscheiden werden. Es kann also leicht passieren, dass für einen Artikel im E-Shop und im Backoffice-System unterschiedliche Preise ausgewiesen werden.

■ Die im E-Shop anfallenden Daten, in der Regel Bestellungen, müssen im Backoffice-System vorhanden sein, um die nachfolgenden Prozesse zu steuern. Ohne Integration müssen die Bestellungen gedruckt werden, um sie anschließend manuell im Backoffice-System zu erfassen. Auch hier muss davon ausgegangen werden, dass durch Erfassungsfehler und organisatorische Mängel Differenzen zwischen den Bestellungen im E-Shop und den Bestelldaten im Backoffice-System entstehen.

■ Will sich ein Kunde im E-Shop über den Status seiner Bestellung informieren, hat er eine Reklamation zu einer Lieferung oder benötigt er Support für einen gelieferten Artikel, müssen ebenfalls Daten zwischen dem E-Shop und dem Backoffice-System ausgetauscht werden.

Diese drei Beispiele lassen vermuten, dass in jedem Fall eine „tiefe" Integration anzustreben ist.

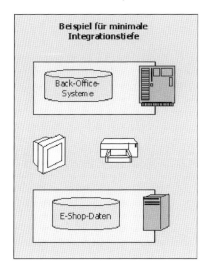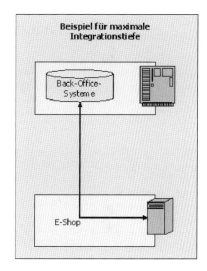

Abbildung 5.1:
Beispiel für minimale
und maximale
Integrationstiefe

GLOSSAR S.

Der Begriff der „INTEGRATIONSTIEFE" wird an den beiden Beispielen in Abbildung 1 verdeutlicht. Ein E-Shop mit minimaler Integrationstiefe hat seinen eigenen Datenbestand. Der Datenabgleich zwischen E-Shop und Backoffice-Systemen erfolgt manuell. Demgegenüber hat ein E-Shop mit maximaler Integrationstiefe keine eigenen Datenbestände, sondern greift lesend und schreibend auf die Datenbestände der Backoffice-Sys-

teme zu. Mit der Tiefe der Integration steigen die Implementierungskosten und die Komplexität des Gesamtsystems und damit die Störanfälligkeit. Um das verlangte Antwortzeitverhalten zu garantieren und die
Störanfälligkeit des Gesamtsystems nicht zusätzlich durch die Übertra-
gungsstrecke zu erhöhen, sollten bei einer tiefen Integration der E-Shop
und das Backoffice-System in derselben Lokalität installiert sein. Es sei
hier darauf hingewiesen, dass die aufgezeigten Problemfelder natürlich
den wesentlichen Anforderungen, die an einen Hosting Provider gestellt
werden, widersprechen. Beim Hosting handelt es sich strenggenommen

GLOSSAR S.466

um das kundenseitige Ausstellen eines eigenen SERVERS bei einem Provider. Gespart werden hierbei Mietkosten für Providerhardware sowie
alternativ anfallende Standleitungskosten. Darüber hinaus wird der
Begriff des Hosting jedoch auch weiter gefasst. Der bereitgestellte Server
und die entsprechenden Anwendungen (z.B. Webserver, Datenbankserver etc.) müssen demnach nicht zwangsläufig dem Shopbetreiber gehören, sondern können auch vom Hosting Provider zur Verfügung
gestellt werden.

Ein weiterer zu beachtender Aspekt ist die Betriebszeit. E-Shops laufen im Regelfall 24 Stunden am Tag und sieben Tage in der Woche,
während Backoffice-Systeme, vor allen Dingen bei mittelständischen
Unternehmen, nicht rund um die Uhr betrieben werden. Es sind Zeiten
reserviert für Datensicherung und Systempflege. Greift ein E-Shop
direkt auf die DATENBANK des Backoffice-Systems zu, hat dies zur Folge,
dass auch das Backoffice-System 24 Stunden am Tag und sieben Tage in
der Woche laufen muss. Dies erfordert im Regelfall teurere Hardware und
hat Auswirkungen auf die Organisation des Rechenzentrums. Unter
Umständen ist es jedoch in einigen Fällen nicht möglich, Softwaresysteme
im laufenden Betrieb zu sichern.

Aus diesem Grunde muss bei der Konzeption des E-Shops sehr genau
analysiert werden, welche Prozesse der E-Shop abdecken soll und wie tief
die Integration sein muss, um die Bedürfnisse der Kunden und des
Anbieters abzudecken, es gilt, das optimale Verhältnis zwischen Aufwand
und Ergebnis zu finden. In der Praxis existieren deshalb unterschiedliche
Lösungen, je nach Anforderungen und je nach Bewusstsein für diese
Problematik. Das Scheitern vieler E-Shops hängt in vielen Fällen mit
einer falschen Integrationsstrategie zusammen.

GLOSSAR S.466

Unter Backoffice-Systemen werden in diesem Zusammenhang die Enterprise Ressource Planning Systeme, kurz **ERP**-Systeme (in der fertigenden Industrie), die Warenwirtschaftssysteme im Handel, die CUSTOMER RELATIONSHIP MANAGEMENT-Systeme, die Katalogmanagement-Systeme und die E-Mail-Server verstanden. Bekannte Anbieter von ERP-Systemen sind SAP, JD-Edwards, Oracle, Brain, Peoplesoft, Navison/Damgaard oder Sage KHK. Im Zusammenhang mit der Jahr2000-Umstellung standen viele Unternehmen vor der Frage, ob die selbst entwickelten ERP-Systeme Jahr2000 fähig gemacht werden sollten oder ob die Einführung eines Standard-Systems der langfristig kostengünstigere Weg sei.

Mit der wachsenden Bedeutung von **CRM** und E-Shops geht der Trend einher, dass diese Anbieter ihre Systeme um E-Shop- und CRM-Lösungen ergänzen. Ein Beispiel dafür ist Navison Finance, das mittlerweile sowohl einen integrierten E-Shop als auch ein integriertes CRM-System enthält. Ob sich solche integrierten Systeme durchsetzen oder ob die so genannten „BEST-OF-BREED"-Ansätze den Markt dominieren werden, lässt sich im Augenblick noch nicht abschätzen. Unter einem Best-of-Breed-Ansatz wird verstanden, dass sich der Kunde für jede zu lösende Teilaufgabe die für ihn jeweils beste Lösung auswählt und diese Systeme integriert.

Die Art der Integration und der daraus resultierende Aufwand, hängen sehr stark von der Qualität der Schnittstellen ab, die Backoffice-Systeme standardmäßig bieten. In den folgenden Abschnitten werden die Begriffe Backoffice- und ERP Systeme synonym verwendet und der Einfachheit halber nur noch über ERP-Systeme geschrieben.

5.2 Grundlegende Integrationstechniken

Man kann zwischen den sechs grundsätzlichen Integrationstechniken **Batch Downloads, Real-Time Verbindung, Queuing Verfahren, Gespiegeltes Update, EDI-Integration und Integration via EAI-Middleware** unterscheiden, die in den folgenden Abschnitten aufgezeigt werden.

Batch Downloads

Batch Downloads (Batch – engl. „stapelweise Verarbeitung") sind eine sehr gebräuchliche Technik. Die Grundidee dabei ist, dass das ERP-System der Besitzer der Daten ist sowie die Daten hier aktuell sind und aktuell gehalten werden, womit das ERP-System das „führende" System ist.

Im Regelfall werden die relevanten Daten im ERP-System in der Nacht extrahiert, zum E-Shop übertragen und dort in die Datenbanken des E-Shops geschrieben, wobei die alten Daten überschrieben werden.

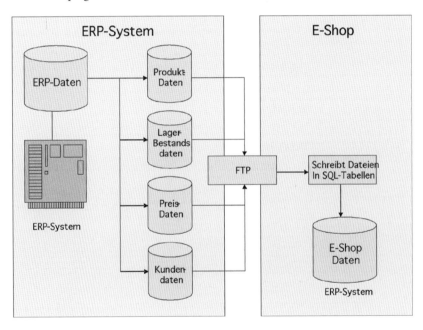

Abbildung 5.2:
Batch-Download
vom ERP-System
zum E-Shop

Der in der Abbildung benutzte Begriff **SQL-Tabelle** weist auf den zurzeit am häufigsten genutzten Datenbanktyp hin. SQL-Datenbanken bestehen aus Tabelle mit Spalten und Zeilen, wobei die Zeilen als Relationen bezeichnet werden (siehe auch *Lerneinheit 2*).

Seite 61

Abhängig vom Datenvolumen kann die Übertragungszeit zwischen wenigen Minuten bis zu mehreren Stunden betragen. Um die Betriebsfähigkeit des E-Shops in dieser Zeit nicht zu stören, sollten zwei Datenbanken betrieben werden: die Online- und die Offline-Datenbank. Ist die Integration der Dateien in die Offline-Version abgeschlossen, wird die Offline- zur Online-Datenbank, die vorherige Online- wird zur Offline-Datenbank.

Die Batchmethode ist die am häufigsten angewandte Methode zur Synchronisation zwischen ERP-System und E-Shop. Sie ist dann angemessen, wenn die 24 Stunden zwischen den Updates ausreichend sind. Für Artikel- und Preisdaten ist diese Methode im Regelfall ausreichend, bei den Lagerbestandsdaten kann diese Update-Frequenz aber auch zu niedrig sein. Das Gleiche gilt, wenn sich Artikel und Preise häufig ändern. Dann empfiehlt es sich, zusätzlich zum Batch-Download zwischen den Updates inkrementelle Updates durchzuführen. Bei einem inkrementellen Update (bzw. Aktualisierung) werden nur jene Dateien auf den neuesten Stand gebracht, die seit der letzten Aktualisierung verändert wurden.

Real-Time Verbindung

Ist die Anforderung an die Aktualität der Daten so hoch, dass auch inkrementelle Updates nicht mehr ausreichen, bietet sich die Methodik der Real-Time-Verbindung an.

Hier lassen sich grundsätzlich zwei Methoden unterscheiden. Bei der ersten Methode werden die Daten direkt aus dem E-Shop in die Datenbank der Backoffice-Systeme geschrieben bzw. die Daten werden direkt aus der ERP-Datenbank gelesen. Dieses Verfahren hat zwei Nachteile:

1. Die Gefahr ist groß, dass die Konsistenz der Daten beim Schreiben in die ERP-Datenbank zerstört wird. Dies soll an folgendem Beispiel verdeutlicht werden:
   - Eine Bestellung aus einem E-Shop wird über eine Real-Time-Verbindung in die Bestelldatenbank des ERP-Systems geschrieben.
   - Der Programmierer hat übersehen, dass das ERP-System beim Anlegen einer Bestellung zusätzlich im Kundenstamm das Bestellvolumen aktualisiert.
   - Konsequenz: Das kundenspezifische Auftragsvolumen liefert unterschiedliche Werte, je nachdem, ob der Wert aus dem Kundenstamm oder über die Bestellpositionen ermittelt wird.

   Dieses kleine Beispiel macht deutlich, dass diese Art der Integration einen hohen Testaufwand erfordert und außerdem die interne Arbeitsweise des ERP-Systems bekannt sein muss.

2. Ändert sich durch einen Releasewechsel die Datenbankstruktur des ERP-Systems, kann dies Änderungen in den Programmen des E-Shops zur Folge haben. Es entsteht also eine Abhängigkeit zwischen ERP-System und E-Shop, wodurch sich die Probleme beim ERP-Releasewechsel noch verschärfen.

GLOSSAR S.466

Deshalb empfiehlt sich eine zweite Methode zur Real-Time-Verbindung, die Integration über BUSINESS OBJEKTE des ERP-Herstellers. Die Voraussetzungen für diese Methode sind auf E-Shop-Seite ein „Real-Time-Connector" und auf ERP-Seite eine Bibliothek mit den notwendigen Business-Objekten. ERP-Systemen wie SAP R/3 liefern die notwendigen Business-Objekte im Standard mit aus. Real-Time-Connectoren wrappen (umschließen) das Programm-Interface des ERP-Systems und können von jeder Stelle im E-Shop aufgerufen werden.

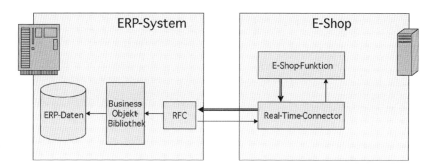

Abbildung 5.3: Real-Time-Verbindung

Die Funktionsweise der Real-Time-Verbindung wird am Beispiel von SAP R/3 erläutert.

Bei SAP R/3 gibt es mehr als 1000 so genannte BAPIs (Business Application Programming Interface). Diese BAPIs werden SAP-intern aufgerufen, wenn der Benutzer am Bildschirm beispielsweise einen neuen Kunden anlegt oder eine neue Bestellung erfasst. Das jeweilige BAPI stellt sicher, dass alle notwendigen Daten in der SAP-Datenbank aktualisiert werden, wenn zum Beispiel Kunden oder Bestellungen angelegt werden.

Damit diese BAPIs auch von externen Programmen genutzt werden können, gibt es einen Real-Time-Connector, den sogenannten „DCOM-Connector" (DCOM ist in der Microsoft Software-Architektur eine Technik, um entfernte Programme aufzurufen). Er stellt dem externen System – in diesem Fall dem E-Shop – eine Schnittstelle zur Verfügung, über die BAPIs von externen Systemen aufgerufen werden können, ohne dass die innere Logik der BAPIs oder die Datenbankstruktur dem Programmierer ersichtlich sein muss. Der Real-Time-Connector wird vom aufrufenden Programm im E-Shop mit dem Namen des BAPIs und den Kundendaten versorgt und stößt dann über einen RFC-Aufruf (Remote Function Call – ein Programm auf einem anderen Rechner aufrufen) das BAPI im SAP-System an. Das BAPI trägt die Kundendaten in die SAP-Datenbank ein. Der DCOM-Connector wartet die Rückmeldung ab und gibt dann die Kontrolle an das aufrufende Programm zurück (synchrone Verarbeitung).

Auch wenn diese zweite Methode auf den ersten Blick als sehr elegant erscheint, sind einige Dinge zu beachten:

- Anfragen des E-Shops können die Performance des ERP-Systems beeinflussen. Die Auswirkungen auf die Performance sind an Hand der erwarteten Zugriffe auf den E-Shop und damit auf die Zugriffe auf das ERP-System genau zu überprüfen. Bei einer großen Zahl an Zugriffen hat dies für das ERP-System die gleiche Auswirkung, als wenn die Zahl der ERP-User um die entsprechende Zahl erhöht wäre. Ungeplante Investitionen in teure Hardware könnten unangenehme Nebenwirkungen sein.
- Die Auswirkungen der Real-Time-Verbindung muss unbedingt auf beiden Systemen getestet werden.
- Es sollte in einem Stress-Test ermittelt werden, bei welcher Anzahl von Zugriffen die Systeme die Stabilität verlieren.
- Es muss geprüft werden, ob diese Art der Kopplung zusätzliche Softwarelizenzen auf der ERP-Seite erfordert.
- Es muss eine schnelle Netzwerkverbindung zwischen ERP-System und E-Shop vorhanden sein.
- Die Performance des ERP-Systems beeinflusst die Performance des E-Shops.

Grundsätzlich gilt bei der Real-Time-Verbindung, dass der Betrieb des E-Shops zwingend ein laufendes ERP-System voraussetzt. Während, wie bereits aufgezeigt, E-Shops ohne Pause betrieben werden, haben ERP-Systeme, vor allen Dingen im Mittelstand, definierte Aus-Zeiten für Datensicherung und Systempflege. Aus den hier erwähnten Gründen wird meist ein Mix zwischen Batch-Download und Real-Time-Verbindung gewählt. Wenig veränderliche Daten, wie Artikel- und Preisdaten, werden im Batch-Download transferiert, zeitsensitive Daten, wie Auftragsstatus oder der Lagerbestand, werden Real-Time übertragen.

Queuing Verfahren

Das Queuing-Verfahren (queue – engl. „Warteschlange") versucht die negativen Auswirkungen der Real-Time-Verbindung zu verhindern und gleichzeitig die Zuverlässigkeit des Gesamtsystems zu erhöhen. Ein Queuing-System funktioniert ähnlich wie eine Pipeline. Auf der einen

Seite werden Daten in die Pipeline geschrieben, auf der anderen Seite kommen die Daten wieder heraus, auch wenn dabei Rechner- oder Unternehmensgrenzen überschritten werden. Auf der Empfängerseite der Pipeline erwartet ein so genannter „Listener-Service" die Daten, interpretiert sie und startet die Weiterverarbeitung. Dabei kann der Ort der Daten immer eindeutig bestimmt werden:

- sie sind vor der Queue (sie wurden also noch nicht in die Pipeline gesteckt)
- sie sind in der Queue (sie wurden in die Pipeline gesteckt, vom Listener Service noch nicht abgeholt,
- sie sind hinter der Queue (sie wurden vom Listener Service bereits abgeholt).

Diese Eindeutigkeit des Ortes verhindert, dass Daten verloren gehen oder dass Daten mehrfach verarbeitet werden.

Queues können auf einem Rechner zwischen zwei Programmen oder rechnerübergreifend aufgebaut werden. Queuing-Verfahren bieten damit eine räumliche Unabhängigkeit. Zusätzlich schaffen sie eine zeitliche Unabhängigkeit, denn beim Einstellen in die Queue muss der Rechner am Ende der Queue nicht in Betrieb sein. Es ist aber sichergestellt, dass die Daten beim Hochfahren des Rechners vom Listener-Service genau einmal abgeholt werden.

Im Gegensatz zur Real-Time-Verbindung arbeitet das Queuing-Verfahren asynchron. Das bedeutet, dass das Programm, das die Daten in die Queue geschrieben hat, nicht auf das Ergebnis warten muss, sondern terminiert. Das Ergebnis der Verarbeitung kann über eine zweite Queue zurückgegeben werden. Dann muss wiederum ein Listener Service die Queue abhören, das Ergebnis auswerten und die Weiterverarbeitung veranlassen.

Beispiele für solche Queuing-Systeme sind MQSeries von IBM oder MSMQ von Microsoft.

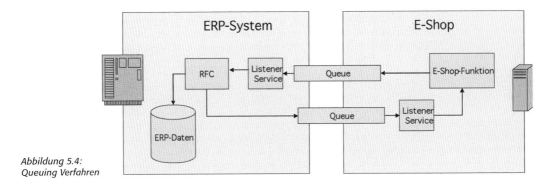

Abbildung 5.4:
Queuing Verfahren

Queuing Verfahren eignen sich sehr gut, um z.B. Bestellungen an das ERP-System zu übergeben bzw. den Bestellstatus zu erfragen. Das Verfahren hat gegenüber dem Real-Time-Verfahren eine Reihe von Vorteilen:

- Die gegenseitige Beeinflussung der Performance (Performance – engl. „Leistung") wird erheblich geringer
- Hat das ERP-System eine gute Performance, arbeitet das System fast so schnell wie das Real-Time-Verfahren.
- Ist die Performance des ERP-Systems niedrig, werden die Anfragen gepuffert. Das Gesamtsystem arbeitet dann mit einer akzeptablen Performance, wenn die durchschnittliche Verarbeitung von Anfragen besser ist als die durchschnittliche Geschwindigkeit neuer Anfragen.
- Ist das ERP-System nicht verfügbar, können neue Requests eingestellt werden, ohne dass sie verloren gehen.

Gespiegeltes Update

Das gespiegelte Update ist eine weitere Technik zum Integrieren von ERP-Systemen, welche aber einen so genannten „Event Support" der Datenbank verlangt. Ein Event-Support, oder auch Trigger oder SQL-Trigger genannt, ist die Fähigkeit einer Datenbank, bei Änderung einer Tabelle (Insert, Update, Delete), die neuen, geänderten oder gelöschten Daten einem festgelegten Programm zu übergeben und dieses zu starten (Stored Procedure). Wenn eine Datenbank-Änderung im ERP-System stattfindet, z. B. der Lagerbestand sich verändert, ein neuer Kunde hinzugefügt oder ein Produktpreis geändert wird, kann dieses Ereignis dem E-Shop von der Stored Procedure über einen Real-Time-Connector mitgeteilt werden. Die Veränderungen in der ERP-Datenbank werden gleichmäßig über den ganzen Tag auch in der Datenbank des E-Shops wirksam. Die Auswirkungen der Performance des ERP-Systems auf den E-Shop sind minimal und umgekehrt beeinflusst der E-Shop die Performance des ERP-Systems nur wenig. Durch Kombination des gespiegelten Updates mit dem Queuing-Verfahren wird garantiert, dass alle Updates auch tatsächlich im E-Shop durchgeführt werden, unabhängig von der Verfügbarkeit des E-Shop zum Zeitpunkt der Änderung.

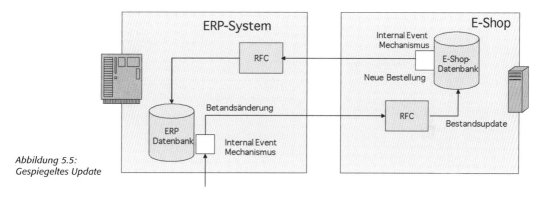

Abbildung 5.5:
Gespiegeltes Update

Vor einer Entscheidung für das gespiegelte Update sollten folgende Punkte überlegt werden:

- Es wird ein Real-Time-Connector und Event Support der Datenbank benötigt (Trigger). Der Real Time Connector ist in diesem Fall zuständig für die Bereitstellung einer Echtzeit (Real Time) Verbindung zwischen den Datenbanken des E-Shop- und Backendsystems.
- Die Technik arbeitet am besten in Kombination mit dem Queuing-Verfahren, da dadurch die Anzahl der parallelen Updates begrenzt werden und sichergestellt wird, dass alle Updates durchgeführt werden.
- Performance-Risiken werden minimiert, nicht beseitigt.
- Die Technik kann mit dem Batch Download kombiniert werden, so dass nachts der Batch Download läuft und am Tage die Updates über Spiegelung stattfinden. Somit ist auf jeden Fall sichergestellt, dass Datenbank-Inkonsistenzen vermieden werden.

EDI-Integration

GLOSSAR S.466

Wenn E-Shop und ERP-System räumlich getrennt sind, funktionieren die oben beschriebenen Techniken bis auf das Queuing-Verfahren nicht oder nur beschränkt. In diesem Fall bietet sich die Integration über **EDI** (Electronic Data Interchange) an. EDI kann insbesondere dann sinnvoll sein, wenn sich einerseits nur wenige Änderungen an den Stammdaten ergeben andererseits aber eine große Zahl an Bestellungen über den E-Shop eingeht. Da viele Unternehmen ihre Auftragsabwicklung mit ihren Kunden und Lieferanten elektronisch über EDI abwickeln, verfügen sie bereits über die notwendige Infrastruktur.

EDI ist eine Technik, die seit den 70er Jahren von der Automobilindustrie benutzt wird. Motor der Entwicklung waren die Automobilhersteller, die mit dem Versand der Bestellungen über die normalen Postwege nicht mehr in der Lage waren, immer kürzere Dispositionsintervalle durchzuführen. Der Zeitverlust zwischen der Bedarfsermittlung und der Eingabe der Daten beim Zulieferer war mit durchschnittlich etwa sieben Tagen zu hoch. Dazu kam die Änderungshäufigkeit der Bestellungen, die nach dem Versand per Papier zwischen Disponent und Einkäufer telefonisch durchgeführt wurden. Wurden zu Beginn nur die Bestellungen per EDI übertragen, wurden sehr bald die gesamten Bestellprozesse zwischen Hersteller und Zulieferer elektronisch abgewickelt.

Nachdem nationale Branchenstandards entwickelt und erfolgreich umgesetzt wurden, wie etwa in Gestalt der Empfehlungen des VDA (Verband der deutschen Automobilindustrie), entstanden europäische Branchenstandards und ein weltweites Regelwerk, der UN/EDIFACT-Standard (United Nations / Electronic Data Interchange for Administration, Commerce and Transport). Dieses weltweit geltende Regularium hat mittlerweile für alle wichtigen Geschäftsprozesse Datenstrukturen (Nachrichten) entwickelt, wie beispielsweise Bestellungen, Lieferscheine, Rechungen oder Zahlungsavise. Ursprüngliches Ziel war es, dass jedes Unternehmen in der Lage sein sollte, mit jedem anderen über dieses Regelwerk ohne bilaterale Abstimmung den elektronischen Datenaustausch durchführen zu können.

Leider blieb dieser Ansatz eine Illusion, da das Regelwerk zu komplex wurde und es dadurch kaum noch zu beherrschen war. Als Ausweg bildeten sich so genannte Branchensubsets heraus, in denen streng nach dem EDIFACT-Regelwerk durch Wegstreichen überflüssigen Ballasts handhabbare Datenstrukturen entstanden.

Für den Einsatz von EDI im E-Shop gilt nun folgendes: Wenn im E-Shop eine Bestellung eintrifft, gibt dieser die Bestelldaten an das EDI-System weiter. Das EDI-System erzeugt aus der Bestellung eine UN/EDIFACT-Nachricht und überträgt diese über Datenleitungen und ein geeignetes File-Transfer Programm zum an das ERP-System ange-bundene EDI-System. Dieses wandelt die UN/EDIFACT-Bestellung in das Inhouse-Format des ERP-Systems um und übergibt die Bestellung dem ERP-System, das sie in die interne Datenbank integriert.

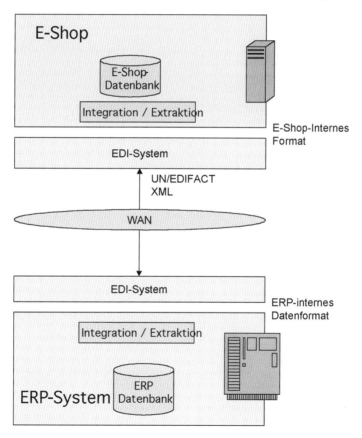

Abbildung 5.6:
Integration über EDI

GLOSSAR S.466

WAN bedeutet „Wide Area Network" und bezeichnet ein Netzwerk, das über ein lokales Netzwerk (LAN) hinausgeht und auch weltumspannend angelegt sein kann. WANs sind für Firmen interessant, die an mehreren Orten Niederlassungen haben.

Das Verfahren ist sicher und funktioniert seit vielen Jahren erfolgreich. Es hat aber den Nachteil, dass die UN/EDIFACT-Nachrichten komplex sind und nur mit speziellen Werkzeugen, den so genannten EDI-Konvertern, umgesetzt werden können. Darüber hinaus sind die EDI-Systeme teuer, ein Einsatz dieses Verfahrens ist also nur da wirtschaftlich sinnvoll, wo bereits EDI-Systeme im Einsatz sind.

GLOSSAR S.466

Mit dem Siegesszug von **XML** (Extended Mark Up Language) deutet sich ein Verdrängungsprozess von UN/EDIFACT durch XML an. Dabei ist XML keineswegs das Werkzeug, das den elektronischen Geschäftsdatenaustausch vollkommen vereinfachen wird. XML bietet aber durch vielfältige Werkzeugunterstützung für den Anwender große Vorteile. Die syntaktische und semantische Analyse jedes einzelnen XML-Datenelements und die Zuordnung zu den Datenelementen der Backoffice-Systeme werden jedoch auch bei der Verwendung von XML als Datenübertragungsformat ein zeitaufwendige Arbeitsschritte bei der Integration bleiben.

Integration via EAI-Middleware

Im oben aufgeführten Beispiel erfolgt die Integration unmittelbar zwischen E-Shop und Backoffice-Systemen. Diese Variante hat dann Nachteile, wenn neben den internen ERP-Systemen auch externe Unternehmen wie Lieferanten, Logistikunternehmen oder lokal entfernte Systeme an anderen Standorten integriert werden müssen. Spätestens wenn auch externe Unternehmen bzw. nicht lokale ERP-Systeme in den E-Shop integriert werden sollen, stellt sich die Frage, ob die Aufgabe der Steuerung und Überwachung der Integrationsprozesse an einen spezialisierten Rechner übertragen werden soll. Dieser Rechner mit seiner spezifischen GLOSSAR S.466 Software wird hier als **EAI** Middleware bezeichnet. (EAI=Enterpise Application Integration).

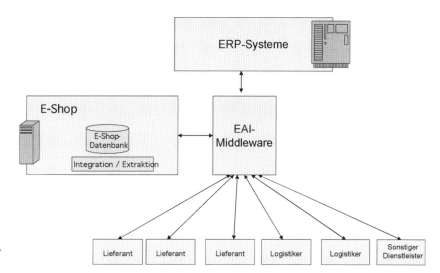

Abbildung 5.7:
Integration via EAI-
Middleware

Die EAI Middleware hat folgende Aufgaben:

- Bereitstellung unterschiedlicher Übertragungsverfahren für die Daten (OFTP, X.400, FTP, http, usw.; OFTP und X.400 sind in der Automobilindustrie und im Handel eingesetzte Programme zur Übertragung von Dateien).
- Durchführung von Anpassungen in den Datenformaten.
- Zusammenfassung einzelner Programmschritte zu Transaktionen zusammen und Sicherstellung der vollständigen Abarbeitung der Transaktionen.
- Sicherstellung der Nachvollziehbarkeit der Integrationsschritte.
- Bereitstellung einer einheitlichen Schnittstelle für E-Shop und ERP-System.
- Übernahme des elektronischen Geschäftsdatenaustauschs mit Kunden, Lieferanten und Dienstleistern (z.B. Logistikunternehmen).

5.3 Allgemeine Überlegungen und Best-Practice-Regeln zur Integration

ERP-Systeme enthalten normalerweise Businessregeln (business rules) für Preisbildung, Mehrwertsteuer, Lieferung, Bestandsmanagement, Kreditkartenautorisierung usw. (Eine Businessregel zur Preisbildung besagt z.B. dass ein Kunde mit einer jährlichen Mindestabnahmemenge von 1000 Stück 10 % Rabatt erhält). Die Einhaltung dieser Businessregeln gilt normalerweise auch im E-Shop. Deshalb muss bei der Planung eines E-Shops festgelegt werden, welche der Regeln für den E-Shop wichtig sind und wie die Regeln in den E-Shop integriert werden können.

Preisbildung und Promotion

ERP-Systeme enthalten oft komplexe Businessregeln für die Preisbildung basierend auf Kundengruppen. Folgende Faktoren können die Preisbildung beeinflussen:

- die aktuelle Bestellmenge
- die kumulierte Bestellmenge innerhalb eines definierten Zeitraums
- Sonderaktionen im Marketing, zum Beispiel Anzeigen oder Promotions, die Sonderrabatte anbieten.

Folgende Best-Practice-Empfehlungen für die Integration sollten geprüft werden:

Preise

Die im ERP-System vorhandenen Preismodelle sollten benutzt werden. Änderungen in den Preismodellen sollten durch Spiegelung zum E-Shop übertragen werden.

Lieferdaten und Kreditkarten-Autorisierung

Auch diese Informationen sind oft im ERP-System vorhanden. Da der Zugriff auf diese Daten nur einmal pro Transaktion und zudem an deren Ende erfolgt, wenn die Bestellung tatsächlich durchgeführt wird, empfiehlt es sich, diese Daten per Real-Time-Verfahren vom ERP-System zu laden.

Produktkataloge

Wie bereits aufgezeigt, ist der Produktkatalog das Herzstück des E-Shops, denn die Aufgabe des Produktkataloges ist es, dem Kunden den schnellen Zugriff auf die gesuchten Artikel zu gewähren. Dazu reichen die im ERP-System vorhandenen Attribute nicht aus. Es müssen Beschreibungen und Bilder zugefügt werden und die Artikel müssen hierarchisch organisiert werden, so dass der Kunde auch über Oberbegriffe zugreifen kann. Da die Produktkataloge oftmals auch für den Druck von Papier oder für die Anbindung an elektronische Marktplätze genutzt werden, muss die Entscheidung getroffen werden, wo der Katalog erstellt und gepflegt wird. Grundsätzlich können Kataloge im E-Shop, im ERP-System oder in speziellen Katalogsystemen erstellt und gepflegt werden. Wo dies geschieht, hängt von der Entscheidung des Unternehmens, den Anforderungen an die Katalogsoftware und der Mächtigkeit der eingesetzten Werkzeuge ab.

Aus Performancegründen empfiehlt sich, im E-Shop nur eine Read-Only-Version des Kataloges zu halten.

Der Update-Prozess des E-Shop-Kataloges muss festgelegt werden. Es empfiehlt sich, entweder ein nächtliches Batch-Update oder das Update über Queuing-Mechansimen.

Für Katalogdaten wurde vom Bundesverband Materialwirtschaft, Einkauf und Logistik e.V. ein spezielles Format „BMEcat®" für den Austausch von multimedialen Produktdaten in Zusammenarbeit mit der Industrie entwickelt. BMEcat® wurde mit dem Ziel entwickelt, den Austausch von Produktkatalogen zwischen Lieferanten und beschaffenden Organisationen zu standardisieren und somit zu vereinfachen. Typischerweise übermittelt ein Lieferant seinen Katalog an eine einkaufende Organisation, welche den Inhalt des Katalogs weiterverarbeitet, zum Beispiel in einen E-Shop integriert oder einen Multilieferantenkatalog erstellt. Multilieferantenkataloge werden in elektronischen Marktplätzen oder in internen Beschaffungsplattformen aus den Katalogen der einzelnen Lieferanten erstellt. Das BMEcat®-Format ermöglicht neben der Übertragung der kompletten Produktdaten auch die Aktualisierung der Preisdaten.

Die folgende Abbildung erweitert das bisher dargestellte Modell. Wurde bisher bei der Integration davon ausgegangen, dass im E-Shop die Integration in die interne Backoffice-Systeme durchzuführen ist, ist hier ein Szenario aufgezeigt, wie es für Handelsunternehmen typisch ist – es besteht die Notwendigkeit verschiedene Lieferantenkataloge zu integrieren.

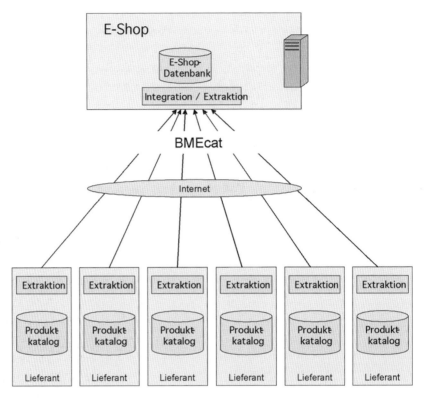

Abbildung 5.8:
Katalogintegration
mit Lieferanten

www.bmecat.org

Es scheint sich abzuzeichnen, dass zumindest in Deutschland BMEcat® zum führenden Austauschformat für Kataloge wird. BMEcat® basiert auf XML und beschreibt keine Klassifizierung der Produkte in Produktgruppen, sondern ist so aufgebaut, dass nahezu alle bekannten Klassifikationsschemata in BMEcat® benutzt werden können.

www.opentrans.de

Auf der Grundlage von BMEcat® werden unter dem Logo „openTRANS®" Transaktionsstandards für den automatisierten Austausch von Geschäftsinformationen entwickelt. Ziel ist die weitgehende Automatisierung von Standard-Bestellvorgängen zwischen Unternehmen und elektronischen Marktplätzen, um die Prozesskosten bei Einkäufern und Lieferanten drastisch zu reduzieren und eine schnellere Auftragsabwicklung zu realisieren. openTRANS® ist eine Ergänzung zu BMEcat®, dem Standard für elektronischen Produktdatenaustausch, der seit Ende 1999 weltweit eingesetzt wird. openTRANS® und BMEcat® werden vom E-Business Standardization Committee (eBSC) entwickelt, einem Industriekonsortium unter Leitung von <u>Fraunhofer IAO</u> und <u>Universität Essen</u> mit Unterstützung des <u>BME</u> (Bundesverband für Materialwirtschaft, Einkauf und Logistik e.V.). Durch eine Entwicklungskooperation sind openTRANS® und BMEcat® vollständig aufeinander abgestimmt. Die beiden E-Commerce-Standards sind somit voll kompatibel und ergänzend.

www.iao.
fraunhofer.de
www.bli.uni-essen.de
www.bme.de

Diese Aussagen zeigen, dass bei der Auswahl von E-Shop-Systemen darauf geachtet werden soll, ob Schnittstellen zu BMEcat® und zu openTRANS®-Nachrichten vorhanden sind. Wenn sich diese beiden Standards durchsetzen und die Beziehung Kunde – eMarktplatz – Lieferant über BMEcat® und openTRANS® automatisiert wird, wird dies Auswirkungen auf viele E-Shops haben. Es würde dann Sinn machen, die Schnittstellen zu den Backoffice-Systemen gemäß dieser Standards zu definieren.

Die Klassifikation von Produkten am Beispiel eCl@ss

Ein wichtiges Element bei der Aufbereitung von Produktkatalogen ist die Klassifikation von Produkten und Produktgruppen. Ein bekanntes Klassifikationsschema in Deutschland ist eCl@ass.

Um in einem E-Shop den hierarchischen Zugang zu Produkten zu ermöglichen, benötigt der E-Shopbetreiber für die angebotenen Produkte ein Klassifikationsschema. Dies ist umso wichtiger, je mehr Lieferanten ihre Produktdaten liefern. Wenn jeder Lieferant sein eigenes Klassifikationsschema benutzen würde, würde der Kunde im E-Shop große Probleme haben, die gesuchten Produkte zu finden. Deshalb ist es notwendig, sich mit den Lieferanten das Klassifikationssystem abzustimmen, denn alle müssen eine gemeinsame Sprache sprechen. Eine solche Klassifikation muss eine Reihe von Kriterien erfüllen:

Für *Käufer und Verkäufer* muss sie
- Beschaffungsvorgänge elektronisch unterstützen,
- Sortimentsspektren eindeutig beschreiben,
- Vertragsgegenstände definieren.

Für das *Unternehmen intern* muss sie
- Zuständigkeiten regeln,
- Anlagenbewirtschaftung sicherstellen,
- statistische Analysen ermöglichen,
- Bedarfe bündeln,
- elektronische Katalogeinträge auffindbar machen.

www.eclass.de

Unter http:wwweclass.de wird folgendes aufgeführt (Abruf am 20.09.2002):

Nutzen im Unternehmen

Für Unternehmen ergeben sich durch eine Klassifikation enorme wirtschaftliche Vorteile. Das beschaffende Unternehmen erweitert seinen Lieferantenkreis, reduziert die Transaktionskosten und erhält eine höhere Markttransparenz durch eine bessere Vergleichbarkeit der verschiedenen Angebote. Das liefernde Unternehmen reduziert ebenfalls seine Transaktionskosten und erweitert seinen Kundenkreis. Für alle Kunden können identische Datenstrukturen verwendet werden.

Was ist eCl@ss?

Bisher gab es auf dem Markt keine Klassifikation, die diese Kriterien und Nutzeffekte erfüllen konnte. Von führenden deutschen Unternehmen wurde jetzt eine Klassifikation erarbeitet: eCl@ss. Diese wird als Standard für den Informationsaustausch zwischen Lieferanten und Kunden angeboten. eCl@ss ist gekennzeichnet durch einen vierstufigen, hierarchischen Klassifikationsschlüssel mit einem aus 12.000 Begriffen bestehenden Schlagwortregister. eCl@ss bildet die Beschaffungsmärkte für Einkäufer ab und unterstützt die Ingenieure bei der Entwicklung, Planung und Instandhaltung. Durch den Zugang entweder über die Hierarchie oder über Schlagworte kann sowohl der Experte als auch der gelegentliche Nutzer in der Klassifikation navigieren. Einmalig an eCl@ss ist die Integration von Merkmalleisten zur Beschreibung von Materialien und Dienstleistungen.

Plattform im Internet

Das Institut der deutschen Wirtschaft Köln stellt als unabhängige Plattform und zentrale Ansprechstelle die Klassifikation im Internet unter
http://www.eclass.de kostenlos zur Verfügung.

www.eclass.de

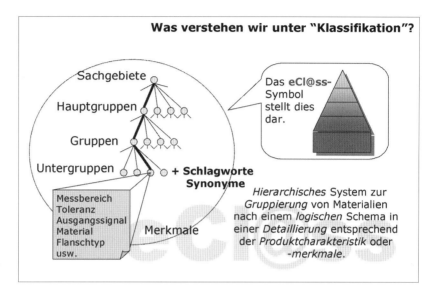

Abbildung 5.9:
Erläuterung zur
Klassifikation (aus:
www.eclass.de,
Foliensatz, Abruf am
20.09.2002)

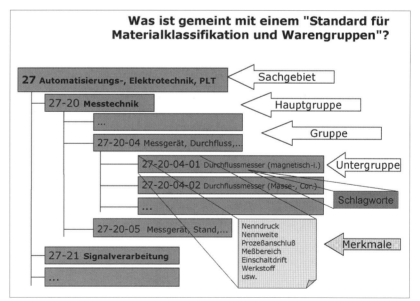

Abbildung 5.10:
Beispiel für Material-
klassifikation und
Warengruppe (aus:
www.eclass.de,
Foliensatz, Abruf-
datum 20.09.2002)

eCl@ss ist gekennzeichnet durch einen vierstufigen, hierarchischen Klassifikationsschlüssel (Sachgebiet, Hauptgruppe, Gruppe, Untergruppe) mit einem aus 12.000 Begriffen bestehenden Schlagwortregister. Durch den Zugang entweder über die Hierarchie oder über Schlagworte kann in der Klassifikation navigiert werden.

Ein weiteres Element von eCl@ss ist die Integration von Merkmalleisten zur Beschreibung von Materialien und Dienstleistungen.

ZUSAMMENFASSUNG

In dieser Lerneinheit wurden unterschiedliche Methoden vorgestellt und bewertet, mit denen ein E-Shop in die Backoffice-Systeme integriert werden kann. Es wurden Hinweise gegeben, welche Daten zu integrieren sind. An den Beispielen von BMEcat® und eCl@ss wurde aufgezeigt, dass für die Integration neben der Technik auch die Übertragungsformate und die Inhalte einzelner Datenelemente beachtet werden müssen, wenn unternehmensübergreifende Aspekte die Integration in Backoffice-Systeme beeinflussen.

Nachdem ein Überblick über diese elementaren technischen Aspekte gegeben wurde, soll in der nächsten Lerneinheiten das Thema „Zahlungssysteme" untersucht werden.

[6] SICHERHEIT UND DATENSCHUTZ

Unabhängig von E-Commerce Anwendungen haben Internet-Nutzer allgemein ein besonderes Bedürfnis, sich bei ihrer Kommunikation über dieses Medium vor unberechtigten Zugriffen Dritter zu schützen. Im Vordergrund steht der Schutz der Privatsphäre, wie auch die Sicherung von Werten in Form von Geld oder Gütern (vgl. Merz 2002, S. 153).

So äußern 52 % der Befragten Internet-Nutzer der ACTA (Allensbacher Computer- und Telekommunikations-Analyse 2001) einer Studie des Instituts für Demoskopie Allensbach, die Befürchtung, dass ihre persönlichen Daten im Internet nicht geschützt sind.

‚Ich befürchte, dass persönliche Daten im Internet nicht geschützt sind'

Abbildung 6.1: Wachsende Besorgnis über Datenschutz

Jahr	Stimme voll zu (in %)
1999	37,9%
2000	44,8%
2001	52,0%

Basis: Stichprobe 14–64 jährige Bevölkerung in der Bundesrepublik Deutschland
Quelle: ACTA 2001

Zu einem anderen Ergebnis, nämlich einer leicht rückläufigen Bedeutung des Themas Sicherheit bei der Nutzung des Internet, gelangt eine Untersuchung des ECC Handel (vgl. Hudetz, Dach 2002).

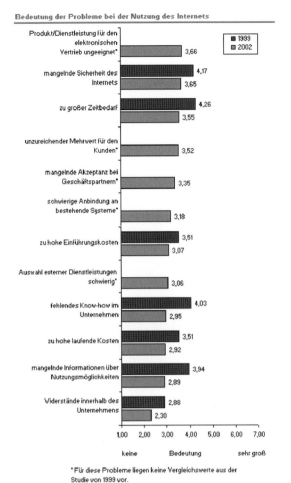

Abbildung 6.2: Bedeutung der Probleme bei der Nutzung des Internet

Quelle: Hudetz, Dach 2002, Grafik: ECIN, *http:www.ecin.de/marktbarometer/zieleundprobleme/index-2.html*, Abruf 01.11.2002

Unabhängig davon wie man die Ergebnisse der beiden genannten Untersuchungen interpretiert, wird der vom Nutzer als mangelhaft wahrgenommenen Sicherheit des Internets große Bedeutung beigemessen obwohl die Bedeutung in der zitierten Studie leicht zurückgegangen ist. 23 % der Befragten stufen dieses Problem als 'groß' oder 'sehr groß' ein.

Zu in diesem Kontext interessanten Ergebnissen gelangt auch die siebente Erhebungswelle des GfK Online Monitors aus dem Jahre 2001.

Grund	In %	In Mio.
Ich kaufe prinzipiell nur in Läden und Geschäften ein.	75,1%	7,9
Der Schutz der persönlichen Daten ist im Internet nicht genügend gewährleistet.	69,1%	7,3
Der Zahlungsverkehr über das Internet ist noch zu unsicher.	68,4%	7,2
Mir fehlt der persönliche Kontakt.	67,2%	7,1
Im Internet informiere ich mich und kaufe dann woanders.	57,3%	6,1
Das Einkaufen im Internet ist mir zu umständlich.	44,0%	4,7
Es ist schwer, das gewünschte Produktangebot im Internet zu finden.	37,8%	4,0
Das Warenangebot im Internet ist noch zu klein.	29,9%	3,2
Die Lieferzeiten sind zu lang.	23,9%	2,5

Abbildung 6.3: Gründe gegen die E-Commerce-Nutzung

Basis: E-Commerce-Nichtnutzer (In dieser Umfrage geben 44% der Internetnutzer an, sich bislang nicht dazu entschließen zu können online Produkte oder Dienstleistungen zu erwerben. Basis: Stichprobe 14–69 jährige Bevölkerung in der Bundesrepublik Deutschland), Mehrfachnennungen möglich, Antworten gesammelt: Stimme voll und ganz/eher zu)
Quelle: GfK 2001.

Diejenigen Internet-Nutzer, welche sich bisher noch nicht entschließen konnten, online einzukaufen, sehen in Sicherheitsrisiken bei der Bezahlung und beim Datenschutz nach wie vor die größten Barrieren.

Zu den Erfolgsfaktoren für die Händler die das Internet als Vertriebskanal nutzen, gehört vor diesem Hintergrund der konsequente Aufbau von Vertrauen durch Kommunikation, die Einhaltung von Datenschutzanforderungen und die Realisierung einer sicheren Datenübermittlung.

Am Misstrauen vieler Anwender tragen die Anbieter zum Teil selbst die Schuld. Bereits mehrfach sorgte in der Vergangenheit ein leichtfertiger Umgang mit Kundendaten für Schlagzeilen (vgl. Schmidt 1998). Dies wird vor dem Hintergrund deutlich, dass Angriffe durch Dritte vor allem auf die Kundendatenbanken der Online-Shops zielen, denn dort finden potentielle Angreifer eine große Menge gut sortierter Informationen.

GLOSSAR S.466

Im Rahmen einer sicherheitsbewussten Systemverwaltung sollte es für den Betreiber eines E-Shops das Angebot als selbstverständlich gelten, mit dem von ihm betriebenen Server über SSL-verschlüsselte Seiten zu kommunizieren. Secure Socket Layer (SSL) stellt die Authentizität des Servers sicher und verschlüsselt die zu übertragenden Daten. Das Verfahren wird in der Lerneinheit im *Abschnitt 6.2.4* noch einmal detailliert vorgestellt.

GLOSSAR S.466

Vertrauensbildend ist auch das **SET**-Angebot (Secure Electronic Transaction), falls mit Kreditkarte bezahlt werden kann. Dieses Verfahren schützt die Daten nicht nur auf dem Transport, sondern implementiert auch ein datenschutzfreundliches Prinzip. Händler und Abrechnungsstelle erhalten jeweils nur die für sie notwendigen Informationen: Der Händler bekommt keine Kartendaten und die Abrechnungsstelle keine Bestellinformationen. Digitale Signaturen belegen die Verbindlichkeit des Kundenauftrags und die Gültigkeit der Kundendaten. Dieses Verfahren wird ausführlich in *Lerneinheit 7* (Zahlungsverfahren) behandelt.

Seite 216

Ähnlich wie die Kunden eines E-Shops sind auch Unternehmen auf eine vertrauensvolle Kommunikation über das Internet immer häufiger angewiesen. Für Unternehmen deren Handelsaktivitäten im Internet sich schwerpunktmäßig auf den **B2C**-Bereich konzentrieren, implizieren die Ergebnisse der zitierten Studien, dass einer der Hauptursachen der Kundenzurückhaltung im Bereich der Sicherheit und des Datenschutzes liegt und somit die Entwicklung des E-Commerce zu einem nicht unerheblichen Teil hemmt.

GLOSSAR S.466

Nach einer Studie der Unternehmensberatung Accenture bleibt auf den deutschen E-Commerce Markt für das Jahr 2002 ein Umsatzpotential von 5 Mrd. Euro im BUSINESS-TO-BUSINESS Segment und von 2,5 Mrd. Euro im BUSINESS-TO-CONSUMER Segment wegen Sicherheitsbedenken ungenutzt (vgl. Accenture 2001).

GLOSSAR S.466

Seite 172

Die Behandlung des Themas Sicherheit und Datenschutz kann an dieser Stelle nicht abschließend sein. Allein die Vorstellung der in *Abschnitt 6.2* besprochenen Verschlüsselungsalgorithmen füllt ganze Bücher. Zur Vertiefung des Themas der Verschlüsselungsalgorithmen sei an dieser Stelle auf das Werk von Bruce Schneier hingewiesen (vgl. Schneier 1996). Auch werden an dieser Stelle bewusst Fragestellungen zum Schutz von IT Infrastrukturen (z. B. die Thematik FIREWALL) ausgeklammert. Vielmehr werden in dieser Lerneinheit Grundlagen von Sicherheit und Vertrauen im elektronischen Geschäftsverkehr besprochen.

Abschnitt 6.1 behandelt zunächst Fragen zu verschiedenen Aspekten (z. B. Autorisierung, Vertraulichkeit, Authentisierung, Integrität) der Datensicherheit.

Die wohl intuitiv am häufigsten mit dem Begriff Sicherheit assoziierte Funktion ist die Verschlüsselung. Mit ihr beschäftigt sich *Abschnitt 6.2.* Hier werden Verschlüsselungsalgorithmen (symmetrische und asymmetrische Verfahren) und ihre Anwendung *(Abschnitt 6.2.4)* diskutiert. Mit dem Thema Vertrauen, insbesondere der digitalen Signatur und den Zertifikaten, beschäftigt sich *Abschnitt 6.4.* In den *Abschnitten 6.5* und *6.6* werden Smart Cards, sowie das Thema Biometrie kurz vorgestellt.

Die Lerneinheit schließt mit rechtlichen Fragestellungen zu den Themen Datenschutz und der elektronischen Signatur im *Abschnitt 6.8.*

6.1 Aspekte der Datensicherheit

Wie in der Einleitung bereits benannt, bildet die Verschlüsselung, deren Verfahren, Algorithmen und Anwendungen ausführlich im *Abschnitt 6.2* besprochen werden, eine der Grundlagen für das Thema Sicherheit.

Basis hierfür ist die Kryptologie, eine alte Kunst und ein neue Wissenschaft zugleich. Bis vor kurzem bestand das Gebiet aus einer losen Sammlung von Ideen und Tricks mit wenig übergreifenden Konzeptionen. Erst in den 70er Jahren des 20. Jahrhunderts wurde die Kryptologie auf der Grundlage von Mathematik und Informatik aufgebaut und als exakte Wissenschaft etabliert.

Kryptologie lässt sich in zwei Bereiche untergliedern:

- in die **Kryptographie,** welche sich mit der Kodierung und Verschlüsselung befasst, und in die
- **Kryptoanalyse,** das Brechen von Texten, Algorithmen und Protokollen (vgl. Luckhardt 1996).

Kryptographische Methoden verwirklichen verschiedene Aspekte der Datensicherheit.

Zwei klassische Ziele sind **Integrität** und **Vertraulichkeit** – Daten sollen nicht unbefugt verändert oder gelesen werden können. Je nach Anwendungsgebiet kommen weitere Aufgaben hinzu: in der Kommunikation z.B. die **Authentizität,** die eindeutige bzw. glaubwürdige Zuordnung einer Nachricht zu einem Absender.

Von der Authentizität ist der Begriff der **Autorisierung** abzugrenzen. Genauso wenig wie es Personen erlaubt ist, ohne weitere Berechtigung Privaträume anderer zu betreten, besteht im Internet wie auch innerhalb einer Organisation kein pauschales Recht, auf beliebige Ressourcen zuzugreifen.

Um weder ein zufälliges noch böswilliges Zugreifen auf Ressourcen durch unberechtigte Dritte zu ermöglichen, wurden Barrieren errichtet, durch die nur mit entsprechenden Rechten ausgestattete Personen passieren dürfen. Im Bereich von Betriebssystemen sind Fragen der Autorisierung weitgehend geklärt. Betriebssysteme verwalten Listen zur Zugriffskontrolle wie Dateien, Verzeichnisse, Kommunikationsports,

Geräte oder ausführbarer Software. Zur Optimierung der Verwaltung werden Benutzer des Systems zu Gruppen zusammengefasst, Rechte auf eine überschaubare Menge beschränkt (z. B. Lesen, Schreiben, Ausführen) und eine entsprechende Kombination dieser Informationen einer Ressource zugeordnet.

Die relativ einfache Handhabbarkeit der Zugriffsrechte begründet sich in der Tatsache, dass der Verwalter der Ressource (z. B. der Netzwerk-Administrator einer Unternehmung) und die Ressource selbst einer Organisation angehören (vgl. Merz 2002, S. 153).

Schwieriger wir die Verwaltung der Autorisierung dann, wenn die Rechte vergebene Instanz von der Ressource getrennt wird. Dies ist etwa dann der Fall, wenn der Benutzer durch Vorlage eines Zertifikates nachweist, dass er zur Durchführung einer Handlung berechtigt ist. Dieses Thema wird von uns im *Abschnitt 6.4.2* der Lerneinheit vertieft werden.

 Seite 190

Die wichtigsten Aspekte dieses Abschnitts sind in der folgenden Abbildung nochmals zusammengefasst:

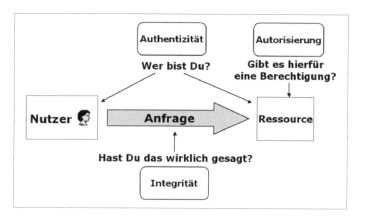

Abbildung 6.4:
Untersuchungs-
aspekte der IT
Sicherheit

Die *Autorisierung* legt die Berechtigung einer Person auf den Zugriff zu einer Ressource fest. Mit der Überprüfung der *Authentizität* in einer Kommunikation soll festgestellt werden, ob eine Person auch diejenige ist, die sie zu sein behauptet. In der Lerneinheit wird hierzu der Begriff der *Authentisierung* im Sinne des Nachweises der Authentizität verwendet. Verfahren zur Prüfung der *Integrität* bei der Kommunikation zwischen Teilnehmern hingegen stellen sicher, dass die Botschaft, die angekommen ist, mit der identisch ist, die abgesandt wurde (vgl. *Abschnitt 6.3).*

 Seite 185

6.2 Verschlüsselung

Ziel der Verschlüsselung in der Kommunikation zweier oder mehrerer Parteien ist es, dass die auszutauschenden Daten zwar vom Empfänger, nicht jedoch von potentiellen Angreifern eingesehen werden können. Folglich ist das Dokument in eine Form zu überführen, aus der ein Angreifer ohne Wissen oder Besitz eines speziellen Schlüssels das Originaldokument nicht wieder rekonstruieren kann.

Gängige Verschlüsselungsverfahren werden in dem folgenden Abschnitt vorgestellt.

Neben einen kurzen historischen Abriss *(Abschnitt 6.2.1),* wenden wir uns modernen Verfahren der Kryptographie zu.

Im *Abschnitt 6.2.2* besprechen wir symmetrische Verschlüsselungsverfahren, bei denen sich der Schlüssel zum entschlüsseln eines Dokuments, der Dechiffrierschlüssel, aus dem Chiffrierschlüssel berechnen lässt. Häufig sind Chiffrier- und Dechiffrierschlüssel sogar identisch.

Abschnitt 6.2.3 stellt asymmetrische Verschlüsselungsverfahren vor, denen das Prinzip vom *öffentlichen (public)* und *privaten (private)* Schlüssel *(key)* zugrunde liegt. Hier unterscheiden sich Chiffrier- und Dechiffrierschlüssel. Das weitaus bekannteste Public Key Verfahren ist

 GLOSSAR S.466

RSA (nach seinen Entwicklern Rivest, Shamir, Adlemann benannt), auf dessen Algorithmus wir eingehen werden.

Abschnitt 6.2.4 diskutiert die Vorteile der Kombination beider Verfahren und beschreibt deren Anwendung am Beispiel des Internetsicher-

GLOSSAR S.466

heitsstandards SSL.

Wie eingangs erwähnt, kann das hier behandelte Thema nicht abschließend im Rahmen dieser Lerneinheit diskutiert werden. Denjenigen Studenten, welche die in diesem Abschnitt behandelten Fragestellungen vertiefen möchten, möchten wir das Buch „Angewandte Krytographie" von Bruce Schneier empfehlen (vgl. Schneier 1996).

Historisches

Der Wunsch nach Vertraulichkeit von übertragenden Informationen ist so alt wie die Zivilisation – lediglich die Methoden sind, wie der Datentransport selbst, einem steten Wandel unterzogen. Bereits in der Antike wurden Nachrichten vor dem Transport für den Uneingeweihten bis zur Unkenntlichkeit verändert.

Die Regierung von Sparta führte vor ca. 2500 Jahren die sogenannten *Skytale* ein. Die Skytale ist ein Holzstab, auf den ein Papierband gewickelt ist. Der Klartext wird waagerecht auf die Wicklungen des Bandes geschrieben und anschließend abgerollt. Der eingeweihte kann den Papierstreifen erst dann lesen, wenn er ihn auf einen Stab gleichen Durchmessers wieder aufwickelt.

Bei diesem zu den *Transpositions-Algorithmen* zählenden Verfahren werden hier nicht die Buchstaben selbst, sondern lediglich Ihre Position verändert. Ein Mathematiker würde einen Transpositions-Algorithmus als eine Permutation der Stellen der Buchstaben bezeichnen.

▶ **Ein Beispiel:**

SICHERHEITISTDASEINZIGEZIELDERKRYPTOGRAPHIE!

Dieser Text wird mit einer Skytale z. B. des Umfangs U = 7 verschlüsselt, indem der Text in 7 Spalten aufgeteilt wird:

Abbildung 6.5: Beispiel für einen Transpositions-Algorithmus

```
S I C H E R H
E I T I S T D
A S E I N Z I
G E Z I E L D
E R K R Y P T
O G R A P H I
E !
```

Als Ergebnis der Verschlüsselung wird jede Spalte von oben noch unten hintereinander aufgeschrieben.

SEAGEOEIISERG!CTEZKR HIIIRA ESNEYP RTZLPH HDIDTI

Vom römischen Kaiser Cesar ist überliefert, dass er Texte verschlüsselte, indem er statt des betreffenden Klartextbuchstabens denjenigen einsetzte, der drei Stellen weiter im Alphabet steht. Es handelte sich hierbei um eine einfache Verschiebechiffre. Der Schlüssel ist das Verschiebungsintervall.

Abbildung 6.6:
Verschiebechiffre

C	E	S	A	R
3	3	3	3	3
F	H	V	D	U

Eine Obergruppe der Verschiebechiffren bilden die Substitutionschiffren, bei denen einzelne Buchstaben oder Buchstabengruppen durch andere ersetzt werden. In diesem Fall besteht der Schlüssel aus einer ganzen Tauschtabelle.

Mechanische Hilfsmittel sind inzwischen elektronisch verarbeitbaren mathematischen Funktionen gewichen; Schlüssel bestehen heute schlicht aus einer Zahl oder einem Passwort. Nur wer den passenden geheimen Schlüssel kennt, soll die Informationen wieder entschlüsseln können; wer dagegen als Angreifer aufs Probieren oder Analysieren angewiesen ist, soll damit scheitern. Abgesehen vom Versuch, alle möglichen Schlüssel auszuprobieren, bis eine Nachricht Sinn ergibt, könnte ein Angreifer die Verschlüsselung mit Hilfe statistischer Methoden zu knacken versuchen – im Falle der beschriebenen Substitutionschiffren reicht zum Beispiel eine Tabelle mit Buchstabenhäufigkeiten, wie sie im Klartext zu erwarten sind. Eine Chiffrierfunktion muss also nicht nur eine möglichst große Schlüsselvielfalt bieten, sondern auch gegen kryptoanalytische Verfahren gewappnet sein (vgl. Hagemann, Rieke 1994).

Symmetrische Verschlüsselungsverfahren

Symmetrische Verfahren zeichnen sich dadurch aus, dass Absender und Empfänger einer Nachricht den gleichen Schlüssel zum Ver- beziehungsweise Entschlüsseln benutzen. Dieser Schlüssel muss auf einem sicheren Weg zum anderen Kommunikationspartner transportiert werden, was beispielsweise einen persönlichen Transport und die Ablieferung per Diskette bedeuten kann.

Eine Alternative besteht im verschlüsselten Transfer durch einen zweiten bereits vorher verteilten Schlüssel. Das Problem der Verteilung ist in diesem Beispiel jedoch nur verlagert. Symmetrische Verfahren werden daher auch „Private-Key-Verfahren" genannt, da der Schlüssel niemals in unberechtigte Hände gelangen darf.

Symmetrische Verschlüsselungsverfahren haben neben dem beschriebenen Verteilungsproblem noch einen weiteren gravierenden Nachteil. Wenn **n** Kommunikationspartner miteinander (jeder mit jedem) in Verbindung treten wollen, benötigen sie insgesamt:

$$\frac{n*(n-1)}{2}$$ Schlüssel.

Das bedeutet beispielsweise für 1000 Teilnehmer einen Bedarf an 499.500 Schlüsseln.

Symmetrische Verfahren lassen sich wiederum in zwei Gruppen einteilen: Blockchiffren und Stromchiffren. Eine Stromchiffre verschlüsselt jeden Buchstaben beziehungsweise jedes Bit des Klartextes einzeln. Im Gegensatz dazu unterteilen Blockchiffrierer den Klartext in einzelne Blöcke, die dann komplett verschlüsselt werden. Die bekannteste Blockchiffre ist der in den USA standardisierte DES (Data Encryption Standard), der Blöcke von 64 Bit mit einem Schlüssel der Länge 56 Bit verschlüsselt.

DES

DES (Data Encryption Standard), wurde 1975 veröffentlicht und kann im Wesentlichen als Forschungsergebnis der IBM betrachtet werden. Aufgrund seiner einfachen Operationen lässt sich DES gut in Hardware implementieren. Der DES zählt zu den am besten durchleuchteten Algorithmen. Kritik erntet er überwiegend wegen seines kleinen 56-Bit-Schlüssels. Dieses Manko lässt sich allerdings durch Abwandlungen mildern: Triple-DES arbeitet in drei normalen DES-Durchgängen mit 112 Bit oder 168 Bit Gesamtschlüssellänge (vgl. Luckhardt 1996).

AES

AES steht für Advanced Encryption Standard, einem Verfahren, das als Nachfolger von DES seit Ende 2000 als Standardverschlüsselung in den USA verwendet wird. Der AES Standard soll Daten der US-Behörden schützen, die als vertraulich, aber nicht geheim gelten (Vgl. Merz 2002, S. 158).

IDEA

IDEA (International Data Encryption Standard) ist ein weitere symmetrisches Verfahren, dass mit 128 Bit Schlüssellänge arbeitet. IDEA, das Anfang der 90er Jahre in mehreren Schritten entwickelt und verbessert wurde, ist ein schnelleres Verfahren als DES. Es gilt neben RSA, auf welches wir im nächsten Kapitel zu sprechen kommen, als eines der stärksten Verschlüsselungsverfahren (vgl. Merz 2002, S. 160).

GLOSSAR S.466

Asymmetrische Verschlüsselungsverfahren

Aus den beschriebenen Problemen symmetrischer Verschlüsselungsverfahren, galt es daher ein Verfahren zu finden, das die Verwendung zweier verschiedener Schlüssel pro Anwender erlaubt: eines **öffentlichen Schlüssels** *(Public Key),* mit dem jedermann Daten verschlüsseln, aber nicht wieder entschlüsseln kann, und eines **geheimen Schlüssels** *(Private Key),* dessen Besitzer die Daten wieder entschlüsselt.

Da der öffentliche Schlüssel allgemein bekannt sein darf, stellt der geforderte sichere Transport zum Kommunikationspartner kein Problem mehr da. Darüber hinaus reduziert sich die Anzahl der benötigten Schlüsselpaare auf *n.*

Seite 170

Dieses Verfahren setzt allerdings voraus, dass die Schlüssel authentisch sind (Vgl. *Abschnitt 6.1),* also wirklich von dem gewünschten Kommunikationspartner stammen.

Dieses System benötigt zur Verschlüsselung eine Einwegfunktion, eine Funktion also, deren Umkehrfunktion nicht oder nur mit unzumutbar hohem Aufwand gefunden werden kann. Da der Schlüssel bekannt ist, muss demnach die Funktion so beschaffen sein, dass die Daten nicht ohne Kenntnis des geheimen Schlüssels wieder entschlüsselt werden können.

Auf der Suche nach einer solchen Verschlüsselungsfunktion, die ohne das Wissen um einen Schlüssel praktisch unumkehrbar ist, stießen Rivest, Shamir und Adleman auf das Problem der Faktorisierung (Zerlegung in Primfaktoren) großer Zahlen (vgl. RSA 1978).

Um den RSA-Algorithmus (benannt nach den Initialen seiner Entwickler) dem Leser näher zu bringen, ist er zum Nachrechnen kurz an einem Beispiel skizziert (vgl. Merz 2002, S. 158 f.):

1. Schlüsselerzeugung

- Wähle 2 große Primzahlen **p** und **q**
  (Eine Primzahl ist eine Zahl die nur durch sich selbst und durch 1 teilbar ist.)
- Bilde das Produkt **n** = p*q und **z** = (p-1)(q-1)
- Wähle eine zahl **d** > 1, die relativ prim zu **z** ist, d.h. **d** besitzt mit **z** keinen gemeinsamen Teiler außer 1
- Wähle eine gemeinsame Zahl **e** (den Chiffrierschlüssel), für die gilt:
  e*d = x
  unter der Bedingung:
  x mod **z** = 1

- Der *öffentliche Schlüssel* besteht aus dem Paar **n** und **e**.
- Die Zahl **d** ist der private Schlüssel.
- Die Zahlen **p** und **q** werden verworfen und dürfen nicht veröffentlicht werden.

Exkurs Modulo-Funktion

Die hier verwendete Modulo-Funktion (kurz mod) hat Ihren Ursprung in der Division mit ganzzahligem Resultat. Soll das Resultat einer Division wieder eine ganze Zahl sein, muss man in Kauf nehmen, dass nach der Division ein Rest zurückbleibt.

Zur Verdeutlichung, dass eine ganzzahlige Division gemeint ist, wird anstelle des Bruchstrichs der Operator div geschrieben:

31 div 7 = 4 (div liefert den ganzzahligen Teil des Resultats)

Die Umkehrung der Division ergibt jetzt nicht mehr den ursprünglichen Dividenden. Es bleibt ein Rest zurück, der im vorliegenden Beispiel

31 - 28 = 3 beträgt. Diesen Rest berechnet die Modulo-Funktion:

r = x mod y

Im vorliegenden Beispiel

31 mod 7 - 3

Abbildung 6.7: Exkurs Modulo-Funktion

Quelle: Nievergelt 1991

2. Chiffrierung mittels des öffentlichen Schlüssels

- Teile eine Nachricht **N** in Blöcke, so dass die Länge jedes Blocks L <= **n**
- Um **N** zu verschlüsseln berechne:
  $C = N^e \bmod n$

3. Dechiffrierung mittels des privaten Schlüssels

- Um C zu entschlüsseln, berechne:
  $N = C^d \bmod n$

Dieses Verfahren wird an folgendem Beispiel nachvollzogen. Die zu verschlüsselnde Nachricht lautet *6882* – dies könnte z.B. eine zu übermittelnde Geheimzahl einer EC-Karte sein.

1. Schlüsselerzeugung

- Wir wählen **p** = 3 und **q** = 11
- **n** = p*q = 33 und **z** = (p-1)*(q-1) = 20
- Sei **d** = 7. Sieben ist relativ prim zu 20, da kein gemeinsamer Teiler außer 1 besteht
- Um e zu finden ist die folgende Gleichung nach x aufzulösen:
  $$7\mathbf{e} = \mathbf{x}$$
  wobei
  x mod 20 = 1
  Dies gilt z.B. für **e** = 3

Mit den vorliegenden Zahlen kann nun ver- und entschlüsselt werden.

2. Chiffrierung

- Wir nehmen eine Blocklänge von einer Ziffer an, da durch zwei Ziffern Werte > 33 ausgedrückt werden könnten, also 6,8,8,2
- Verschlüsselung
  $C = N^3 \bmod 33$
  $C = 6^3 \bmod 33 = 216 \bmod 33 = 18$

3. Dechiffrierung

- Entschlüsselung
  $N = C^1 \bmod 33$
  $N = 18^7 \bmod 33 = 612220032 \bmod 33 = 6$

Damit wurde die Nachricht im Klartext wieder hergestellt.

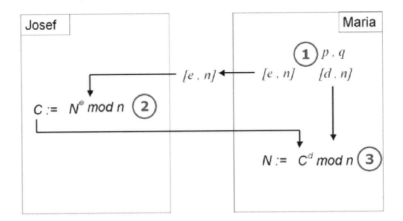

Abbildung 6.8:
RSA Algorithmus

In der Kommunikation zwischen Maria und Josef (Abbildung 6.8) ist das Verfahren (1 Schlüsselerzeugung, 2 Chiffrierung, 3 Dechiffrierung) noch einmal zur Verdeutlichung schematisch abgebildet.

Aus diesem einfachen Beispiel lässt sich erahnen, welcher Aufwand erforderlich ist, um die Nachricht N zu entschlüsseln, wenn anstelle von **e** = 3 und **d** = 7 Zahlen in der Größenordnung von bis zu 2048 Bit Länge verwendet werden. Auch die Umkehrung von **n** = **p*****q** = 3*11, d.h. die Primfaktorzerlegung von 33 – ist bei entsprechenden Schlüssellängen nur mit horrenden Aufwand erreichbar.

Spektakuläre Faktorisierungen großer RSA-Schlüssel durch Parallelarbeit tausender Rechner im Internet haben lediglich gezeigt, was die Kryptologen längst wissen: Mit herkömmlichen Algorithmen ist etwa einem 1024 Bit Schlüssel in absehbarer Zeit nicht beizukommen, selbst nicht mit allen Computerressourcen der Welt (vgl. Wobst 2000). Ein wesentlicher Aspekt für die Sicherheit des RSA Verfahrens ist somit die Länge des Schlüssels.

Ist dieses System nun wirklich sicher? Die Sicherheit dieses Verfahrens ist bis heute nicht bewiesen worden. Man kann nur feststellen, wie lange Angriffe jeglicher Art mit der heutigen Computertechnik und mit heute bekannten Algorithmen ungefähr dauern würden. Es ist nicht auszuschließen, dass schon morgen ein neuer Algorithmus zum Beispiel für die Faktorisierung gefunden wird, der wesentlich schneller abläuft als bisher bekannte Algorithmen und damit eine immense Zahl kryptographischer Produkte mit einem Schlag unsicher machen könnte.

Die Verschlüsselung mit RSA erfordert im Vergleich zu den symmetrischen Verfahren allerdings einen erheblich höheren Aufwand, was in vielen Fällen zu einer unakzeptabel langen Zeitdauer für das Verschlüsseln einer ganzen Nachricht führt. Einen praktischen Ausweg aus diesem Dilemma zeigt das nächste Kapitel auf.

Hybridverfahren

Die Erläuterung der Verfahren hat gezeigt, dass symmetrische und asymmetrische Verfahren mit unterschiedlichen Vor- und Nachteilen behaftet sind.

So erfordert RSA im Vergleich zu symmetrischen Verfahren in etwa das tausendfache der Rechenzeit bei der Verwendung der Schlüssel (vgl. Merz 2002, S. 161). Der Nachteil wird aber durch eine erheblich höhere Sicherheit gegen Angriffe wettgemacht.

Die so genannten hybriden Verfahren nun versuchen die guten Eigenschaften von symmetrischen und asymmetrischen Verfahren in sich zu vereinen. So ist es zum Beispiel möglich, mit Hilfe des RSA-Verfahrens einen Schlüssel für ein symmetrisches System verschlüsselt zu übertragen, um dann die eigentlichen Daten symmetrisch verschlüsselt übertragen zu können.

GLOSSAR S.466

Die Verwendung von **DES** dient recht häufig für kurze Phasen, z.B. bei zeitlich begrenzten WWW-Sitzungen. Im Falle einer schwach gesicherten **SSL**-Verbindung könnte z. B. RSA verwendet, um einen DES Sitzungsschlüssel sicher auszutauschen. Dieser Schlüssel wird dann so lange benutzt, wie sichergestellt ist, dass ein Angreifer ihn nicht ermitteln kann (wenige Minuten bis Stunden). Innerhalb dieser Zeit kann ein größeres Datenvolumen mit wenig Rechenaufwand verschlüsselt übertragen werden.

Im folgendem gehen wir auf den Aufbau einer sicheren Internetverbindung mit SSL detailliert ein.

SSL (Secure Socket Layer) ist ein Internetsicherheitsstandard, der eine sichere Kommunikation zwischen dem Webbrowser, also dem Client, und dem Server ermöglicht. Das SSL-Protokoll wurde von Netscape entwickelt und konnte sich in den Ursprüngen der Entwicklung des WWW durch die weite Verbreitung des Netscape Navigators als meistgenutzter Browser etablieren. Inzwischen hat der Netscape Navigator an Bedeutung eingebüßt. SSL wird heute jedoch auch von anderen Browsern, z.B dem Internet Explorer unterstützt.

In einer SSL-Verbindung wird ein Kommunikationskanal zwischen dem Browser und dem Webserver aufgebaut, der das Eindringen unberechtigter Dritter abblockt. Dass eine SSL-Verbindung aufgebaut wird, können Sie in Ihrem Browser an folgenden zwei Merkmalen erkennen:

Abbildung 6.9: https:// in der Adresszeile des Browsers

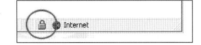

Abbildung 6.10: Schlosssymbol in der Statuszeile des Browsers

Zum einen steht in der Adresszeile des Browsers https:// (Abbildung 6.9) und zum anderen sehen Sie in der Statuszeile des Browsers ein kleines Schlosssymbol (Abbildung 6.10), das auf eine mit SSL verschlüsselte Verbindung hinweist.

Nach Aufbau der Verbindung können dann sicherheitsrelevante Daten, wie Kreditkartennummern, Kontodaten oder andere persönliche Angaben, geschützt vor dem Zugriff von unbefugten Dritten übertragen werden.

In einer schematischen Darstellung, stellt sich der Ablauf wie folgt dar: Sobald der Webbrowser einen Aufruf mit „https" registriert, weiß er, dass er eine SSL-Verbindung zum Server aufbauen soll. Nun wird ein so genanntes Handshake-Protokoll („handshake" engl. für „Händedruck", „Hände schütteln") zwischen dem Webbrowser als Client und dem Server abgearbeitet, welches folgendermaßen abläuft:

Client	Server
Der Client will auf eine verschlüsselte Seite auf dem Server zugreifen.	
	Sendet dem Client sein „Signed Digital Certificate" (öffentlicher Schlüssel, Zertifikat).
Überprüft nun dieses Zertifikat des Servers beim Zertifikatsserver. Der Client generiert einen zufälligen Session Key (=Sitzungsschlüssel). Dieser wird mit Hilfe des öffentlichen Schlüssels des Servers verschlüsselt und an den Server geschickt.	
	Der Session Key wird mit dem privaten Schlüssel (Server) entschlüsselt

Nun haben Server und Client denselben eindeutigen und zufällig generierten Session Key, mit dem die Daten, die sicher zwischen den beiden ausgetauscht werden sollen, verschlüsselt werden. Zuvor wird aber noch eine Testnachricht, die mit diesem Session Key verschlüsselt ist, zuerst vom Server zum Client und dann wiederum eine neue Testnachricht vom Client zum Server gesendet, damit sichergestellt ist, dass beide Parteien wirklich denselben Schlüssel verwenden. Client und Server gebrauchen nun beide den identischen Session Key zum Ver- bzw. Entschlüsseln der Daten. Für die weitere Datenübertragung sind die asymmetrischen Schlüsselpaare nicht mehr nötig. Die Schlüsselpaare werden nur zum Austausch eines einmaligen Sitzungsschlüssels benötigt.

Auch wenn die verschlüsselten Daten auf dem Weg aufgehalten werden sollten, können sie nicht ohne den richtigen Session Key entschlüsselt, also gelesen oder gar verändert werden. So genannte Hash-Algorithmen (vgl. Abschnitt 6.3) werden bei Bedarf bei Erhalt einer verschlüsselten Nachricht angewendet, um zu erfahren, ob die Botschaft unterwegs verändert wurde.

Abbildung 6.11: Aufbau einer SSL Verbindung zwischen Client und Server

Seite 190

Für den Aufbau einer SSL-Verschlüsselung benötigt der Server ein gültiges Zertifikat. Dieses muss nicht zwingend bei einer Zertifizierungsstelle (vgl. *Abschnitt 6.4.2)* beantragt, sondern kann auch mit der entsprechenden Software selbst ausgestellt werden. Optional kann sich auch der Client mit einem Zertifikat und den darin enthaltenen öffentlichen Schlüssel gegenüber dem Server ausweisen. Die Problematik der Authentizitätsprüfung und der dahinterliegenden Infrastruktur von Zertifizierungsstellen wird in Abschnitt 6.4 ausführlich behandelt.

Bei der Generierung des Sitzungsschlüssels sei erwähnt, dass selbst wenn der zugrunde liegende Krypto-Algorithmus sicher ist, Fehler in der Implementierung zu Sicherheitslücken führen können. Netscape bekam dies im Laufe der Navigator Entwicklung zu spüren. Im September 1995 wurde entdeckt, dass die SSL Version im Navigator 1.1 mit einem unsicheren Zufallszahlengenerator versehen war. Die Folge: Das Knacken der Sitzungsschlüssel dauerte – entsprechende Kenntnisse über die Sicherheitslücke vorausgesetzt – nur wenige Sekunden (vgl. Luckhardt 1996).

Computer sind nicht in der Lage, echte Zufallszahlen zu erzeugen; genau festgelegte Verfahren bearbeiten Eingangsdaten und können nur eine endliche Zahl von Zuständen annehmen. Daraus folgt zwingend eine Periodizität beziehungsweise Vorhersagbarkeit der Ausgaben. Algorithmen erzeugen also nur Pseudo-Zufallszahlen (pseudo random number generators, PRNG), eine Folge von Zahlen, die statistisch zufällig erscheinen. PRNG sind allerdings auch für sehr große Perioden bekannt. Bei kryptographischen Anwendungen darf es – auch mit Kenntnis des Verfahrens – darüber hinaus nicht möglich sein, anhand eines vorliegenden Ausgabewerts den nachfolgenden Wert zu ermitteln.

Die zur Prüfung der Datenintegrität verwendeten Hash-Algorithmen werden im Folgenden Abschnitt besprochen.

6.3 Datenintegrität

Wie in Abschnitt 6.1 erörtert, zählt die Datenintegrität zu einem der zentralen Aspekte der IT Sicherheit. Ein Angreifer könnte die zwischen anderen Kommunikationspartnern übertragende Daten ändern wollen – z. B. Kontonummern, Namen, Termine, oder Preise. Daher ist ein Verfahren erforderlich, welches den Kommunikationspartnern die Möglichkeit gibt, festzustellen, ob ihre Daten unverändert beim Empfänger eingetroffen sind.

Dazu wird von den zu übermittelnden Daten ein **digitaler Fingerabdruck** erzeugt . Im Englischen wird dieser Begriff mit ,Message Digest' (kurz MD) oder auch ,Message Authentication Code' (kurz MAC) bezeichnet.

GLOSSAR S.466

Zu diesem Zweck werden so genannte HASH-ALGORITHMEN eingesetzt.

Hash-Funktionen dienen dazu, zu einer beliebig langen Nachricht einen so genannten Hash-Wert (dieser wird auch als Prüfsumme bezeichnet) zu erzeugen, der folgende Anforderungen erfüllen muss:

- Der Hash Wert ist in seiner Länge (oft 128 Bit) festgelegt. Die Hash-Funktion komprimiert somit beliebig lange Nachrichten auf diesen festgelegten Wert.
- Die Hash-Funktion ist somit mit einem Informationsverlust verbunden. Aus dem Ergebnis kann in keinem Fall auf die vollständige Nachricht geschlossen werden (daher auch die Bezeichnung „Einweg-Hash-Funktion").
- Ferner muss es nahezu unmöglich sein zu einem Hash-Wert auch nur eine passende Nachricht zu finden. Jede auch noch so minimale Änderung der Original Nachricht, muss einen völlig anderen Hash Wert ergeben.

Daher ist es äußerst unwahrscheinlich, die Originaldaten so zu verändern (fälschen), dass wieder der gleiche Hash Wert erreicht wird.

Die gängigsten Hash-Funktionen sind MD5 (MD steht für Message Digest) und SHA (Secure-Hash-Algorithm).

MD5 einer Weiterentwicklung von MD4 wurde 1991 von Ronald Rivest entwickelt und erzeugt 128 Bit lange Hash Werte. Es wurde festgestellt, dass MD5 unter bestimmten Umständen nicht sehr kollisionsresistent ist, d.h. mit einem gewissen Aufwand können alternative Input-Nachrichten ermittelt werden, die den gleichen Hash Wert liefern (vgl. Merz 2002, S. 163).

Der Secure-Hash-Algorithm wurde von dem NIST (National Institute of Standards and Technology) der USA entwickelt. Wie MD5 ist auch SHA eine Weiterentwicklung von MD4. Allerdings haben die Hash Werte ein Länge von 160 Bit, was das Risiko einer Kollisonsattacke reduzieren hilft.

Um die Integrität eines Dokuments zu verifizieren, ist es jedoch erforderlich den Hash-Wert auf einem sicheren Kanal zum Empfänger zu transportieren. Dies kann durch die im Abschnitt 6.2 beschriebenen Verschlüsselungsverfahren geschehen.

Bei asymmetrischen Verfahren ergibt sich hier jedoch eine Besonderheit. Die Verschlüsselung des Hash-Wertes kann als Unterschrift des Senders eingesetzt werden, wenn dieser hierfür seinen privaten Schlüssel verwendet. Das Thema der *elektronischen Unterschrift* wird ausführlich im nächsten Kapitel behandelt.

6.4 Authentisierung

Die bisher aufgeführten Methoden ermöglichen es, Angreifern das Lesen von Nachrichten unmöglich zu machen. Wie aber ist sicherzustellen, dass ein Kommunikationspartner der ist, der er vorgibt zu sein und dass der Urheber einer Nachricht tatsächlich derjenige ist, der er empfängerseitig zu sein scheint? Auch diesen Fragen widmen sich entsprechende kryptologische Methoden.

Allgemein bedeutet „Authentisierung" nachzuweisen, dass eine Nachricht von dem Sender kommt, von dem sie zu sein vorgibt. Der zu verhindernde Angriffsfall ist, dass eine Person eine Nachricht an einen Empfänger sendet und sich dabei als jemand anderer ausgibt, als sie selbst ist.

Im täglichen Leben verifiziert zum Beispiel eine Kassiererin im Supermarkt bei einer Kartenzahlung die Authentizität eines Kunden durch seine Unterschrift und lässt sich ggf. einen Lichtbildausweis zeigen.

Dort wo es angebracht erscheint kommen noch weitaus sichere und kostspieligere Verfahren zum Einsatz, wie die in Abschnitt 6.6 vorgestellten biometrischen Zugangskontrollen.

Solange diese Verfahren jedoch nicht allgemein Verwendung gefunden haben, muss auf andere Techniken zurückgegriffen werden. Am bekanntesten sind hier die Magnet- und Chipkarten zum Nachweis der Authentizität. Die Kundenkarten der Banken z.B. erfordern zusätzlich die Eingabe eines PIN-Codes in Verbindung mit der Karte die den Kunden identifiziert. Hierbei handelt es sich jedoch noch um Magnetkarten, die mit vergleichsweise geringem Aufwand ausgelesen oder manipuliert werden können.

GLOSSAR S.466

Die im Abschnitt 6.5 beschriebenen SMART CARDS sind in der Lage, aufgrund ihres eigenen Prozessors und einer sicheren Betriebssystemarchitektur solchen Angriffen zu wiederstehen.

Insgesamt kann also die Authentizität eines Teilnehmers durch verschiedene Merkmalsbereiche nachgewiesen werden:

- Durch den **Besitz** eines Gegenstandes mit den erforderlichen Informationen
- Durch **Wissen**, über das nur die betreffende Person verfügen kann
- Durch **Eigenschaften**, die die Person besitzt (z.B. biometrische Merkmale)

Da ein Gegenstand gestohlen werden kann und auch Wissen übertragbar ist, finden sich häufig Kombinationen der genannten Merkmale, z.B. bei den schon erwähnten Kundenkarten der Banken.

Im Internet haben sich die im nächsten Abschnitt vorgestellten elektronischen Signaturen (hierfür wird auch die Bezeichnung ‚digitale Signatur‘ häufig verwendet) etabliert. Diese beruhen auf die von uns bereits diskutierten asymmetrischen Verschlüsselungsverfahren (konkret **RSA**) und HASH-ALGORITHMEN.

GLOSSAR S.466

Die digitale Signatur

Die Authentizität von Nachrichten (zum Beispiel Briefen) wird normalerweise durch eine Unterschrift bestätigt. Wesentliche Forderungen an eine digitale Signatur, die mit kryptologischen Methoden erzeugt werden kann, sind:

- Nur der rechtmäßige Absender eines Dokuments kann die Unterschrift erzeugen.
- Der Empfänger des Dokuments kann die Unterschrift zweifelsfrei prüfen.
- Die Unterschrift gilt nur im Zusammenhang mit dem gegebenen Dokument.

GLOSSAR S.466

Bei der digitalen Signatur wird das asymmetrisches Verschlüsselungsverfahren **RSA** „rückwärts" angewandt. Der Besitzer des privaten Schlüssels kann damit Nachrichten verschlüsseln, die dann jeder mit Hilfe des öffentlichen Schlüssels wieder entschlüsseln kann. Somit sind schon alle oben genannten Forderungen an die digitale Unterschrift erfüllt.

Wie in den Abschnitten 6.2.3 und 6.2.4 dargestellt, kann das Verschlüsseln einer ganzen Nachricht, bedingt durch die Komplexität des RSA Verfahrens, oft sehr lange dauern. Die elektronische Signatur belässt deshalb das Dokument selbst im Klartext. Verschlüsselt wird lediglich der Hash-Wert des Dokuments (vgl. *Abschnitt 6.3*).

Seite 185

Das Entschlüsseln des Hash-Wertes erfolgt mit dem öffentlichen Schlüssel des Senders. Nach dem erneuten Anwenden der Hash-Funktion, kann nun nachgewiesen werden, ob beide Hash-Werte identisch sind. Ist dies der Fall, so liegt beim Empfänger das ursprüngliche Dokument des Senders vor.

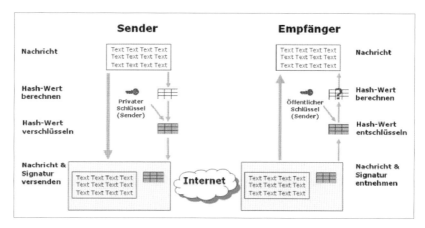

Abbildung 6.12:
Die digitale Signatur

Quelle: In Anlehnung an Merz 2002, S. 165

Somit ist neben der Urheberschaft auch die Unveränderlichkeit gesichert.

Alle gängigen E-Mail Programme stellen heute einfache Benutzerschnittstellen zur Generierung und Verwaltung von Schlüsseln bereit. Besonders das Verschlüsselungsprogramm PGP (Pretty Good Privacy), welches für Privatanwender kostenlos ist und sich großer Beliebtheit erfreut, sei an dieser Stelle erwähnt. Nähere Informationen finden sich

www.pgpi.org/

unter http//:www.pgpi.org/.

Trotz der rasanten Durchdringung des Internet mit Signaturverfahren und der Zuverlässigkeit der verwendeten Algorithmen bleibt ein wesentliches Problem bestehen:

Wie kann ein Kommunikationspartner sich darauf verlassen, dass der öffentliche Schlüssel, den er von einem anderen besitzt, auch wirklich dessen Schlüssel ist?

Diese Frage und die zur Lösung erforderlichen Technologien markieren den Übergang von reinen Sicherheitsmechanismen hin zu Fragen der Vertrauensinfrastruktur. Eine wesentliche Rolle spielen hierbei die im nächsten Abschnitt besprochenen Zertifikate.

Zertifikate – Public Key Infrastrukture

„Ein Zertifikat ist eine nachprüfbare Aussage einer Person über einen Sachverhalt"
(Vgl. Merz 2002, S. 166)

Auf Grundlage dieser abstrakten Definition sind nun verschiedene Variationen denkbar z.B. was die Herausgabe, den Besitz und die Prüfung von Zertifikaten anbelangt.

Bei der in der Definition erwähnten **Person** handelt es sich nicht nur um eine natürliche, sondern in den meisten Fällen um eine juristische Person, d.h. ein Unternehmen oder eine Behörde. Diese Person spielt die Rolle des *Herausgebers* oder *Erstellers*.

Die **Aussage** kann einen Zustand, ein Besitzverhältnis oder eine andere Eigenschaft *Dritter* beschreiben. Der beschriebene **Sachverhalt** muss in einer standardisierten Form vorliegen, so dass ein Prüfer dem Zertifikat eine Bedeutung beimessen kann.

Der *Besitzer* des Zertifikats ist meistens auch Nutznießer der im Zertifikat enthaltenen Aussage, während der Prüfer es verifiziert.

PKI – Public Key Infrastructure

Im Internet werden elektronische Zertifikate heute für den Nachweis der Zugehörigkeit eines öffentlichen Schlüssels zu einer Person verwendet. Diese Sicherung ist von grundlegender Bedeutung, da zunächst keine Anhaltspunkte existieren, anhand derer man erkennen kann, dass der öffentliche Schlüssel einer anderen Person auch wirklich ihrer ist.

Natürlich könnte der Kommunikationspartner per Post oder Telefon seinen öffentlichen Schlüssel übermitteln. Wenn man nun Nachrichten an ständig wechselnde und vor allem unbekannte Partner übermittelt, so würde dies zu erheblichen Transaktionskosten führen.

Die Lösung besteht daher im Einsatz einer vertrauenswürdigen dritten Partei (engl. Trusted Third Party). Hier übernimmt eine Infrastruktur von Zertifizierungsstellen die Authentizitätsprüfung des Signierschlüssels. Anstelle von Zertifizierungsstellen haben sich auch die Begriffe *„Trust Center"* oder *„Certificate Authority"* kurz CA (engl. für Zertifizierungsautorität) durchgesetzt. Diese genießen so hohes Vertrauen, dass ihre Aussagen von allen Nutzern als gültig angenommen werden können.

Die Aufgaben einer Zertifizierungsstelle (engl. *Certificate Authority*, kurz CA) bestehen in der Verwaltung von Zertifikaten. Dazu zählen:

- Einrichten von Prozeduren zur Registrierung einer Person und ihres öffentlichen Schlüssels.
- Schaffung eines Web-basierten Dienstes zur automatischen Publikation öffentlicher Schlüssel.
- Verwaltung von Sperrlisten für ungültige Zertifikate.

Bei der ersten Funktion ist es Aufgabe der CA, die Zugehörigkeit des Schlüssels zu einer Person sicherzustellen. Hierfür geben CA's Zertifikate unterschiedlicher Klassen heraus. Jede Klasse ist dabei mit einem anderen Zuverlässigkeits- und Haftungsniveau seitens der CA verbunden.

Zertifikate können z.B. online erstellt und erworben werden. Dabei basiert die Authentisierung des Antragstellers lediglich auf der E-Mail Adresse. Zertifikate auf diesem Niveau haben jedoch fast keinen praktischen Wert und sind in der Regel kostenlose Köderangebote der Zertifizierungsstellen.

Bei den nächstsicheren Klassen kann beispielsweise das persönliche Einreichen des öffentlichen Schlüssels unter Vorlage des Personalausweises und auch die Zusammenarbeit mit Wirtschaftsinformationsdiensten und Behörden zu Authentisierung des Antragstellers erforderlich sein.

Zertifikate nach dem X.509 Standard

Um eine Prüfung zu gewährleisten müssen Zertifikate in einer standardisierten Form vorliegen. Dabei stehen drei Aspekte im Vordergrund (vgl. Merz 2002, S. 169):

- die Datenstruktur eines Zertifikats,
- die Verwaltung des Zertifikats seitens der CA und
- die Kommunikation zwischen Benutzer und der CA.

Als Grundlage hierfür dient ein 1988 entwickelter X.509 Standard (Vgl. CCITT 1988), um Teilnehmerinformationen in einheitlicher Weise online zu verwalten und für andere Benutzer oder Anwendungen zugänglich zu machen. Dieser liegt in 3 Versionen vor, von denen die letzte (X.509v3) insbesondere für Zertifizierungsaufgaben, die über öffentliche Schlüssel hinausgehen, relevant ist.

Ein X.509-Zertifikat setzt sich aus folgenden Komponenten zusammen:

Komponenten	Beschreibung
Versionsnummer	1 bis 3
Seriennummer des Zertifikats	
Algorithmus ID	Verwendeter Algorithmus für die Signatur (Vgl. Abschnitt 6.3 und Abschnitt 6.4)
Name der CA (Herausgebername)	Dabei werden die Kürzel C, O, OU, CN verwendet (Country, Organizational Unit, Organization, Common Name)
Gültigkeit	Beginn und Ablauf der Gültigkeit
Gegenstand	Der Benutzername (siehe Herausgebername)
Öffentlicher Schlüssel des Benutzers	Algorithmus, Parameter und der öffentliche Schlüssel selbst
Signatur der CA	Unterschrift des öffentlichen Schlüssels durch die CA
Eindeutige Kennung der CA	seit Version 2 inkl. WWW-Adresse
Eindeutige Kennung des Benutzers	Im Falle anderer Aufgaben als öffentliche Schlüssel zu zertifizieren, wird an dieser Stelle festgelegt, um welche Art von Zertifikat es sich hierbei handelt.
Erweiterungen	Diese wurden mit Version 3 eingeführt. Zertifikate können mit Einschränkungen und Bedingungen versehen werden. Dafür erforderliche zusätzliche Informationen können in dieser Komponente abgelegt werden.

Abbildung 6.13: Komponenten des X.509 Zertifikats

Hinter dem in *Abbildung 6.10* dargestellten Schlosssymbol in der Statuszeile des Browsers lassen sich per Mausklick weitere Informationen zu einem Zertifikat abrufen.

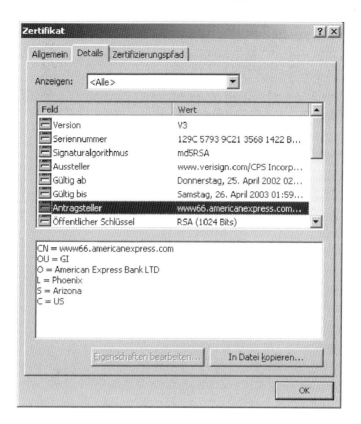

Abbildung 6.14:
Beispiel für ein
X.509v3 Zertifikat

Die in *Abbildung 6.14* beschriebenen Komponenten finden sich in diesem Beispiel wieder. Antragsteller und damit Benutzer des Zertifikats ist die American Express Bank. American Express hat sich in diesem Fall bei einer der bekanntesten CA der USA, VeriSign, zertifizieren lassen. Der hier hinterlegte öffentliche Schlüssel hat eine Schlüssellänge von 1024 Bit. Bei der für die Signatur verwendeten Hash Funktion handelt es sich um MD5.

Schwarze Listen

Trotz aller Sicherheitsvorkehrungen kann es passieren, dass sich ein Angreifer Zugang zum Privaten Schlüssel verschafft. In diesem Fall steht dem Angreifer die Möglichkeit offen, sich die Authentizität des in diesem Fall geschädigten Teilnehmers vorzutäuschen.

Neben der Problematik der Erkennung solcher Fälle ist ein Informationssystem notwendig, dass entsprechende Zwischenfälle schnell anderen Teilnehmern melden. Wenn der private Schlüssel auf elektronischem Wege gestohlen wurde, ist dies meist gar nicht erkennbar.

Diesem Zweck dienen Sperrlisten bzw. *Certificate Revocation Lists* (kurz CRL, engl. für Zertifikatsrückruflisten). Wenn der Fall eintritt, dass ein Teilnehmer seinen öffentlichen Schlüssel als ungültig erklärt, wird dessen Seriennummer zusammen mit einem Zeitstempel und weiteren Informationen in die CRL eingetragen. Die gesamte CRL wird meist regelmäßig von der CA unterschrieben, so dass sie nicht von Betrügern eingespielt sein kann.

Zertifizierungsstellen

Im Signaturgesetz (Vgl. Abschnitt 6.7.2) wird festgelegt, welche Voraussetzungen ein *„Zertifizierungsdiensteanbieter"* erfüllen muss und nach welchen Verfahrensregeln dieser akkreditiert werden kann. Dabei handelt es sich z.B. um Vorschriften, welche Daten ein Zertifikat enthalten muss, Haftungsregeln für Zertifizierungsstellen, Datenschutzaspekte sowie Regelungen zur freiwilligen Akkreditierung.

www.regtp.de

Die Zulassung und der Betrieb akkreditierter Zertifizierungsstellen wird in Deutschland von der <u>Regulierungsbehörde</u> für Telekommunikation und Post überwacht. Die Regulierungsbehörde agiert darüber hinaus als oberste Zertifizierungsstelle, die akkreditierte Signaturgesetz-konforme Zertifizierungsstellen zertifizieren darf.

Beispiele für Zertifizierungsstellen:

www.dfn-pca.de
- DFN-PCA
  Diese CA wird von der Universität Hamburg für das Deutsche Forschungsnetz betrieben. Sie erstellt Zertifikate für organisationseigene Zertifizierungsstellen und ist bei deren Aufbau unterstützend tätig

www.trustcenter.de
- TC TrustCenter
  Diese Zertifizierungsstelle gehört seit 1998 der Commerzbank an. Das TC TrustCenter hat bereits einen Antrag bei der Regulierungsbehörde als Signaturgesetz-konforme Zertifizierungsstelle gestellt.

www.heise.de/
ct/pgpCA

- Heise Verlag
  Die Zeitschrift c't des Heise Verlages hat anlässlich der CEBIT 1997 erstmalig nach Vorlage des Personalausweises Zertifikate für öffentliche Schlüssel erstellt.

www.telesec.de

- Deutsche Telekom AG
  Das Trustcenter der Deutschen Telekom AG – TeleSec – ist schon seit August 1994 in Betrieb und hat nach eigenen Angaben bisher (Herbst 2002) ca. 500.000 Zertifikate ausgegeben.

▶ **Übung:**

Informieren Sie sich bei den o.g. Zertifizierungsstellen. Wie können Sie hier Ihren öffentlichen Schlüssel zertifizieren lassen?

6.5 Smart Card

Im Gegensatz zur Smart Card besitzen einfache *Chipkarten* (hierbei handelt es sich um checkkartengroße Plastikkarten, in die ein Mikrochip eingebettet ist) lediglich einen Speicher auf den zugegriffen werden kann. So kann jeder, der über das erforderliche Lesegerät verfügt, diese Informationen auslesen oder gar manipulieren. Ein Beispiel für eine derartige Chipkarte ist die Krankenversichertenkarte. Im Umlauf sind des weiteren Chipkarten, deren Speicherzellen gezielt zerstört werden können. Dieses Prinzip liegt z.B. der Telefonkarte zugrunde. Bei Einführung der Karte in ein Lesegerät wird die Anzahl der unzerstörten Einheiten angezeigt. Mit jedem Zeittakt erfolgt dann ein gezieltes durchbrennen der jeweiligen Feinsicherungen auf dem Chip.

Noch weniger Schutz bieten *Magnetkarten,* die ebenfalls frei lesbar und wiederbeschreibbar sind. Darüber hinaus lassen sie sich mit einem einfachen Magneten unbrauchbar machen. Ihr einziger Vorteil liegt in dem vergleichsweise günstigen Preis (weniger als 0,5 Euro).

Eine Smart Card hingegen besitzt folgende Eigenschaften:
- Sie verfügt über einen eigenen Computer mit Prozessor, Arbeitsspeicher (RAM), Festspeicher (ROM) und Schnittstellen zur Datenein- und -ausgabe sowie zusätzliche Module, die für kryptographische Verfahren verwendet werden. Üblich sind heute bis 8 KB RAM, bis zu 64 KB ROM und eine Prozessorleistung mit bis zu zwei MIPS (MIPS ist die Abkürzung für „**m**illion **i**nstructions **p**er **s**econd" (engl. für Millionen Befehle pro Sekunde). MIPS ist also eine Maßeinheit für die Anzahl von Befehlen, die ein Prozessor pro Sekunde verarbeiten kann).
- Eine Smart Card besitzt ein eigenes Betriebssystem, mit dessen Hilfe Programme ausgeführt sowie Daten und Software gespeichert und mit der Außenwelt abgewickelt werden können.

Somit kann die Smart Card für alle Anwendungen eingesetzt werden, was sich auch funktional z.B. auf einen PC realisieren lässt. Während ein PC aber nur so sicher ist wie der Schutz vor dem Eindringen bzw. Erschleichen des Administratorpassworts, ist eine Smart Card physikalisch gegen Angreifer geschützt. Nur über definierte Schnittstellen kann ein Protokoll für den Austausch von Daten abgewickelt werden.

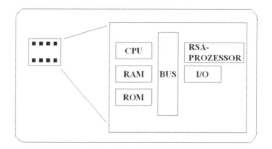

Abbildung 6.15: Schema einer Smart Card Architektur

Das wichtigste einer Smart Card ist der private Schlüssel mit dem sie ausgeliefert wird. Er wird in der Smart Card zusammen mit dem öffentlichen Schlüssel erzeugt, auf ihn kann daher nicht zugegriffen werden. Der korrespondierende Schlüssel wird hingegen an die Außenwelt ausgeliefert.

- Daten und Programme können mit dem öffentlichen Schlüssel der Smart Card verschlüsselt und an diese übertragen werden. Damit ist sichergestellt, dass nur die Karte die für sie vorgesehenen Daten auch verarbeiten kann.
- Umgekehrt können Daten, die von der Karte an Kommunikationspartner gesendet werden, von dieser mit ihrem privaten Schlüssel authentifiziert bzw. signiert werden.

Wichtig für die Entwicklung der Smart Card ist ihre Integration über entsprechende Lesegeräte in den PC.

- Externe Lesegeräte über serielle Schnittstelle, Universal Serial Bus oder als PC-Card sind eine Möglichkeit. Diese Lesegeräte liegen in einem Preisbereich von ca. 25 bis 50 Euro. Der Vorteil einiger Produkte liegt hier darin, dass Passwörter oder PIN's über ein Tastenfeld direkt am Gerät eingegeben werden können, so dass keine sicherheitsrelevanten Informationen über unsichere Kanäle ausgetauscht werden müssen.

www.cherry.de

- Der Tastatur-Hersteller Cherry z.B. bietet die Integration des Lesegerätes in die Tastatur an. Der Vorteil hier liegt in der Verschlüsselung der Daten wie Passwörter, bevor sie in das Betriebssystem des PCs übergehen.
- Schließlich können auch Mobiltelefone als Träger der Smart Card eingesetzt werden.

www.utimaco.de

Die Firma Utimaco z.B. bringt unter dem Namen SafeGuard Biometrics eine kombinierte Lösung aus Smart Card und Fingerabdruck-Scanner zur Anmeldung am PC auf den Markt. Die Fingerabdruckdaten sind auf der Smart Card gespeichert. Auch die Überprüfung des Fingerabdrucks, der von einem Scanner im Smart-Card-Lesegerät abgetastet wird, erfolgt auf der Karte, die mit einem RSA-Co-Prozessor zur Verwendung von digitalen Signaturen ausgestattet ist.

Die Biometrische Prüfung des Fingerabdrucks könnte wohl langfristig den lästigen und für heutige Sicherheitsanforderungen unzureichenden PIN Schutz der Karten ablösen. Eine kurze Diskussion biometrischer - Verfahren zur Authentisierung erfolgt im nächsten Abschnitt.

6.6 Biometrie

Biometrische Verfahren beruhen auf der Erkennung natürlicher menschlicher Identifikationsmerkmale wie z.B. einen Fingerabdruck oder einem Bild der Netzhaut (Iris). Auch die Analyse des Bewegungsablaufes eines Stiftes beim Leisten der Unterschrift, z.B. auf einem Eingabetableau, zählt zu den biometrischen Verfahren.

www.ibia.org/news
lett020405.htm

Nach Prognosen der IBIA, der internationalen Organisation der Biometrieanbieter, übersteigt der weltweite Umsatz mit biometrischen Sicherheitsanwendungen zum Ende des Jahres 2002 die 500 Millionen Euro Grenze (Abruf 25.09.2002). Jedoch geht das bisherige Wachstum in erster Linie auf Großaufträge aus der Industrie und Behörden zurück. Derzeit kommen auch vermehrt für den Einsatz am häuslichen oder betrieblichen PC auf den Markt (vgl. Thalheim et al. 2002).

Den größten Anteil machen demnach Biometrie-Produkte aus, die Fingerlinien als Erkennungsmerkmal nutzen. Hierfür wurden spezielle Fingerprint-Sensoren entwickelt, die im direkten Kontakt bei der aufgelegten Finderkuppe, ohne zwischengeschalteten Scanner oder Kamera, das Linienmuster erfassen und daraus ein und daraus ein elektrisches Abbild des Fingerabdrucks erzeugen. Das Erfassungsprogramm destilliert aus dem Abbild die Linienenden, Verzweigungen und Wirbeln – die auch in der Kriminalistik zur zweifelsfreien Identifizierung dienen – heraus und legt diese in einer Referenzdatei ab.

Systeme zur Gesichtserkennung und Iris Scanner belegen die Plätze 2 und 3 unter den Biometrie-Produkten. Verfahren wie Sprachanalyse, Unterschriftenerkennung oder Tastaturanschlagdynamik haben bislang nur einen marginalen Anteil am Gesamtumsatz im Biometriegeschäft.

Ein gemeinsames Problem aller aufgezählten biometrischen Verfahren stellen die notwendigen Fehlertoleranzen dar. Setzt ein Hersteller enge Toleranzgrenzen erhöht sich damit zwar die Sicherheit des Systems, doch leidet darunter in der Folge meist die Benutzerfreundlichkeit. Werden zu hohe Abweichungen zugelassen, schränken diese die beabsichtigten Schutzfunktionen wiederum stark ein.

Die in den Studien der Hersteller veröffentlichten Auswertungen zur Sicherheit der Systeme basieren überwiegend auf so genannten False-

Rejection- und False-Acceptance-Rates (FRR, FAR). Bei der False Rejection wird einem Nutzer der Zugang zum System verweigert, obwohl er dafür eine Zugriffserlaubnis hat. Bei der False Acceptance hingegen können sich Personen am System anmelden, deren biometrische Merkmale nicht registriert sind.

Diese empirischen ermittelten Fehlerwahrscheinlichkeiten geben jedoch nur unzureichend eine Antwort auf die Frage, ob eine biometrische Lösung das System auch dann schützt, wenn ein Angreifer gezielt versucht, den Zugangsschutz zu überwinden. Es ist sehr unrealistisch anzunehmen, das ein Angreifer, wie bei den empirischen Messreihen demonstriert, tausend Probanden einsetzt in der Hoffnung, dass einer von ihnen fälschlicherweise vom System akzeptiert wird.

Für einen Angriff auf biometrische Zugangskontrollen sind folgende 3 Szenarien denkbar.

- Der erste Ansatz liegt in der direkten Täuschung des Systems. Hierbei sind das entwickeln künstlicher Fotos oder das anfertigen von künstlichen Fingerabdrücken denkbar, mit denen ein Authentifizierungsversuch gestartet wird.

- Im zweiten Szenario wird das System ebenfalls mit künstlichen Daten getäuscht. Hierbei umgeht man jedoch die reguläre Sensorik und spielt dem System zuvor erlangte Referenzdatensätze vor.

- Weiterhin ist ein Angriffsszenario denkbar, das direkt auf die Datenbank abzielt und mit Hilfe erlangter Administratorrechte neue Datensätze in die Datenbank einfügt bzw. vorhandene austauscht.

Die Computerzeitschrift c't führte im Juni 2002 einen Test mit handelsüblichen Biometrieprodukten in der Preisklasse bis 300 Euro durch (vgl. Thalheim et al. 2002, S. 114 ff.). Die Sicherheit der biometrischen Lösungen wurde hier anhand des ersten beschriebenen Angriffsszenarios getestet. Die Studie kam zu dem Ergebnis, dass die Technik einer massentauglichen Identifizierung und Authentifizierung von Personen auf der Basis von Körpermerkmalen offenbar noch in den Kinderschuhen steckt.

So ist zu erwarten, dass es noch eine Weile dauern wird, bis biometrische Verfahren auch im häuslichen Umfeld allgemein Verwendung gefunden haben, um für Anwendungen im Electronic Commerce eine relevante Rolle zu spielen.

6.7 Rechtliche Aspekte

Das Internet wird umgangssprachlich auch Datenautobahn genannt. Diese Bezeichnung passt sehr gut im Kontext dieses Abschnitts, da eine Autobahn auch eine Gefährdung für die auf ihr transportierten Güter darstellen kann. Wie der Gesetzgeber versucht hat, bestimmten Gefahrenkonstellationen zu begegnen, soll nun veranschaulicht werden.

Datenschutz

▶ **Beispiele:**

1. *Ein Onlinebuchladen will bei der Auswertung seiner Kundendaten festgestellt haben, dass Käufer mit einem Interessenschwerpunkt bei konservativ-religiöser Literatur ebenfalls ein ausgesprochenes Faible für pornografische Schriften zeigen. Der Buchladen will dieses Wissen ausnutzen und entsprechenden Kunden durch Direktangebote die Entscheidung bei weitergehenden Käufen erleichtern.*
2. *Ein Free-Mail-Anbieter erwägt, seine Kundendatei an andere Unternehmen zu veräußern und bietet diese im Web an.*
3. *Eine Firma vertreibt ein „Tool", das auf den Quellcode einer CD-ROM zugreift, um auf ihr enthaltene Rufnummern und Adressen von Telefonteilnehmern zu erlangen.*

Wie Sie an den Beispielen sehen, hat der InternetNutzer ein erhebliches Interesse daran, dass seine Daten, die er bereits durch den bloßen Gebrauch des Internets weitergibt, nicht unbefugt verwendet werden.

Dass jeder Bürger grundsätzlich einen Anspruch darauf hat zu entscheiden, wer in welchem Umfang über seine personenbezogenen Daten verfügt, folgt aus dem grundrechtlichen Schutz auf **informationelle Selbstbestimmung** (aus Art. 1 I und Art.2 I Grundgesetz). Es existieren einige Gesetze, um diesen grundgesetzlichen Anspruch zu verteidigen.

- Landesdatenschutzgesetze
- Bundesdatenschutzgesetz
- Telekommunikationsgesetz (TKG)
- TELEDIENSTEGESETZ (TDG)
- TELEDIENSTEDATENSCHUTZGESETZ (TDDSG)
- Telekommunikations-Datenschutzverordnung (TDSV)

GLOSSAR S.466

Diese Gesetze konkurrieren nicht miteinander, sondern versuchen, einen möglichst lückenlosen Schutz wie ineinandergreifende Zahnräder einer Maschine zu errichten. Die einzelnen „Zahnräder" sollen nun betrachtet werden.

Wie sich aus den Anfangsparagraphen der meisten **Landesdatenschutzgesetze** ergibt, betreffen diese nur die Verwertung von Daten durch Landesverwaltungen oder Institutionen, die Landesverwaltung wahrnehmen. Diese beziehen sich auf den Umgang des Staates mit Daten seiner Bürger auf Landesebene.

Da das Gros der Datentransfers im Internet jedoch zwischen „Nicht-Hoheitsträgern" abläuft, können diese Gesetze bei der vorliegenden Problematik außer Betracht bleiben.

Das **Bundesdatenschutzgesetz** behandelt zwar – wie die Landesdatenschutzgesetze- den Umgang von Behörden (diesmal des Bundes) mit Daten, beschränkt sich jedoch nicht darauf. In § 1 II Nr. 3 heißt es:

Dieses Gesetz gilt für die Erhebung, Verarbeitung und Nutzung personenbezogener Daten ...durch nicht-öffentliche Stellen, soweit sie die Daten in oder aus Dateien geschäftsmäßig oder für berufliche oder gewerbliche Zwecke verarbeiten oder nutzen."

Das Bundesdatenschutzgesetz gilt also auch für privatrechtliche Unternehmen. Es handelt sich dabei jedoch um ein so genanntes subsidiäres Gesetz, das heißt, es findet erst Anwendung, wenn die spezielleren Gesetze, die den Anforderungen der Neuen Medien entsprechend entwickelt wurden, nicht eingreifen, weil der konkrete Fall in ihnen nicht vorgesehen ist. Erst dann erfolgt eine Prüfung des Bundesdatenschutzgesetzes.

Das **Teledienste-** und das **Telekommunikationsgesetz** sind spezielle Gesetze, die sich mit dem Recht der Neuen Medien auseinandersetzen. Sie richten sich an unterschiedliche Adressaten, die jedoch in der Realität schwer zu trennen sind, weil die meisten Internetanbieter inzwischen das gesamte Spektrum umfassen: Das Telekommunikationsgesetz betrifft die Erbringung technischer Leistungen als Grundlage der Kommunikation, das Teledienstegesetz umfasst hingegen inhaltliche Beiträge. Die Abgrenzung im Einzelfall erfolgt jedoch nicht in Hinblick auf den Anbieter, sondern auf den tatsächlich erbrachten Dienst. Demnach fällt ein Internetzugangsprovider für die Gewährung des Zugangs unter das Telekommunikationsgesetz. Für SUCHMASCHINEN und E-SHOPS gilt das Teledienstegesetz (für E-Shops gemäß § 2 II Nr. 5 TDG).

GLOSSAR S.466

Diese Abgrenzung setzt sich in den weiterführenden Datenschutzgesetzen fort. Das **Teledienstedatenschutzgesetz** gilt für Teledienste, also Inhalte, die **Telekommunikations-Datenschutz-Verordnung** betrifft technische Telekommunikationsanbieter.

Bei der Einteilung der Gesetze wurden bereits Kategorien gebildet. Der ungefähre Kontext der Verwendung wird unterschieden, um das richtige Gesetz auswählen zu können. Es sind jedoch weitere Differenzierungen nötig.

So gelten sowohl das Teledienstegesetz als auch die Telekommunikations-Datenschutz-Verordnung für so genannte **personenbezogene Daten.**

Personenbezogene Daten sind Einzelangaben über persönliche oder sachliche Verhältnisse einer bestimmten oder bestimmbaren Person (§ 3 I Bundesdatenschutzgesetz). Dazu gehören zum Beispiel der Name, die Adresse, das Alter, der Beruf.

Die Gesetze nennen noch weitere Datenarten.

Außer von personenbezogenen Daten sprechen sie von so genannten **Bestandsdaten** und **Nutzungs-** und **Abrechnungsdaten.** Bestandsdaten sind solche, die für die Begründung, die inhaltliche Ausgestaltung oder Änderung eines Vertragsverhältnisses im Teledienstebereich erforderlich sind (§ 5 TDDSG).

Nutzungsdaten ermöglichen die Inanspruchnahme und Nutzung des Teledienstes und Abrechnungsdaten, wie der Name schon sagt, die Abrechnung (§ 6 Absatz 1 TDDSG).

Was darf der Internetunternehmer mit Daten anfangen?

Für personenbezogene Daten gilt:
Die Erhebung, Verarbeitung und Nutzung ist grundsätzlich verboten. Es
sei denn, es liegt eine der drei möglichen Ausnahmen vor. Diese sind:

- die Telekommunikationsdienste-Verordnung/ das Teledienste-Daten-
  schutz-Gesetz sieht eine Ausnahme vor.
- Ein anderes Gesetzeswerk sieht eine Ausnahme vor.
- Die Einwilligung des Betroffenen liegt vor.

Das Teledienste-Datenschutzgesetz sieht vor, dass personenbezogene
Daten erhoben (verarbeitet und genutzt) werden dürfen, wenn sie als
Bestandsdaten (oder Nutzungs- und Abrechnungsdaten) erforderlich
sind. Das heißt, wenn sie für die inhaltliche Ausgestaltung des Vertrages
zwischen dem Teledienste-Unternehmen und dem Kunden notwendig
sind. Was konkret Bestandsdaten sind, hängt demnach von der „inhaltlichen Ausgestaltung" des Vertragsverhältnisses ab: zum Beispiel der
Name, die Anschrift, die E-Mail-Adresse. Auch die Nutzung und Verarbeitung sind streng zweckgebunden. Maßgeblich ist, was für die
Begründung, die inhaltliche Ausgestaltung oder die Änderung des Vertragsverhältnisses erforderlich ist. Was darüber hinausgeht, bedarf der
Einwilligung des Betroffenen.

Gemäß § 4 Absatz 1 TDDSG muss der Diensteanbieter zu Beginn des
Nutzungsvorgangs den Nutzer über Art, Umfang und Zweck der Erhe-
bung, Verarbeitung und Nutzung personenbezogener Daten und über die
Verarbeitung seiner Daten außerhalb der EU unterrichten, falls eine der-
artige Unterrichtung nicht bereits erfolgt ist. Auch über automatisierte
Verfahren, die eine Identifizierung des Nutzers ermöglichen, ist der Nut-
zer zuvor zu unterrichten. Der Inhalt der Unterrichtung muss für den
Nutzer jederzeit abrufbar sein.

Der Bereich der dritten Ausnahme – die Einwilligung des Betroffenen – ist sicherlich der sensibelste.

Handelt es sich bei den Daten weder um Bestands- noch um Nut-
zungs- oder Abrechnungsdaten sondern um andere personenbezogene

Daten, ist bereits die Erhebung dieser Daten von der Einwilligung des Betroffenen abhängig. Eine Genehmigung (d.h. im Nachhinein) ist nicht ausreichend.

Was hier für die Erhebung gilt, gilt erst Recht für die Verarbeitung und Nutzung der Daten.

Auch die rechtmäßig erhobenen Bestandsdaten dürfen „für andere Zwecke" als dem Vertragszweck – also zum Zweck der Beratung, der Werbung, der Marktforschung oder zur bedarfsgerechten Gestaltung technischer Einrichtungen des Diensteanbieters – nur verarbeitet und genutzt werden, wenn der Betroffene zuvor ausdrücklich eingewilligt hat.

Der Diensteanbieter darf dem Betroffenen eine Einwilligung auch nicht durch Androhung der Verweigerung der Dienstleistung abpressen. Dies hat konkret zur Folge, dass man in Teledienstunternehmen diskutiert, wann man den Besucher um die ausdrückliche Einwilligung zur Erhebung von personenbezogenen Daten oder zur sonstigen Nutzung von Bestandsdaten ersucht; man ist sich nahezu einig, dass dies nicht in die Allgemeinen Geschäftsbeziehungen einbezogen werden kann, da sonst die Einwilligung als Bedingung für den Vertragsschluss interpretiert werden könnte.

GLOSSAR S.466

Das durch das GESETZ ÜBER RECHTLICHE RAHMENBEDINGUNGEN DES ELEKTRONISCHEN GESCHÄFTSVERKEHRS (EGG) geänderte TDDSG sieht in § 4 Absatz 2 vor, dass die elektronische Einwilligung des Nutzers zur Erhebung seiner persönlichen Daten „nur durch eine eindeutige und bewusste Handlung erfolgen kann" (Ziffer 1). Diese Einwilligung muss protokolliert werden und soll vom Nutzer jederzeit einsehbar sein.

Der Betroffene ist auch nach seiner Einwilligung über Art, Umfang, Ort und Zweck der Erhebung, Verarbeitung und Nutzung der Daten zu unterrichten. Bei automatisierten Verfahren, die eine spätere Identifizierung des Nutzers ermöglichen (z.B. Cookies, Sessionsdaten) und eine Erhebung, Verarbeitung oder Nutzung personenbezogener Daten vorbereiten, ist der Nutzer vor Beginn dieses Verfahrens zu informieren. Der Inhalt der Unterrichtung muss für den Nutzer jederzeit abrufbar sein; wenn der Nutzer auf die Unterrichtung verzichtet, was protokolliert werden muss, folgt aus diesem Verzicht keine Einwilligung. Der Nutzer ist vor Erteilung der Einwilligung darüber zu informieren, dass er diese jederzeit widerrufen kann. Die personenbezogenen Daten müssen nach Beendigung der Nutzung gelöscht werden, wenn die Speicherung nicht für Abrechnungszwecke erforderlich ist. Ist eine Inanspruchnahme der Teledienste oder deren Abrechnung anonym durchzuführen, muss der Telediensteanbieter den Nutzer hierüber informieren und diese Möglichkeit anbieten (§ 4 Absatz 6 TDDSG).

Dem Nutzer muss garantiert sein, dass er die Teledienste ohne die Kenntnisnahme Dritter in Anspruch nehmen kann. Nutzt er beim selben Anbieter verschiedene Teledienste, müssen seine Daten getrennt voneinander verarbeitet werden, es sei denn die Abrechnung erfordert etwas anderes. Nutzungsprofile sind nur bei Verwendung von Pseudonymen zulässig und unter einem Pseudonym erfasste Nutzungsprofile dürfen nicht mit Daten über den Träger des Pseudonyms zusammengeführt werden.

 Seite 201

▶ **An dieser Stelle können wir das Beispiel Onlinebuchladen also bereits beurteilen:**

Kundenprofile mit Kaufverhalten dürfen nur anonym gespeichert und ausgewertet werden, es sei denn, der Kunde hat seine Einwilligung gegeben. Auch wenn der Kunde K bereits mehrfach Spezialliteratur zu Science Fiction und gleichzeitig Architekturbildbände bestellt hat, darf kein Kundenprofil „K" mit der Konsequenz existieren, dass dem K bei jedem Einloggen entsprechende Angebote gemacht werden. Andererseits kann dem Buchladen nicht verboten werden, aus dem allgemeinen Kaufverhalten, dass Leute mit Interessenschwerpunkt „Science Fiction" sich stets und immer für Architektur interessieren, zu folgern, dass der K diesem Käufertyp wohl entspricht, wenn er „Per Anhalter durch die Galaxis" bestellt, und ihm „Sir Norman Foster – wie er den Reichstag gestaltete" anzubieten.

Für Nutzungs- und Abrechnungsdaten gilt Folgendes:
Nutzungs- und Abrechnungsdaten dürfen erhoben werden. Für sie gilt: Sie müssen nach Gebrauch vernichtet und dürfen nicht an Dritte weitergegeben werden. Allerdings ist statthaft, dass sich die Unternehmen Abrechnungsdienstleister bedienen, also die Abrechnungen „outsourcen".

Allerdings muss gewährleistet sein, dass diese Dienstleister dieselben datenschutzrechtlichen Pflichten wahrnehmen wie das Mutterunternehmen. Zu Marktforschungszwecken muss der Teledienstebetreiber die Daten anonymisieren.

Seite 201

▶ **Zum zweiten Beispiel (Verkauf von Kundendaten durch einen Free-Mail-Anbieter) lassen sich nun folgende Anmerkungen machen:**

Die Weitergabe personenbezogener Daten an Dritte ohne Einwilligung des Betroffenen ist grundsätzlich verboten. Auch die Weitergabe einer E-Mail-Adresse – sollte man diese bei einem Free-Mail-Unternehmen als Bestandsdaten interpretieren – ist ohne Einwilligung verboten, weil eine Weiterveräußerung nicht für den Bestand der Vertragsbeziehung erforderlich ist und eine Nutzung zu anderen Zwecken wiederum der ausdrücklichen Einwilligung unterliegt.

Seit Inkrafttreten des Telekommunikationsgesetzes (TKG) am 26. Juli 1996 ist es Telekommunikationsunternehmen, wie zum Beispiel der Telekom, verboten, ohne Einwilligung des Betroffenen Daten an Dritte, zum Beispiel Adressbuchverlage, herauszugeben. Sollten die Daten allerdings vor dem Inkrafttreten des TKG zu dem Telekommunikationsunternehmen gelangt sein, muss der Betroffene ausdrücklich widersprechen (§ 89 VII Satz 2 TKG).

Dass man im Internet zahlreiche Angebote von Adressenverzeichnissen findet, liegt daran, dass Adressen aus öffentlich zugänglichen Verzeichnissen, zum Beispiel Telefonbüchern oder Handelsregistern frei angeboten werden können.

Sollten Sie sich generell auch außerhalb der Neuen Medien zum Thema Datenschutz informieren wollen, bieten die Datenschutzbeauftragten Websites an. Zum Beispiel: http://www.datenschutz-berlin.de

www.datenschutz-berlin.de

Seite 201

▶ **Der dritte Beispielsfall**

mit dem Tool-Anbieter wurde vom Oberlandesgericht Köln entschieden und als Verstoß gegen datenschutzrechtliche Bestimmungen angesehen (OLG Köln, Entscheidung vom 10. November 2000, AZ 6 U 105/00). Das Gericht sah in dem Zugriff auf den Quellcode der CD-ROM eine rechtswidrige Nutzung von personenbezogenen Daten im Sinne des Bundesdatenschutzgesetzes. Es bejahte einen Verstoß gegen das Bundesdatenschutzgesetz, weil die Nutzung der Daten den erforderlichen „Personenbezug", aber nicht die nötige Einwilligung der Betroffenen aufwies.

Welche Konsequenzen hat ein Verstoß?

Ein Verstoß gegen die Datenschutzbestimmungen stellt eine Ordnungswidrigkeit dar. Gemäß § 9 TDDSG handelt ordnungswidrig, wer die Erbringung von Telediensten von der Einwilligung des Nutzers zur Datenerhebung abhängig macht, seinen Unterrichtungspflichten nicht nachkommt, personenbezogene Daten unbefugt erhebt oder Nutzungsprofilen mit persönlichen Daten zur Identifizierbarkeit verhilft. Diese Ordnungswidrigkeit kann mit einem Bußgeld von bis zu hunderttausend DM belegt werden (das Gesetz vom Dezember 2001 nennt keinen Euro-Betrag).

§ 43 BDSG sieht ein strafrechtliches Vergehen vor, das mit einer Freiheitsstrafe bis zu 2 Jahren oder Geldbuße geahndet werden kann.

Zivilrechtlich kann der Betroffene ebenfalls vorgehen. Er kann Unterlassen (zum Beispiel aus § 40 TKG), Schadensersatz und Herausgabe der Vorteile einklagen, die der Teledienstunternehmer durch seine Verletzungshandlung erlangt hat (soweit sich dies quantifizieren und beweisen lässt).

Signaturgesetz

Es ist offensichtlich, dass Erklärungen, die rechtliche Konsequenzen entfalten sollen, zum Beispiel ein Angebot zu einem Kaufvertrag oder ein Schenkungsversprechen, unzweifelhaft auf die erklärende Person rückführbar sein müssen. Je sensibler oder weitreichender diese rechtlichen Konsequenzen sind, desto höhere Anforderungen bestehen durch den Gesetzgeber an die **Form der Erklärung,** welche deren inhaltliche und persönliche Authentizität gewährleisten soll. Ist die Erklärung nicht formgerecht erfolgt, gilt sie als nichtig (§ 125 BGB).

▶ **Beispiele:**

- *Ein Grundstückskaufvertrag muss notariell beurkundet (§ 311b BGB) und*
- *eine Bürgschaft schriftlich erteilt werden (§ 766 BGB).*

Das Formerfordernis hat grundsätzlich mehrere Funktionen: **Warnen** bei Erklärungen mit weitreichenden Konsequenzen, **Beweisen einer Rechtslage** auch vor Gericht, **Beratung** bei dem Erfordernis notarieller Beurkundung und **Kontrolle** bei behördlicher Genehmigungspflicht.

Doch wie sollte Geschäften im Internet die nötige Rechtssicherheit verschafft werden, wenn dem digitalen „Schriftverkehr" durch den Gesetzgeber kaum Beweiskraft zugebilligt wurde und er Formerfordernissen nicht gerecht werden konnte?

▶ **Beispiele:**

■ *Vertragsschluss und Vertragsinhalt können oft nur durch den Aus-druck digital gespeicherter Daten bewiesen werden. Im Unter-schied zu vielen herkömmlichen Schriftstücken erfüllen diese Aus-drucke nicht die Anforderungen einer Urkunde im Sinne des § 415 ZPO, denn es fehlt an der nötigen Unterschrift und dem Erfordernis der „Dauerhaftigkeit" der verkörperten Gedankenerklärung des Ausstellers. Derartige Ausdrucke fallen nur unter die freie Beweis-würdigung der Richter gem. § 286 ZPO, was oft für die Parteien zu keinem befriedigenden Ergebnis führt.*

■ *Da gemäß § 126 I BGB durch eine eigenhändige Unterschrift unter ein Dokument die Schriftform gewahrt wird, gilt eine E-Mail mit getippter Namensnennung nicht als „schriftlich". Eine wirksame Klageerhebung vor einem Zivilgericht erfordert u.a. eine unter-schriebene Klageschrift. Da eine lediglich eingescannte oder ein-getippte Unterschrift nicht die ausreichende Gewähr für Authen-tizität liefert, war bislang bei den Gerichten eine umfassende Umstellung auf EDV nicht möglich.*

Angesichts der fortschreitenden Digitalisierung in allen Bereichen, erwies sich die „hinterherhinkende Gesetzeslage" als Hemmschuh.

Doch seit Ende Mai 2001 gilt nun ein neues **„Gesetz zur digitalen Signatur"**, das jenes aus dem Jahre 1997 ablöst (Abruf: 15.05.2002).

www.netlaw.de/gesetze/sigg.htm

Das Gesetz regelt die Anforderungen an die Signatur und die Zerti-fizierungsstelle. Es liefert die Voraussetzungen dafür, dass mit Signatur übermittelten digitalen „Schriftstücken" künftig Beweiskraft zugesprochen werden kann, da diese technisch mindestens genauso unverwechselbar und fälschungssicher sind wie Dokumente mit eigenhändiger Unter-schrift. Leider legt das Gesetz nicht die rechtlichen Konsequenzen fest.

Am 1. August 2001 trat das Gesetz zur **„Anpassung von Formvor-schriften des Privatrechts und anderer Vorschriften an den modernen Rechtsgeschäftsverkehr"** in Kraft. Sicherlich ist es sinnvoll, sich die für uns wichtigsten Änderungen bei den zivilrechtlichen Formvorschriften genau anzusehen.

§ 126 Absatz 3 BGB:

„Die schriftliche Form kann durch die elektronische Form ersetzt werden, wenn sich nicht aus dem Gesetz ein anderes ergibt."

§ 126 a BGB:

„(1) Soll die gesetzlich vorgeschriebene schriftliche Form durch die elektronische Form ersetzt werden, so muss der Aussteller der Erklärung dieser seinen Namen hinzufügen und das elektronische Dokument mit einer qualifizierten elektronischen Signatur nach dem Signaturgesetz versehen.

(2) Bei einem Vertrag müssen die Parteien jeweils ein gleichlautendes Dokument in der in Absatz 1 bezeichneten Weise elektronisch signieren."

§ 126 b BGB:

„Ist durch Gesetz Textform vorgeschrieben, so muss die Erklärung in einer Urkunde oder auf andere zur dauerhaften Wiedergabe in Schriftzeichen geeignete Weise abgegeben, die Person des Erklärenden genannt und der Abschluss der Erklärung die Nachbildung der Namensunterschrift oder anders erkennbar gemacht werden.

§ 127 BGB:

„(1) Die Vorschriften des § 126, des § 126a oder des § 126b gelten im Zweifel auch für die durch Rechtsgeschäft bestimmte Form.

(2) Zur Wahrung der durch Rechtsgeschäft bestimmten schriftlichen Form genügt, soweit nicht ein anderer Wille anzunehmen ist, die telekommunikative Übermittlung und bei einem Vertrag der Briefwechsel. Wird eine solche Form gewählt, so kann nachträglich eine dem § 126 entsprechende Beurkundung verlangt werden.

(3) Zur Wahrung der durch Rechtsgeschäft bestimmten elektronischen Form genügt, soweit nicht ein anderer Wille anzunehmen ist, auch eine andere als die in § 126a bestimmte elektronische Signatur und bei einem Vertrag der Austausch von Angebots- und Annahmeerklärung, die jeweils mit einer elektronischen Signatur versehen sind. Wird eine solche Form gewählt, so kann nachträglich eine dem § 126a entsprechende elektronische Signierung oder, wenn diese einer der Parteien nicht möglich ist, eine dem § 126 entsprechende Beurkundung verlangt werden."

Nach dieser anstrengenden Lektüre des Primärtextes sollen nun die wichtigsten Änderungen erläutert werden.

Bislang gab es die in § 126 BGB verankerte Schriftform, welche die eigenhändige Unterschrift unter dem Dokument forderte. Die Gesetzesnovelle wird die Schriftform nicht abschaffen, aber durch Differenzierungen viele Rechtshandlungen, die der Schriftform bedurften, einer digitalen Bearbeitung zugänglich machen. Dies geschieht auf zwei Wegen. Zum einen wird bei Erklärungen, die der Schriftform bedürfen, unterschieden, ob tatsächlich eine schriftliche Unterschrift unter das schriftliche Dokument erforderlich ist, oder ob ein schriftliches Dokument allein nicht bereits ausreichend ist. Es wird somit eine Herabstufung von der Schriftform zur neu geschaffenen, so genannten **Textform** vorgenommen. Welche Anforderungen an die Textform gestellt werden, sehen Sie in § 126b BGB.

Ein digitales Dokument kann sehr leicht der Textform entsprechen. Diverse, im Entwurf aufgeführte Gesetze des BGB werden künftig nicht mehr Schriftform, sondern Textform voraussetzen (zum Beispiel § 651g II BGB, in dem es um die Verjährung der Ansprüche gegen Reiseveranstalter geht).

Der andere Weg ist die Etablierung der **elektronischen Form.** Wie Sie in § 126 Absatz 3 sehen, kann sogar die im Gesetz vorgeschriebene Schriftform stets von dieser elektronischen Form ersetzt werden, wenn das Gesetz nicht ausdrücklich etwas anderes sagt. Dies tut es zum Beispiel aber weiterhin für die Bürgschaft:

§ 766 BGB (neue Fassung) bestimmt, dass die „Erteilung der Bürgschaftserklärung in elektronischer Form **ausgeschlossen** ist."

Aber was bedeutet elektronische Form?
Statt der eigenhändigen Unterschrift kann dann die digitale Signatur für die Authentizität des Dokumentes bürgen.

Diese digitale Signatur wird als Willenserklärung genauso behandelt, wie ihre analoge Schwester: Die von der Rechtsprechung und in der Literatur für schriftliche Willenserklärungen entwickelten Grundsätze zur Anfechtbarkeit sowie zum Ersatz des Vertrauensschadens gelten entsprechend (§§ 119, 120, 122 BGB; siehe Qualifikationseinheit „Recht" der TEIA).

Außerdem sieht der Entwurf in § 292a ZPO eine gerichtliche Beweiserleichterung vor.

Es gilt nun der Beweis des ersten Anscheins. Der Nachweis der Echtheit wird danach grundsätzlich schon durch die Prüfung nach dem Signaturgesetz erbracht, die die Signierung mit dem auf der Signaturchipkarte gespeicherten geheimen Schlüssel des Inhabers und dessen Identität bestätigt. Der Inhaber des Schlüssels muss diesen Nachweis durch das schlüssige Vortragen und Beweisen von Tatsachen zerschlagen, die einen abweichenden Geschehensablauf ernsthaft als möglich erscheinen lassen. Dieser Beweisschutz reicht weiter als bei Schrifturkunden.

ZUSAMMENFASSUNG

Kryptographie setzt sich langsam als wichtige Voraussetzung für E-Commerce durch. Händler möchten durch ihren Einsatz nicht zuletzt mehr Rechtssicherheit für Kundenaufträge erlangen. Mit der Bereitstellung von **SSL**-Servern oder Software zur Authentifizierung ist es aber nicht getan. Die Sicherheit von verschlüsselten Transportwegen und digitalen Signaturen zur Besiegelung von Bestellungen steht und fällt letztlich mit dem Schutz der geheimen privaten Schlüssel. Solange diese auf dem PC des Anwenders liegen, reduzieren sich Vertraulichkeit und Verbindlichkeit auch hochsicherer Verschlüsselungsverfahren auf die meist beschränkte Rechnersicherheit der PCs der jeweiligen Anwender.

Der Zugriff auf die Schlüssel ist kaum zu kontrollieren, was die Nicht-Abstreitbarkeit digitaler Signaturen beeinträchtigt: Eine hohe Verbindlichkeit kann eine Signatur erst erlangen, wenn sichergestellt ist, dass auch wirklich der rechtmäßige Anwender sie abgegeben hat. Auf den gängigen PC-Betriebssystemen kann ein Angreifer aber die Fehler von Anwendungsprogrammierern und die Unachtsamkeit der Benutzer ausnutzen: Sicherheitslücken erlauben das Einbringen von Hintertüren oder das Ausspionieren der Festplatteninhalte. Arglose Anwender installieren möglicherweise beim Ausprobieren von Software Trojanische Pferde oder schleppen Viren in ihr System ein. Der Word-Makrovirus Caligula sendet beispielsweise geheime PGP-Schlüssel. seiner Opfer per FTP an die Adresse eines Angreifers, sofern er auf dem infizierten Rechner Schlüssel-Dateien findet. Mit der Kopie eines geheimen Signaturschlüssels und der abgehörten PIN des Anwenders kann aber jeder Datenspion in dessen Namen digital signieren (vgl. Word-Trojaner späht nach PGP-Schlüsseln, http://wwwheise.de/newsticker, Abruf 25.09.2002).

Größere Sicherheit geben Smart Cards. Diese Systeme entziehen geheime Schlüssel dem Zugriff von Trojanern und Anwendungssoftware auf dem PC. Die Daten einer Smart Card lassen sich nicht unmittelbar auslesen, sondern stehen nur dem internen Prozessor zur Verfügung. Nach außen hin erlauben Smart Cards nur vorgese-

GLOSSAR S.466

www.heise.de/
newsticker/data/
nl-03.02.99-001/

hene Anfragen. Ein Problem bleibt bei digitalen Signaturen jedoch zunächst bestehen: Der Anwender kann sich nicht sicher sein, dass die Daten, die er am Bildschirm sieht, auch diejenigen sind, die der PC an die Smart Card zum Signieren sendet. Für das künftige Bezahlen mit der Geldkarte fordert der Zentrale Kreditausschuss (ZKA) daher ein Smart Card Terminal mit Display und eigener Tastatur.

Theoretisch sind digitale Signaturen erst dann nicht-abstreitbar und zweifelsfrei einem Menschen zuzuordnen, wenn durch die Kapselung der Daten in einer Smart Card nicht einmal der berechtigte Anwender eine Möglichkeit hat, seine Signaturschlüssel zu vervielfältigen, und wenn zudem die Freigabe der Schlüssel unmittelbar gegenüber der Karte mit Hilfe eines biometrischen Merkmals erfolgt.

[7] ZAHLUNGSVERFAHREN

GLOSSAR S.466

Eine der entscheidenden Fragen beim Online-Shopping ist die nach der Bezahlung der bestellten Ware. Da sich jeder Internetnutzer über einen beliebigen Zugangsprovider ins Internet einwählen kann und ein BROWSER keine persönlichen Informationen über den Besucher liefert, wissen E-Shopbetreiber nicht automatisch, wer ihre Besucher und damit potenziellen Käufer sind. Es wäre beispielsweise eine Abrechnung von Onlinekäufen über die monatliche Telefon- oder Providerabrechnung in bestimmten Fällen wünschenswert, dies ist jedoch nicht ohne weiteres möglich. Bei der Bezahlung über das Internet werden daher Zahlungssysteme erforderlich, die den Bedingungen einer elektronischen Abwicklung von Handelsprozessen, welche wir in dieser Lerneinheit vorstellen, gerecht werden. Zum Verständnis der komplexen Problematik werden zunächst grundlegende Begrifflichkeiten geklärt.

7.1 Einführende Begriffe und Klassifikation

In diesem Abschnitt erfolgen zunächst einige grundlegende Definitionen. Die hier verwendeten Begriffe werden anschließend in der eingeführten Weise weitergebraucht.

Des weiteren wird kurz auf allgemeine Anforderungen an Zahlungsmittel und Bezahlverfahren eingegangen.

- **Zahlungssysteme und Bezahlverfahren**

  Der Begriff Zahlungssystem beschreibt die Struktur des Wertausgleichsvorganges beim Handel zwischen Kunde und Anbieter. In der vorliegenden Lerneinheit werden elektronische Zahlungssysteme und Bezahlverfahren betrachtet. Bezahlverfahren sind Methoden, um in verschiedenen Systemen die Bezahlung von Waren oder Dienstleistungen zu beschreiben (Ablauf und Infrastruktur). In dieser Lerneinheit werden einige wesentliche Systeme und Verfahren zum Bezahlen über das Internet vorgestellt. Dabei wird im vorliegenden Abschnitt eine Klassifizierung vorgenommen, in nachfolgenden Abschnitten werden die einzelnen Verfahren genauer untersucht.

- **Traditionelle und elektronische Zahlungsmittel**

  Traditionelle Zahlungsmittel sind physische Gegenstände (z.B. Bargeld), die einem Wert entsprechen. Elektronische Zahlungsmittel sind die digitalisierte Form von Geld, wobei in diesem Fall einer reinen Information ein Wert übertragen wird und somit Ketten von Bits einen finanziellen Wert repräsentieren. Erst eine bestimmte technische Infrastruktur macht es möglich, diesen Bitfolgen einen Wert zuzuweisen. In der vorliegenden Lerneinheit werden in diesem Zusammenhang elektronische Zahlungsmittel in den Formen von Chipkarten, elektronischen Münzen usw. dargestellt. Dabei können elektronische Zahlungssysteme danach unterschieden werden, ob sie Kontoinformationen oder Kreditkartennummern verwenden (also kontobasierend sind) oder nicht. Letzteres bezeichnet Merz als elektronische Münzen, die dieselben Eigenschaften, wie traditionelle Münzen (Bargeld) haben sollten (Tauschmittel, Wertaufbewahrung, Anonymität bei der Bezahlung) (vgl. Merz 1996, S. 67 ff.). Elektronische Münzen werden in der Literatur auch als Token bezeichnet.

■ **Offline- und Online-Bezahlungsformen**

GLOSSAR S.466

Ein Bezahlvorgang in einem E-Shop kann ohne elektronische Kommunikationsmedien durchgeführt werden. Ein Kauf in einem E-Shop, der nach Erhalt der Rechnung traditionell mit einer Überweisung bezahlt wird, verwendet eine OFFLINE-BEZAHLFORM. In diesem Fall handelt es sich um einen Medienbruch (für den Kauf wird das Internet genutzt, jedoch nicht für die Bezahlung). Erfolgt die Bezahlung über elektronische Kommunikationsmedien, handelt es sich um eine ONLINE-BEZAHLFORM.

www.inf.fh-bonn-
rheinsieg.de/person/
professoren/
leischner/
e-payment.pdf

Mit Fortschreiten der technischen Entwicklung werden sich die Zahlungsmittel und Bezahlungsformen den technischen, wirtschaftlichen und gesellschaftlichen Bedingungen anpassen, mit der Folge dass zunehmend elektronische Bezahlformen Verwendung finden werden (vgl. Kannen, Leischner 2001, Abruf: 01.10.2002).

In dieser Lerneinheit werden elektronische Zahlungssysteme dargestellt und dabei in folgende Gruppen unterteilt:

■ **Einfache Verfahren**

Einfache Verfahren nutzen Techniken, die nicht über das gleiche Medium, wie der Kauf (E-Shop) ablaufen. Das können Offline-Bezahlformen sein, es können aber auch elektronische Kommunikationsmedien wie das Telefon genutzt werden.

■ **Lastschriftverfahren**

Für einen Händler dessen Geschäft durch längeren Betrieb eine angemessene Bonität erworben hat, besteht die Möglichkeit, per Lastschriftverfahren (LSV) Geldbeträge direkt vom Konto des Kunden abzubuchen.

■ **Verfahren mit Kreditkarte**

Diese Verfahren benötigen keine ausdrückliche persönliche Bestätigung durch den Kunden für die Entnahme eines Wertes von seinem Kreditkartenkonto.

- **Geldkarten**
  Die Geldkarte ist das in Deutschland wohl bekannteste Projekt zur elektronischen Bezahlung. Es handelt sich hierbei um eine Smart Card (vgl. *Abschnitt 6.5),* die mit einem Geldbetrag von bis zu 200 Euro an speziellen Terminals aufgeladen werden kann.

 Seite 196

- **Elektronisches Geld**
  Elektronisches Geld ist eine Bezahlform, bei der Geld als Bitfolge existiert. (Die Funktionsweise wird in den nachfolgenden Abschnitten beschrieben.)

 Seite 224

Der *Abschnitt 7.3* klassifiziert diese Verfahren. In der Literatur werden Einteilungen wie die vorstehende aber auch Einteilungen nach anderen Kriterien (z.B. nach dem ausgetauschten Wert: MICROPAYMENT, MACROPAYMENT oder Zahlungszeitpunkt bezüglich des Verkaufsprozesses) vorgenommen (vgl. Merz 2002, S. 31).

Allgemeine Anforderungen an Zahlungsmittel und Bezahlverfahren
Elektronische Zahlungsmittel sollten:

- die **Tauschmittelfunktion** erfüllen, d.h. allgemeine Akzeptanz bei Käufern und Verkäufern genießen;
- in nationale Währungen umgetauscht werden können;
- vor Missbrauch, Verlust, Diebstahl, Fälschung und Mehrfachverwendung geschützt sein;
- von Person zu Person übertragbar sein;
- offline fähig oder auf offline fähige Zahlungsmittel übertragbar sein, d.h. auch einen Zahlungsmittelaustausch ermöglichen und
- die Wertspeicherung erfüllen, d.h. es muss ohne Wertverlust aufbewahrt werden können.

Diese Eigenschaften sind mit dem traditionellen Geld vergleichbar.

Elektronische Bezahlverfahren sollten:

- **sichere Transaktionen** ermöglichen, d.h. die Bedingungen der VERTRAULICHKEIT, der INTEGRITÄT, der AUTHENTIZITÄT und der Verbindlichkeit erfüllen;

GLOSSAR S.466

- **Benutzerfreundlich** und für den breiten Masseneinsatz tauglich sein;
- im Idealfall **kostengünstig** in den Anschaffungs- und Transaktionskosten sein, auch bei kleinsten Beträgen;
- **Plattformunabhängig**, d.h. unabhängig von der benutzten Hardware und der eingesetzten Systemsoftware implementierbar sein.

7.2 Wie und womit wird bezahlt?

Aus Sicht der deutschen Online-Kunden sind es immer noch die klassischen Zahlungsmittel wie Rechnung, Überweisung, Nachnahme oder Vorausscheck, die das größte Vertrauen genießen. Über 90 % aller Befragten in einer Untersuchung der Universität Karlsruhe zu „Internet-Zahlungssystemen aus Sicht der Verbraucher (vgl. <u>Ketterer 2001</u>, Abruf: 01.10.2002) würden diese zum Bezahlen von Online-Bestellungen einsetzen, die Mehrzahl (55 %) auch für Zahlungsbeträge über 5.000 Euro (Stand 2000).

www.iww.uni-karlsruhe.de/IZV4/ auswertung/ studie.html

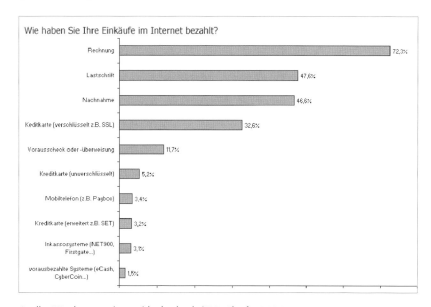

Abbildung 7.1: Von Kunden verwendete Zahlungsarten für Bezahlungen von Online-Einkäufen

Quelle: IZV4, http:wwwiww.uni-karlsruhe.de/IZV4, Abruf: 10.09.2001

Wenn man die Nutzung allerdings im internationalen Maßstab betrachtet, kommt man zu einem anderen Ergebnis. Gerade aufgrund der hohen Zahl von Bezahlungen mit Kreditkarte in den USA stellen sich die genutzten Zahlungsverfahren im Jahr 2000 in einer Dokumentation des <u>BMWI</u> (vgl. BMWI 2000, Elektronischer Geschäftsverkehr, Ratgeber für kleine und mittlere Unternehmen, Abruf 28.10.2002) folgendermaßen dar:

www.bmwi.de/ textonly/Homepage/ Unternehmen/ eBusiness/ Information.jsp

Abbildung 7.2:
Zahlungsverfahren
im Internet

Zahlungsverfahren im Internet in %	
Kreditkarte	56
Per Rechnung	47
Bankeinzug (Lastschrift)	20
Per Nachnahme	18
Alternative Zahlungsmittel	5
Sonstige	4
Kreditkarte erweitert durch SET	2

GLOSSAR S.466

Quelle: BMWI 2000

Entsprechend den deutschen Verhältnissen bieten deutsche E-Shops vorwiegend die Zahlungssysteme an, die bei deutschen Kunden eine höhere Akzeptanz haben. Eine sich entwickelnde Akzeptanz der elektronischen Bezahlverfahren wird auch ein verstärktes Anbieten elektronischer Zahlungsmittel zur Folge haben, was wiederum auch wieder eine größere Verbreitung und eine höhere Akzeptanz beim Kunden bewirkt.

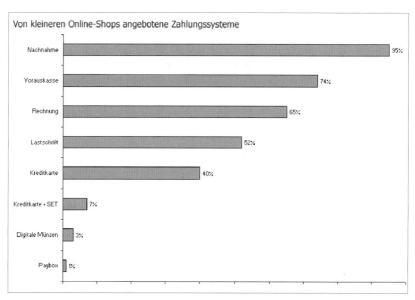

Abbildung 7.3: Von
deutschen Online-
Shops angebotene
Zahlungssysteme

Quelle: Berlecon Research, Studie E-Business 2001, http:wwwberlecon.de

Seite 165

Die größte Rolle bei der Entscheidung für ein bestimmtes Bezahlverfahren spielt immer noch die Sicherheit (Näheres dazu in *Lerneinheit 6 – Sicherheit und Datenschutz),* wie eine Studie der Forrester Research aus dem Jahre 2001 ergab. Danach erachten Online-Käufer die Sicherheit zu 98 % als wichtig oder sehr wichtig, während die Online-Händler sie sogar zu 100 Prozent als wichtig oder sehr wichtig erachten (vgl. Berlecon 2001). Letzteres ist durchaus verständlich, denn die Händler sind in aller Regel die Leidtragenden, wenn die Bezahlung nicht korrekt erfolgt.

Bei den Kriterien, nach denen die Kunden eine Zahlungsmethode wählen, steht neben der Sicherheit der Kostenaspekt ganz oben an. Die Umfrage der Universität Karlsruhe (vgl. Ketterer 2001) hat ergeben, dass rund 71 Prozent aller Internet-Nutzer nicht dazu bereit sind, zusätzliche Kosten wie Registrierungskosten oder Transaktionskosten in Kauf zu nehmen. Kostenaspekte im weitesten Sinne sind auch die in der Rangfolge der Ergebnisse der Umfrage der Universität Karlsruhe nächsten Kriterien, wie Stornierungsmöglichkeiten, eine einfache Handhabung, eine Absicherung im Schadensfall und der Zeitpunkt der Kontobelastung (z.B. bei Vorauszahlungssystemen). Die Kosten, die bei Benutzung eines Zahlungssystems anfallen, tragen vorwiegend die Händler. Deren Entscheidung ist es, diese Kosten auf die Preise umzulegen.

7.3 Systematik der Zahlungssysteme

In diesem Abschnitt soll eine Systematik der bei einem Einkauf in einem E-Shop zur Verfügung stehenden Zahlungssysteme entwickelt werden. Unterschieden wird dabei zwischen elektronischen Zahlungssystemen auf der Basis des Lastschriftverfahrens, kreditkartenbasierten elektronischen Bezahlverfahren, Geldkarten, elektronischem Geld (eCash), INKASSO-Systemen sowie weiteren Varianten von Zahlungssystemen.

GLOSSAR S.466

Elektronische Zahlungssysteme auf der Basis des Lastschriftverfahrens

Beim Lastschriftverfahren (LSV) handelt es sich um eine Zahlungsmethode, die es bereits vor der Entstehung des Internets gab. Dem LSV liegt das Prinzip zugrunde, dass der Kunde sein schriftliches Einverständnis erklärt, damit der Händler vom Konto des Kunden den Kaufbetrag einziehen kann. Das LSV ist im Lastschriftabkommen nur in Deutschland gesetzlich geregelt. Das schriftliche Einverständnis des Kunden ist eine Hürde, die erst mit der Akzeptanz und erforderlicher Infrastruktur für elektronische Signaturen (siehe auch *Lerneinheit 6*) Medienbrüche ausräumt.

Seite 188

Ablauf LSV

Kunde übergibt dem Händler die Lastschrift (Bankdaten des Kunden, Betrag, Verwendungszweck, Bankdaten des Händlers) und die Einzugsgenehmigung.

Der Händler reicht die Lastschrift bei seiner Bank ein. Nach der Plausibilitätsprüfung durch die Bank wird der Betrag dem Händlerkonto unmittelbar gut geschrieben.

Der Betrag wird durch die Bank des Händlers vom Konto des Kunden abgebucht.

Bedingung für LSV

- Der Kunde hat einen schriftlichen Abbuchungsauftrag für einen bestimmten Händler (oder auch Dienstleistungseinrichtung wie etwa einer Wohnungsbaugesellschaft für die Miete) hinterlegt.
- Der Kunde erteilt für einen Kauf eine schriftliche Einzugsermächtigung.
- Der Händler hat mit seiner Bank einen Inkassovertrag abgeschlossen, der ihm das Einreichen von Lastschriften ermöglicht.

In Deutschland kommt das Lastschriftverfahren beispielsweise bei Electronic Cash und dem EC-Lastschriftverfahren zur Anwendung, welche im Folgenden kurz beschrieben werden.

Electronic Cash erfordert ein spezielles EC-Karten-Lesegerät-Terminal (EFT/POS -Electronic Fund Transfer am Point of Sales), das der für Electronic Cash zugelassene Provider bereitstellt. Kunden benutzen ihre EC-Karte zum Bezahlen, stecken diese in das Terminal und geben die zur EC-Karte gehörende PIN-Nummer über die Ziffern-Tastatur ein. Die Kontodaten der EC-Karte werden zusammen mit der PIN-Nummer verschlüsselt an die Bank des Händlers übermittelt, die eine Gutschrift auf das Händlerkonto und die Abbuchung beim Kundenkonto vornimmt. Die Eingabe der PIN-Nummer ist das Einverständnis zum Abbuchen.

Neben diesem elektronischen Verfahren (ca. 4 % des Einzelhandelsumsatzes in Deutschland, 2000) kommt das **EC-Lastschriftverfahren** (ca. 12 % des Einzelhandelsumsatzes in Deutschland, 2000) vorwiegend in Handelsketten und Kaufhäusern zur Anwendung. Der Kunde führt seine EC-Karte in das Terminal und unterschreibt den mit den Kontodaten von der EC-Karte ausgedruckten Lastschriftbeleg. Der Händler überprüft die Unterschrift auf dem ausgedruckten Lastschriftbeleg anhand der auf der EC-Karte aufgebrachten Signatur. Unter Umständen verifiziert er die Identität des Unterschriftsleistenden mit einem Lichtbildausweis. Der weitere Ablauf entspricht dem bei nichtelektronischem LSV. Beide Verfahren sind elektronisch und benutzen nicht das Internet als Kommunikationsmedium.

Seite 234

 Seite 249

Lastschriftverfahren, die das Internet nutzen bzw. im E-Shop Anwendung finden, werden im *Abschnitt 7.5* beschrieben. Das Zahlungssystem Pay-box benutzt das Mobilfunknetz zur Zahlungsabwicklung und ist ebenfalls ein LSV (vgl. *Abschnitt 7.8*). Weiterhin kommt das Lastschriftverfahren bei der von dem Buchhändler Amazon patentierten, sogenannten 1-Click-Technik (engl. one click shopping) zum Einsatz. Diese ermöglicht es registrierten Kunden, mit nur einem Mausklick eine Bestellung aufzugeben.

Kreditkartenbasierte elektronische Bezahlverfahren

Weltweit sind Kreditkarten ein verbreitetes Verfahren zum Bezahlen im Internet. Merz erwähnt, dass in Deutschland 14 Millionen und weltweit etwa 1 Milliarde Kreditkarten im Umlauf sind (vgl. Merz 2002, S. 470). Der Unterschied zum Lastschriftverfahren ist das nicht erforderliche Einverständnis des Kunden für das Abbuchen des Betrags vom Konto des Kunden, denn das Kreditkarten ausgebende Institut gewährt dem Kreditkartenbesitzer einen Kredit, den der Besitzer in der Regel einmal im Monat durch Abbuchung von seinem Konto ausgleicht. Der Vorteil des Bezahlens mit Kreditkarte im Internet ist der relativ geringe Aufwand, denn der Kunde gibt lediglich die Nummer der Kreditkarte und das Gültigkeitsdatum sowie gegebenenfalls eine Kontrollnummer als Informationen an. Diese Kartendaten werden an den Zahlungsempfänger (Händler) übermittelt, der wiederum diese Daten mit der Rechnung bei dem entsprechenden Kreditkarteninstitut einreicht.

Der Datentransfer vom Kunden zum Händler kann unverschlüsselt oder verschlüsselt erfolgen. Eine unverschlüsselte Übertragung von Kreditkartendaten ist im Internet nicht mehr üblich.

Eine praktikable Form der Verschlüsselung des Datentransfers zwischen Kunde und Händler ist die Benutzung von SSL (Secure Socket Layer, siehe *Lerneinheit 6*).

 Seite 181

Es gibt Systeme, bei denen der Kunde seine Kreditkartendaten bei einem Vermittler registrieren lässt und sich bei einem Händler, der dieses System anbietet, mit der vom Vermittler vergebenen Nutzerkennung einloggt. Dann ist die Angabe der Kreditkartendaten nicht erforderlich, denn der Vermittler kennt den Kunden und den Händler. Der Händler braucht den Kunden nicht zu kennen, die Rechnung wird durch den Vermittler beglichen. Darauf basiert das SET Verfahren (SECURE ELECTRONIC TRANSACTION). SET sorgt neben der Verschlüsselung der Daten (meist mit SSL) für eine Zertifizierung der Partner, so dass der Kunde zweifelsfrei weiß, dass der mit ihm kommunizierende Rechner der Rechner des Händlers ist und umgekehrt. Das auf Signaturen und Zertifizierungen beruhende Verfahren SET erfordert jedoch hohe Aufwendungen für die Infrastruktur.

GLOSSAR S.466

Geldkarten

Seite 196

Geldkarten sind guthabenbasierte elektronische Zahlungsmittel. Die auf der Smart Card Technologie (vgl. *Abschnitt 6.5*) basierenden Chips in den Geldkarten haben die Funktion eine Speicherung eines geldwerten Betrags zuzulassen, wobei der Kunde in eine finanzielle Vorleistung tritt. Der Betrag auf der Geldkarte muss nämlich vom Kunden von seinem Konto (oder durch Einwurf von Bargeld an einem entsprechenden Terminal) auf die Karte übertragen werden. Umgangssprachlich wird in diesem Zusammenhang von „Aufladen" gesprochen. Beim Bezahlen wird die Geldkarte in ein Geldkartenlesegerät gesteckt und der jeweils abzubuchende Betrag vom gespeicherten Guthaben abgezogen. Die Geldkarten herausgebende Bank garantiert gegenüber dem Händler die Zahlung. Die Geldkartenlesegeräte müssen für Käufe im Internet am PC des Kunden angeschlossen sein.

Elektronisches Geld (eCash)

Ähnlich dem Verfahren mit Geldkarten funktioniert das elektronische Geld, wobei der digitalisierte Geldwert nicht an eine Chipkarte gebunden ist sondern als binäre Zeichenfolge existiert. Diese elektronischen Münzen (Tokens) müssen vor der Verwendung erworben werden, wofür der Kunde ein spezielles Konto mit einer Einlage einrichten muss.

Inkasso-Systeme

Bei Inkassosystemen wird der Betrag durch einen Mittler vom Kunden zum Händler übertragen. Dabei gibt es Inkassosysteme, die eine Anmeldung des Kunden erfordern, andere hingegen rechnen beispielsweise über die Telefonrechnung ab. Das Verfahren click&pay der FIRSTGATE Internet AG beispielsweise erfordert das Anmelden des Kunden bei FIRSTGATE (kostenlos). Der Kunde erteilt der FIRSTGATE AG eine Einzugermächtigung oder gibt seine Kreditkartendaten an. Während des Bezahlvorganges identifiziert sich der Kunde mit dem FIRSTGATE Benutzernamen und Passwort.

Ein anderes Verfahren dieser Kategorie ist net900. Das Inkasso erfolgt dann über die Telefonrechnung (Telekom). Dieses Verfahren wird in *Abschnitt 7.9* untersucht.

Seite 252

Klassifikationen von Zahlungssystemen

Die Einteilung und Zuordnung von Zahlungssystemen kann nach mehreren Gesichtspunkten. Die jeweiligen Zahlungssysteme können einem oder mehreren dieser Klassifikationen zugeordnet sein.

Die Zuordnung nach der Höhe des Zahlungsbetrages

Eine grobe Einteilung ist Micropayment für kleinste und kleine Beträge und Macropayment für größere Beträge. Die Grenze ist jedoch fließend, in der Literatur verläuft die Grenze in etwa bei 3–5 Euro. Merz beispielsweise ordnet das Micropayment bei Beträgen von 0,1 bis 5 Euro ein (vgl. Merz 2002, S. 31).

Die Zuordnung nach dem Zahlungszeitpunkt (Vgl. Thome, Schinzer 1997):

- **Prepaid** (Bargeld-Systeme) – Bezahlen vor dem Besitz der Ware
- **Paynow** (Debit-Systeme) – Bezahlen im Moment der Warenübernahme
- **Paylater** (Kredit-Systeme) – Bezahlen nach dem Erwerb der Ware.

Es gibt inzwischen eine beachtliche Vielfalt an Zahlungssystemen, deren Unterteilung nach unterschiedlichen Merkmalen erfolgen kann. So entstanden zahlreiche Sichtweisen und Modelle.

Beispielsweise gibt Krause als Unterscheidungsmerkmale an (vgl. Krause 1998):

- das technologische Konzept (Kreditkarte, Scheck, Münze),
- die Vertraulichkeit und Anonymität der Transaktion,
- die Effizienz und das Einsatzgebiet (Kosteneffizienz, Micropayment und Macropayment) sowie
- die Skalierbarkeit.

Beim *technologischen Konzept* unterscheidet er nochmals zwischen:

- **accountbasierten Konzepten** (Schecks, Online-Konten)
  Der Zahlungsvorgang bezieht sich auf ein kundeneigenes Konto, das ein Kreditkonto, ein Guthabenkonto oder ein Einzugskonto sein kann.
- **inhaberbasierten Verfahren** mit **Software** und **elektronischen Münzen**
  Der Zahlungsvorgang erfolgt mit elektronischem Geld, das der Käufer zuvor eingetauscht haben muss,
- **inhaberbasierten Verfahren mit Hardware** (Kreditkarten, Geldkarten, Smartcards).
  Der Zahlungsvorgang erfolgt aufgrund der mit der Hardware zugänglichen Informationen zum Inhaber der Karte und/oder zur Höhe des verfügbaren Geldbetrags.

Die *Vertraulichkeit* und *Anonymität* der Transaktion ergibt sich aus der Art des Zahlungssystems und kann

- anonym (z. B. bei eCash) oder
- nicht anonym (bei Zahlungsverfahren, die sich auf Bankkonten beziehen)

erfolgen.

- Die Effizienz und das Einsatzgebiet beziehen sich auf die pro Transaktion verursachten Kosten bzw. transferierten Beträge. Die Wirtschaftlichkeitsbetrachtung ist für den Händler von besonderem Interesse.

Die *Skalierbarkeit* ist ein wichtiges Merkmal und bezieht sich auf die Anpassungsfähigkeit der Zahlungsart an zukünftige Anforderungen (Anzahl der Nutzer, Menge elektronischer Transaktionsdaten).

Die Systematik, die in der Umfrage IZV der Universität Karlsruhe verwendet wird, unterteilt nach:

■ dem Aspekt der Endgültigkeit (Finalität) einer Zahlung für den Kunden (traditionell bzw. offline, Kreditkarte, Bankeinzug, vorausbezahlt) und

■ dem zu zahlenden Betrag (Micropayment, Macropayment).

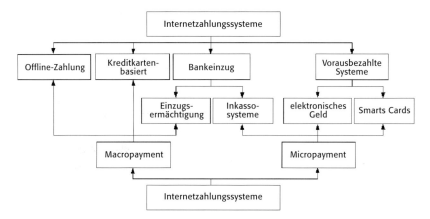

Abbildung 7.4:
Überblick Internet-
zahlungssysteme
und ihre Einordnung

Quelle: IZV4, http:wwwiwww.uni-karlsruhe.de/izv4/Infoseiten/infokat.html, Abruf: 28.10.2002

7.4 Zahlung per Rechnung und Nachnahme

Die Zahlung per Rechnung und per Nachnahme gehört zu den traditionellen, offline- Bezahlungsformen, die im Versandhandel bereits lange erprobt sind und von zahlreichen Anbietern im Internet akzeptiert werden.

Die Bezahlung erfolgt dabei
- entweder genau zum Lieferzeitpunkt, wenn **Nachnahme** vereinbart worden ist (meist in bar oder mit Scheck) oder
- innerhalb einer Frist (z.B. 14 Tage ab Lieferdatum), wenn **Rechnungszahlung** vereinbart worden ist (mittels Überweisung oder Scheck).

Eine Ausnahme stellt die Bezahlung per **Vorauskasse** dar. Die Auslieferung der Ware erfolgt erst nach Eingang des Überweisungsbetrags, der Einlösung eines zugesandten Schecks oder der Durchführung einer Lastschriftabbuchung.

Alle drei Formen lassen sich relativ problemlos im E-Shop realisieren. Die einzige Angabe, die der Kunde hierbei machen muss, ist die einer Rechnungs- bzw. Lieferadresse.

Die Zahlung per Rechnung ist für den Kunden bequem und sicher, da er erst nach Zustellung und Prüfung der Ware bezahlen muss und den genauen Zeitpunkt der Zahlung zudem selbst bestimmen kann. Allerdings entstehen bei Überweisungen ins Ausland hohe Bankgebühren.

Der Anbieter muss dagegen in Vorleistung treten und geht dabei das Risiko ein, dass sein Kunde trotz ordnungsgemäßer Lieferung nicht bezahlt. Um die Bonität des Käufers abzuschätzen, kann auf Dienstleister wie die Schufa zurückgegriffen werden, sofern der Rechnungsbetrag die dabei anfallenden Gebühren rechtfertigt. „Schufa" steht für „Schutzgemeinschaft für allgemeine Kreditsicherung" und ist ein Unternehmen mit der Aufgabe, seinen Vertragspartnern Informationen über die Kreditwürdigkeit von Kunden zu geben und sie so vor Verlusten zu schützen. Vertragspartner der Schufa sind in erster Linie Geldinstitute, Kreditkartengesellschaften, aber auch kreditgewährende Unternehmen wie z.B. Versandhandelsunternehmen und Kaufhäuser. Großen Versandhäuser entsteht hierdurch mitunter ein erheblicher Aufwand, der mit der Kundenbindung gerechtfertigt wird. Darüber hinaus verwendet der Versandhandel eigene, zum Teil automatisierte, Systeme zur Bonitäts- und Kreditwürdigkeitsprüfung. Diese basieren im wesentlichen auf der vorliegenden Kundenhistorie. Sollten diese Informationen (etwa bei Neukunden) nicht vorliegen, so kann z.B. eine erste Bonitätsprüfung anhand der Adressinformationen erfolgen. Dem Händler entstehen Kosten bei der Erstellung und dem Versand einer Rechnung auf Papier, die jedoch bei entsprechender Automatisierung und Menge selbst bei kleineren Rechnungsbeträgen kaum ins Gewicht fallen.

Umgekehrt ist die Situation, wenn Vorauskasse vereinbart wird: hier trägt der Kunde das Risiko der Vorleistung, weil er nicht sicher sein kann, ob tatsächlich und vereinbarungsgemäß geliefert wird.

Wenn das Bezahlen per Bankeinzug geschieht, teilt der Kunde dem Verkäufer seine Bankinformationen und seine Einwilligung zum Abbuchen mit. Gibt es Probleme bei diesem Lastschriftverfahren mit der Lieferung, kann die Abbuchung zwar innerhalb von 6 Wochen rückgängig gemacht werden, dennoch ist der Kunde vor missbräuchlichen Abbuchungen durch Dritte nicht sicher, wenn seine Kontodaten nicht ausreichend geschützt werden.

Andererseits hat der Anbieter das Problem, dass der Kunde sich ihm gegenüber nicht durch manuelle Unterschrift mit der Abbuchung per Lastschrift von seinem Konto einverstanden erklären kann, was normalerweise von einer Einzugsermächtigung zur Abwicklung unter den Banken verlangt wird. Dennoch ist diese Variante des Bankeinzugs gängige Praxis in zahlreichen Onlineshops.

Als ein weiterer Weg erscheint die Bezahlung per Nachnahme. Dabei ist immerhin gewährleistet, dass die Ware nur gegen Geld übergeben wird oder andernfalls zurückgeschickt wird.

Der Zustelldienst ist allerdings mit zusätzlichen Entgelten verbunden und auch das Zurückschicken der Ware geschieht nicht kostenfrei. Die Abwicklungskosten bei der Nachnahme sind somit für den Kunden höher als die beim Kauf auf Rechnung anfallenden Überweisungsgebühren.

Die Probleme, die mit den Formen der Offline-Bezahlung zusammenhängen, haben Ihre Hauptursachen

- im Medienbruch (online Bestellen und offline Bezahlen) und
- in der asynchronen Abwicklung der einzelnen Phasen des Zahlungsverfahrens.

Aus den aufgezeigten Gründen lässt sich schließen, dass die klassischen Offline-Zahlungsvarianten tendenziell nicht oder nur beschränkt für den Handel im Internet geeignet sind.

7.5 Elektronische Lastschriftverfahren

Die Lösungsansätze für den Einsatz des Lastschriftverfahrens im Internet ähneln dem Verfahren mit Kreditkarte (vgl. *Abschnitt 7.6*). Statt der Angabe der Kreditkartendaten werden die Daten zur Person des Kunden (Kontodaten) benutzt. Die Übertragung der Kundendaten über das Internet kann SSL-verschlüsselt erfolgen.

Um die Rücksendung des Lastschriftformulars per Post zu verhindern, kann es direkt über das Internet zurückgesendet werden. Der Händler muss dazu eine verschlüsselte Übertragung bereitstellen. Die Verwendung von SSL ist in auch diesem Fall anzuraten (Abruf: 28.10.2002). Dabei wird eine Server-Authentisierung und optional auch die Authentisierung des Client durchgeführt. Bei der Server-Authentisierung erhält der Kunde eine Bestätigung, dass es sich bei dem Kommunikationspartner auch tatsächlich um den Händler handelt (vgl. *Lerneinheit 6*).

www.infoserver
security. org/
ssl.php

 Seite 181

Beim Inkassoverfahren muss sich der Kunde einmalig beim Inkassounternehmen anmelden und eine Einzugsermächtigung erteilen. Bei einem Kauf in einem E-Shop weist der Kunde sich als Vertragspartner des Inkassounternehmens mit Kundennummer und Passwort aus und das Inkassounternehmen wird über den zu zahlenden Betrag informiert, das daraufhin eine Abbuchung vom Konto des Kunden veranlasst. Das Geld wird nach Abzug einer Provision an den Händler weitergeleitet. Alle Daten werden dabei über eine gesicherte Verbindung übertragen, die das Inkassounternehmen bereitstellt.

Darüber hinaus bieten Inkasso Unternehmen zusätzliche Leistungen an, z.B. eine Abstimmung von Zahlungs- und Lieferzeitpunkt.

GLOSSAR S.466

Das Einschalten eines Inkassounternehmens lohnt sich vorwiegend im Bereich des MICROPAYMENT, da es sich hier meist um sehr kleine Beträge handelt, für die sich keine eigenen aufwendigen Sicherheitsmechanismen lohnen. Hier steht eine kostengünstige Lösung zur Abrechnung im Vordergrund.

7.6 Online Bezahlung mit Kreditkarte

Da weltweit diese Form des Bezahlens im Internet große Bedeutung hat, wird dieses Thema im Kontext der Lerneinheit etwas ausführlicher behandelt.

Einer der Vorteile elektronischen Bezahlens besteht in der schnellen und verhältnismäßig einfachen Abwicklung der Transaktionen. Gerade für den Verkäufer verringert sich durch den Einsatz vollständig elektronischer Bezahlverfahren der administrative Aufwand bei der Rechnungsstellung und möglichen Mahnverfahren.

Eine einfache Möglichkeit, zur Migration zu einem elektronischen Bezahlungssystem, besteht darin, sowohl beim Zahlungsmittel als auch bei der Zahlungsmethode auf vorhandene Systeme aufzusetzen, wie z.B. auf die von Geschäftsbanken oder Kreditkartengesellschaften. Kreditkarten wie Visa, MasterCard und American Express sind weltweit verbreitet und bieten sich daher auch für die Online-Abrechnung an. Eine ausdrückliche Erklärung des Kunden zum Abbuchen ist nicht erforderlich.

Die Verwendung von Kreditkarten ist, wie auch viele andere Zahlungssysteme, an eine Infrastruktur gebunden. Die einzelnen Rollen (Teilnehmer) haben verschiedene Funktionen bzw. Aufgaben:

- Die Rolle des Kunden – er bezahlt mit seiner Kreditkarte und ist ihr Inhaber.
- Die Rolle des Händlers – er akzeptiert Zahlungen per Kreditkarte (er bietet dieses Bezahlverfahren an). Der Händler ist Vertragspartner der Gesellschaft, die die Kreditkarten ausgibt.
- Die Rolle der Kreditkartengesellschaft – sie gibt die Kreditkarten aus (Herausgeber).
- Die Rolle der Bank des Kunden – sie gibt die Kreditkarten im Auftrag der Kreditkartengesellschaft an den Kunden aus (Issuer).
- Die Rolle der Banken des Händlers (Acquirer) – sie führen die Abwicklung und Transaktion im Auftrag der Kreditkartengesellschaft aus.

Stellvertretend wird der Ablauf einer Kreditkartenzahlung über das Medium Internet mit SSL (Secure Socket Layer) dargestellt.

Voraussetzungen für die Abwicklung von Kreditkartenzahlungen sind (allgemeine und vom Internet unabhängige Bedingungen):

- Der Kunde verfügt über eine Kreditkarte, die er bei Volljährigkeit, ausreichender Bonität (Schufa-Auskunft) und Angabe eines für die Abwicklung nötigen Girokontos bei einem Institut erhält, das Kreditkarten ausgibt.
- Der Händler akzeptiert Zahlungen mit Kreditkarte. Dazu muss er einen Vertrag mit einer Kreditkartengesellschaft oder einem Acquirer (im Folgenden immer nur als Acquirer bezeichnet) schließen. Dabei handelt es sich um den MOTO-Vertrag (Mail-Order/Telephon Order), der das Einverständnis des Händlers, die Zahlung ohne Unterschrift des Kunden anzunehmen, erklärt. Damit liegt das Risiko beim Händler, denn er erkennt jede Zahlung mit Kreditkarte vorerst an, ohne sich über die Authentizität des Kunden und seine Bonität Sicherheit zu verschaffen. Der Händler erhält eine Vertragsunternehmernummer (VU-Nummer) zur Identifikation gegenüber dem Acquirer. Die VU-Nummer muss bei der Verwendung mehrerer Währungen multiwährungsfähig sein.

Wie schon in der Einleitung angeführt, genügen zum Bezahlen mit Kreditkarte die Kartendaten (Kartennummer, Gültigkeitsdatum). Diese Daten sind sensibel, denn bei der Kommunikation über das Internet kann die Kreditkarte nicht physisch dem Händler vorgelegt werden. Allein die Angabe der Daten kann dem Betrug Vorschub leisten. Jede offen über das Internet durchgeführte Kreditkartenzahlung würde Kartendaten offen legen und diese ließen sich durch Betrüger nutzen. Deshalb erfolgt eine Verschlüsselung der Kartendaten mit SSL-Technologie.

Ablauf einer Kreditkartenzahlung mit SSL:

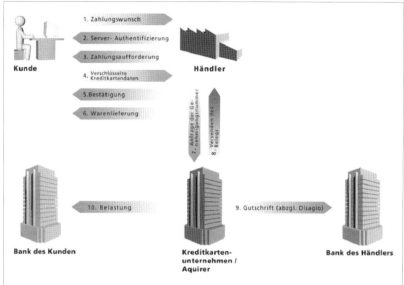

Abbildung 7.5:
Kreditkartenzahlung
im Internet mit SSL

Die einzelnen Schritte bei einer Kreditkartenzahlung im Internet gestalten sich analog zu der obigen Zeichnung folgendermaßen:

1. (Kunde) Zahlungswunsch: Der Kunde wählt im Online-Angebot des Händlers die Kreditkartenzahlung mit SSL aus, um seine Zahlung zu tätigen.
2. (Händler) Server Authentifizierung: Der Kunde bekommt eine Bestätigung (Zertifikat) angezeigt, dass es sich um den Rechner des Händlers handelt.
3. (Händler) Zahlungsaufforderung: Der Kunde wird aufgefordert seine Kreditkartendaten (Kreditkartennummer, Name des Inhabers, Verfallsdatum, Kreditkartentyp [z.B. Eurocard], Kartenprüfnummer [CVC Code]) anzugeben.
4. (Kunde) Verschlüsselte Kreditkartendaten: Der Kunde sendet verschlüsselt seine Kreditkartendaten an den Händler. Dem Kunden wird die Verschlüsselung seiner Daten im Browser angezeigt (z.B. beim Netscape Navigator durch das Schließen eines Schlosses). Beim Händler werden die Daten wieder entschlüsselt.

5. (Händler) Bestätigung: Der Händler bestätigt dem Kunden den Erhalt der Kreditkartendaten.

6. (Händler) Warenauslieferung: Der Händler liefert die Ware aus.

7. (Händler) Anfrage der Genehmigungsnummer: Der Händler ruft die Kreditkartengesellschaft an, um eine Genehmigungsnummer zu erhalten.

8. (Händler) Versendung des Belegs: Die zugeteilte Genehmigungsnummer, die Kreditkartendaten des Kunden (mit dem Vermerk ‚Mailorder' [MOTO-Vertrag]) werden der Kreditkartengesellschaft (z.B. per Post/Fax) zugesendet.

9. (Kreditkartenunternehmen) Gutschrift auf das Girokonto: Der Händler erhält eine Überweisung des Zahlungsbetrages abzüglich eines Disagios von der Kreditkartengesellschaft.

10. (Kreditkartenunternehmen) Belastung des Girokontos: Die Kreditkartengesellschaft belastet das Konto des Kunden mit dem Zahlungsbetrag.

Man erkennt, dass zwar für den Kunden kein Medienbruch mehr existiert. Der Händler hat jedoch einen erheblichen Aufwand bei der Abwicklung und dem manuellen Einreichen der Belege beim Kreditkarteninstitut bzw. Acquirer. Aus diesem Grund entstanden Dienstleistungen, die auch diesen händlerseitigen Ablauf elektronisch unterstützen. Stellvertretend wird hier das Verfahren der Kreditkartenzahlung mit SET (Secure Electronic Transaction) dargestellt. Ein weiteres Motiv für SET sind die noch außerhalb der Datenübertragung liegenden Möglichkeiten des Betruges durch den Händler und des Kunden wegen der fehlenden Identifikation der Partner.

Kreditkartenzahlung mit SET

Voraussetzung zur Bezahlung mit SET ist das Vorhandensein von SET-Zertifikaten beim Händler und beim Kunden. Die SET-Zertifikate werden von der Kreditkarten ausstellenden Bank des Kunden für den Kunden und von der Händlerbank (MOTO-Vertrag) für den Händler ausgegeben und beide Partner können sich damit gegenseitig ausweisen.

Abbildung 7.6:
Das SET Waren-
zeichen (Kreis) bei
einem ausgewählten
Online-Shop

Quelle: http:wwwkontaktlinsenversand.com

Der Kunde benötigt einen SET-fähigen Browser (Plug-In Softwaremodul SET). Dahinter verbirgt sich eine elektronische Brieftasche (Wallet) auf dem PC des Kunden, in der sich das Zertifikat des Kunden befindet. Die Brieftasche ist durch ein Passwort geschützt.

Die Software, die nötig ist, um Kreditkartennummern und damit verknüpfte Zertifikate verwalten zu können, wird meist als „Wallet" oder „Pay Purse" bezeichnet. Sie kann dem Kunden als Download zur Verfügung gestellt werden und muss kompatibel zu jeder Zahlungssoftware sowie mit jeder Kreditkarte benutzbar sein. Das MasterWallet der Europay/Mastercard stammt von IBM.

Vor Inbetriebnahme der Software ist vom Karteninhaber ein schriftlicher Antrag auf Ausstellung eines SET-Codes für eine Kreditkarte an die Bank zu stellen. Derzeit ist aus rechtlichen Gründen die Unterschrift des Karteninhabers verpflichtend.

Die Bank regelt den Zertifikatsantrag des Endkunden und gibt den Antrag an die Kreditkartengesellschaft weiter. Bei der Kreditkartengesellschaft wird der Auftrag zur Generierung des Zertifikats an ein Trust Center erteilt, das Zertifikat wird dort erstellt. Die Kreditkartengesellschaft wird über die erfolgte Ausstellung des Zertifikats informiert und leitet die Informationen an die Bank weiter. Die Bank kann nun den Zertifikatsbrief (im Idealfall gemeinsam mit einer Wallet-Software) an den Endkunden ausliefern. Dieser muss zunächst das Wallet auf seinem PC zu installieren und kann dann das Zertifikat über eine verschlüsselte Internetverbindung zusammen mit einem Autorisierungscode abholen und in seinem Wallet aktivieren.

Im Normalfall wird das Abholen des Zertifikats realisiert, indem man im Browser eine vom jeweiligen Karteninstitut bekannt gegebene Web-Seite öffnet, dort auf das entsprechende Symbol klickt und dadurch eine so genannte „Wake-Up Message" (Aktivierungsmeldung) für das Wallet erhält.

Der Karteninhaber besitzt nun ein der echten Karte entsprechendes Pendant für die virtuelle Welt. Festgelegt durch SET ist die Verwendung und Erzeugung zweier Schlüsselpaare, von denen ein Paar, das „Key Exchange" Paar, zur Ver- und Entschlüsselung von Daten gebraucht wird, während das zweite, das „Signature" Paar, zum Unterschreiben und zur Prüfung von digitalen Unterschriften dient (Näheres in *Lerneinheit 6*).

Seite 188

Alle diese Funktionen laufen für den Karteninhaber unsichtbar im Hintergrund ab. Der Anwender muss nicht explizit Verschlüsselungen oder Unterschriften einleiten.

Der Händler benötigt für seine In-House-Lösung eine SET-Handelssoftware auf seinem Server, die von der Firma „SET Secure Electronic Transaction LLC" (SETCo) zertifiziert sein muss. Für kleine und mittlere Unternehmen sind gehostete SET-Lösungen zu empfehlen. Der Server des Händlers benötigt eine Online-Verbindung zu einem SET-Gateway-Server.

Ablauf einer Kreditkartenzahlung mit SET:

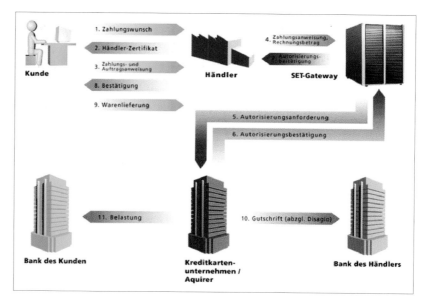

Abbildung 7.7:
Kreditkartenzahlung
im Internet mit SET

1. Der Kunde erklärt seinen Zahlungswunsch gegenüber dem Händler (Ware ist gewählt, Betrag bekannt, Kunde löst Bestellung aus).
2. Der Server des Händlers antwortet mit seinem Zertifikat und übermittelt weitere erforderliche Daten.
3. Der Kunde (SET-Plug-In) prüft das Händlerzertifikat und sendet an den Händler eine verschlüsselte Zahlungsanweisung mit den Kreditkartendaten und zusätzlich den Auftrag mit den Daten der Bestellung. In beiden (Zahlungsanweisung, Bestellauftrag) ist das Kundenzertifikat enthalten.
4. Der Händler entschlüsselt nur den Bestellauftrag, der keine Kreditkartendaten enthält. Die Zahlungsanweisung bleibt verschlüsselt und wird zusammen mit dem Betrag und dem Händlerzertifikat an das SET-Gateway gesendet. Die Bestelldaten verbleiben beim Händler und die Banken können die einzelnen Bestelldaten nicht einsehen. Nur der Rechnungsbetrag wird vom Händler weitergereicht.
5. Das SET-Gateway prüft Betrag der Zahlungsanweisung des Kunden und des Rechnungsbetrags des Händlers sowie die Zertifikate der

Partner Kunde und Händler. Die Kreditkartendaten werden mit dem Rechnungsbetrag an den Acquirer zur Autorisierung geleitet. Das geschieht nicht über das Internet, sondern über das Netz der Banken.

6. Nach Überprüfung der Kartendaten (Gültigkeitsdatum nicht abgelaufen, Karte nicht gesperrt) und Existenz eines MOTO-Vertrages mit dem Händler wird die Autorisierungsanfrage bestätigt.

7. Die Autorisierungsbestätigung wird an den Händler (Händlerserver) übermittelt.

8. Der Kunde erhält die Bestätigung der erfolgreichen Bezahlung im Browser dargestellt.

9. Die Ware kann ausgeliefert werden.

10. Der Betrag der Rechnung wird dem Händlerkonto gut geschrieben.

11. Der Betrag der Zahlungsanweisung belastet das Konto des Kunden.

Anmerkungen zum Bezahlen mit Kreditkarte

Für den Käufer gelten prinzipiell die gleichen Regeln wie für jede konventionelle Zahlung per Kreditkarte. Er übergibt im Online-Shop seine Kreditkarteninformationen an den Verkäufer, der zeitgleich mit der Lieferung seine elektronische Rechnung bei der Kreditkartenorganisation zur Bezahlung einreicht. Dabei akzeptieren die Kreditkartengesellschaften in Abweichung vom konventionellen Verfahren Abrechnungen, die nur auf der Angabe der Kreditkartennummer und der Gültigkeitsdauer beruhen, ohne die eigenhändige Unterschrift des Käufers. Grundlage dafür sind die so genannten Mail Order/Telefon Order-Verträge (MOTO) zwischen Kartengesellschaft und Händler.

Die für die Käufe erforderlichen Beträge werden vom Kreditgeber „vorgestreckt" und zu einem vereinbarten Zeitpunkt vom regulären Bankkonto des Karteninhabers abgebucht.

Da die eigentliche Geldübertragung über das geschlossene Banknetz der Kreditkartengesellschaft geschieht, besteht das Problem der sicheren Übertragung der Kreditkarteninformationen in der Hauptsache bei der Verbindung vom Käufer zum Verkäufer.

Mit SET können Käufer und Verkäufer eindeutig identifiziert werden und der Kunde bestätigt seinen Kaufwillen ausdrücklich durch eine digitale Unterschrift. Dieses Verfahren gibt beiden Seiten die maximale Sicherheit, ist aber technisch aufwendig, für den Kunden umständlich und für den Händler teuer.

Dies mögen auch die Gründe dafür sein, dass sich der SET-Standard noch nicht hinreichend durchgesetzt hat. Detaillierte Informationen zu SET finden Sie in kurzer Darstellung unter ASPheute.com (Abruf: 01.10.2002).

www.aspheute. com/artikel/ 20000901.htm

Zusammenfassung Kreditkartensystem

- Grundsätzlich lässt sich die Zahlung mit der Kreditkarte im Internet mit der Benutzung von Kreditkarten im herkömmlichen Handelsgeschehen vergleichen.

- Da für die Autorisierung verschiedener Kreditkarten Mindestgebühren verlangt werden, eignen sich solche Systeme nicht für das MICROPAYMENT.

GLOSSAR S.466

- Ein großer Vorteil von Kreditkartensystemen im Internet ist die Unabhängigkeit von Währungen, da der Umtausch direkt vom Kreditkartenunternehmen vorgenommen wird.

- Der Kunde wird vor betrügerischen Händlern geschützt. Wenn der Verkäufer nach Übermittlung der Zahlungsinformationen die gewünschten Leistungen nicht erbringt, kann der Käufer zumindest innerhalb einer bestimmten Frist veranlassen, über sein Kreditkartenunternehmen die Durchführung der Zahlung zu unterbinden.

Seite 374

- Diesbezüglich hat das System auch Vorteile für Händler. Im Fernabsatzgesetz (Näheres in *Lerneinheit 12* – Implikation des Onlinerechts auf E-Shops) ist zwar geregelt, dass die Beweislast beim Einkauf mit der Kreditkarte beim Händler liegt, ein Merkmal von Kreditkartensystemen ist aber, dass alle Transaktionen vom Kreditkartenunternehmen versichert sind oder durch entsprechende Verträge wie Mail-Order/Telefon-Order (MOTO) abgedeckt sind.

- Ein Nachteil der Kreditkarten-Systeme liegt in einer nur teilweisen Anonymität. Zwar bieten die Systeme eine Anonymisierung zwischen Käufer und Verkäufer, jedoch bleibt das Kreditkartenunternehmen oder das zwischengeschaltete Dienstleistungsunternehmen immer über alle Transaktionen informiert.

7.7 Elektronisches Geld

Die elektronische Geldbörse gehört zu den vorausbezahlten (guthaben-basierten) Zahlungssystemen und besteht in einem digitalen Guthaben, das in Form von Software auf dem PC des Kunden vorhanden oder beispielsweise auf einer Smart Card (Geldkarte) gespeichert ist. Die elektronische Währung soll Anonymität wie das konventionelle Bargeld bei dem Kauf im Internet gewährleisten, mit dem Unterschied, dass elektronisches Geld durch sogenannte „Token" in Form von Bitstrings repräsentiert werden. Die Token enthalten, wie bei „echten" Geldscheinen, eine Seriennummer, die Wertangabe und Hinweise auf die ausstellende Institution. Token können zwischen beliebigen Rechnern übertragen werden, wodurch auch ein bilateraler direkter Geldtransfer möglich wird, z.B. zwischen Privatpersonen, beim Online-Einkauf in Internet-Cafés, am Arbeitsplatz oder zu Hause am PC.

Die elektronische Brieftasche (Wallet) ist eine Software-Komponente (Programm), die auf dem PC des Online-Kunden läuft und von den Partnerbanken für den Kunden zur Verfügung gestellt wird. Das Wallet übernimmt in der digitalen Welt ganz genau wie die traditionelle Brieftasche zunächst eine Aufbewahrungsfunktion. Hier können Bargeld, Kreditkarten und EC-Karte mit Ablaufdaten, Lieferadressen und manchmal auch Einkaufsquittungen, Benutzernamen oder Passwörter verwaltet werden, um eine sichere und bequeme Bezahlung gewährleisten zu können.

Bei vorausbezahlten Systemen muss der Kunde, noch bevor er damit etwas im Internet bezahlen kann, finanziell in Vorleistung treten. Zu diesem Zweck muss er sein Guthaben im Tausch gegen Bargeld oder Geld auf einem Girokonto auffüllen. Das kann direkt am heimischen PC oder im Fall einer Geldkarte mit Hilfe eines Kartenlesegeräts erfolgen, welches beispielsweise wiederum am PC angeschlossen sein kann. Ebenso kommen spezielle Terminals dafür in Frage.

Abbildung 7.8:
Warenzeichen der
Geldkarte

Beim Bezahlen mit der Geldkarte im Internet benötigt der Kunde seine hinreichend aufgeladene Karte, das Kartenlesegerät, die Geldkartensoftware (zum Auslesen, Bezahlen und Verwalten) und einen Java-fähigen Browser. Die Zahlungsaufforderung erhält der Kunde als JAVA-APPLET in seinen Browser.

GLOSSAR S.466

Der Händler benötigt:

- ein Geschäftskonto bei dem Institut, das die Geldkartenzahlung unterstützt (Sparkassen, Raiffeisen- und Volksbank, Landesbank),
- einen Geldkartenvertrag mit seiner Händlerbank (dadurch bekommt er ein Kartenlesegerät, eine Händlerkarte und ein Geldkartenzertifikat, das ihn als legitimen Händler ausweist) oder eine virtuelle Händlerkarte, die von Geldkartenakzeptanzstellen ausgegeben wird und für das Massengeschäft geeignet ist,
- und einen Service-Vertrag mit einer Geldkartenakzeptanzstelle für die Abwicklung der Zahlungen.
- Ein Geldkarten-Kassensystem, das mit der Geldkartenakzeptanzstelle und dem E-Shop verbunden ist.

www.voeb.de/ content_frame/ downloads/ gkv3.htm

Eine Liste zugelassener Systeme für Händler findet man unter „Geld-Karten-Systeme der deutschen Kreditwirtschaft" (http://www.voeb.de, Abruf: 01.10.2002).

Diese Verfahren wurden teilweise speziell für den Einsatz im Internet entwickelt, um möglichst einfache und in den Kaufvorgang sukzessive integrierbare Zahlungsmethoden zu schaffen, die für kleine Beträge einsetzbar sind.

Der Händler kann sicher sein, dass er sein Geld erhält, da die herausgebende Bank eine Zahlungsgarantie für die eingenommenen Beträge in elektronischer Geldform abgibt.

Der Vorteil für den Käufer liegt in der Anonymität, die grundsätzlich möglich ist.

Die Hauptprobleme dieser Systeme liegen:

a) im so genannten Double Spending

Verfügt der Käufer über elektronisches Geld auf seinem PC, kann er versuchen, die Token zu kopieren und mehrfach auszugeben. Bei Online-Systemen lässt sich Double Spending durch eine Überprüfung der Token mittels direkter Interaktion mit dem Tokenaussteller verhindern. Dieser hält entweder die Seriennummern bereits benutzter Token oder diejenigen noch gültiger Token in Datenbanken gespeichert, um sie mit der Seriennummer des zu prüfenden Token zu vergleichen.

b) in den Kosten des Kartenlesegeräts

Um die Sicherheit des Systems zu gewähren, stellt der Zentrale Kreditausschuss der Banken und Sparkassen hohe Anforderungen an das benötigte Kartenlesegerät. Das erhöht die Gerätekosten und erschwert die Markteinführung, denn es werden meist nur kleine Summen transferiert. Die EC-Karte, die auch als Geldkarte genutzt werden kann, lässt sich auf bis zu 200 Euro aufladen. Mit zunehmender Akzeptanz der Geldkarte als Zahlungsmittel werden Kartenlesegeräte auch an PCs angeschlossen werden.

c) in fehlenden Standards

Die Banken verfolgen verschiedene Ansätze. Einen einheitlichen Standard für dieses virtuelle Zahlungsmittel gibt es aber noch nicht.

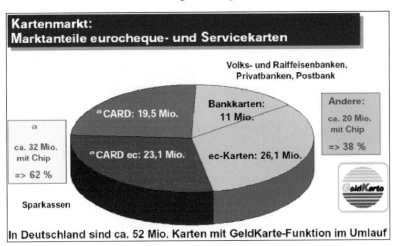

Abbildung 7.9: Marktanteile Chipkarten in Deutschland 2001

Quelle: S-Card-Service, Deutscher Sparkassenverlag, http:wwwscard.de, Abruf: 01.10.2002

Ablauf der Zahlung mit Geldkarte im Internet

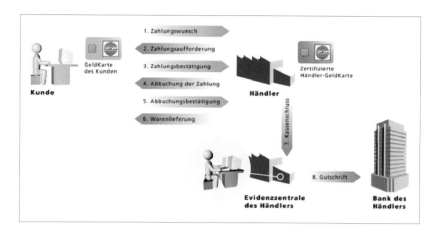

*Abbildung 7.10:
Bezahlung mit der
Geldkarte im
Internet*

GLOSSAR S.466

1. Zahlungswunsch: Der Kunde hat seine Waren im WARENKORB gesammelt und bei den Bezahlverfahren „Geldkarte" gewählt. Sein Zahlungswunsch wird an den Händler übermittelt.

GLOSSAR S.466

2. Zahlungsaufforderung: Der Händlerserver übersendet das JAVA-APPLET „Zahlungsaufforderung" an den Kunden. Zahlungsbetrag und Händlerdaten werden angezeigt.

3. Bestätigung: Der Kunde steckt seine Geldkarte in den Kartenleser und bestätigt den Zahlungsvorgang. Die Karte wird gelesen, das verfügbare Guthaben angezeigt und durch Bestätigung der Transaktion durch den Kunden werden die Zahlungsdaten per SSL verschlüsselt zusammen mit weiteren Identifikationsdaten (Verfallsdatum der Karte, Zufallszahl zur Echtheitsbestätigung der Karte) an den Händler geschickt.

4. Abbuchung: Die Geldkartenakzeptanzstelle prüft die Echtheit der Zahlungsdaten. Ist die Karte gültig, wird die Aufforderung zum Abbuchen an den Kunden gesendet.

5. Abbuchungsbestätigung: Der Betrag des Guthabens auf der Geldkarte wird um den Zahlungsbetrag verringert. Die Abbuchungsdaten und das neue Guthaben der Geldkarte werden im Browser angezeigt. Der Ausdruck dieser Angaben kann als Beleg verwendet werden. Dem Händler wird die Abbuchung bestätigt.

6. Der Händler löst die Warenlieferung aus.

7. Zum Kassenschluss werden alle Transaktionsdatensätze des Tages vom Händler zur Händlerevidenzzentrale geschickt.

8. Gutschrift: Nach Prüfung der Transaktionsdatensätze wird dem Händlerkonto der Gesamtbetrag (Händlersammelgutschrift) gutgeschrieben. Die Verrechnungsbank veranlasst die Überweisung auf das Geschäftskonto des Händlers. Die Datensätze eines Kassenschlusses werden nach Bankleitzahlen getrennt und an die die Schattenkonten führenden Stellen (Kartenevidenzzentralen) weitergeleitet. Der Saldo der Geldkarte des Kunden wird um den Zahlungsbetrag im Schattenkonto gemindert.

Wirtschaftlichkeitsangaben zur Geldkartenbezahlung

Der zentrale Kreditausschuss legt die Kosten für die Geldkartenbezahlung fest. Das Aufladen der Geldkarte bei der Hausbank des Kunden ist kostenlos.

Der Händler erhält für 0,3 % des Umsatzes (bzw. mindestens 0,01 Euro) Autorisierungsentgelt eine Zahlungsgarantie. Für die Inanspruchnahme einer Geldkartenakzeptanzstelle fallen einmalig 500 Euro sowie 50 bis 100 Euro monatlich an, wobei bis 0,03 Euro je Transaktion entstehen können. Realisiert der Händler selbst die Akzeptanzstelle, so müssen die Kosten für Geldkartenhändlersoftware und zertifizierte Kartenleser kalkuliert werden.

Eine Übersicht über zahlreiche Geldkartensysteme und weitere Hintergrundinformationen erhält man z.B. auf der Website von Christian Bartsch, Abruf: 28.10.2002.

www.zahlungs verkehrsfragen.de/ kartenframe.html

7.8 Paybox

www.paybox.de

Paybox zählt zu den Mobiltelefon-basierten Zahlungssystemen, Anbieter ist die paybox.net AG. Dabei handelt es sich um ein Inkassoverfahren per Lastschrift.

Der Kunde benötigt ein Mobiltelefon und ein Girokonto, um am Paybox-Verfahren teilnehmen zu können. Folgende Schritte zur Anmeldung sind notwendig:

1. Der Kunde muss sich einmal bei Paybox anmelden und eine Einzugsermächtigung erteilen.
2. Daraufhin bekommt er eine PIN-Nummer zugeschickt, die er beliebig ändern kann.
3. Möchte der Kunde etwas im Internet kaufen, wählt er als Zahlungsoption „paybox" aus und gibt seine Mobiltelefonnummer ein.
4. Der Händler leitet diese Nummer über eine sichere Datenverbindung an Paybox weiter. Autorisierung und Identifizierung laufen über das derzeit als sicher geltende GSM-Netz.
5. Paybox ruft den Kunden unter der angegebenen Nummer zurück und teilt ihm per Ansage noch einmal alle wichtigen Daten mit (u.a. Zahlungsbetrag und den Namen des Händlers).
6. Durch Eingabe seiner PIN auf dem Mobiltelefon gibt der Käufer die Transaktion frei.
7. Das Geld wird per Lastschriftverfahren eingezogen und an den Internet-Händler weitergeleitet.

Ein Vorteil dieses Systems liegt darin, dass keine sensiblen Daten (Passwörter, Kontodaten,…) über das Internet und Mobilfunknetz übertragen werden und es völlig unabhängig von bestimmten Mobilfunkanbietern funktioniert. Möchte man auch seine Mobilfunknummer nicht preisgeben, kann man sich von Paybox eine „Alias"-Nummer zuteilen lassen. Diese wird an Stelle der Mobilfunknummer angegeben.

Private Nutzer müssen 9,50 Euro Grundgebühr im Jahr zahlen, Transaktionsgebühren werden derzeit nicht erhoben (Stand Oktober 2002).

Der Online-Händler, der an diesem Verfahren teilnehmen möchte, muss sich ebenfalls bei Paybox registrieren, wobei diese Registrierung die

Installation der notwendigen Software (500 Euro Lizenzgebühr) enthält, die für die sichere Übermittlung der Kundendaten an Paybox erforderlich ist. Der Ablauf auf der Kundenseite ist dabei folgender:

1. Wählt der Kunde beim Bezahlen die Zahlungsoption „paybox", leitet der Händler die Angaben des Kunden und seine Rechnungsdaten an Paybox weiter.
2. Die paybox.net AG wickelt die Identifizierungs- und Autorisierungsvorgänge mit dem Kunden ab und übermittelt die Zahlungsinformationen an die Deutsche Bank AG.
3. Die Deutsche Bank AG zieht das Geld per Lastschriftverfahren ein und leitet es an den Händler weiter.

Bei Zahlungsunfähigkeit des Kunden sichert die paybox.net AG den Händlern die Zahlung zu. Sensible Daten muss der Händler weder entgegennehmen noch für ihre Sicherheit sorgen. Als zusätzliche Serviceleistung ist es möglich, über einen geschützten Bereich der Paybox-Website den Zahlungszeitpunkt flexibel zu definieren, d.h. die Zahlungsziele zu verlängern oder zu verkürzen (z.B. wenn der Kunde erst mit Erhalt der Ware belastet werden soll). Beträgt die durchschnittliche Lieferzeit z.B. sieben Tage, dann lässt sich das Zahlungsziel auf neun Tage festlegen.

Auch Gutschriften bei Teillieferungen sollen in Kürze möglich sein. Wie bei der Kreditkartenzahlung auch, fallen für den Händler pro Transaktion Gebühren in Abhängigkeit von der Höhe des Zahlungsbetrages an. Diese betragen bei Paybox derzeit drei Prozent (Stand Oktober 2002).

Ein weiterer Vorteil von Paybox ist, dass das Verfahren nicht nur im Internet einsetzbar ist:

- Personen, die bei Paybox angemeldet sind, können mit dem System untereinander Geld transferieren. Die Transaktion wird durch einen Anruf bei Paybox gestartet, bei dem Betrag und Mobiltelefonnummer des Zahlenden mitgeteilt werden. Vor allem bei mobilen Dienstleistern (Taxiunternehmen, Pizzalieferservice, Kurierdienste) eignet sich diese Methode. Bei privaten paybox-to-paybox Zahlungen fallen 25 Cent Gebühren pro angefangene 25 Euro an.
- Ebenso können Überweisungen per Paybox erledigt werden und
- Handy-Prepaid-Karten aufgeladen werden.

► **Übung**

www.paybox.de

Informieren Sie sich unter http:wwwpaybox.de/ über die Anmelde-
und Nutzungsmodalitäten dieses Inkasso-Dienstes

7.9 Click & Pay net900

Dieses Verfahren soll hier Erwähnung finden, weil es sich im Ablauf deutlich von anderen Systemen unterscheidet. Während des Zahlungsvorganges wird die bestehende Internetverbindung des Kunden unterbrochen und eine neue, mit einem besonderen Tarif versehene Verbindung aufgebaut. Das Inkasso wird durch die Telefongesellschaft (Telekom) vorgenommen. Über diese und ähnliche Verfahren erzielen Händler mit vorwiegend DIGITALEN GÜTERN (Videos, Musik, Bilder) beträchtlichen Umsatz.

GLOSSAR S.466

Abbildung 7.11: Logo net900 der Deutschen Telekom AG

by Deutsche Telekom

Das Verfahren net900 wurde von der Firma „in medias res" patentiert und von der Deutschen Telekom lizenziert.

Für Güter oder Leistungen kann der Kunde nach Nutzungszeit („Pay per Minute") oder mit einem einmaligen Betrag („Pay per Click") bezahlen. Der einmalige Betrag, beispielsweise für Daten aus einer Recherche oder einen Zeitungsartikel, wird beim Abruf der Information oder digitalen Ware einmal berechnet.

Der Kunde erhält mit der Telefonrechnung die bei net900 angefallene Summe des letzten Abrechnungszeitraumes, das Inkasso findet demnach über die Telefonrechnung statt, diese enthält aber keine Liste der erworbenen Waren, Dienstleistungen oder Informationen. Es ist alternativ auch eine Abrechnung über das Girokonto möglich.

Folgende Parteien sind am Zahlungssystem net900 beteiligt:
- der **Kunde** ruft kostenpflichtige Inhalte im Internet auf,
- der **Händler** bietet das Zahlungssystem net900 an,
- die net900-Zahlungen werden von der **Firma „in media res"** abgewickelt,
- die Berechnung und Bezahlung erfolgt über die Telefonrechnung der Deutschen **Telekom.**

www.in-medias-res.com

Der Kunde benötigt die kostenlose net900-Software (nur für Windows-Systeme verfügbar unter http://wwwin-medias-res.com, Abruf: 01.10.2002), bei der es sich um ein Plug-In für den Browser handelt. Werden kostenpflichtige Bereiche im Web aufgerufen, wechselt das Plug-In über eine neue Internetverbindung in den net900-Bereich des Händlers. Nach Verlassen wird die vorhergehende Verbindung ins Internet wieder hergestellt. Net900 funktioniert nur, wenn der PC des Kunden über MODEM oder ISDN Zugang zum Internet hat. Dieses Verfahren lässt sich nicht anwenden, wenn die Internetverbindung über ein LAN-Gateway, ROUTER oder PROXYSERVER zustande kommt. Für ADSL (z.B. T-DSL von T-Online) gibt es ebenfalls keine Implementierungen. Außerdem darf der Telefonanschluss des Kunden nicht für kostenpflichtige Sonderrufnummern (z.B. 0190- und 0900-Nummern) gesperrt sein.

GLOSSAR S.466

www.net900.de

Der **Händler** benötigt einen Vertrag mit einem Kooperationspartner von net900. In dem Vertrag werden die Abrechnungsvarianten („Pay per Minute", „Pay per Click") und Tarife festgelegt. Als Tarife können Beträge von 0,05 EURO bis 1,28 EURO pro Minute bzw. von 0,05 EURO bis 12,78 EURO pro Click ausgewählt werden (Abruf: 13.05.2002). Mit Abschluss des Vertrags erhält der Händler von „in media res" die Tarifkennung, die den Webseiten hinzugefügt wird. Beispielsweise anhand der Kennung in der URL

```
net900?analysedaten.html,tarif=10121
```

erkennt das beim Kunden installierte Plug-In, dass es sich um net900-Inhalt handelt, bricht die bestehende Internetverbindung ab und baut eine neue, zur Angabe tarif=code## passende Verbindung zum net900-Server auf. Die kostenpflichtigen Inhalte (HTML-Seiten, Bilder, Datenbank bei dynamischen Webseiten usw.) müssen vollständig im net900-Bereich abgelegt sein. Die Ablage kann in auf drei Varianten erfolgen:

- **Webhosting:** Der Händler legt seinen kostenpflichtigen Inhalt auf einem bereitgestellten net900-Server ab.
- **Webhousing:** Der Händler stellt seinen Webserver mit dem kostenpflichtigen Inhalt in einen net900-Bereich.

■ **Virtuale Private Network:** Der Händler betreibt eine Standleitung zu einem net900-Bereich und schließt daran den Server mit den kostenpflichtigen Inhalten an.

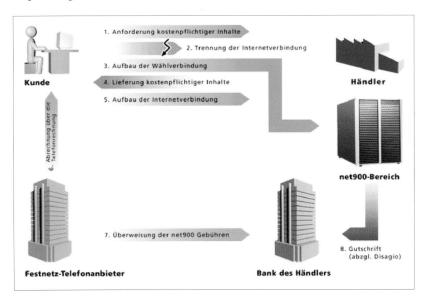

Abbildung 7.12:
Ablauf eines Bezahl-
vorgangs mit net900

1. Der Kunde möchte mit net900 bezahlen und wählt einen Link, der auf den kostenpflichtigen Inhalt zeigt.
2. Die bestehende Internetverbindung wird getrennt und über eine Wählverbindung die Verbindung zum net900-Bereich neu aufgebaut (eine 0900-Verbindung im Festnetz). Dies wird durch das vorher installierte Plug-In für net900 realisiert.
3. Dem Kunden werden die kostenpflichtigen Inhalte zugänglich gemacht.
4. Hat der Kunde die Ware erhalten, wird die net900-Verbindung getrennt und die Verbindung zum Internet über den ursprünglichen Provider aufgebaut.
5. Dem Kunden werden die Kosten (der Betrag für den Händler und die Gebühren des Festnetzanbieters) auf der Telefonrechnung (auch Konto möglich) in Rechnung gestellt.
6. Der Festnetzanbieter überweist die net900-Gebühren an „in media res".
7. Der Händler erhält von „in media res" den Betrag gut geschrieben.
8. Der Händler erhält die Gutschrift abzüglich eines Disagios.

Net900 eignet sich für Micropayment, da es sich um ein Inkassosystem handelt, das zur Abrechnung von sehr kleinen Beträgen verwendet werden kann, bei denen eine wirtschaftliche Abrechnungsmethode im Vordergrund steht.

■ **ZUSAMMENFASSUNG**

Nachdem bereits in den vorherigen Lerneinheiten, besonders im Zusammenhang mit den Anforderungen an E-Shopsysteme aus der Sicht von Kunden und Betreibern, aufgezeigt wurde, dass die unterschiedlichen Zahlungssysteme beim Einkauf im Internet eine große Rolle spielen, wurde in der vorliegenden Lerneinheit ein Überblick über diese Thematik verschafft.

Es wurde aufgezeigt, dass die Zahlungssysteme in unterschiedliche Klassifikationen eingeteilt werden und dass sie in der Praxis unterschiedlich intensiv genutzt werden. Für die verschiedenen Klassifikationen beim Einkauf im Internet gibt es geeignete Zahlungsmittel, die für die jeweils fälligen Beträge genutzt werden können.

In der vorliegenden Lerneinheit wurden die rechtlichen Fragen zu Zahlungen im World Wide Web weitestgehend ausgeklammert, da diesem speziellen Sachverhalt die *Lerneinheit 6* vorenthalten ist.

Für das vertiefende Studium zum Thema Zahlungssysteme seien hier stellvertretend einige, auch im Text erwähnte, Quellen genannt:

- Kompetenzzentrum Elektronischer Geschäftsverkehr KompEC Bonn/Rhein-Sieg, E-Payment im Internet für kleinen und mittlere Unternehmen, Juni 2001, Abruf: 01.10.2002, (eine ausführliche Arbeit, die wesentliche Zahlungssysteme ausführlich darstellt und dem Händler Entscheidungskriterien bzgl. Wirtschaftlichkeit in die Hand gibt).
- Lämmle, G., Elektronische Zahlungssysteme – Grundlagen und Anwendungen, Universität der Bundeswehr München, 07.02. 2000, Abruf: 01.10.2002, (Eine Arbeit, die Modelle von Zahlungssystemen untersucht und die Multidimensionalität berücksichtigt).
- Institut für Wirtschaftspolitik und Wirtschaftsforschung – Universität Karlsruhe (TH), Informationen rund ums Thema 'Bezahlen im Internet', Abruf: 01.10.2002 (Neben statistischen Untersuchungen rund um Zahlungssysteme sind hier sehr einfach und kurz wesentliche Zahlungsverfahren erläutert).

Sicherheit und Datenschutz
Seite 165

www.inf.fh-bonn-rhein-sieg.de/person/professoren/leischner/e-payment.pdf

http://emma.informatik.unibw-muenchen.de/~laemmle/eGeld.pdf

www.iww.uni-karlsruhe.de/IZV4/Infoseiten/

- Mertz, Electronic Commerce, 2. Auflage, dpunkt-Verlag, 2002, S. 459 bis 515.

www.zahlungs
verkehrsfragen.de/
index.html

- Christian Bartsch und Stefan Krieg, Die Zahlungsverkehr-FAQ, Abruf: 01.10.2002 (eine umfassende FAQ zum Thema Bezahlen im Allgemeinen und dem Bezahlen über elektronische Wege im Besonderen).

[8] KUNDENBINDUNG UND SUPPORT

Verschiedene Studien haben gezeigt, dass die Kosten für die Neugewinnung von Kunden fünf bis sieben Mal höher sind, als mit bestehenden Kunden neue Verträge abzuschließen (vgl. Witz/Werner 1999, S. 25, Kunz 1996, S.81). Setzt man dies in Relation zu den pro Kunde erwirtschafteten Deckungsbeiträgen stellt man fest, dass häufig erst der Wiederholungskäufer einen positiven Beitrag für den Unternehmenserfolg leistet. Der wirtschaftliche Erfolg eines Unternehmens hängt also entscheidend davon ab, ob es ihm gelingt, seine Kunden langfristig zu binden und den Umsatz mit ihnen auszuweiten. Gelingt dies, sinken die Vertriebs- und Marketingkosten, was einen Wettbewerbsvorteil gegenüber konkurrierenden Unternehmen darstellen kann.

Durch die große Transparenz und geringen Wechselkosten beziehungsweise die fehlenden Wechselhindernisse im Internet wächst die Gefahr, dass Kunden den Anbieter wechseln, denn der nächste Anbieter ist oft nur einen Mausklick entfernt. Der Kundenbindung kommt also eine spezielle Bedeutung zu. In dieser Lerneinheit werden Faktoren vorgestellt, die zur Kundenbindung beitragen, und auf ihre Relevanz für E-Shops untersucht.

GLOSSAR S.

8.1 Customer Relationship Management

Mit steigender Bedeutung der Kundenbindung entwickelte sich Ende der achtziger Jahre das Relationship Management bzw. Relationship MARKE-TING: das Kundenbeziehungsmanagement. Ziel dieser Aktivitäten ist es, Geschäftsbeziehungen aufgrund immer besseren Wissens über die Kunden und ihrer Anforderungen zu gestalten, kontrolliert durchzuführen und zu überwachen (vgl. Wirtz 2001, S. 496). Mittlerweile hat sich für das Managen der Kundenbeziehungen der Begriff Customer Relationship Management (**CRM**) durchgesetzt. IT-Systeme, die das Customer Relationship Management unterstützen, werden **CRM-SYSTEME** oder interaktive E-CRM-Systeme (Electronic CRM) genannt.

Customer Relationship Management erhöht die Kundenzufriedenheit und steigert die Kundenbindung, Dadurch können Umsätze gesteigert und Vertriebs- und Marketingkosten reduziert werden. Die Umsatzsteigerung hat zwei Gründe:

1. Der Kunde kauft häufiger und bestellt mehr, weil sein Vertrauen in den Anbieter wächst. Außerdem können vorhandene CROSS-SELLING-Potentiale genutzt werden, was bedeutet, dass der Kunde zu seinen bisherigen Käufen ergänzende Produkte und neue Produkte beim Anbieter kauft.

2. Aufgrund seines Vertrauens in den Anbieter oder in die Marke steigen der wahrgenommene Kundennutzen und die Preisbereitschaft. Der Kunde antizipiert, dass sich beim Wechsel zu einem neuen Anbieter Risiken auftun.

3. Zufriedene Kunden sind die Voraussetzung für das so genannte REFE-RENZSELLING. Im Referenzselling wirkt ein Kunde aktiv bei der Gewinnung von Interessenten und Kunden mit, z.B. indem er Freunden und Bekannten oder Geschäftspartnern von seinen positiven Erfahrungen mit dem E-Shop berichtet.

Durch die immer stärkere Nutzung des Internets durch Anbieter und Kunden entsteht eine bessere Transparenz über Anbieter, Produkte und Preise. Gleichzeitig entwickelt sich das **E-BUSINESS** immer weiter. Diese Entwicklungen führen zum Entstehen neuer Geschäftsfelder und Märkte.

Der Wachstumsprozess von neuen Märkten lässt sich in drei Phasen aufteilen (vgl. Wirtz 2001, S. 501):

- Pioniermarkt, mit langsam steigender Kundenzahl.
- Wachstumsmarkt, in dem die Zahl der E-Commerce-Kunden steil
  anwächst.
- Massenmarkt, in dem sich die Steigerung der Kundenzahlen ver-
  langsamt und sich einem oberen Grenzwert nähert.

Für das erfolgreiche Bestehen von jungen E-Business-Unternehmen am
Markt lassen sich die folgenden kritischen Faktoren herausstellen:

- Cross-Links/Cross Marketing,
- Werbung,
- Content- und Serviceattraktivität, Website-Gestaltung und
- Internet-Promotion.

In der Entstehungsphase sollte das Hauptaugenmerk dementsprechend
auf der Gewinnung neuer Kunden liegen. Das Wachstum des Unternehmens wird durch die Fähigkeit bestimmt, einmal gewonnene Kunden an
das Unternehmen zu binden. Wichtige Aktivitäten, die den Kundennutzen erhöhen und damit folglich die Kundenbindung steigern, sind:

GLOSSAR S.466

- ONE-TO-ONE-Marketing,
- Individuelles Kundenbeziehungsmanagement,
- Content- und Service-Attraktivität und
- Kundenorientierte Geschäftsprozesse.

Bach/Österle unterscheiden aus dieser Perspektive drei Arten von CRM-
Prozessen (vgl. Bach/Österle 2000, S. 25):

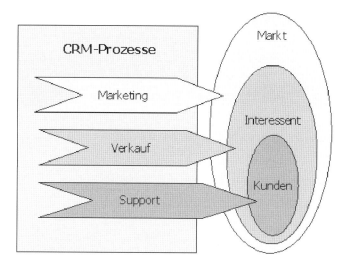

Abbildung 8.1:
CRM-Pozesse

GLOSSAR S.466

- Der **Marketingprozess** zielt auf potenzielle Kunden des definierten MARKTES für ein bestimmtes Produkt. Durch das Wecken von Interesse werden die potenziellen Kunden zu Interessenten. Der Marketingprozess ist umso erfolgreicher, je genauer sich die Gruppe der potenziellen Kunden bestimmen lässt. Messgrößen für die Qualität des Marketingprozesses sind die Rücklaufquote und die Zahl der neu gewonnenen Interessenten. Die Rücklaufquote gibt das Verhältnis von neuen Interessenten zu den selektierten potenziellen Kunden an.

GLOSSAR S.466

- Der **Verkaufsprozess** hat das Ziel, die Interessenten zum Vertragsabschluss zu führen. Dazu zählen die Bereitstellung von relevanten Informationen, die Kontaktanbahnung, interaktive Werkzeuge zur Produktkonfiguration bei komplexen Produkten, Online-CHATS zu spezifischen Themen, Analyse- und Beratungsgespräche mit nachfolgender schriftlicher Angebotserstellung und Verkaufsgespräche. Mit dem Vertragsabschluss wird der Interessent zum Kunden.

- Der **Serviceprozess** hat das Ziel, die Kundenzufriedenheit zu erhalten oder zu erhöhen und dadurch den Kunden langfristig an das Unternehmen zu binden. Zudem liegt im Serviceprozess ein großes Umsatzpotential. Dem Kunden können ergänzende Produkte und Dienstleistungen verkauft oder das Interesse für den Kauf weiterer Produkte geweckt werden.

Das Customer Relationship Management unterstützt das Unternehmen, sich auf den Kunden auszurichten. Um dieses Ziel zu erreichen, müssen die folgenden Kernfragen beantwortet werden (vgl. Herzwurm, 2002, S. 6):

1. **Wer sind unsere wertvollsten Kunden?**
   - Profitorientierte Segmentierung
2. **Was wollen diese Kunden?**
   - Produkt, Service, Distributionskanal, Kommunikation, Loyalitätsprogramme
   - Kundenzufriedenheit untersuchen
   - Kundenbedürfnisse identifizieren
   - Möglichkeiten zur Wertbildung
3. **Wie erreichen wir diese Kunden?**
   - Vertrieb
   - Customer Care Center
   - Internet/E-Commerce
   - Kooperationspartner
4. **Wie setzen wir dieses Wissen im Unternehmen um?**
   - Integration von Mitarbeitern, Prozessen und IT

Zusammenfassend geht es im Customer Relationship Management im Wesentlichen darum, profitable Kunden und deren Wünsche mit Hilfe zielgerichteter IT-Unterstützung systematisch zu analysieren. Aufbauend auf diesem Wissen gilt es, Maßnahmen zu entwickeln, um diese Kunden auf lange Sicht an das Unternehmen zu binden. Gleichzeitig kann diese Vorgehensweise bedeuten, sich gegebenenfalls auch von unprofitablen Kundenbeziehungen zu trennen.

8.2 CRM-Systeme

Der Einsatz von elektronischen CRM-Systemen im Customer Relationship Management erleichtert die Organisation von Kundenbeziehungen und ermöglicht die Nutzung der Vorteile von internetbasierten Technologien wie Data-Mining und Personalisierung. CRM-Systeme liefern dementsprechend die IT-Unterstützung für das Kundenmanagement. Diese sind Systeme, die Vertriebs-, Marketing- und Servicelösungen innerhalb eines ganzheitlichen integrierten Systems unterstützen und die Beziehungen zum Kunden in den Mittelpunkt stellen. Im Gegensatz zum Computer Aided Selling (CAS), das lediglich das computerunterstützte Verkaufen umfasst, organisieren moderne CRM-Systeme nicht nur den Verkauf, sondern auch alle vor- und nachgelagerten sowie übergeordneten Prozesse wie Werbung, Service, Marktforschung und Business Performance Management.

Die Produktangebote auf dem Markt für elektronische CRM-Systeme lassen sich in integrierte Globallösungen, funktionale Teillösungen und Branchenlösungen unterteilen. Als Alternative zu diesen Produkten hat das Unternehmen die Möglichkeit, individuelle Software, die optimal an die unternehmensspezifischen CRM-Prozesse angepasst ist, programmieren und integrieren zu lassen. *Abbildung 8.2* gibt einen Überblick über die derzeit angebotenen CRM-Systeme sowie deren Anbieter und stellt die Merkmale dieser Lösungen gegenüber.

Integrierte Globallösungen			Funktionale Teillösungen	Branchenlösungen	Individualsoftware
Autonome CRM-Systeme	**ERP-Systeme mit CRM**	**CRM auf Basis von Front Office**			
größter CRM-Umfang	optimale ERP-Integration	hohe Nutzerakzeptanz	Spezialisierung auf ein Gebiet	vertikale Standardlösungen	unternehmensspezifisch
hoher Aufwand für Integration	Prozesse im Mittelpunkt	hoher Aufwand für Integration	hohe Anzahl von Schnittstellen	Umfang branchenspezifisch	optimale Integration
hohe Kosten	hohe Kosten	geringe Kosten	kein CRM-System		
Siebel, Applix, Point, Clarify, Update	SAP, Oracle, Peoplesoft	Team 4	SAS, Gognos, Aspect, EHP	FJA, CAS	

Abbildung 8.2: Die Struktur des CRM-Marktes (vgl. Herzwurm, 2002, S. 20)

GLOSSAR S.466

Grundsätzlich lassen sich zwei Arten von CRM-Systemen unterschieden: *Operationale* und *analytische CRM-Systeme.*

Operationale CRM-Systeme erfassen und verwalten die Kundendaten und liefern damit die Basisdaten für *analytische CRM-Systeme,* die diese Daten auswerten. Analytische CRM-Systeme fassen die unterschiedlichen Datenbestände im Unternehmen zusammen und werten sie auf bisher unbekannte Zusammenhänge aus (DATA MINING). Sie bieten somit die Grundlage für die Selektion von potenziellen Kunden und liefern wiederum wichtige Informationen für die Personalisierung. Ein weiterer wichtiger Begriff ist das *kollaborative CRM.* Es managt Kommunikationskanäle, die die direkte Interaktion zwischen Kunden und Unternehmen ermöglichen, wie persönliche Kontakte, Telefon, Fax und Post sowie Internet oder mobile Kommunikationstechnologien.

Operationale CRM-Systeme

Personalisierung kann ohne das erforderliche Wissen über die Kunden in der zentralen Kundendatenbank nicht durchgeführt werden. Das Sammeln von Daten und Informationen über den Kunden sowie die Bereitstellung dieses Wissens für alle am Verkaufsprozess beteiligten Mitarbeiter ist eine wichtige Funktion operationaler CRM-Systeme.

Der Schwerpunkt der operationalen CRM-Systeme lag in der Vergangenheit in der Planung und Steuerung der nicht internetbasierten CRM-

Prozesse. Durch die wachsende Bedeutung des Internets und neuer Kommunikationswege wie Call-Centern, E-Mails, SMS oder Fax werden zunehmend auch diese Kanäle in die CRM-Systeme integriert.

Durch CTI (Computer-Telefon-Integration) erscheinen an den Bildschirmen der angerufenen Mitarbeiter im Vertrieb, in der Hotline oder im Call-Center die relevanten Kundendaten in einem gesonderten Bildschirmfenster, im Idealfall noch bevor der Mitarbeiter zum Hörer gegriffen hat, durch Auswertung der übertragenen Rufnummer des Anrufers. Der Mitarbeiter sieht auf einen Blick alle relevanten Kundendaten, beispielsweise die aktuellen Bestellungen oder ob der Kunde mit Zahlungen im Verzug ist.

Durch die Verknüpfung von Internettechnologien und CRM-Systemen hat auch der Kunde die Möglichkeiten mit dem Unternehmen zu interagieren. Er kann sich zum Beispiel über den Status seiner Bestellung informieren, die Lieferung verfolgen oder über seinen BROWSER Störungen melden. Aus technischer Sicht bieten sich zahlreiche Möglichkeiten zur Personalisierung. Potenziellen Kunden und Interessenten können zum Beispiel per E-Mail gezielt Informationen über Produkte und Dienstleistungen zugeschickt werden.

GLOSSAR S.466

Viele CRM-Systeme ermöglichen die Integration von Vertriebs- und Servicepartnern in das CRM-System. So können zum Beispiel Marketingkampagnen durchgeführt werden, in die Partner durch den Zugriff auf die Kundendatenbank eingebunden werden. Servicepartner können über einen Browser z.B. auf Störungsmeldungen zugreifen, die Kunden in ihrem lokalen Umfeld abgesetzt haben.

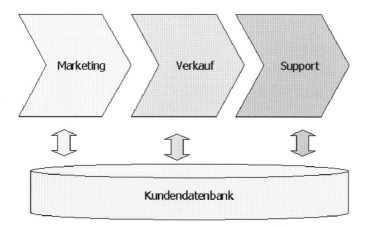

Abbildung 8.3:
Kundendatenbank
als Basis für alle
kundenorientierten
Prozesse

Wie die *Abbildung 8.3* zeigt, stellt die Kundendatenbank die Informationen für alle kundenorientierten Prozesse zur Verfügung. Um effiziente Arbeitsergebnisse zu erzielen, sollte die Kundendatenbank deshalb folgende Anforderungen erfüllen:

1. Die Kundendatenbank muss einen hohen Anteil an potenziellen Kunden für den Zielmarkt enthalten.

2. Die Einträge in der Kundendatenbank enthalten die erforderlichen Attribute, um für alle Produkte des Anbieters die potenziellen Kunden zu selektieren. Solche Merkmale können Geschlecht, Alter, Ausbildung, Familienstand, Anzahl Kinder, Alter der Kinder, Interessen, Position im Unternehmen, Branche, Unternehmensgröße oder Region sein. Ist das Produkt zum Beispiel ein Jugendschutzbrief (spezielle Versicherung für Jugendliche unter 18 Jahren), sind die Attribute „Anzahl Kinder" und „Alter der Kinder" notwendig, um eine hohe Trefferquote zu erzielen.

3. Für jedes Produkt des Anbieters ist es erforderlich, ein Produktprofil zu hinterlegen, das sich mit den Interessen von Kundenprofilen aus der DATENBANK zusammenführen lässt. Im interaktiven Marketing hat der Kunde die Gelegenheit, seine Produktpräferenzen selbst in seinem persönlichen Profil einzutragen und zu pflegen. Er ordnet sich damit selbst der Gruppe der Interessenten für ein oder mehrere Produkte zu. In Fällen, in denen die Erstellung eines persönlichen Profils nicht möglich oder empfehlenswert ist, müssen die für eine solche Zuord-

GLOSSAR S.466

nung notwendigen Zusammenhänge aus den im Verkaufsprozess erfassten und aus den im Unternehmen vorhandenen Datenbeständen hergeleitet werden. Diese Ableitung von Zusammenhängen auf der Basis von vorhandenen Daten wird als Data Mining bezeichnet. Ein Beispiel für eine aus dem Data Mining gewonnene Erkenntnis könnte sein, dass das Interesse an einem Jugendschutzbrief in Familien, die über ein Jahreseinkommen von über 50.000 € verfügen und in denen beide Elternteile ein abgeschlossenes Studium aufweisen am höchsten ist.

Elektronische CRM-Systeme bieten im operationalen Bereich verschiedenste Anwendungen an, die operationale Prozesse im Marketing, Verkauf und Service unterstützen (vgl. Bach/Österle, 2000, S. 24). Zu diesen Anwendungen zählen:

im **Marketing:**
- Initialisierung von Kampagnen
- Durchführung von Kampagnen
- Auswertung von Kampagnen
- Ermittlung von Marktchancen

im **Verkauf:**
- Beratung
- Produktkonfiguration
- Konditionsvereinbahrung
- Angebotserstellung
- Abschluss & Fakturierung

und im **Service:**
- Produktlieferung
- Bearbeitung von Service-Aufträgen
- Problemlösungen
- Durchführung von Wartungen
- Beschwerdemanagement
- Abwicklung von Treueprogrammen

Analytische CRM-Systeme

Analytische CRM-Systeme extrahieren, transformieren und übernehmen Daten aus den verschiedenen Datenbanken und analysieren diese auf bisher unbekannte Zusammenhänge und Erkenntnisse. Mit diesen Ergebnissen wiederum lassen sich Kunden besser klassifizieren und damit bedarfsgerechter und zielgruppenorientierter ansprechen.

Das wichtigste Verfahren des analytischen CRM ist das Data Mining. Der Begriff des Data Mining bezeichnet Techniken zum Finden von relevanten Mustern und Regeln in umfangreichen Datenbanken. Das Verfahren nutzt zahlreiche Methoden aus unterschiedlichen Disziplinen (vgl. Küsters 2001, S. 95):

- **Traditionelle Statistik und Datenanalyse:** Regressions-, Faktor-, Cluster-, Diskriminanz- und Zeitreihenanalyse
- **Künstliche Intelligenz:** maschinelles Lernen, künstliche neuronale Netze, evolutionäre Algorithmen, intelligente Agentensysteme und probabilistische Expertensysteme
- **Mustererkennung**
- **Datenbanktheorie und –praxis**
- **Computer Linguistik und Information Retrival:** Web Usage Mining und Text Mining
- **Computergraphik:** Visualisierungsmethoden

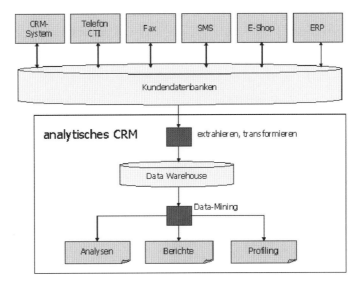

Abbildung 8.4: Grundsätzliche Abläufe in analytischen CRM-Systemen

Mit Hilfe der Aufzeichnung der Kundendaten und den Methoden des analytischen CRM lassen sich wesentliche Fragenstellungen des Customer Relationship Management im Unternehmen beantworten und damit Marketingentscheidungen erleichtern:

Ziele	Fragestellung
Neukundengewinnung	Potentialermittlung Kundenprofile Kundenverhalten Antragsscoring
Bestandskundenpflege	Potentialermittlung Cross-Selling Kundenprofile Kundenverhalten
Risikosteuerung	Stornovermeidung Kundenscoring Kundenverhalten Betrugserkennung
Frühwarnsysteme	Trends und Trendwechsel Ausreißer und Anomalien
Strategische Analysen	Potentialermittlung Kundenbilanz
Marketing und Controlling	Analyse des Marketing-Mix Konzeption und Vorausberechung Controlling

Abbildung 8.5:
Funktionen des CRM
(vgl. Herzwurm,
2002, S. 14)

8.3 Wechselkosten

In den vorherigen Abschnitten wurde das CUSTOMER RELATIONSHIP MANAGEMENT und die Bedeutung von operationalen und analytischen CRM-Systemen zur Steuerung und Unterstützung von CRM-Prozesse behandelt. Ziel war es, über die Steigerung der Kundenzufriedenheit die Kundenbindung zu festigen, um dadurch den Umsatz zu steigern und Kosten zu senken. Ein anderes wichtiges Mittel zur Kundenbindung ist die Installation von Wechselkosten. Wechselkosten entstehen, wenn ein Kunde eine Marke oder einen Anbieter wechselt (siehe nachfolgendes Beispiel). Gelingt es dem Anbieter, so hohe Wechselkosten zu erzeugen, dass die Wechselkosten den Nutzenanstieg aus dem Wechsel übersteigen, liegt ein so genannter Lock-In vor (vgl. Shapiro/Varian 1999, S. 140). Der Kunde ist in eine Situation „eingeschlossen", in der er aufgrund hoher Kosten eine Marke oder einen Dienstleister nicht oder nur schwer wechseln kann.

Die Situation des Lock-In

Am Beispiel des Wechsels von Microsoft Windows zu Apple Macintosh werden die Wechselkosten erläutert:

1. Alle PCs, die gesamte Vernetzung und alle Anwendungen laufen unter Windows, die Systeme laufen stabil. Beim Umstieg auf Macintosh müssen alle PCs ersetzt werden und die gesamte Vernetzung wieder aufgebaut werden. Die PCs verursachen in diesem Beispiel keine Wechselkosten, weil sie vier Jahre alt waren und auf jeden Fall hätten ersetzt werden müssen. Die Installation der Software stellt auch keine Wechselkosten dar, da auch die Windows-Systeme neu installiert werden müssen.

2. Es fallen Kosten für ein neues Vernetzungskonzept an, unter Windows entwickelte Schnittstellen müssen umgeschrieben werden, die vorhandenen Datenbestände müssen konvertiert werden, der Datensicherungsprozess muss getestet werden. Das vorhandene CRM-System läuft nicht auf Macintosh, folglich fallen die Beschaffungs- und Schulungskosten für ein neues CRM-System an. Zudem müssen alle Mit-

arbeiter für die Verwendung des neuen Betriebssystems ausgebildet werden. Aufgrund der Schulungen und der Verlangsamung der Arbeit wegen vieler technischer Probleme müssen Zeitmitarbeiter eingestellt werden. Auch im Vertrieb erhöht sich der Arbeitsaufwand, weil die Mitarbeiter bis zur Einführung des neuen CRM-Systems alle Kontakte per Hand protokollieren müssen.

Alle unter 2. aufgeführten Kosten sind Wechselkosten. An diesem Beispiel wird deutlich, dass mit steigenden Wechselkosten der Nutzen aus einem Systemwechsel sinkt.

Auch im Massenmarkt spielen Wechselkosten eine zunehmende Rolle (vgl. Shapiro/Varian 1999, S. 145). Beim Wechsel von einem Internet Service Provider (ISP) zu einem anderen können sich beispielsweise die im Betrieb verwendeten E-Mail-Adressen ändern, sofern das Unternehmen nicht über eine eigene Domain verfügt. Für die Kunden entstehen Wechselkosten durch neue Visitenkarten, neues Briefpapier oder die Benachrichtigung von Freunden und Geschäftspartnern. Die Wechselkosten werden zusätzlich erhöht, indem der alte Service Provider eingehende E-Mails nicht weiterleitet, sondern zurückschickt. Wenn im Vergleich zum Gesamtnutzen aus geringeren monatlichen Grundgebühren die Wechselkosten höher sind, liegt ein wirkungsvolles Lock-In vor.

Zur Gewinnung neuer Kunden ist es wichtig, die Wechselkosten des Kunden abschätzen zu können und danach die Strategien für die Kundenwerbung abzuleiten z.B. bezüglich der Preissetzung. Ist zum Beispiel einem Kunden der Wechsel von einem ISP zu einem anderen 100 € Wert und kostet der Wechsel den ISP für Verwaltung und Einrichtung des neuen Kunden 25 €, betragen die Gesamtkosten 125 €. Ein Wechselangebot des ISP an den Kunden, das die Übernahme der Wechselkosten des Kunden zum Inhalt hat, ist nach dem Rechenbeispiel nur dann rentabel, wenn der erwartete zukünftige Gewinn an dem neuen Kunden 125 € übersteigt.

Folglich müssen nicht nur die Wechselkosten der Nachfrager sondern auch die der Anbieter betrachtet werden. Die Gesamtkosten aus dem Produktwechsel setzen sich folglich entsprechend der Gleichung

Gesamtkosten = Wechselkosten des Kunden + Wechselkosten des Anbieters
zusammen.

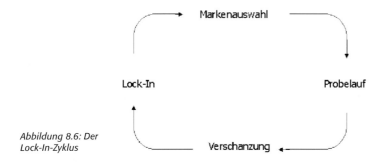

Abbildung 8.6: Der Lock-In-Zyklus

Bei der Planung oder Bewertung von Kundenbindung durch Wechselkosten sollte der abgebildete Lock-In-Zyklus (vgl. Shapiro/Varian 1999, S. 176) berücksichtigt werden. Lock-In ist eine Folge von in der Vergangenheit getätigten Investitionen. Der einfachste Einstieg für einen neuen Anbieter gelingt bei Kunden, die eine neue Marke suchen. Gründe dafür können beispielsweise ein Defekt oder das Auslaufen eines Vertrages sein. Im Probelauf nutzt der Kunde aktiv die neue Marke und nutzt alle gebotenen Vorteile. Dazu zählen zum Beispiel Sonderrabatte, eine Verlängerung der Gewährleistungsphase oder kostenlose Gebühreneinheiten. Erwirbt der Kunde mehr als nur eine Probe, er kauft zum Beispiel weitere Produkte, ergänzt das Produkt oder nimmt umfangreiche Dienstleistungen zum Produkt in Anspruch, wechselt er in die Verschanzungsphase: Er gewöhnt sich an die neue Marke, entwickelt vielleicht sogar eine Vorliebe für sie. Der Anbieter ist bemüht, diese Phase solange wie möglich zu verlängern. Gelingt es in dieser Phase, die Wechselkosten für den Kunden so zu steigern, dass ihm ein Wechsel der Marke zu teuer wird, ist ein Lock-In entstanden.

Die Klassifizierung von Lock-In-Situationen

Es gibt verschiedene Arten von Wechselkosten, die aus der Situation des Lock-In entstehen können (vgl. Shapiro/Varian, 1999, S. 156). Sie sollen in den folgenden Abschnitten kurz erklärt werden.

Vertragliche Verpflichtungen

Beispiele für vertragliche Verpflichtungen sind z.B. das Abonnement einer Zeitschrift, ein Mietvertrag, ein Kreditvertrag mit einer Bank, ein OUTSOURCING-Vertrag oder ein langfristiger Zuliefervertrag zwischen einem Automobilhersteller und einem Zulieferer. Der Wechsel des Anbieters bei laufendem Vertrag hat die Zahlung von einer Entschädigung oder Schadensersatz zur Folge, wobei die Höhe der Zahlung von der Vertragsgestaltung abhängt. Diese Kosten können als Wechselkosten bezeichnet werden. Je kürzer der verbleibende Vertragszeitraum ist, desto stärker sinken die Wechselkosten. Zum Zeitpunkt des Vertragsendes sind die Wechselkosten aus der vertraglichen Verpflichtung folglich null.

GLOSSAR S.466

Die Strategie der vertraglichen Verpflichtung im Rahmen eines E-Shops ist im B2C-Umfeld schwierig zu realisieren, da sich Privatkunden nur sehr schwer verpflichten lassen, nur in einem bestimmten E-Shop einzukaufen. Über vertragliche Mindestbestellmengen im Zusammenhang mit Sonderkonditionen kann ein E-Shop aber beispielsweise ebenfalls Wechselkosten erzeugen.

In B2B-Geschäftsbeziehungen lässt sich der Lock-In leichter umsetzen. Betrachtet man z.B. die sich neu herausbildenden elektronischen Marktplätze, wie Covisint und SupplyON in der Automobilindustrie, können die Kunden, in diesem Fall die Automobilkonzerne, vertraglich zu bestimmten Mindestbestellmengen und langfristigen Vertragslaufzeiten verpflichtet werden.

www.covisint.com
www.supplyon.com

Langlebige Anschaffungen oder Systemkäufe

Langlebige Anschaffungen spielen besonders im B2B-Bereich eine Rolle, zum Beispiel beim Kauf von Maschinen, Software, Hardware oder Transportsystemen. Der Kunde kauft dabei nicht nur ein Gerät, sondern nimmt zudem auch Folgeprodukte zu dieser Anschaffung oder exklusive

Serviceleistungen in Anspruch. Diese Art der Anschaffung wird auch als **Systemkauf** bezeichnet. Die Wechselkosten des Kunden zu einem neuen System werden durch die Anbieter dadurch reduziert, dass sie das Grundprodukt sehr günstig anbieten und damit den Kunden zum Kauf ermutigen. Im Gegensatz dazu werden zusätzliche Produkte oder Dienstleistungen, die für den Betrieb des Grundgeräts regelmäßig neu erworben werden müssen, zu einem hohen Preis verkauft. Die Abhängigkeiten aus diesem Lock-In lassen sich auch im B2C-Bereich beobachten. Ein Beispiel sind Automobilhändler, die gebrauchte Fahrzeuge zu einem über dem Verkaufswert des Fahrzeugs liegenden Preis aufkaufen und damit Kunden anziehen. Der erzielte „Gewinn" des Kunden senkt dessen Wechselkosten. Nachdem der Kunde nun ein Fahrzeug dieses Herstellers gekauft hat, befindet er sich in einer Lock-In-Situation, die durch den Anbieter z. B. durch höhere Kosten für Ersatzteile, Reparaturen und Service ausgenutzt werden könnte. Weitere klassische Beispiele für Systemkäufe sind Rasierer (preiswerter Rasierer, teure Klingen) und Drucker (preiswerter Drucker, teure Patronen).

Markenspezifische Schulungen

Wenn der Nutzer für den Betrieb von Produkten oder Anwendungen einer bestimmten Marke geschult werden muss, können erhebliche Wechselkosten anfallen. Das folgende Beispiel soll diesen Zusammenhang kurz erläutern.

Eine Werbeagentur setzt seit vielen Jahren Macintosh-Rechner ein und alle Mitarbeiter sind im Umgang mit dem System geübt und sehr erfahren. Ein Wechsel auf Windows-Rechner würde nicht nur sehr hohe Schulungskosten verursachen, sondern würde die Produktivität der Mitarbeiter über einen längeren Zeitraum senken. Die Wechselkosten wären so hoch, dass ein Lock-In vorliegen würde.

Auch bei einem E-Shop im B2C-Bereich gewöhnt sich der Kunde an die Benutzerführung und lernt, wie er am schnellsten mit dem System arbeitet. Beim Wechsel zu einem anderen E-Shop muss er sich wieder an die neue Benutzerführung gewöhnen, was Zeit kostet und die Produktivität senken kann, woraus sich Wechselkosten ableiten lassen.

Im B2B-Umfeld beinhalten elektronische Marktplätze und Beschaffungsplattformen oftmals komplexe Funktionen. Da in einem Unternehmen eine Vielzahl an Mitarbeitern mit den Marktplätzen arbeitet und die Integration in die ERP-Systeme sehr komplex ist, können bei einem Wechsel des Marktplatzes hohe Wechselkosten entstehen, so dass ein Lock-In vorliegt.

Informationen und Datenbanken

Ein aktuelles Beispiel für einen Lock-In aus Informationen und Datenbanken ist der Videorecorder. Dessen Nutzer könnte eine umfangreiche Sammlung von Kaufvideos besitzen. Beim Wechsel auf eine neue Technologie wie DVD-Player können die Videos nicht mehr gelesen werden.

E-Shop-Softwareprogramme legen die Daten in internen Datenstrukturen ab. Auch wenn die IT-Systeme teilweise Schnittstellen für den Datenimport aus anderen IT-Systemen enthalten, müssen diese konfiguriert und getestet werden, was dementsprechend hohe Wechselkosten verursachen kann.

Im B2C- wie im B2B-Bereich hat ein langfristiger Kunde eines E-Shops im Laufe der Zeit vielfältige Spuren hinterlassen und persönliche Daten sowie Profile hinterlegt. Durch Data-Mining und Personalisierung wurde die E-Shop-Oberfläche perfekt auf die Bedürfnisse des Kunden eingestellt und der Bestellvorgang enorm verkürzt. Beim Wechsel zu einem anderen E-Shop gehen diese Daten und Vorteile für den Kunden verloren. Im neuen E-Shop muss er erneut Profile anlegen und mehrere Bestellungen durchführen, bis der Komfort des alten E-Shops erreicht ist.

Spezialisierte Anbieter

Wer als spezialisierter Anbieter seinem Kunden möglichst hohe Fertigungstiefe anbietet, arbeitet in der Regel eng mit dem Kunden zusammen. Meist wird er bereits in den Entwicklungsprozess mit einbezogen. Auf diese Weise lernt er immer mehr über die Bedürfnisse des Kunden und weitet seine technischen Kompetenzen aus. Er verschafft sich so gegenüber den Wettbewerbern erhebliche Vorteile. Sinkt jedoch die Qualität oder Liefertreue dieses Anbieters, erhöht dieser die Preise oder kommt es zu Lieferengpässen, sind die Wechselkosten des Nachfragers, um zu einem neuen Anbieter zu wechseln, aufgrund der langen Umstellungszeit, die erforderlich ist, um das notwendige Spezial-Know-how oder Fertigungskapazität an den neuen Anbieter weiterzugeben, sehr hoch. Ein Lösungsansatz zur Reduzierung dieses Lock-Ins zeigt die Automobilindustrie. Um dieses Problem zu lösen, werden dort Aufträge oftmals an mindestens zwei Zulieferer vergeben.

Suchkosten

Alle Kosten, die im Zusammenhang mit der Suche nach einem neuen Anbieter oder einer neuen Marke entstehen, werden als Suchkosten bezeichnet. Da der Kunden die Leistungen und Kosten mehrerer Anbieter oder Produkte vergleichen will, muss er zunächst die Anbieter oder Produkte ermitteln, die seinen Bedürfnissen am Nächsten kommen. Danach wird er sich von den einzelnen Anbietern die notwendigen Informationen beschaffen, um die Angebote vergleichen zu können. Da auch die Vergleichbarkeit nicht immer gegeben ist – dabei denke man z.B. an die unterschiedlichen Gebührenstrukturen bei Mobilfunkanbietern – muss teilweise mit einem erheblichen Aufwand gerechnet werden. Bei erklärungsbedürftigen Produkten wie zum Beispiel bei Lösungen in der IT-Industrie können sogar Beratungsgespräche oder Qualitätstests notwendig sein. Die Such- und Informationskosten können bei einem Wechsel des Anbieters folglich sehr hoch ausfallen und damit eine Lock-In Situation erzeugen, in der der Nachfrager bei dem bestehenden Anbieter bleibt.

Die beschriebenen Suchkosten können auch im Rahmen von E-Shops entstehen. Wenn der Kunde einen neuen E-Shop sucht, muss er sich einen Überblick über vorhandene Anbieter und deren Produktangebot verschaffen, deren Allgemeinen Geschäfts- und Lieferbedingungen vergleichen und sich über Sicherheits- und Servicekonzepte sowie über die sonstigen Funktionen der identifizieren E-Shops informieren.

Treueprogramme

Zu den traditionellsten Treueprogrammen zählen Rabattmarken, die z.B. im Einzelhandel angeboten werden. Moderne Treueprogramme sind zum Beispiel Vielfliegerprogramme verschiedener Fluggesellschaften. Diese Treueprogramme funktionieren im Regelfall auf mehreren Ebenen. Auf der ersten Ebene des Treueprogramms, etwa beim Miles & More-Programm bei der Deutschen Lufthansa, werden den Fluggästen so genannte Bonusmeilen für ihre Flüge gutgeschrieben. Je weiter und je teurer ein Fluggast fliegt, desto mehr Bonusmeilen erhält er für einen Flug. Hat er eine bestimmte Meilenzahl erreicht, kann er für die angesammelten Bonusmeilen Freiflüge buchen oder sich aus einem speziellen Vielfliegerangebot attraktive Produkte aussuchen. Je näher sich der Kunde mit den gesammelten Bonusmeilen der Schwelle für einen Freiflug nähert (z.B. 25.000 Meilen für einen innerdeutschen Economy-Flug), desto höher sind die Wechselkosten, da sie in dem Moment, in dem der Fluggast die Fluglinie für immer wechselt, seine angesammelten Bonusmeilen verfallen würden. Da er damit einen Anreiz hat, bei der Fluglinie zu bleiben, befindet er sich in einer Lock-In-Situation. Bei einem Wechsel zu einer anderen Fluglinie würden folglich Wechselkosten entstehen, die aus dem Verfall der angesammelten Bonusmeilen resultieren. Hat der Fluggast im Gegensatz dazu seinen Freiflug jedoch gerade in Anspruch genommen, hat er keinen Anreiz mehr, der Fluggesellschaft treu zu bleiben, folglich sinken seine Wechselkosten wieder auf null.

An diesem Punkt greift die zweite Ebene des Treueprogramms und verhindert, dass der Lock-In des Kunden sich aufhebt. Zu der zweiten Ebene des Treueprogramms zählt zum Beispiel der Frequent Traveller- oder der Senator-Status bei der Lufthansa. In diesem Status werden dem Fluggast weitere Annehmlichkeiten, wie die kostenfreie Benutzung der Lounges auf den Flughäfen oder die bevorzugte Behandlung bei ausgebuchten Flügen durch Wartelistenpriorität, geboten. Der Fluggast verliert diesen Status, wenn er die jährlich vorgeschriebene Bonusmeilenzahl nicht erreicht. Er ist in seiner Auswahl folglich indirekt an eine bestimmte Fluglinie oder einen Fluglinienverbund gebunden. Der Wechsel der Fluggesellschaft würde für den Fluggast den Verlust dieses Status bedeuten und damit hohe Wechselkosten erzeugen.

Auch in anderen Branchen lassen sich Treueprogramme finden. Die Treueprogramme der Fluggesellschaften sind ein gutes Beispiel dafür, wie die Wechselkosten eines Kunden durch zusätzlichen Nutzen erhöht und damit die Kundenbindung gesteigert werden kann.

Die Strategie der Treueprogramme kann im B2C- wie auch im B2B-Bereich in E-Shops oder in elektronischen Marktplätzen bzw. Verkaufsplattformen angewandt werden.

Prozessintegration

Besonders im B2B-Umfeld lassen sich aus der Prozessintegration erhebliche Wechselkosten ableiten. Dies soll an folgendem Beispiel verdeutlicht werden. Ein Kunde beschafft seine indirekten Güter über einen elektronischen Marktplatz. Um die Beschaffungskosten zu senken, wurde ein E-PROCUREMENT-System eingeführt, wodurch die Mitarbeiter als Bedarfsträger ihre Bestellungen selbst aufgeben und den Wareneingang verbuchen. Der Geschäftsdatenaustausch erfolgt zwischen dem elektronischen Marktplatz und dem Kunden nach 6-monatigem Test reibungslos. Die Anlieferung der bestellten Güter erfolgt nach längerem Testbetrieb mit dem Logistikdienstleiter so gut, dass nur noch selten Bestellungen falsch angeliefert werden oder der Besteller nicht gefunden wird.

Wenn der Kunde die Geschäftsbeziehung mit diesem elektronischen Marktplatz lösen will, muss er die aufgebauten Prozesse mit dem nächsten Marktplatz wieder abstimmen. Die Wechselkosten können dann je nach der Tiefe der Integration erheblich sein. Da mit der Zeit die organisatorische Verknüpfung zwischen dem elektronischen Marktplatz und dem Kunden immer enger wird, steigen die Wechselkosten und somit die Abhängigkeiten aus dem Lock-in mit der Dauer der Kundenbeziehung an.

Wie im folgenden Abschnitt am Beispiel eines Lebensmittelshops gezeigt wird, kann auch im B2C eine Prozessintegration erreicht werden, wenn sich der Online-Shop durch Personalisierung immer stärker auf die Bedürfnisse des Kunden einstellt und dessen Einkaufsprozesse in seinen E-Shop integriert.

GLOSSAR S.466

Fazit

Wechselkosten können auch im E-COMMERCE entscheidend zur Kundenbindung beitragen. Je stärker die Systeme dabei auf die Bedürfnisse des einzelnen Kunden eingestellt werden können, desto stärker steigen die Wechselkosten und desto eher entsteht eine Lock-In-Situation.

Beispielshop für Lebensmittel (B2C)

Zum Abschluss dieser Lerneinheit werden an einem modellhaften Lebensmittelshop die verschiedenen Faktoren der Kundenbindung durch Lock-In untersucht. Während normale E-Shops die Produkte in Form eines hierarchischen PRODUKTKATALOGS präsentieren, nutzt dieser Shop die Erfahrung, dass beim Lebensmitteleinkauf mehr als 80 % der Artikel als Wiederholungskäufe beschafft werden. Ein Beschaffungsprozess (vgl. Wirtz 2001 S. 317) angewandt auf den Wochenendeinkauf sieht folgendermaßen aus:

1. Prozessschritt: Anbahnungsphase (Erstellung des Einkaufszettel)
- **Teilprozess 1:** Bedarfsermittlung (Was essen wir am Wochenende?)
  - Spezifikation der Beschaffungsobjekte (Was brauchen wir dazu?)
  - Ermittlung der Beschaffungsobjekte Bedarfsträger (Wer braucht was?)
- **Teilprozess 2:** Bestandskontrolle: (Welches Produkt geht aus?)
  - Abgleich der Anforderungen mit den Beständen (Was brauchen wir fürs Sonntagsmenü?)
  - Differenzbildung (fehlende Produkte werden auf dem Einkaufszettel notiert)
- **Teilprozess 3:** Ermittlung Bezugsquelle
  - Suche nach potentiellen Lieferanten (Wo kaufen wir ein?)
  - Kontaktaufnahme (Hingehen, Parkplatzsuche, Warten auf Einkaufswagen)

2. Prozessschritt: Vereinbarungsphase

- **Teilprozess 4:** Lieferanten/Produktauswahl
  - Kriterienspezifische Selektion des/der Lieferanten (Milch nur von Meierei A)
  - Produktauswahl (fettarm oder -frei, 1 oder 2 Liter Packungen)
- **Teilprozess 5:** Budgetfreigabe (entfällt beim Familieneinkauf)
- **Teilprozess 6:** Bestellung
  - Verbindliche Abgabe von Bestellungen (Entnahme aus Regal bzw. Bestellung an Theke)
  - Übermittlung der Bestellung an Lieferanten (Einkaufswagen nach 15 Minuten Wartezeit an die Theke schieben und Ware auf Band legen)

3. Prozessschritt: Abwicklungsphase

- **Teilprozess 7:** Bestellüberwachung
  - Verfolgung/Überwachung des Bestellstatus (an der Käsetheke)
  - Überwachung der Lieferfristen (entfällt)
- **Teilprozess 8:** Wareneingang
  - Quantitative und qualitative Prüfung der Waren (erfolgt bei Entnahme aus Regal)
  - Meldung von Fehllieferungen (Prüfung auf Haltbarkeit oder Beschädigung)
- **Teilprozess 9:** Rechungsprüfung
  - Rechnerische Prüfung der Bestellung (Kontrolle der Kassenanzeige)
  - Vergleich von Wareneingang und Bestellung (Vergleich des Kassenbons beim Einpacken)
- **Teilprozess 10:** Zahlungsabwicklung
  - Vornahme des Forderungsausgleichs (Zahlung in Bar oder per EC-Karte)

Durch den elektronischen Lebensmittelshop ändern sich die Abläufe.

1. Prozessschritt: Bestellliste erstellen

- **Teilprozess 1:** Der E-Shop schlägt mehrere Rezepte für das Wochenendessen vor. Dabei lässt er sich leiten von der Verknüpfung von:
  - den Einkaufsgewohnheiten und damit dem Geschmack des Kunden,
  - dem saisonalen Angebot,
  - der Bewertung früherer Rezepte durch den Kunden,
  - den vom Kunden gewählten Rezepten der letzten Monate, um ihm die bevorzugte Abwechslung zu bieten.
  Der Kunde wählt ein oder mehrere Rezept aus und gibt an, wie viele Personen am Essen teilnehmen werden.
  - Der E-Shop berechnet die erforderlichen Produkte und Mengen für die ausgewählten Projekte.
  - Aufgrund der in der Kundendatenbank hinterlegten Bestellungen rechnet der E-Shop den durchschnittlichen Verbrauch der einzelnen Produkte aus. Daraus errechnet er eine Vorschlagsliste mit Produkten und Mengen.

- **Teilprozess 2:** Bestandskontrolle
  - Der Kunde kontrolliert aufgrund der Vorschlagsliste die Bestände.
  - Er aktualisiert die vorgeschlagenen Mengen.
  - Neue Produkte sucht er über den KATALOG und fügt sie der Bestellliste zu. Dabei weist ihn der E-Shop auf Sonderangebote hin.

- **Teilprozess 3:** Ermittlung Bezugsquelle
  - Die Suche nach potentiellen Lieferanten erübrigt sich aufgrund hoher Wechselkosten, die durch die Personalisierung und Prozessübernahme erwirkt wurde.
  - Auf Knopfdruck wird die Bestellliste angezeigt, kann nochmals korrigiert werden und wird anschließend ausgedruckt.

GLOSSAR S.466

2. Prozessschritt: Vereinbarungsphase

- **Teilprozess 4:** Die Lieferanten- oder Produktauswahl entfällt, da dies bereits mit der Übermittlung der Bestellung geschehen ist.
- **Teilprozess 5:** Budgetfreigabe (entfällt im B2C)
- **Teilprozess 6:** Bestellung
  - Verbindliche Abgabe der Bestellung (entfällt im Beispiel).
  - Übermittlung der Bestellung an Lieferanten (Mit Freigabe der Bestellung in Teilprozess 3 erledigt).

3. Prozessschritt: Abwicklungsphase

- **Teilprozess 7:** Bestellüberwachung
  - E-Shop kündigt Liefertermin und Lieferzeit an. Die Lieferzeit kann durch den Kunden online geändert werden.
  - Online-Überwachung der Lieferung.
- **Teilprozess 8:** Wareneingang
  - Quantitative und qualitative Prüfung der Waren
  - Meldung von Fehllieferungen (erfolgt online anhand der Bestellung)
- **Teilprozess 9:** Rechnungsprüfung
  - Rechnungsstellung erfolgt monatlich.
  - Rechnungen können online überprüft und Korrekturen angestoßen werden.
- **Teilprozess 10:** Zahlungsabwicklung
  - Abbuchung über Kreditkarte.

Die folgende Zusammenfassung bewertet die verschiedenen Arten des Lock-Ins für den beschriebenen Lebensmittel-E-Shop:

1. **Vertragliche Verpflichtung**

   Wechselkosten können erreicht werden durch einen Vertrag über monatliche Bezahlung, Mindestbestellmengen im Zusammenhang mit kostenfreier Anlieferung und besondere Rabatte. Ein solcher Vertrag sollte aber erst in der Phase der Verschanzung angeboten werden.

2. **Langlebige Anschaffungen und Systemkäufe**

   Wenige Lebensmittel sind langlebige oder zumindest über einen längeren Zeitraum nutzbare Anschaffungen (z.B. Gewürze), Systemkäufe sind jedoch möglich.

3. **Markenspezifische Schulung**

   Hohe Wechselkosten, da die Familienmitglieder sich im Laufe der Zeit immer besser mit der Benutzerführung und den vielfältigen Funktionen des E-Shops auskennen.

4. **Informationen und Datenbanken**

   Es entstehen im Laufe der Zeit hohe Wechselkosten, da bei einem Wechsel alle im E-Shop hinterlegten Daten, aus denen sich die besonders hohe Personalisierung ergab, bei einem Anbieterwechsel neu aufgebaut werden müssten.

5. **Spezialisierte Anbieter**

   Auch hier sind Wechselkosten möglich, da sich der E-Shop in der Sortimentsgestaltung konkret auf die einkaufenden Kunden einstellen kann.

6. **Suchkosten**

   Es entstehen hohe Suchkosten, denn Vergleich der Funktionalität mit der anderer E-Shops sehr zeitaufwendig.

7. **Treueprogramme**

   Wie bei jedem anderen E-Shop auch kann dieser E-Shop ein auf mehreren Ebenen funktionierendes Treueprogramm auflegen.

8. **Prozessintegration**

   Der elektronische Lebensmittelshop vereinfacht und übernimmt beim Einkauf von Lebensmitteln Teilprozesse. Bei einem Wechsel können deshalb hohe Wechselkosten entstehen.

ZUSAMMENFASSUNG

Die Bestrebungen des Customer Relationship Management dienen dem Ziel, das Unternehmen erfolgreich auf den Kunden auszurichten. Dabei werden die Kundengruppen segmentiert und deren Wünsche mit Hilfe zielgerichteter IT-Unterstützung systematisch analysiert. Aufbauend auf diesem Wissen sollten Maßnahmen entwickelt werden, um diese Kunden auf lange Sicht an das Unternehmen zu binden. Der Einsatz von elektronischen CRM-Systemen im Customer Relationship Management erleichtert die Organisation von Kundenbeziehungen und ermöglicht die Nutzung von Vorteilen aus internetbasierten Technologien, wie Data-Mining und Personalisierung. Dabei werden operationale, analytische und kollaborative CRM-Systeme unterschieden.

Die Theorie der Wechselkosten und des Kunden-Lock-In beschreibt einen weiteren Ansatz, um die Bindung des Kunden an das Unternehmen zu stärken. Auch in E-Shops lassen sich die Strategien der vertraglichen Verpflichtungen, der langlebigen Anschaffungen und Systemkäufe, der markenspezifischen Schulung, der Informationen und Datenbanken, des spezialisierten Anbieters, der Suchkosten, der Treueprogramme und der Prozessintegration aufgreifen, um die Wechselkosten eines Kunden durch zusätzlichen Nutzen zu erhöhen und damit dessen Kundenbindung zu festigen.

[9] KONZEPTE IN E-COMMERCE-ANWENDUNGEN – OUTSOURCING, MAKE OR BUY

9.1 Einleitung

Wenn die Entscheidung für den Aufbau eines E-Shops gefallen ist, stellt sich die Frage nach einer erfolgreichen Implementierungs- und Betriebsstrategie. Dafür werden in dieser Lerneinheit verschiedene Konzepte vorgestellt. Der Begriff „E-Shop" wird auch in dieser Lerneinheit als Oberbegriff für E-Sales-Systeme im B2C- und B2B-Umfeld benutzt. Systeme für B2C werden als „Online-Shops", Systeme für den B2B-Bereich als EAI-SYSTEME (Enterprise Application Integration) bezeichnet.

GLOSSAR S.466

Die Entscheidung, ob ein E-Shop selbst entwickelt, als fertiges Produkt auf dem Markt gekauft, ob er gemietet, gehostet oder als Teil einer MALL betrieben werden soll, kann erhebliche Auswirkungen auf die Kosten und damit auf den wirtschaftlichen Erfolg haben. Unter HOSTING wird ein Verfahren verstanden, bei dem der Online-Shop im Rechenzentrum des Internet Service Providers installiert und betrieben wird. Ob ein System gekauft werden kann, oder ob es selbst entwickelt werden muss, beeinflusst neben den Kosten den Einführungszeitpunkt. Je mehr Individualentwicklung notwendig ist, desto länger dauert es, bis das System eingeführt werden kann. Ist die Entscheidung für oder gegen einen Kauf getroffen, stellt sich die Frage der optimalen Betriebsform, ob das System ausgelagert oder in eigener Verantwortung betrieben werden soll.

Welche Entscheidung die Richtige ist, hängt von vielen Faktoren ab. Als Grundlage für die Entscheidung muss in jedem Fall eine schriftliche Spezifikation erstellt werden, in der neben den Zielen, die erreicht werden sollen, alle relevanten Anforderungen, Randbedingungen und die durch den E-Shop unterstützten Prozesse beschrieben werden. Beispiele

GLOSSAR S.466

für Prozesse sind die Steuerung des Versands die Gestaltung von RETOUREN, die Behandlung von Reklamationen oder die Einbeziehung eines Call-Centers. Um zu verhindern, dass der E-Shop durch einzelne Abteilungen oder wichtige Entscheidungsträger torpediert wird, sollte die Spezifikation von allen unmittelbar Betroffenen unterzeichnet werden. Betroffen sind das Management, Vertrieb und Marketing, Kundensupport, der Einkauf und, falls vorhanden, der Betriebsrat. Dies gilt vor allen Dingen für Online-Shops. Hier besteht die Gefahr, dass durch neue Prozessabläufe gegen vorhandene Betriebsvereinbarungen verstoßen wird. Wenn sich beispielsweise das variable Gehalt der Verkäufer am Auftragseingang ihres Vertriebsgebietes festmacht, die Verkäufe über den Online-Shop nicht diesen Verkäufen zugerechnet wird, kann dies z. B. den Umsatz der Verkäufer schmälern. Mit der Unterschrift unter die Spezifikation dokumentieren alle Beteiligten, dass sie in den Entscheidungsprozess einbezogen wurden und die beschriebenen Ziele und Anforderungen mittragen. Innerbetriebliche Hindernisse können so zwar nicht ausgeschlossen, aber deutlich vermindert werden.

In der Spezifikation müssen alle funktionalen und qualitativen Anforderungen definiert sein. Zu den **funktionalen Anforderungen** gehören u.a.:

Die Zahlungsmittel, die akzeptiert werden sollen. Hier gilt nicht zwangsläufig: Je mehr desto besser. Wie das Beispiel Amazon in der Lerneinheit „Merkmale von E-Shops" gezeigt hat, akzeptiert dieser erfolgreiche Shop nur drei Verfahren. Der Besteller kann den Kaufpreis per Rechnung, Kreditkarte oder Lastschriftverfahren zahlen.

- Die Verfahren, mit denen die Zahlungsfähigkeit von Kunden, die über Kreditkarte bezahlen, sichergestellt und möglicher Missbrauch eingedämmt wird.

GLOSSAR S.466

- Die Art, wie der PRODUKTKATALOG aufgebaut sein soll und welches Klassifikationsverfahren für die Produkte eingesetzt werden soll.
- Zur Steigerung der Kundenbindung kann es notwendig sein, dass zusätzlich zum Verkauf über den Produktkatalog auch Versteigerungen und BÖRSEN angeboten werden müssen.

Anbindung an Back-
office-Systeme
Seite 142

- Es kann notwendig sein, dass im E-Shop eine Marktplatzfunktionalität enthalten ist, über die Kunden eigene Produkte zum Verkauf anbieten können.

- Die Anforderungen an die Backoffice-Integration leiten sich aus den funktionalen Anforderungen ab (siehe *Lerneinheit 5*)

- Zu berücksichtigen sind auch die Anforderungen aus Sicht des Marketings, wenn es darum geht, den Online-Shop bekannt zu machen und Maßnahmen durchzuführen, um die Kunden langfristig zu binden.

GLOSSAR S.466

- Festlegung der Artikel und PRODUKTGRUPPEN, die über den Online-Shop verkauft werden sollen.

- Anforderungen an die Suchfunktionen (z.B. die Suche über Synonyme oder ähnlich Produkte, über Artikelgruppen, Preisgruppen oder Hersteller).

- Gestaltung des Hilfesystems einschließlich Beispielen und sonstigen Hilfestellungen.

- Bildung von Kundengruppen aufgrund Informationen aus dem CRM-SYSTEM.

- Festlegung der unterstützten Sprachen. Die Prozesse müssen beschrieben werden, in denen die mehrsprachigen Dokumente erstellt und gepflegt werden.

- Festlegung der Währungen und der Umrechnung. Dabei muss das Problem behandelt werden, dass internationale Anbieter länderspezifische Preise haben, die sich nicht einfach aus der Umrechnung über Wechselkurse ableiten lassen.

- Klärung der Frage, ob Transportkosten berechnet und dem Kunden im Bestellvorgang angezeigt werden müssen.

Zusätzlich zu den funktionalen gibt es **qualitative Anforderungen,** die beachtet werden müssen. Dazu gehören Forderungen wie:
- Verfügbarkeit.
Ein Beispiel für die Anforderung an die Verfügbarkeit könnte lauten: Der E-Shop ist sieben Tage die Woche und 24 Stunden am Tag für Online-Kunden geöffnet. Lediglich in der Nacht von Samstag zu Sonntag ist er für Systempflege von 2.00–4.00 Uhr geschlossen.

- Antwortzeitverhalten.
  Es kann zum Beispiel die Forderung gelten, dass auch zu Spitzenzeiten, wenn die Zahl der parallelen Zugriffe maximal ist, nicht länger als fünf Sekunden auf eine Reaktion des Systems gewartet werden darf.

- Ausfallsicherheit.
  Es kann die Forderung gelten, dass das System so ausgelegt ist, dass bei Störungen einer Hardwarekomponente eine andere deren Funktion übernimmt.

- Datenschutz.
  Möglicherweise ist es für das Kundenvertrauen notwendig, dass der E-Shop erschweren soll, dass bei missbräuchlichem Zugriff auf den Kundenstamm der Bezug zu den Kundennamen und -adressen hergestellt wird. Angriffe sind sowohl von innen (eigene Mitarbeiter), als auch von außen (Hacker) möglich. Der Einsatz einer FIREWALL ist Stand der Technik und soll hier nicht näher erläutert werden. Es gilt, in der DATENBANK die Beziehung zwischen Kundenstamm und den Bewegungsdaten so zu verschlüsseln, dass eine PERSONALISIERUNG erschwert wird. Vor allem Missbrauch durch eigene Mitarbeiter ist nur schwer zu verhindern, er sollte allerdings so schwer wie möglich gemacht werden. Als problematisch wird der Verkauf von Adressen angesehen. Im E-Shop sollte das Sicherheitskonzept, sowie der Umgang mit personenbezogenen Daten den Kunden gegenüber erläutert werden, ohne dies jedoch als Einladung an Hacker zu formulieren.

GLOSSAR S.466

Auch aus der Definition der Zielmärkte können sich wichtige Anforderungen an einen E-Shop ableiten lassen. Unter Umständen ergeben sich über die oben formulierten Anforderungen hinaus besondere Anforderungen aufgrund nationaler Gesetze.

Wenn alle Anforderungen an einen E-Shop in der Spezifikation festgelegt und vereinbart sind, beginnt die technische Umsetzung des E-Shops mit der Systemauswahl.

9.2 Make or Buy

Die erste Entscheidung, die getroffen werden muss, ist die, ob ein Standardprodukt beschafft werden soll (Buy), oder ob das System in Eigenentwicklung oder durch die Beauftragung eines externen Software-unternehmens erstellt werden soll (Make).

Handelt es sich bei dem E-Shop um einen Online-Shop, an den nur geringe funktionale und qualitative Anforderungen gestellt werden, müssen in der Kaufentscheidung auch die Optionen Mietshop und MALL berücksichtigt werden. Eine Entscheidung für einen Mietshop und oder die Einmietung in einer Mall, machen eine Kaufentscheidung über-flüssig.

GLOSSAR S.466

Im B2B Bereich geht es in erster Linie um die Kommunikation, Koordination und Kooperation zwischen Geschäftspartnern über alle Transaktionsphasen hinweg. Bei der B2B-Integration steht neben der technischen Kopplung von Softwareanwendungen über EAI SYSTEME auch die Zusammenfügung von Prozessen, Organisationen und Regeln im Vordergrund. Die Entscheidung wird in diesen Fällen meist zugunsten einer Individualentwicklung durch eigene Ressourcen oder einen exter-nen Dienstleister ausfallen.

Im Folgenden werden wesentliche Vor- und Nachteile der Vorgehens-möglichkeiten (Erstellung versus Kauf von Standardsoftware) auf-geführt, damit im Kaufprozess die notwendige Sorgfalt aufgebracht wird und nicht nur die Lizenzkosten die Entscheidung bestimmen.

Vorteile einer Eigenentwicklung

- Know-how.
  Bei einer Eigenentwicklung entsteht Know-how. Die Mitarbeiter lernen die Problematik von Grund auf kennen und können zukünftig schnell und kompetent bei Störungen oder Problemen eingreifen. Dies gilt sowohl in Bezug auf die verwendete Technologie, als auch für die fachliche Aufgabenstellung. Die Mitarbeiter lernen alle betroffenen Prozesse bis ins Kleinste zu verstehen. Die im Projekt erworbene Kom-petenz lässt sich in Drittprojekten vermarkten.

- Schlanke Lösung.
  Da das Unternehmen die Entwicklung selbst steuern kann, kann es darauf achten, dass nur die Funktionalität entwickelt wird, die sich aufgrund der Spezifikation ergibt. Standardsysteme zielen im Regelfall darauf ab, einen möglichst breiten Marktanteil zu bedienen und müssen deshalb eine Obermenge der von der Zielgruppe geforderten Funktionalität beinhalten.

- Abhängigkeit.
  Keine Abhängigkeit vom Softwareanbieter. Diese Abhängigkeit beschränkt sich nicht nur auf den Konfigurationsaufwand, wenn die Anforderungen des Shop-Betreibers über die im Grundprodukt des Softwareanbieters gegebene Funktionalität hinausgehen. Auch das Risiko das die Software z. B. im Fall eines Strategiewechsels oder einer Insolvenz des Anbieters nicht mehr unterstützt bzw. weiterentwickelt

☞ Seite 293

   wird, spricht für eine Eigenentwicklung (Vgl. *Kapitel 9.2.4*).

- Adaptierbarkeit an individuelle Vorgaben:
  Speziell bei Produkten mit mehrstufiger Variantenbildung oder komplexen Baukastenstrukturen ist Eigenentwicklung unter Umständen die einzige sinnvolle Option, da der Aufwand zur Anpassung von Standardlösungen an individuelle Belange meist überproportional hoch ist oder die Standardlösung die geforderte Funktionalität möglicherweise überhaupt nicht abbilden kann.

- Differenzierung vom Wettbewerb.
  Speziell bei Shops, die mit mehreren Anbietern gleichartiger Güter (wie zum Beispiel Online-Büchershops) konkurrieren, können Wettbewerbsvorteile durch weitere Funktionalitäten geschaffen werden. Dies kann nur mit Eigenentwicklung erreicht werden.

Nachteile einer Eigenentwicklung

- Entwicklungskosten.
  Die Entwicklungskosten für komplexe Software sind hoch. Sie werden meist bei der Kalkulation des Projektes unterschätzt, weil erst während des Projektes viele Probleme sichtbar werden.

- Zeitverlust.
  Eine Eigenentwicklung benötigt unter Umständen viel Zeit. Analog zu den ungeplanten höheren Entwicklungskosten entwickelt sich auch der Zeitbedarf. Steigende Entwicklungsaufwendungen bedeuten meist automatisch eine Terminverschiebung.

- Qualitätsprobleme.
  Software lässt sich nicht fehlerfrei entwickeln. Speziell bei komplexen Lösungen kann es lange dauern, bis nach einer Pilotphase, in der das System unter realen Bedingungen im Einsatz ist, die notwendige Stabilität erreicht ist.

- Abhängigkeit.
  Wurde unter den Vorteilen das Sinken der Abhängigkeit vom Anbieter hervorgehoben, steigt bei der Eigenentwicklung die Abhängigkeit von den Mitarbeitern. Mit der neu gewonnen Kompetenz ist ihr Marktwert gestiegen, was sich in steigenden Gehaltsforderungen oder Kündigungen ausdrücken kann. Mit jedem Softwareentwickler, der das Unternehmen verlässt, geht ein Stück des teuer bezahlten Know-hows verloren.

- Fehlendes Know-how zu Projektbeginn.
  Am Anfang eines Projektes stehen oft nicht die Experten bzw. das Wissen in dem hierfür notwendigen Umfang zur Verfügung. Da dieser Faktor oftmals nicht in die Projektplanung einfließt, kann es bereits zu Projektbeginn zu Terminverschiebungen kommen.

- Technologiewechsel.
  Die IT-Industrie unterliegt einem raschen technologischen Wandel. Dadurch veraltet Software sehr schnell. Je älter die Software ist, desto schwieriger ist es, neue Entwickler zu finden, die sich mit der Weiterentwicklung beschäftigen.

- Fachkräftemangel.
  Auch wenn aufgrund der aktuellen Marktlage (November 2002) kein Mangel an Software-Entwicklern herrscht, wird voraussichtlich mit Wiederbelebung der Konjunktur der Mangel erneut eintreten. Vor allem dann, wenn in vielen Unternehmen verschobene Projekte aufgesetzt werden.

■ Falscher Schwerpunkt.
Das Unternehmen kümmert sich zu lange um das IT-Projekt und vernachlässigt die notwendigen Marketingmaßnahmen und den notwendigen organisatorischen Aufbau, wie zum Beispiel die Organisation des Versands mit Bewältigung der Retourenproblematik.

Vorteile des Kaufs von Standardlösungen

Der Erwerb von Standardsoftware bzw. Standardlösungen ist ein häufig angewandtes Mittel zur Unterstützung von Geschäftprozessen. Unter Standardsoftware wird allgemein eine Software verstanden, „bei deren Entwicklung dafür gesorgt wird, dass die fachlichen und DV-technischen Belange mehrerer bzw. einer Vielzahl, im einzelnen noch nicht bekannter, potentieller Anwender berücksichtigt werden." (Vgl. Scheer 1990)

Die hier beschriebenen Standardlösungen sind jedoch von dem Erwerb einer Individuallösung abzugrenzen. Laut Stahlknecht (Vgl. Stahlknecht, Hasenkamp 2002) handelt es sich um Individualsoftware, wenn „ein Anwendungssystem im Rahmen der professionellen Systementwicklung durch einen Systementwickler und Programmierer der eigenen IV-Abteilung oder durch eine Fremdfirma unmittelbar und speziell für die konkrete Anwendung entwickelt wird".

Im Folgenden werden die Vorteile einer Standardlösung betrachtet. Bei der Vorstellung der Vorteile wird davon ausgegangen, dass bei der Produktbeschaffung auf maximale Übereinstimmung zwischen den in der Spezifikation geforderten und den im Produkt vorhandene funktionalen und qualitativen Merkmalen geachtet wurde.

■ Zeitgewinn.
Das System kann sofort eingesetzt werden. Dies gilt umso mehr, wenn die Anforderungen aus der Spezifikation weitgehend von der gekauften Lösung abgedeckt werden.

■ Niedrigere Kosten.
Wenn das ausgewählte Produkt die funktionalen Anforderungen zu einem hohen Anteil erfüllt und außerdem den qualitativen Anforderungen weitestgehend gerecht wird, liegen die Kosten für Einführung und Betrieb einer Standardlösung unter denen einer Eigenentwicklung. Die Gründe dafür wurden vorher erläutert.

- Qualität.
  Standardprodukte sind in unterschiedlichsten Anwendungen im Einsatz. Deshalb wurden viele Fehler bereits entdeckt und entfernt. Die Qualität ist deshalb auch in der Anfangsphase deutlich höher als bei einer Eigenentwicklung.
- Regelmäßige Verbesserungen.
  Durch einen Softwarepflegevertrag kann sichergestellt werden, dass regelmäßige Softwareupdates sowohl die Stabilität erhöhen, als auch die Funktionalität erweitern und Handhabbarkeit verbessern.

Nachteile beim Kauf von Standardlösungen

Standardlösungen stellen meist einen größeren Funktionsumfang bereit, als in den Anforderungen an ein konkretes E-Shop System spezifiziert ist. Jedoch ist Festzuhalten, dass sie vor Inbetriebnahme an die jeweiligen betrieblichen Anforderungen angepasst werden müssen. Für die Anpassung (customizing) von Standardsoftware kommen im wesentlichem drei Möglichkeiten in Betracht:

- Parametrisierung.
  Die gewünschten Programmfunktionen werden durch das Setzen von Parametern initialisiert.
- Konfigurierung.
  Die gewünschten Programmbausteine werden anhand eines Modulkatalogs ausgewählt und anschließend mit Hilfe computergestützter Generierungsverfahren in das Software-Paket übernommen.
- Individualprogrammierung.
  Die Standardsoftware wird durch individuelle Programmierung an die Anforderungen des Kunden angepasst. Dies setzt jedoch ein genaues Wissen über den Aufbau und die Funktion der Standardlösung voraus. Zudem sehen viele Standardsoftwareverträge keine Auslieferung des Quellcode vor.

Modifikationen sind somit unter Umständen gar nicht möglich oder nur mit einem nicht unerheblichen Beratungsaufwand zu realisieren. Neben den Lizenzkosten der Software und Einführungsberatung sind auch die Kosten der Anwenderschulung für das neue System zu beachten.

Ein weiterer Aspekt der Anbieterabhängigkeit liegt in der permanenten Weiterentwicklung der Softwarelösung begründet. Zum einem hat der Anwender wenig Einfluss auf die Funktionalität und die Weiterentwicklung. Zum anderen kann Support und die Wartung einer ‚alten' Version durch den Hersteller nicht mehr gewährleistet werden, was ein – meist kostenpflichtiges – Update (d.h. Aufrüstung zu einer aktuellen Version) nötig machen kann.

Anbindung an Back-
office-Systeme
Seite 142

Die für die Integration und Einbindung eines E-Shops in die Backendsysteme (Vgl. *Lerneinheit 5)* Schnittstellenproblematik muss im Gegensatz zu der im vorangegangenen Abschnitt vorgestellten Individualsoftware entweder durch den Anwender selbst oder durch zusätzlichen Beratungsaufwand gelöst werden.

Es gibt eine große Zahl an Anbietern für Online-Shops. Durch die hohe Zahl an Insolvenzen in der IT-Branche der Jahre 2000 bis 2002 ist ein Problem in den Vordergrund getreten, das bis dato eine oft untergeordnete Rolle bei Entscheidungen gespielt hat: Die wirtschaftliche Stabilität des Anbieters. Es ist sichtbar geworden, dass viele nicht mit genügend Kapital ausgestattet sind, um Umsatzeinbrüche zu verkraften. Selbst wenn sie es schaffen, ihre finanzielle Krise zu überwinden, gelingt ihnen dies u. U. nur durch rigorose Kostenreduktion, was sich oft auf die Produktweiterentwicklung und die Qualität des Kundensupports negativ auswirkt.

Im schlimmsten Fall stellt der Anbieter die Produktentwicklung ein oder geht in Insolvenz. Für ein Unternehmen, das mit dem Produkt eines solchen Anbieters seinen E-Shop aufgebaut hat, kann dies eine Re-Implementierung mit einem anderen System zur Folge haben. Die Auswirkungen auf die Kosten und die Umsatzziele können hoch sein. Die untenstehende Tabelle wurde im Mai 2001 erstellt. Eine Überprüfung nur 12 Monate später hat ergeben, dass von den 26 vorgestellten Anbietern für E-Shops zwei nicht mehr unter ihrer Web-Adresse erreichbar waren, vier die Produkte nicht mehr auf der Web-Seite anboten und einer das Produkt durch eine neue Produktlinie ersetzt hatte.

Hersteller	Produkt	Web
Abaxx	Abaxx Suite	www.abaxx.com
Ariba	Ariba Commerce	www.ariba.com
Baan	iBaan	www.baan.de
Beans Industry	Cappuccino	www.beans.de
Bootis	e.bootis	www.ebootis.de
Broadvision	One-to-One Business Commerce	www.broadvision.com
Commerce One	Buy Site	www.commerceone.com
Changepoint	Changepoint	www.changepoint.com
Hybris	hybris shop	www.hybris.de
IBM	WebSphare	www-3.ibm.com
Imediation	Baukasten mit Basisfunktione	www.imediation.com
Informix	I-Shell	www.informix.com
Internolix AG	Internolix Professional Line	www.internolix.com
Intersales AG	iSales.Shop	www.intersales.de
Intershop	Intershop	www.intershop.de
Interworld	Commerce Exchange	www.interworld.com
Intraware	Octocommerce	www.intraware.de
Kirgis Net	Caupo Shop	www.kirgis.net
Microsoft	Commerce Server	www.microsoft.com/germany
Navision	Navision Web Shop	www.navision.de
Netscape / Sun	I-Planet Commerce	www.netscape.com
		(www.sun.com)
Open Market	Shopsite	www.openmarket.com
Openshop	Openshop	www.openshop.de
Oracle	E-Business Suite	www.oracle.de
Peoplesoft	eStore	www.peoplesoft.com
Xynx	Net Shop	www.xynx.de

Abb 9.1: Anbieter von E-Shopsystemen

Konsequenzen der Entscheidung für ‚Make or Buy'

Für Unternehmen mit geringen Anforderungen an die Integrationstiefe, d.h. für Unternehmen, denen es reicht nur mit einem eigenen Shop online zu sein, über den ein einfacher Katalog mit einer begrenzten Zahl an Artikeln verwaltet werden soll und der für Kunden zum bestellen von Waren bereitsteht, sind die in den nächsten Kapiteln vorgestellten Miet-

Seite 292

shops, Malls und Standardlösungen gute Alternativen zur Eigenentwicklung bzw. zum Kauf von Individualsoftware (Vgl. *Abschnitt 9.2.3*).

Eigenentwicklungen sind riskant und teuer können aus den bereits genannten Gründen zu verspäteten Einführungsterminen führen. Kaufentscheidungen können ebenfalls riskant sein, wenn sich beispielsweise der Anbieter im Nachhinein als wirtschaftlich instabil herausgestellt hat.

Diese Aussagen sollen nicht vom Kauf oder vom Starten von E-Commerce-Projekten abhalten oder Schwarzmalerei betreiben. Im Gegenteil: Sie mahnen lediglich zur Vorsicht und zeigen, dass der Lizenzpreis zwar wichtig ist, aber die gesamten Projektkosten beachtet werden sollten und die Risiken bewertet werden müssen.

Neben den wirtschaftlichen stehen die funktionalen und qualitativen Kriterien im Mittelpunkt des Auswahlprozesses. Auch wenn ein Online-Shop beispielsweise nur für den deutschen Markt beschafft wird, kann bereits zwei Monate später aus dem Vertrieb die Forderung kommen, den Shop auch für ausländische Kunden zu öffnen. Deshalb sollte bei der Entscheidung immer auch der Blick nach vorne gerichtet werden.

Ist 24-Stunden-Betrieb mit Ausfallsicherheit gefordert, müssen die entsprechenden Software- und Hardware-Konzepte des Anbieters analysiert werden. Die Anforderungen an die Performance leiten sich aus den parallelen Zugriffen, der Art der Integration und dem Grad der Personalisierung ab. Hier sollte ein Mengengerüst für die nächsten drei Jahre aufgestellt und dieses vom Anbieter in Bezug auf die Antwortzeiten überprüft werden. Eine Forderung, die sich unmittelbar aus den

GLOSSAR S.466

Antwortzeiten ableitet, ist die der SKALIERBARKEIT des Systems. Dabei geht es darum, trotz einer steigenden Nutzung des Systems die geforderten Antwortzeiten durch Hardware-Aufrüstungen oder verteilte Architekturen einzuhalten, bzw. die immer weiter wachsenden Datenmengen zu beherrschen.

Bietet der Hersteller des eigenen ERP-SYSTEMS einen integrierten Online-Shop an, sollte dieser bevorzugt geprüft werden, auch wenn die Anschaffungskosten über denen anderer Anbieter liegen. Da diese Systeme von Hause aus eine sehr gute Integration in das ERP-System mitbringen, sinken die Implementierungskosten und Einführungszeit. Darüber hinaus reduzieren sich möglichen Fehlerquellen.

Die Anforderungen an E-Shops im B2B leiten sich aus den zu integrierenden virtuellen Marktplätzen, den einzelnen BUY-SITES und den ONE-TO-ONE-LÖSUNGEN ab. EAI-SYSTEME haben den Anspruch, genau diese Integrationsaufgaben besonders gut zu erfüllen, weshalb sie in dieser Lerneinheit besonders betrachtet werden. Zusätzlich müssen unternehmensübergreifende Prozesse über Online-Funktionen unterstützt werden, zum Beispiel über das so genannte ORDER-TRACKING. Dahinter verbirgt sich eine mittlerweile häufig benutzte Technik, in der Spediteure sicherstellen, dass der Standort z.B. eines Packstücks genau bekannt ist. Der Kunde greift mit der Bestellnummer über ein Online-System auf die Speditionsdaten zu und erhält den Standort seines Packstücks.

Bei der Auswahl von EAI-Systemen spielen andere Auswahlkriterien als bei Online-Shops eine Rolle. Die Spezifikation ist meist technisch ausgerichtet, die Auswahl in der Regel Aufgabe der IT-Abteilung. Vertrieb und Marketing sind nur insoweit davon betroffen, als dass sich durch die Prozessintegration die Kundenbindung erhöht und sie sicherstellen müssen, dass hierbei kein wichtiger Kunde übergangen wird. Außerdem sollten sie die Einführungsphase mit jedem ihrer Kunden begleiten, so dass sie im Problemfall entstehende Konflikte schnell lösen können. In der Spezifikation müssen die anzubindenden VIRTUELLEN MARKTPLÄTZE, Buy-Sites und One-to-One-Systeme beschrieben sein. Zusätzlich muss festgelegt sein, welche externen Dienstleister, wie zum Beispiel Speditionen, in die elektronisch unterstützten Prozesse eingebunden werden müssen, und welche Backoffice-Systeme von der Integration betroffen sind. Darüber hinaus sollten in der Spezifikation aufgrund der strategischen Unternehmensziele die Anforderungen potentiell neuer Kundengruppen, Dienstleister und Partner beschrieben sein. Aus der Analyse der technischen Anforderungen der Marktplätze ergeben sich unmittelbar die technischen Anforderungen an das EAI-System:

- Es liegen die Prozesse vor, die unterstützt werden müssen. Zu den einzelnen Prozessen ist definiert, nach welchen Datenstandards diese Daten aufbereitet werden müssen.
- Die notwendigen Übertragungsverfahren für diese Daten liegen fest.
- Es steht fest, für welche Daten eine batch- (stapelweise) und für welche eine interaktive Verarbeitung erforderlich ist.

GLOSSAR S.466

GLOSSAR S.466

- Die notwendigen Online-Funktionen liegen fest, z.B. das Order-Tracking für Kunden.
- Die Mengengerüste sind aufgebaut, um die notwendigen Durchsatzraten zu ermitteln und damit Rückschlüsse auf die Hardware-Konfiguration zu ziehen.
- Alternativen sind festgelegt, falls Probleme mit den beteiligten Systemen auftreten. Dies ist umso wichtiger, je zeitkritischer die Anwendungen sind. Ruft beispielsweise ein Automobilhersteller die Teile aufgrund der Fertigungsimpulse des Bandes ab, könnte ein Ausfall des EAI-Systems beim Zulieferer die Fertigung des Automobilherstellers zum Stillstand bringen.

GLOSSAR S.466

Es gibt auch mittelständische **EDI**-Anbieter, die sich mit ihren Produkten in Richtung EAI-Tools bewegen. Auf dieses Problem der wirtschaftlichen Stabilität wird auch unter folgendem Link hingewiesen, wo unter den Auswahlkriterien sowohl die Einschätzung der wirtschaftlichen Überlebensfähigkeit, als auch die Herkunft des Anbieters eine Rolle spielt. Die Herkunft kann aus zwei Gründen wichtig sein:

1. Reagieren nordamerikanische Anbieter oftmals spät oder gar nicht auf europäische Besonderheiten,

www.bwl.
uni-mannheim.de/
Niedereichholz/
Download/
eaivlt6.pdf

2. muss geklärt werden, wie der Kundensupport organisiert ist. (Abrufdatum: 25.05.2002).

9.3 Betriebsformen

Nachdem die Produktauswahl getroffen wurde, stellt sich die Frage nach der optimalen Betriebsform. Für Online-Shops ergeben sich zusätzliche Betriebsformen, auf die im *Abschnitt 9.2* bereits hingewiesen wurde: Mietshop, Hosting und Mall. Für komplexe Online-Shops und B2B-Lösungen muss eine Entscheidung zwischen dem Betrieb in eigener Verantwortung und einem Outsourcing getroffen werden.

Hosting

Die erste hier vorgestellte Betriebsform ist das **Inhouse Hosting.** Bei dieser Variante betreibt und verwaltet der Händler seine Shopsoftware im eigenen Unternehmen. Alle Zugriffe von ‚draußen' werden von einer FIREWALL gefiltert.

Diese ist entsprechend konfigurierbar, so dass sie lediglich HTTP-Zugriffe auf den Shop Rechner und über eine dafür konfigurierte PORT-NUMMER zulässt.

Verwaltungsfunktionen werden ausschließlich über das Intranet realisiert, so dass bei dieser Konfiguration die Gefahr eines externen Angriffs verringert wird.

GLOSSAR S.466

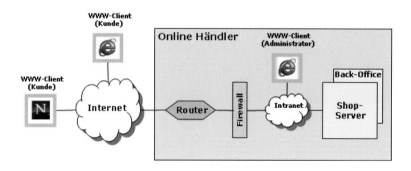

Abb 9.2:
Betriebsform des
Inhouse Hosting

Beim **Hosting** befindet sich z.B. der Shop-Server bei einem Internet Service Provider (ISP) d.h., er wird von diesem technisch betrieben. Der Internet Service Provider überwacht die Betriebsbereitschaft und sorgt für die regelmäßige Datensicherung. Ein Abgleich von Artikeldaten und eine Übermittlung von Bestellungen an das Back-Office System des Online Händlers ist möglich.

GLOSSAR S.466

Der Zugang erfolgt über ein EXTRANET d.h., beide Unternehmen verfügen über eine sichere Verbindung, über die bilaterale Kommunikation abgewickelt wird.

Eine mögliche Konfiguration des Hosting ist in nachfolgender Abbildung dargestellt.

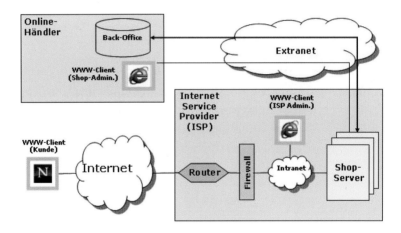

Abb. 9.3: Hosting
des Shop-Servers

 Seite 143
Seite 270

Grundsätzlich gilt, dass Online-Shops mit geringer Integrationstiefe (zu dem Begriff der Integrationstiefe vgl. *Lerneinheit 5)* sich gut für Hosting eignen. Die durch Hosting verursacht Wechselkosten (siehe *Lerneinheit 8)* entstehen hauptsächlich, wenn längerfristige Verträge mit dem ISP vor Ablauf der Frist beendet werden.

Neben den beiden hier exemplarisch beschriebenen Anordnungen bzw. Konfigurationsvarianten lassen sich eine Vielzahl von weiteren Variationen und individuellen Anpassungen konstruieren.

Mietshop

Der Mietshop bietet dem Betreiber den Vorteil, dass dieser ein Standardsystem erhält, er aber dennoch keine Kaufentscheidung treffen muss. Mietshops basieren auf einem Standardshop-System des ISP. Anbieter wie die 1&1 Internet AG bieten die Möglichkeit, vollständig über das Web einen eigenen Shop einzurichten.

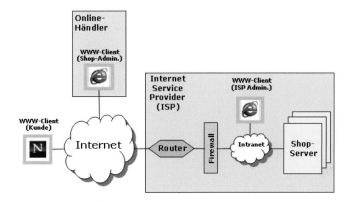

Abb. 9.4:
Betriebsform eines
Mietshops

Die monatlichen Gebühren, welche mit dem Umfang des angebotenen Service variieren, sind jedoch gering und bewegen sich in dem Bereich von 5 bis 100 Euro (Vgl. hierzu http://www.strato.de/strato_shop/uebersicht.html, Abrufdatum: 12.09.2002).

www.strato.de/
strato_shop/
uebersicht.html

Die Stärken liegen in der Einfachheit und in der leichten Erlernbarkeit. Der Internet Service Provider Strato gibt auf seiner Webseite an, dass sich ein neuer Mietshop bereits in nur 20 Minuten aufbauen lässt.

Abb. 9.5:
Beispiel eines Miet-
shopanbieters

Quelle: *http://www.strato.de/strato_shop/funktioniert.html*, Abrufdatum: 12.09.2002).

Der funktionale Umfang eines Mietshops kann anhand der Angaben des obigen Anbieters leicht nachvollzogen werden, wobei davon ausgegangen wird, dass der Strato-Mietshop exemplarisch für die Funktionalität von Mietshops im Allgemeinen angesehen werden kann.

Der Mietshop bietet folgende Funktionen:
- Der *Katalog* kann nach Kategorien, Rubriken und Warengruppen geordnet werden.
- *Elektronische Einkaufskörbe* werden unterstützt.
- Über einen festzulegenden Wechselkurs kann eine zweite *Währung* eingeführt werden.
- Die *Produktdaten* können im Excel-Format importiert und exportiert werden.
- *Orderfunktionen.* Bestellungen können per E-Mail an den Shop-Betreiber geschickt werden.
- Auch Funktionen zur *statistischen Auswertung* werden einen Shop-Mieter zur Verfügung gestellt

Änderungen führt der Betreiber lokal durch und lädt sie dann in den Mietshop.

Für Privatpersonen oder kleine Unternehmen, die geringe Umsätze im Internet planen oder erwarten, sind solche Mietshops eine gute Lösung. Unternehmen, die signifikante Umsätze über diesen Vertriebskanal planen, müssen sich die Frage beantworten, ob der Grad der möglichen Personalisierung ausreichend ist, um Kunden zu gewinnen und langfristig zu binden.

Mietshops laufen im Gegensatz zu Malls unter der Web-Adresse des Betreibers.

Mall

Shoppingportale und Malls
↯ Seite 418

Eine ausführliche Diskussion zu dem Thema Mall mit Beispielen findet sich in der *Lerneinheit 13* (Shoppingportale und Malls). Jedoch soll an dieser Stelle das Konzept einer Mall vor dem Hintergrund von Make or Buy Entscheidungen kurz diskutiert werden.

Eine Mall ist ein virtuelles Einkaufszentrum mit rechtlich unabhängigen Firmen. Das gemeinsame Dach ist die Web-Adresse der Mall. Die Einzelshops einer Mall sind meist durch ein Anbieterverzeichnis integriert. Häufig stehen Suchfunktionen mit Zugang zu den Artikeln aller Shops zur Verfügung.

Als Beispiel für eine klassische Mall sei an dieser Stelle shopping24.de erwähnt. shopping24 ist eine 100-prozentige Tochtergesellschaft der Otto-Gruppe und wurde im Oktober 1997 mit Sitz in Hamburg gegründet. Nach eigenen Angaben stehen dem Käufer unter http://www.shopping24.de ca. 30 Online-Shops mit einer Auswahl von einer Millionen Artikeln zur Verfügung.

www.
shopping24.de

shopping24 wirbt neue Partner unter anderem mit dem Argument, dass die Conversion Rate, d.h. das Umwandlungsverhältnis von Besuchern zu Käufern bzw. Kunden, bis zu 150 % über dem marktüblichen Niveau liegt. In einer Online-Studie der Frankfurter UseGate GmbH und des ECC Handel (April 2002) zum Erfolg von Online-Shops wurde für die teilnehmenden Online-Shops eine Conversion Rate von 4 Prozent ermittelt (Abruf 19.11.2002).

www.
ecc-handel.de/
erkenntnisse/
1023180592/

Neben der in der folgenden Abbildung durch die gelbe Ellipse hervor-gehobenen Shopübergreifenden Artikelsuche, bietet shopping24 eine mallübergreifende Einkaufsberaterin (Atira) in Form eines elektro-nischen Agenten an.

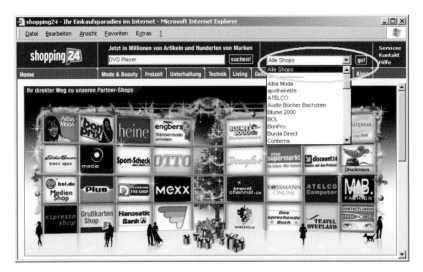

Abb. 9.6:
Shopübergreifende
Artikelsuche bei
shopping24.de

Bei der Diskussion von Malls sind die unterschiedlichen Perspektiven der Shop- und der Mallbetreiber zu berücksichtigen.

Der *Shop-Betreiber* möchte in aller Regel die Entwicklungs- und Abrechnungskosten auslagern, weil ihm hierfür die Kapazität nicht zur Verfügung steht. Eine Mall bietet hier die Möglichkeit einer professionell betriebenen Abrechnung von Verkäufen sowie der nahtlosen Integration der Shop Seite des Betreibers. Der Shop-Betreiber hat dem Mall-Betreiber eine Lizenzgebühr für die Shop Nutzung sowie üblicherweise eine zeit- und umsatzabhängige Provision zu entrichten.

Das kommerzielle Interesse des *Mall-Betreibers* liegt in der Steigerung der Anzahl und Qualität und damit auch in der Steigerung der Besuche und Transaktionen. Mit steigender Besucherzahl kann der Mallbetreiber darüber hinaus auch Werbekunden gewinnen, die – neben den Lizenz-einnahmen der Shop Betreiber – zur Umsatzsteigerung beitragen können.

Der essenzielle Mehrwert des Mall-Betreibers liegt meiner Ansicht nach vor allem in der einheitlichen Abwicklung der Bezahlung. Hier kann der gesamte Prozess des Clearing und Inkasso zentralisiert werden. Neben der Zahlungsabwicklung bieten Mall-Betreiber auch Zusatzdienste wie die Bonitätsprüfung der Kunden, Werbeaktionen oder die Übernahme des gestalterischen Prozesses des Shops an.

Trotz der aufgezeigten Perspektiven zeigt sich in der Realität, dass sich Malls nicht in der Breite durchsetzen konnten, wie es noch 1999 erwartet wurde. Ausgehend von Rentabilitätsbetrachtungen liegt dies zum einen an den unterschätzten Gesamtkosten eines Online Shop, die nur zu einem gewissen Teil durch die Mall-Einbettung eingespart werden können. Zum anderen wurden die erwarteten Umsätze erheblich überschätzt.

Darüber hinaus liegt die Hauptkomplexität des Shop-Auftritts vor allem in der Integration von bestehenden Unternehmensfunktionen und –prozessen, die auch ein Mall-Betreiber nicht verbessern kann.

Ein neuer Trend zeichnet sich durch ‚Branchen-Malls‘ ab, die auf einen gemeinsamen Katalog basieren. Als erfolgreichstes Beispiel in Deutschland sei hier http://www.mobile.de erwähnt.

www.mobile.de

Hier können Autohändler mit minimalem Aufwand ein eigenes Informationsangebot einrichten.

Transaktionen werden bei diesen Shops jedoch nicht unterstützt. Dafür kann das System ohne Gebühren, allerdings bei einer limitierten Anzahl von Inseraten (Allgemeine Nutzungs- und Geschäftsbedingungen [ABG] der mobile.de AG, Stand 12.09.2002) für die Händler genutzt werden.

www.mobile.de

Bei den homogenen Produkten einer ‚Branchen-Mall‘ bietet sich vor allem die Möglichkeit an einen neutralen Produktkatalog einzusetzen. In Beispiel von mobile.de kann der Kunde daher über alle Händler nach einem passenden Angebot suchen. Erst wenn dieses Angebot gefunden wurde geht er auf die Webseiten des betreffenden Händlers. Mit diesem Konzept konnte mobile.de im August 2002 über 365 Millionen Page Impressions monatlich generieren(Quelle: IVW Online-Nutzungsdaten, Informationsgesellschaft zur Feststellung der Verbreitung von Werbeträgern e.V., Abruf 12.09.2002).

www.ivwonline.de

Outsourcing

Für große Online-Shops und EAI-Lösungen bietet sich das Outsourcing als Alternative zum eigenen Betrieb an. Dabei wird nicht nur der Shop-betrieb – wie beim Mietshop – an einen externen Betreiber abgegeben sondern je nach Outsourcinggrad auch weitere Leistungen bis hin zur vollständigen Leistungserstellung. Die Entscheidung zum Outsourcing hat enorme Konsequenzen für ein Unternehmen. Wegen dieser Konsequenzen ziehen sich oftmals Entscheidungsprozesse bei der Auswahl eines An-bieters (im folgenden Servicegeber) über viele Monate hin. Aus einmal getroffenen Outsourcing-Entscheidungen resultieren unter Umständen erhebliche Wechselkosten, so dass Outsourcing oftmals nicht mehr rückgängig gemacht werden kann.

Lux/Schön (Vgl. Lux, Schön 1997, S. 4) unterscheiden folgende Formen des Outsourcing:

- Professional Service, bei dem lediglich IT-Projekte an Dritte vergeben werden. Die Lösungsverantwortung liegt beim Leistungserbringer.
- System Integration, bei der die Leistungserbringer zusätzlich zu den Professional Service Leistungen für die Lieferung und Installation der Technologie verantwortlich ist, einschließlich Hardware, Basissoftware und Netzwerkinfrastruktur. Zu den Leistungen der Systeminte-gration gehören auch die Benutzerunterstützung, die Katastrophen-vorsorge und der Großsystembetrieb.
- Facility Management, bei dem der Outsourcer die Verantwortung für Teilbereiche oder die gesamte IT übernimmt. Es werden zwei Formen von Facility Management unterschieden:
  - Internes Facility Management, bei dem der Outsourcer eine Tochter oder eine Mehrheitsbeteiligungsgesellschaft ist.
  - Externes Facility Management, bei dem der Servicegeber ein eigenständiges Unternehmen ist.

Bemerkenswert ist hier das Beispiel der englischen Buchladenkette *Waterstone's*, welche mit über 100 Filialen in Großbritannien und Irland vertreten ist. Nachdem das Unternehmen zunächst selbst seinen Web- und Shopauftritt betrieben hat, entschied man sich 2001 aufgrund der hohen aufgelaufenen Kosten diesen Bereich komplett an den Online Buchhändler Amazon auszulagern.

www.
waterstones.co.uk

Der Webauftritt von Waterstone's unterscheidet sich von Amazon hauptsächlich darin, das auf der Webseite Informationen zu den Filialen der Buchkette, wie z.B. stattfindende Lesungen, zu finden sind.

Waterstone's erhält bei diesem Modell von Amazon eine Provision für jedes über Ihre Webseite verkaufte Buch.

Darüber hinaus nimmt beim Outsourcing das Thema Logistik z.B. in den Bereichen Lagerhaltung, Versand und Retourenmanagement eine wesentliche Rolle ein. Verstärkt werden beim Outsourcing Anbieter mit entsprechender Kompetenz in diesem Umfeld ausgesucht.

www.pracht.de

Viele Logistikdienstleister die Erfahrung im Versandhandel mit großvolumigen Gütern haben (z.B. Kühlschränke, Waschmaschinen, Möbel etc.) bieten als Zusatzdienste Retourenmanagement und Reparaturdienstleistungen an. Als Beispiel sei hier das Unternehmen Pracht erwähnt, dass für das Lager- und Retourenmanagement groß- volumiger Güter von Neckermann verantwortlich ist. Nach der physischen Retourenabwicklung erfolgt nach Austausch der Daten zwischen Logis- tikdienstleister und Online-Händler die finanzielle Rückabwicklung des Auftrags.

Vorteile des Outsourcing

Es hat in den letzten Jahren viele Outsourcing-Projekte gegeben. Vorteile des Outsourcing sind:

- Kostenreduktion. Dies gilt vor allen Dingen dann, wenn der Servicegeber die Kosten für die Infrastruktur auf mehrere Servicenehmer verteilen kann.

- Kostenkontrolle. Aufgrund der vertraglichen Regelung lassen sich die Kosten für den Servicenehmer langfristig besser planen.

- Liquiditätsverbesserung. Die vorhandene Hardware kann verkauft werden bzw. notwendige Investitionen in neue IT-Infrastruktur müssen vom Servicenehmer nicht getätigt werden.

- Konzentration aufs Kerngeschäft. Die Fachleute in den Abteilungen können sich um strategische Aufgaben kümmern und sind weniger durch IT-Probleme oder IT-Projekte gebunden.

- Partnerschaften. Da viele Outsourcing-Projekte in Form von internem Facility Management durchgeführt werden, entstehen strategische Partnerschaften. Aus diesen strategischen Partnerschaften können sich neue Kundenbeziehungen ergeben.

- Professionalität. Da für die gleichen Aufgabenstellungen beim Servicegeber mehr Mitarbeiter zur Verfügung stehen, kann eine Spezialisierung erfolgen und dadurch mehr Professionalität entstehen.

- State-of-the-Art: Durch die Spezialisierung der Mitarbeiter des Servicegebers sind diese meist auf dem aktuellen Stand der Entwicklung. Außerdem kann der Servicegeber die Kosten für neue Investitionen auf mehrere Servicenehmer verteilen, so dass häufig modernere Systeme im Einsatz sind.

- Reaktionsfähigkeit: Der Servicegeber kann auf Änderungen der Marktverhältnisse schneller reagieren, als dies der Servicenehmer konnte, z.B. bei der Einführung neuer Hard- und Software aus den oben genannten Gründen.

- Service: Da die meisten Servicegeber einen 24-Stunden Service bieten und außerdem die Service-Prozesse bereits eingeführt sind, tritt in der Regel sehr schnell gegenüber dem bisherigen Service eine Verbesserung ein.

Nachteile des Outsourcing

- Wechselkosten. Die Wechselkosten sind sehr hoch. Da mit den Mitarbeitern das Know-how das Unternehmen des Servicenehmers verlässt, ist ein „Insourcing", also die Rückgängigmachung des Outsourcing, nur mit großem Aufwand möglich. Auch ein Wechsel des Servicegebers ist mit hohen Kosten und Risiken verbunden.

- Abhängigkeit. Der Servicenehmer gerät in eine starke Abhängigkeit vom Servicegeber. Deshalb ist die wirtschaftliche Stabilität des Servicegebers von großer Bedeutung. Diese wirtschaftliche Stabilität erkauft sich der Servicenehmer durch höhere Kosten.

- Schnittstellen. Wegen der Trennung von Prozessen müssen zwischen Servicegeber und Servicenehmer viele Schnittstellen eingeführt werden, was erfahrungsgemäß nicht immer reibungslos funktioniert.

- Know-how-Verlust. Da der Servicegeber nicht mehr über das notwendige IT-Wissen verfügt, kann er Entwicklungen nicht mehr in ihrer Bedeutung für sein Unternehmen einschätzen.

- Datenschutz. Da wichtige Kundendaten einer größeren Zahl an Mitarbeitern zugänglich gemacht werden, die zudem nicht unter Kontrolle des Servicenehmers stehen, erhöht sich das Risiko des Datenmissbrauchs.

- Qualitätsverlust. Es besteht die Gefahr, dass kleinere Servicenehmer vom Servicegeber schlechter betreut werden als große. Die Gefahr wird dadurch erhöht, dass der Servicegeber gehalten ist, eine stärkere Kostenkontrolle durchzuführen, als dies früher die IT-Abteilung Servicenehmers getan hat.

Die Suche eines Anbieters

Wegen der Bedeutung und Komplexität des Outsourcing, wird der Auswahlprozess wie ein Projekt geplant und durchgeführt. Der Auswahlprozess wird in einzelne Teilschritte zerlegt, es gibt ein Budget und Zeitpläne, einen Projektleiter und ein Projektteam. Die regelmäßige Kontrolle des Projektfortschritts und der Projektergebnisse durch das Management sind für den Erfolg unerlässlich.

Damit die Angebote der Servicegeber vergleichbar werden, muss der Servicenehmer seine Anforderungen in Form einer hinreichend detaillierten Spezifikation beschreiben. Mit dieser Spezifikation fordert er ausgewählte Servicegeber zur Abgabe eines Angebotes auf. Oftmals werden die ausgewählten Servicegeber die Spezifikation durch eigene Erhebungen ergänzen, um möglichst genau die Anforderungen und das Umfeld des Servicenehmers zu verstehen und ausreichende Informationen für die Angebotserstellung zu erhalten. Aufgrund der Angebote wird der Servicenehmer zwei oder drei Anbieter in die engere Wahl nehmen und mit ihnen in Vertragsverhandlungen eintreten. Grundlage dieser Verhandlungen sind die Spezifikation und die Angebote. Die Verhandlungen werden auf zwei Ebenen geführt, einer inhaltlichen und einer juristischen. Erst wenn die fachlichen und vertraglichen Dinge geklärt sind, erfolgt die Auswahl des Servicegebers. Outsourcing-Verträge haben in der Regel eine Laufzeit zwischen 3 und 10 Jahren.

ZUSAMMENFASSUNG

Jede Eigenentwicklung bindet auf lange Zeit Ressourcen und kostet im Regelfall deutlich mehr als zu Beginn des Projekts geplant wurde. Deshalb sollten Entscheidungen zur Eigenentwicklung nur getroffen werden, wenn es auf dem Markt keine Standardlösung gibt, die den Anforderungen nahe kommt. Dies ist allerdings für Online-Shops und EAI-Systeme unwahrscheinlich.

Da Standardprodukte oftmals einen 80:20-Anspruch haben, was bedeutet, dass 80 % der gewünschten Funktionen im Standardlieferumfang enthalten sind und die restlichen 20 % entwickelt werden müssen, ist bei der Auswahl auf die notwendige Flexibilität und Werkzeugunterstützung zu achten. Entscheidungen für Online-Shops und EAI-Tools können das Unternehmen über Jahre betreffen. Deshalb ist neben der Produktqualität die „Anbieterqualität" des Softwarelieferanten und des Systemintegrators bzw. des Outsourcingdienstleisters ein wichtiges Auswahlkriterium.

Für EAI-Tools oder große Shop-Anwendungen ist Outsourcing dann sinnvoll, wenn auch die Backoffice-Systeme outgesourct sind. Für Online-Shops mit geringen integrativen Anforderungen und geringer strategischer Bedeutung sind Mietshops und Malls eine Alternative zu eigenen Systemen.

[10] MERKMALE VON E-SHOPS

GLOSSAR S.466

In den vorangegangenen Lerneinheiten wurde der Begriff „E-Shop" benutzt, ohne zu unterscheiden, ob es sich bei der Zielgruppe des Shops um
private Kunden, also Konsumenten (Business-to-Consumer oder kurz:
B2C) oder um Unternehmen handelt (Business-to-Business oder kurz:
Seite 442 B2B). In der *Lerneinheit 14* werden unterschiedliche Prognosen zur Entwicklung des E-Commerce vorgestellt. Auch wenn die Höhe der voraus-
gesagten Umsätze in den verschiedenen Prognosen voneinander ab-
weichen, stimmen alle in einer Aussage überein: die Umsätze zwischen
den Unternehmen, also die B2B-Umsätze, werden auch in den nächsten
Jahren über 80 % der gesamten E-Commerce-Umsätze ausmachen. Aus
diesem Grund widmet sich diese Lerneinheit zu einem großen Teil der
elektronischen Beschaffung bzw. dem elektronischen Einkauf, da dies im
B2B Bereich für Unternehmen von besonderer Relevanz ist.

Seite 258 In der *Lerneinheit 8 – Kundenbindung und Support* wurde die Kundenbindung als immer wichtiger werdender Erfolgsfaktor im E-Commerce
dargestellt. Dort wurde abgeleitet, dass die Personalisierung, das immer
bessere Anpassen des E-Shops an die Bedürfnisse der Kunden, entscheidend zur Kundenbindung beiträgt. Deshalb ist es notwendig, sich in dieser Lerneinheit intensiver mit den Einkaufsstrategien der Unternehmen
zu beschäftigen. Der Einkaufsprozess in Unternehmen wird als Beschaffung bezeichnet, wobei sich immer stärker der englische Begriff
„Procurement" durchsetzt. Browserbasierte Informationssysteme, die
den Beschaffungsprozess unterstützen, werden in dieser Lerneinheit als
E-Procurement-Systeme bezeichnet.

10.1 Systematisierung von „E-Shops"

Seite 20

Um eine Systematisierung von E-Shops im Zusammenhang mit den E-Shopsystemen im Vergleich zu erzielen, wird auch hier analog zur *Lerneinheit 1* eine Abgrenzung der handelnden Akteuren *(siehe Abschnitt 1.2)* zwischen den Bereichen Business-to-Consumer und Business-to-Business vorgenommen.

B2C (Business to Consumer)

GLOSSAR S.466

www.ebay.de
www.baunetz.de

Im B2C steht der private Verbraucher im Mittelpunkt der Betrachtung. „E-Shops", die auf diesen privaten Verbraucher abzielen, werden in dieser Lerneinheit als „Online-Shops" bezeichnet. Dabei steht der Transaktionsmechanismus (vgl. Wirtz 2001, S.332) „KATALOG" im Vordergrund, andere Transaktionsmechanismen wie „AUKTION" (Beispiel http:// www. ebay.de) oder „Schwarzes Brett" (wie z.B. u.a. auch bei http:// www.baunetz.de) werden in dieser Lerneinheit nicht behandelt, obwohl es sich ebenfalls um E-Commerce-Anwendungen handelt.

Die Besonderheit des B2C besteht darin, dass die Prozessintegration, also die enge Verzahnung der Abläufe zwischen Kunden und Lieferanten, nur eine untergeordnete Rolle spielen. Dadurch entfallen viele Anforderungen des B2B. Andererseits entstehen hohe Anforderungen hinsichtlich der Personalisierung, der Abwehr von Missbrauch und der Belieferung der Kunden. Sind im B2B Kunde und Lieferant meist durch Verträge miteinander verbunden und können sich eindeutig identifizieren, entsteht die Geschäftsbeziehung im B2C Ad hoc, mit allen Möglichkeiten des Missbrauchs. Ein weiterer Unterschied besteht in der Bezahlung. Das im B2C vorhandene Risiko, dass der Kunde nicht zahlt oder dass es sich um eine Scheinbestellung handelt, ist im Bereich B2B nur in wenigen Fällen existent.

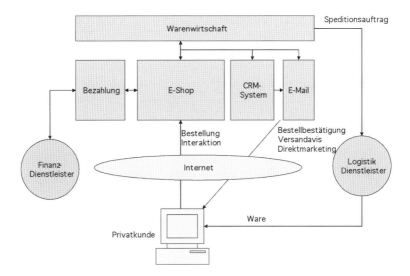

*Abb. 10.1
Grundfunktionalität
eines E-Shops im
B2C (Online-Shop)*

Einer der bekanntesten Online-Shops ist der in dieser Qualifikationseinheit schon häufig angesprochene Shop von amazon.com. Begonnen
mit Büchern, weitet Amazon seine Produktpalette immer weiter aus. Da
Amazon einen der am weitest entwickelten E-Shops betreibt, soll an
diesem Beispiel die Funktionalität eines Online-Shops dargestellt werden.

Bei Amazon finden sich die folgenden Transaktionskonzepte:

- **Katalog:** Hier werden die Produktgruppen Bücher, englische Bücher,
  Elektronik & Foto, Musik, DVD, Video, Software, Computer und
  Spiele angeboten.
- **Auktionen:** Der Benutzer muss sich registrieren und kann dann
  Produkte einstellen oder Produkte ersteigern. Bei der Registrierung
  müssen Bankverbindung oder Kreditkarten-Informationen hinterlegt
  werden. Dadurch soll sichergestellt werden, dass alle Beteiligten auch
  wirklich die sind, die sie vorgeben zu sein.
- **Marktplatz:** Bei den so genannten „zShops" handelt es um echte
  Marktplatz-Funktionalität. Jeder registrierte Benutzer kann gebrauchte
  Produkte einstellen und gebrauchte Produkte einkaufen. Amazon
  übernimmt nur eine Broker-Funktion und verbessert die Sicherheit bei
  den Zahlungen. Beide Seiten regeln die Versandkosten und Bezahlung

unter sich. Amazon erhält pro Transaktion eine Grundbetrag von 0,99 Euro zuzüglich 15 % des erzielten Verkaufspreises. Für Auktionen und zShops gibt es die Unterstützung durch „amazon.payment". Der Kunde bezahlt auf das Amazon-Konto. Ist dort das Geld eingegangen, erhält der Verkäufer per E-Mail die Adresse des Käufers. Dann muss der Artikel durch den Verkäufer innerhalb von 2 Tagen versandt werden.

- **Blackboard:** Unter der Rubrik „Geschenke & E-Cards" kann der Käufer eine Wunschliste anlegen und diese Freunden und Bekannten mitteilen. Diese können über diese Wunschliste Geschenke für den Käufer bestellen.

Der Zugang auf die Artikel erfolgt über:
- unterschiedliche Oberbegriffe, d.h. einen Katalogbaum,
- eine Suchfunktion,
- Bestsellerlisten und
- Sonderangebote.

Die Artikel werden in mehreren Ebenen präsentiert:
- In der ersten Ebene mit Bild, Kurztext und Preis
- Durch Anklicken des Artikels werden in der zweiten Ebene Detailinformationen angezeigt.

  Dazu gehören:
    - ein Langtext,
    - die durchschnittliche Kundenbewertung anhand eines 5-Sterne-Systems,
    - Amazon- und Kundenrezensionen mit einer 5-Sterne-Bewertung,
    - Zubehör (z.B. bei Photo-Artikel),
    - Hinweise, was andere Kunden gekauft haben, die diesen Artikel gekauft haben und
    - eine Verlinkung auf vertiefende Informationen zu dem Artikel, zum Beispiel durch Informationen über den Autor oder weitere Produkte des Herstellers.

Auf der zweiten Ebene hat der Käufer zusätzlich die Gelegenheit, sich für diesen Artikel vormerken zu lassen, falls in einem definierten Zeitraum dieser Artikel im Marktplatz angeboten wird. Er kann diesen Artikel aber auch selbst zum Verkauf einstellen. Bei der Vormerkung für einen gebrauchten Artikel kann der Käufer den maximalen Kaufpreis angeben und festlegen, nach welcher Zeit der Kaufwunsch gelöscht werden soll.

Es gibt die üblichen Warenkorbfunktionen. Der Gang an die Kasse erfolgt entweder über ein Schnellverfahren, das so genannte „one-click-shopping", oder über den normalen Weg zur Kasse, bei dem der Käufer

- sich über seine E-Mail-Adresse und sein Passwort identifizieren muss,
- die Lieferadresse angibt, auswählen und korrigieren kann,
- Artikel optional als Geschenk deklariert (nicht beim one-click-Shopping). Dabei kann er Geschenkpapier auswählen und einen kurzen Gruß auf einer kleinen Karte eintragen. Das Geschenk kann an eine andere Adresse geschickt werden.

One-click-shopping bedeutet, dass alle schon registrierten Daten des Kunden für diesen Einkauf übernommen werden. (Die Lieferung erfolgt an die angegebene Adresse, die Zahlungsweise erfolgt wie hinterlegt, Bankverbindung oder Kreditkarte sind unverändert und keiner der Artikel soll als Geschenk versandt werden.)

Von Amazon.de werden zur Zeit (Stand November 2002) die Kreditkarte und das Lastschriftverfahren als Zahlungsmöglichkeiten akzeptiert. Der Versand erfolgt nur über die deutsche Post.

Über die Funktion „Mein Konto" kann der Käufer

- sich nach unterschiedlichen Kriterien seine Bestellungen anschauen,
- seine persönlichen Einstellungen ändern
- seine Gutscheine verwalten,
- seine Lieblingslisten verwalten (Lieblingslisten erhalten alle Produkte, die dem Käufer besonders gut gefallen). Lieblingslisten werden von Amazon zur Personalisierung benutzt,
- seinen Wunschzettel bearbeitet und
- NEWSLETTER zu den unterschiedlichsten Kategorien bestellen oder abbestellen.

Geht bei einer Bestellung etwas schief oder treten Fragen auf, kann sich der Käufer per E-Mail mit dem Service-Zentrum in Verbindung setzen.

Amazon gilt als der Vorreiter bei der Nutzung der technischen Möglichkeiten des Internet für kundenindividuelles Marketing.

Elektronische Beschaffung im B2B

Eine Studie der KPMG (vgl. KPMG 1999) weist daraufhin, dass die Prozesskosten für die Beschaffung von MRO-Gütern im Durchschnitt 90 Euro, oft aber weit mehr als 100 Euro pro Beschaffungsvorgang betragen. MRO-Güter (Maintenance, Repair and Operations) sind indirekte Güter, die nicht in die Produktion einfließen. Obwohl diese MRO-Güter am gesamten Bestellvolumen nur 10 % ausmachen, handelt es sich bei jeder zweiten Einzelbestellung um MRO-Artikel, die wiederum 80 % des Aufwandes für alle Beschaffung ausmachen (vgl. DEDIG 2000, S. 15). Im Gegensatz dazu fließen direkte Güter in die Produktion ein. Für die verschiedenen Güter gibt es unterschiedliche Beschaffungsstrategien.

Das Fallbeispiel Frankfurter Flughafen liefert hier konkrete Zahlen (vgl. Wirtz 2001, S. 341 und DEDIG 2000, S. 28):

- Die durchschnittlichen Beschaffungsprozesskosten pro Bestellvorgang betragen rund 128 Euro.
- Die durchschnittliche Dauer eines Bestellvorganges beträgt 30 Tage.
- Die durchschnittlichen Beschaffungsprozesskosten sanken nach Einführung einer E-Procurement Buy-Site auf rund 26 Euro (der Begriff der Buy-Site wird weiter hinten erklärt).
- Die Ressourcenbindung im Einkauf sank um 30 %.
- Der Zeitaufwand pro Bestellung, von der Bedarfsidentifikation bis zur Zahlungsanweisung, sank von 182 Minuten auf 18 Minuten.
- Die Einzelrechnungen konnten durch monatliche Gutschriften ersetzt werden.

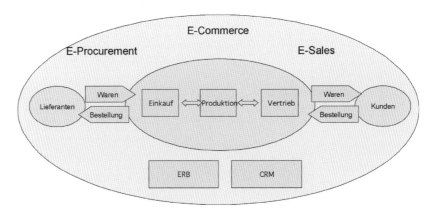

Abb. 10.2:
Vertriebs- und Be-
schaffungsprozesse
im E-Commerce

Die E-Commerce-Aktivitäten eines Unternehmens finden in der Beschaffung (E-Procurement) und im Vertrieb (E-Sales) statt. Die Beschaffungsprozesse sind eine Folge der Bestellvorgänge. Eine Bestellung geht ein und
fließt in den Produktionsplan ein. In Abhängigkeit vom Lagerbestand werden die direkten Güter ermittelt, die beschafft werden müssen. Direkte
Güter sind Güter, die in die Produktion einfließen. Parallel dazu werden
die indirekten Güter beschafft, damit Produktion und Verwaltung des
Unternehmens reibungslos funktionieren. Indirekte Güter stellen sicher,
dass die Produktion oder die Wertschöpfung stattfinden kann, gehen aber
nicht direkt in die Produktion ein. Büroartikel oder Ersatzteile sind Beispiele für indirekte Güter.

Betrachtet man den Gesamtprozess der Beschaffung, wird deutlich,
dass die Beschaffungsseite des Kunden mit der Vertriebsseite des
Lieferanten interagiert. Der „E-Shop" des Lieferanten muss sich an den
Beschaffungsprozessen und -systemen des Kunden orientieren. Dies
zieht sich durch die gesamte Fertigungskette bis hin zum Rohstoff-
lieferanten. Deshalb ist die Analyse der Beschaffungssysteme der Kunden
unerlässlich für Unternehmen, die eine E-Selling-Lösung planen und in

GLOSSAR S.466   der WERTSCHÖPFUNGSKETTE integriert sind, wie folgende Abbildung
zeigt.

Abb. 10.3:
Abhängigkeit der
Beschaffungs- und
Vertriebssysteme
über Unternehmens-
grenzen

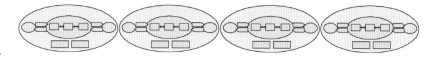

Abb. 10.3:
Abhängigkeit der
Beschaffungs- und
Vertriebssysteme
über Unternehmens-
grenzen

Aus Sicht der Lieferanten wird die Situation dadurch komplizierter, dass unterschiedliche Kunden unterschiedliche E-Procurement-Systeme einsetzen und unterschiedliche Beschaffungsprozesse für unterschiedliche Güter vorhanden sein können. So kann ein Unternehmen zum Beispiel die indirekten Güter über einen elektronischen Marktplatz beziehen, während es die direkten Güter im klassischen EDI-Verfahren bestellt.

GLOSSAR S.466

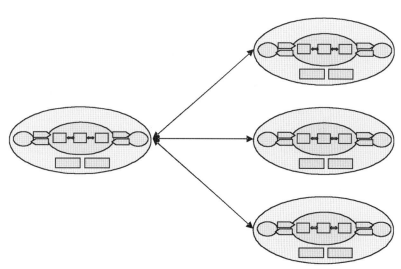

Abb. 10.4:
Bedienung
unterschiedlicher
E-Procurement-
Systeme durch
Lieferanten

E-Procurement-Systeme lassen sich hinsichtlich ihrer Interaktion zwischen Lieferant und Käufer, wie in der folgenden Abbildung gezeigt, klassifizieren. Auf die einzelnen Lösungstypen wird nach der Vorstellung des Konzeptes des Desktop-Procurement eingegangen.

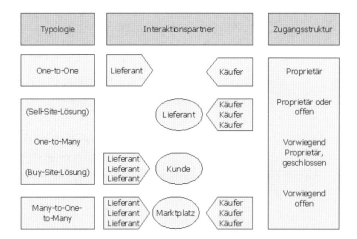

Abb. 10.5:
Interaktionsformen-
typologie des
E-Procurement

Quelle: Wirtz, B. W.: Electronic Business, 2. Auflage, Wiesbaden 2001, S. 329

Desktop Procurement-Systeme für B2B-Beschaffung

Ziel von Desktop-Procurement ist die Senkung der Beschaffungsprozess-kosten. Die Grundidee dabei ist es, den Bestellvorgang und die Ver-buchung des Wareneinganges in die Hände der Bedarfsträger zu legen. Der Bedarfsträger sucht die Artikel in einem Multilieferanten-Katalog, packt sie in den Warenkorb und löst die Bestellung aus. Dabei können die Bedarfsträger in Benutzergruppen eingeteilt und jeder Gruppe eine individuelle Sicht auf den Katalog zugeteilt werden.

Um die Kontrolle über die Bestellvorgänge nicht aus der Hand zu geben und möglichen Missbrauch zu verhindern, wird über eine Prozess-management-Komponente nach dem Abschicken der Bestellung durch den Bedarfsträger, ein Freigabeprozess angestoßen, in dem die Geneh-migung der Bestellung erfolgt. Dabei können BUSINESS-REGELN hinter-legt sein, um den Bestellprozess weitgehend zu automatisieren. Wird zum Beispiel bei einem Bestellvolumen ein festgelegter Betrag nicht überschritten und liegt der kumulierte Bestellwert des Bedarfsträgers innerhalb eines vorgegebenen Budgets, wird die Bestellung durch-geführt, ohne dass eine gesonderte interne Freigabe nötig wird. Wird eine Genehmigung der Bestellung erforderlich, kann diese, je nach Festlegung

GLOSSAR S.466

in den Business-Regeln, die Zustimmung des Vorgesetzten oder bei größeren Bestellungen sogar die von weiteren Personen erforderlich machen. Bestellungen die einer Zustimmung bedürfen werden dem Vorgesetzten automatisch vorgelegt. Gegebenenfalls wird eine Benachrichtigung über das Vorliegen einer Freigabeaufforderung vom System versendet.

Der Bedarfsträger kann die Bearbeitung der Bestellung online verfolgen. Er kann zum Beispiel feststellen, dass die Bestellung seit zwei Tagen beim Vorgesetzten liegt und auf Freigabe wartet.

Alle Bestellungen werden intern gespeichert und dienen der späteren Verbuchung des Wareneingangs, der Zuordnung zu den Kostenstellen, und auch der Verhinderung von Missbrauch.

GLOSSAR S.466

Anbindung an Back-office-Systeme
Seite 142

Ist die Bestellung freigegeben, wird sie in das interne ERP-System integriert. Zur Integration in das Warenwirtschaftssystem können unterschiedliche Integrations-Strategien zum Einsatz kommen (siehe *Lerneinheit 5)*. Zusätzlich wird aus den Bestelldaten eine externe Bestellung erzeugt und an den Lieferanten auf elektronischem Wege geschickt. Die Datenstruktur der externen Bestellung und die Art der Übertragung zum Lieferanten, hängen vom eingesetzten System ab.

Ein wichtiger Ansatz im E-Procurement ist die Anlieferung zum Bedarfsträger. Dieser ist für die Verbuchung des Wareneingangs und damit auch für die Zahlungsfreigabe verantwortlich. Dies gilt im Regelfall aber nur für indirekte Güter. Bei direkten Gütern erfolgt der Wareneingang auch bei E-Procurement über den Einkauf.

Die Prozesse zwischen dem E-Procurement-System, den Lieferanten und den möglichen Logistik-Dienstleistern, hängen von der Implementierung und den Verträgen zwischen den Teilnehmern ab. In ihnen wird beispielsweise geregelt, ob vom Lieferant ein elektronisches Lieferavis mit elektronischer Rechnung gesendet wird, oder ob der Kunde eine elektronische Gutschrift aufgrund der Wareneingangsverbuchung sendet.

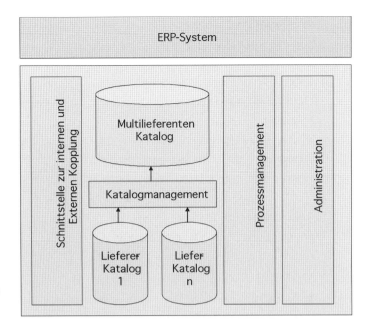

Abb. 10.6: Grundsätzlichen Aufbau von Desktop Procurement-Systemen

 Seite 314

Im Unterschied zur Architektur eines B2C Shops (vgl. *Abbildung 10.1*) kommt dem Katalogmanagement bei der Beschaffung im B2B Bereich eine besondere Bedeutung zu, da die über den Katalog aufgenommenen Bestellung unter Umständen im **ERP** System des Unternehmens erfasst werden müssen.

Zusammenfassend lässt sich festhalten das Desktop Procurement Systeme es den einzelnen Mitarbeitern eines Unternehmens ermöglichen unmittelbar die Bestellung ihrer eigenen Bedarfe über einen elektronischen Produktkatalog durchzuführen, solange ein bestimmter Warenwert nicht überschritten wird. Auf diese Weise kann bedarfsnah und -gerecht bestellt werden, so dass die bereits geschilderten Vorteile des Electronic Procurement bei dieser dezentralen Beschaffungsform weitestgehend realisierbar sind. Desktop Procurement Systeme finden vor allem bei geringer Bestellkomplexität und niedriger bis mittlerer Bestellhäufigkeit Einsatz, da in diesen Fällen die Prozesskosten im Vergleich zum Warenwert zumeist sehr hoch und die Kataloge intuitiv bedienbar sind.

One-to-One-Lösungen

Bei dieser Beschaffungsvariante baut ein Kunde mit einem Lieferanten eine bilaterale Beziehung auf. Gemäß dieser bilateralen Vereinbarung wickeln die Partner die Bestellungen durch den Austausch elektronischer Dokumente direkt zwischen den ERP-Systemen ab. Das eingesetzte Verfahren wird als Electronic Data Interchange (EDI) bezeichnet und wird seit Beginn der achtziger Jahre angewandt. Wegen der Vielzahl der Lieferanten eines Kunden auf der einen Seite und der Vielzahl an Kunden auf der anderen Seite, führte dies zur Schaffung einer Vielzahl von Substandards was komplexitätserhöhend wirkte und bis heute die Marktdurchdringung behindert. Dies führte zur Bildung nationaler branchenspezifische Standards, mit denen diese Probleme weitgehend ausgeräumt wurden. Solche Standards werden heute in folgenden Branchen eingesetzt:

- der Automobilindustrie,
- der Elektroindustrie,
- der chemischen Industrie und
- im Groß- und Einzelhandel.

Durch die zunehmende Globalisierung erwiesen sich diese nationalen Standards in einigen Branchen als Hindernis. Es entstanden europäische und weltweite Standards, so z.B.

www.odette.org
- in der europäischen Automobilindustrie (siehe auch http://www.odette.org)

www.unece.org/ trade/untdid/ welcome.htm
- oder der weltweite branchenneutrale Standard UN/EDIFACT (Electronic Data Interchange for Administration, Commerce and Transport, siehe auch http://www.unece.org/trade/untdid/welcome.htm).

GLOSSAR S.466
Diese Standards beinhalten die Definition von Geschäftsprozessen (z.B. Bestellungen, Rechnungen, LIEFERAVIS, Zahlungsavis, usw.) und legen fest, wie diese elektronischen Geschäftsdokumente vom Sender aufzubauen und vom Empfänger zu interpretieren sind. Die Übertragung dieser elektronischen Dokumente erfolgt in Form von Dateien, die als „Nachrichten" oder „MESSAGES" bezeichnet werden. Sind in einer Datei mehrere Messages enthalten, wird diese als „Interchange" bezeichnet.

GLOSSAR S.466

In der Automobilindustrie und im HANDEL regeln diese Standards zusätzlich die Übertragung der Dateien zwischen den Partnern in Form von Filetransfer PROTOKOLLEN. Diese Protokolle schreiben genau vor, wie die Übertragungsprogramme zu implementieren sind. So erfolgt im Handel beispielsweise die Übertragung über ein X.400-System der Telekom (Telebox400), während in der Automobilindustrie bei jeder Übertragung zwischen Sender und Empfänger eine Punkt-zu-Punkt-Verbindung über ISDN aufgebaut wird und die Datenübertragung gemäß Protokoll (Odette Filetransfer Protokoll) erfolgt.

Obwohl in den Vorgaben nicht ausdrücklich spezifiziert, wird von den Kunden verlangt, dass die EDI-Messages ohne manuelle Eingriffe zwischen den ERP-SYSTEMEN beider Seiten ausgetauscht werden. Nur so lassen sich die Zeitgewinne optimieren und Datenfehler aufgrund von Medienbrüchen, ausschließen.

Das ERP-System des Beschaffers errechnet aufgrund seiner Produktionsplanung und seines Lagerbestandes den Bedarf und erzeugt daraus für jeden Lieferanten eine Bestellung. Die Bestellung wird in den definierten Übertragungsstandard konvertiert und an den Lieferanten übertragen. Dort wird es nach der Konvertierung in das Inhouse-Format automatisch in das ERP-System integriert. Ein Inhouse-Format beschreibt die Datenschnittstelle eines ERP-Systems, über die Daten importiert oder exportiert werden. Wegen der Integration in die ERP-Systeme ist EDI kein Verfahren, das Ad hoc, angewandt werden kann. Bei der Integration muss jedes Datenelement der Message an das ERP-System angepasst werden, in Bezug auf:

- Syntax (Länge, Feldtyp, Code, Vorzeichen, Nachkommastellen)
- Semantik (Zuordnung der internen Felder zu den Datenelementen der Message)
- Pragmatik (Welche Bedeutung hat ein Feldinhalt, wie muss der Wert im ERP-System integriert werden, damit die richtige Reaktion ausgelöst wird).

Deshalb kommt es bei der EDI-Einführung oft zu langwierigen Tests, bis die Korrektheit für die unterschiedlichen Geschäftsvorfälle nachgewiesen ist.

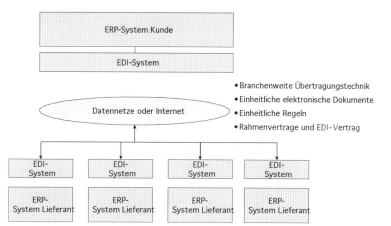

Abb. 10.7: Einsatz der EDI in der Beschaffung

Der EDI-Einsatz ist immer dann sinnvoll, wenn zwischen Kunden und Lieferanten eine langfristige Geschäftsbeziehung existiert und wenn es um die Beschaffung von direkten Gütern geht.

Obwohl häufig totgesagt, lebt EDI immer noch und wird auch weiterhin eingesetzt werden. Es ist allerdings zu erwarten, dass mittelfristig die bisher benutzten Übertragungswege durch das Internet und die bisherigen Nachrichtenstandards durch XML-Strukturen abgelöst werden.

Anforderungen an die E-Sellingsysteme der Kunden und Lieferanten
Diese Art von „E-Selling-Systemen" werden als EDI-Systeme bezeichnet. Meist handelt es sich um eigenständische Vorrechner vor den ERP-Systemen. Sie bestehen aus drei Komponenten:

1. Eine Konverter zur Anpassung der externen Datenformate an die Formate des internen ERP-Systems.
2. Kommunikationskomponenten, die den sicheren Transport der Daten über die Datennetze und in die internen ERP-Systeme gewährleisten.
3. Eine Steuerungskomponente für den automatischen Betrieb und die Überwachung des Systems.

Die gemeinsamen Prozesse müssen zwischen den Partnern vereinbart und die benutzten EDI-Nachrichten dokumentiert werden. Außerdem ist es erforderlich, dass die Daten in der notwendigen Qualität von den ERP-Systemen aufbereitet werden. Zu dieser Datenqualität gehören auch ein-eindeutige Nummernsysteme für Unternehmen und Artikel. Diese Ein-eindeutigkeit am Beispiel einer Unternehmensnummer bedeutet, dass jedes Unternehmen genau eine Nummer hat und dass jede Unternehmensnummer genau auf ein Unternehmen verweist.

Im Handel werden für Unternehmen ILN-Nummern (International Location Number) und für Artikel EAN-Nummern vergeben (siehe http://www.ccg.de). Diese Nummern bieten die geforderte Eindeutigkeit.

www.ccg.de

Bevor die EDI-Beziehung aufgebaut wird, wird zwischen den Partnern ein EDI-Vertrag abgeschlossen, um sowohl die rechtliche Verbindlichkeit des Verfahrens zu verbessern, als auch die organisatorischen Regeln für den Datenaustausch festzuschreiben.

Heute lohnt sich EDI nur bei hohen „Economies of Scale", d.h. bei einer intensiven Nutzung, die die hohen Investitionen für beide Seiten rechtfertigt. Seit Jahren gibt es jedoch verschiedene Produkte und Standardisierungsbestrebungen, bei denen versucht wird, eine EDI Nachricht mit Hilfe eines Web-Browsers zu visualisieren. Die geht sowohl für eingehende als auch für zu versendende Nachrichten. Allerdings ist durch die ad hoc Web-Integration empfangener EDI Nachrichten (Web EDI) selbst noch keine Integration zwischen Softwaresystemen gegeben.

Sell-Site-Lösung

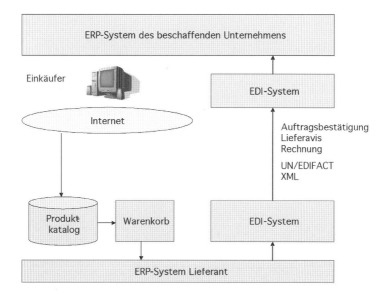

Abb. 10.8: Nutzung der Sell-Site beim Beschaffer und Lieferanten

Bei SELL-SITE-LÖSUNGEN stellt der Lieferant seinen Katalog ins Internet, meist eingebunden in einen Online-Shop, obwohl dies für Sell-Site-Lösungen nicht zwingend vorausgesetzt wird. Da sich der Kunde im Regelfall vor dem Zugriff auf den Katalog identifizieren muss, können kundenindividuelle Preise angeboten werden (vgl. Wirtz 2001, S. 330 und DEDIG 2000, S. 19).

Nachteilig für den Einkäufer wirkt sich aus, dass er auf eine Vielzahl unterschiedlicher Kataloge und Online-Shops trifft. Da der Bestellvorgang über Sell-Site-Lösungen intern beim Einkäufer meist nicht dokumentiert wird und eine interne Genehmigung in der Regel nicht erfolgen kann, eignen sich Sell-Site-Lösungen nicht für den Einsatz bei Kunden mit einem E-Procurement-System. Ein weiterer Nachteil besteht darin, dass die Bestelldaten nicht in das ERP-System des Einkäufers integriert werden. Dieser Nachteil kann allerdings durch Einsatz eines EDI-Systems beseitigt werden. Da die Einführung von EDI, wie oben beschrieben, teuer ist, wird EDI nur dann eingeführt, wenn es sich um strategische Beziehungen handelt, in der häufig und über einen langen Zeitraum, Bestellprozesse durchgeführt werden.

Buy-Site-Lösung

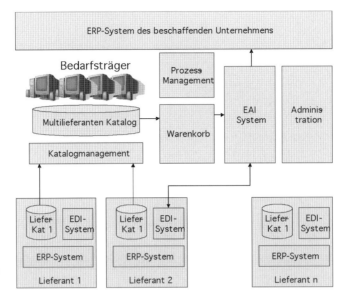

Seite 317

Abb. 10.9:
Architektur einer Buy
Site Lösung

Buy-Site-Lösungen werden vom beschaffenden Unternehmen aufgebaut und gehen meist einher mit der Einführung von Desktop-Procurement-Systemen (vgl. Fallbeispiel Frankfurter Flughafen *Abschnitt 10.1.2*). Die Lieferanten stellen ihren Produktkatalog in elektronischer Form der Buy-Site zur Verfügung. Der Einkauf erstellt daraus einen Multilieferanten-katalog. Die Aktualisierung dieses Kataloges kann automatisiert durch den Lieferanten vorgenommen werden.

Die Prozesse zwischen der Buy-Site, den Kunden und den Logistik-Dienstleistern, werden vom beschaffenden Unternehmen vorgegeben. Dazu gehören die zu benutzenden Katalogstandards inklusive der Artikelklassifikation, die Strukturen der auszutauschenden Messages, die Art der Datenübertragung, die Art der Bezahlung, die Behandlung von Reklamationen usw.

Der Vorteil für den Beschaffer liegt darin, dass er die Buy-Site in Bezug auf seine Prozesse optimieren kann. Die positiven Auswirkungen einer Buy-Site-Lösung auf die Beschaffungskosten zeigt das Fallbeispiel des

Frankfurter Flughafens, bei dem die durchschnittlichen Beschaffungsprozesskosten von rund 128 Euro auf rund 26 Euro gesenkt werden
konnten (vgl. DEDIG 2000, S. 28).

Nachteile sind darin zu sehen, dass

- der Betreiber der Buy-Site-Lösung seine Lieferanten dazu bewegen
  muss, seine Prozesse und das geforderte Katalogformat zu unterstützen. Auf die Lieferanten kommen unter Umständen hohe Kosten
  durch Aufbau und Verwaltung der Katalogdaten, der Einführung von
  EDI und der geänderte Belieferung zu.
- Aufbau und Pflege des Multilieferantenkataloges teuer sind.

Anforderungen an Buy-Site-Lösung

- Auf der Beschaffungsseite muss die Buy-Site Lösung in das ERP-
  System integriert werden, damit Bestellungen und der Wareneingang
  im ERP-System angelegt sind.
- Zum Aufbau des Multilieferantenkataloges müssen geeignete Werkzeuge vorhanden sein.
- Für den internen Bestellprozess muss eine Warenkorb-Funktion vorhanden sein, die notwendigen Funktionen Einfügen, Ändern und
  Löschen enthält.
- Es muss ein Workflow-Manager für die Erstellung und Überwachung
  der Genehmigungsprozesse enthalten sein. Im Workflow-Manager
  muss eine Regelmaschine integriert sein, um Business-Regeln zu
  erstellen und in den Workflow zu integrieren.
- Für den Empfang von Lieferantenkatalogen muss ein Austauschformat
  festgelegt werden (siehe auch *Lerneinheit 5* zur Integration von Backofficesystemen und http://www.bmecat.de)
- Es muss ein Klassifikationsschema für Artikel festgelegt werden (siehe
  auch *Lerneinheit 5* zur Integration von BACKOFFICESYSTEMEN und
  http://www.eclass.de)
- Es müssen die Regeln für den Datenaustausch zwischen der Buy-Site
  und den ERP-Systemen der Lieferanten festgelegt werden (siehe One-
  to-One-Lösungen).
- Der sichere Transport der Geschäftsdokumente im Internet muss
  ermöglicht werden.

 Seite 142

www.bmecat.de

 Seite 142

www.eclass.de

■ Es muss ein Mappingwerkzeug (siehe unten) zum Austausch der Daten zwischen Buy-Site und ERP-System vorhanden sein.

Anforderung der E-Selling-Systeme an Lieferanten
Die Lieferanten müssen in der Lage sein, die von der Buy-Site geforderten Prozesse zu unterstützen. Dazu gehören im Einzelnen:

■ Werkzeuge zur Erstellung des Lieferantenkataloges mit der vorgeschriebenen Artikelklassifikation.

■ Systeme zur Übermittlung des kompletten Kataloges und von Updates. Zusätzlich müssen diese Systeme die notwendigen MAPPINGS in den elektronischen Geschäftsdaten (Messages) durchführen, die zwischen der Buy-Site und dem ERP-System des Lieferanten ausgetauscht werden. Ein Mapping ist ein Abbildungsprozess zwischen zwei Dateien unterschiedlichen Datenformats. Eine Message ist eine Datei, die ein Geschäftsdokument in einem definierten Datenformat enthält.

GLOSSAR S.466

Aufgrund des geänderten Bestellprozesses beim Kunden steigt die durchschnittliche Bestellfrequenz und die durchschnittliche Liefermenge sinkt. Außerdem erfolgt die Belieferung direkt an den Bedarfsträger. Dadurch erhöhen sich die Logistik-Kosten für den Lieferanten erheblich.

Der Lieferant muss in vielen Fällen dem Bedarfsträger ein ORDER TRACKING ermöglichen. Unter Order Tracking ist zu verstehen, dass der Bedarfsträger über Browser die Bestellnummer eingibt und daraufhin erfährt, welcher Lieferant wann und auf welchem Wege anliefern wird beziehungsweise wo sich die Ware gerade befindet.

Many-to-One-to-Many-Lösungen

Bei Many-to-One-to-Many-Lösungen handelt es sich um virtuelle oder elektronische Marktplätze, die durch neutrale INTERMEDIÄRE betrieben werden. Kunden der Marktplätze sind sowohl die Käufer, als auch die Lieferanten (vgl. Wirtz 2001, S. 333).

GLOSSAR S.466

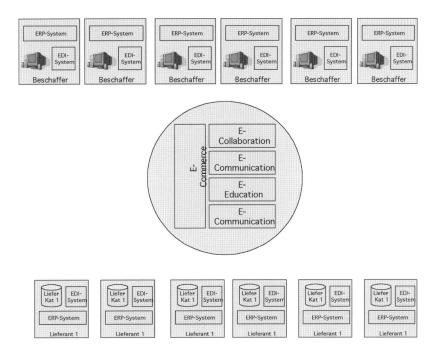

www.covisint.com

Abb. 10.10:
Virtuelle Marktplätze

Wirtz führt folgende Risiken gegenüber virtuellen Marktplätzen an (vgl. Wirtz 2001, S. 337):

- Die Gefahr der Abhängigkeit gegenüber marktbeherrschenden Marktplätzen. Diese Gefahr ist für Lieferanten real, es gibt aber außer dem Kartellamt keinen Weg an dieser Abhängigkeit vorbeizukommen, es sei denn, der Lieferant findet Kunden in anderen Marktsegmenten. Ein Zulieferer von Ford, GM und DaimlerChrysler wird sich an Covisint anbinden müssen, wenn er nicht Gefahr laufen will, diese Kunden zu verlieren. Die Käufer haben in diesem Fall die Gefahr der Abhängigkeit dadurch gemildert, dass sie sich als Gesellschafter direkten Einfluss auf die Politik des Marktplatzes gesichert haben.

- Die Abhängigkeit von technologischer Funktionsfähigkeit und Liquidität des Marktplatzes. Durch Gründung eigener Marktplätze vermeiden die Unternehmen diese Abhängigkeit. Durch das Engagement dieser Schlüsselunternehmen profitieren die Zulieferer von der finanziellen Stabilität der Marktplätze. Da mehr Geld für den Aufbau der IT-Systeme zur Verfügung steht, profitieren Kunden wie Zulieferer von der technischen Stabilität.

Wie sich die unabhängigen virtuellen Marktplätze (Sell-Site getrieben) gegenüber den Buy-Site getrieben behaupten werden, bleibt abzuwarten. Virtuelle Marktplätze lassen sich typisieren hinsichtlich:

- Transaktionsmechanismen,
- Ausrichtung,
- Orientierung und
- Portfolio.

Transaktionsmechanismen

Schwarzes Brett: Kunden und Lieferanten können am elektronischen Schwarzen Brett Kauf- und Verkaufsangebote einfügen. Hauptsächlich werden über das Schwarze Brett die Beziehungen zwischen Käufer und Lieferant hergestellt. Ein Beispiel für diesen Transaktionsmechanismus ist die virtuelle Messe http://www.tex-net.de, wo sich in Anlehnung an das Konzept der realen Messe Anbieter aller Fertigungsstufen der Textilindustrie zur Geschäftsanbahnung präsentieren können.

www.tex-net.de

- **Katalog:** Verkauf über einen Multilieferantenkatalog. Wie in der Buy-Site beschrieben liefern unterschiedliche Lieferanten ihre Kataloge an. Im Unterschied zur Buy-Site dient der Multilieferantenkatalog mehreren Unternehmen zur Beschaffung. Hier ist zu beachten dass in einem Multilieferantenkatalog unterschiedliche Preise für unterschiedliche Abnehmer existieren können. Dieses „Preisproblem" stellt an einen solchen Katalog auch Anforderungen im Hinblick auf Geheimhaltungsfragen.
- **Auktion:** Ziel ist die Versteigerung von Produkten und Dienstleistung. Im Mittelpunkt steht die dynamische Preisfindung.
- **Börse:** Der Marktplatz nimmt Kauf- und Verkaufsangebote an und gleicht sie automatisch anhand der Kriterien der Teilnehmer gegeneinander ab.

Ausrichtung

- **Horizontal:** Horizontale elektronische Marktplätze haben ein branchenübergreifendes Portfolio und konzentrieren sich meist auf bestimmte Prozesse oder Funktionen. Im Porfolio haben sie meist C-Artikel und MRO-Güter.
- **Vertikal:** Vertikale Marktplätze spezialisieren sich auf die Bedürfnisse einer Branche und zählen wichtige Unternehmen dieser Branche zu ihren Kunden. Im Regelfall spezialisieren sie sich auf A-, B- und C-Artikel. Es zeichnet sich ein deutlicher Trend zu vertikalen Marktplätzen ab, bei denen zudem oft der Schlüsselunternehmen der Branche am Intermediär beteiligt sind (Beispiele weiter unten).

Orientierung

- Seller-orientiert (Verkaufsplattform; meist unabhängige Intermediäre)
- Buyer-orientiert (Einkaufsplattform; „Buyer" sind meist Gesellschafter des Intermediärs, keine wirkliche Unabhängigkeit). Ein Intermediär ist eine Organisation (Händler) zwischen Erzeuger und Verbraucher.

▶ **Beispiele für vertikale virtuelle Marktplätze**

www.covisint.com/ger

1. *Covisint*, Abruf: 01.10.2002
   Gesellschafter: DaimlerChrysler, Ford, General Motors, Nissan, Renault, Peugeot-Citroen
   Basistechnologie: Commerce One und Oracle
   Funktionen:

   - *Collaboration (Unterstützung der Zusammenarbeit in der Konstruktion (*SIMULTANEOUS ENGINEERING*). Bei dem Konzept des Simultaneous Engineering arbeiten Kunde und Lieferant bereits während der Entwicklungsphase eines Produktes zusammen. Der Lieferant konstruiert sein Produkt in enger Zusammenarbeit mit dem Entwicklungsprozess des Kunden.*
   - E-PROCUREMENT
     - *Ausschreibungen*
     - *Auktionen*
     - *Kataloge*
     - *Marktplatz für gebrauchte Maschinen*

GLOSSAR S.466

- SUPPLY CHAIN
  - *Fullfillment (Auftragsverfolgung)*
  - *Suppliers Connection (Integration von Nicht-EDI-Lieferanten über Online-Funktionen)*
- PORTAL
  - *Dokumentenbibliothek*
  - *Supplier Bulletin (Informationen zwischen Lieferanten)*
  - *Support für Content Management Systeme*

Die Zahl der Mitglieder ist mittlerweile auf einige Hundert Lieferanten weltweit gestiegen.

www.cc-chemplorer.de

2. *cc-chemplorer, Abruf: 01.10.2002*
   Gesellschafter: BASF, Bayer, degussa, Henkel, Deutsche Telekom, SAP
   Basistechnologie: CommerceOne, SAP
   Funktionen:
   - *Beschaffung von indirekten Gütern, Dienstleistungen und Verpackungen*
   - *Katalog*
   - *Auktion*

www.supply.com

3. *SupplyOn, Abruf: 01.10.2002*
   Gesellschafter: Bosch, Continental, INA, SAP, Siemens VDO, ZF Friedrichshafen
   Partner: 14 große Automobilzulieferer
   Basistechnologie: SAP
   Funktionen:
   - *Ausschreibungen für indirekte Güter*
   - *Supply Chain (WebEDI für NON-EDI-Zulieferer)*
   - *Engineering (Übersetzungsservice zwischen verschiedenen CAD-Services)*

SupplyOn ist erst im Aufbau.

Anforderungen an Virtuelle Marktplätze

- Mandantenfähigkeit (jeder Kunde des Marktplatzes verwaltet seinen eigenen Datenbestand. Der Zugriff von Mitarbeitern auf Daten anderer Unternehmen ist verwehrt).
- Management-Werkzeuge zur Pflege des Multilieferantenkataloges.
- Warenkorb für Bestellungen der Bedarfsträgers in den einzelnen Unternehmen.
- Mandantenfähiger Workflow-Manager für Erstellung und Überwachung von Genehmigungsprozessen.
- Unterstützung von Austauschformaten für Katalogdaten (z.B. BMEcat).
- Klassifikationsschema für Artikel (z.B. ECL@SS).
- Sichere Datenübertragung im Internet für Geschäftsdokumente.
- Mapping-Werkzeug für XML-Daten < — > Inhouse-Format.
- Aufgrund der zu erwartenden Zugriffszahlen werden hohe Anforderungen an die Performance, Skalierbarkeit und Ausfallsicherheit gestellt.

GLOSSAR S.466

ZUSAMMENFASSUNG

Bei der Planung von E-Shops ist es wichtig, die unterschiedlichen Käufergruppen zu identifizieren. Im B2B können die beschaffenden Unternehmen hinsichtlich der unterschiedlichen E-Procurement-Systeme klassifiziert werden. Wichtig ist zusätzlich die Analyse, wie die eigenen Produkte beim Kunden klassifiziert werden und welche Beschaffungsstrategien für diese Produkte existieren.

Über den Nutzen von E-Procurement als Mittel zur Senkung der Beschaffungskosten beim einkaufenden Unternehmen herrscht breite Übereinstimmung. Über die Auswirkungen auf die Kosten der Lieferanten liegen keine Erkenntnisse vor. Das Beispiel SupplyOn zeigt, dass Anbieter im Marktplatz als Kunden und Lieferanten auftreten können. Standard E-Selling-Systeme gibt es im B2B beispielsweise im Bereich Büroartikelverkauf an Kleinbetriebe, hier entsprechen die eingesetzten Lösungen weitgehend denen im B2C.

☞ Seite 279

Wie das Beispiel des Lebensmittelshops in der *Lerneinheit 8* gezeigt hat, ist es nicht sinnvoll, ein Online-Shop-System auszusuchen, ohne vorher festgelegt zu haben, wie für den Online-Shop Kunden gefunden werden sollen und über welche Wechselkosten diese langfristig gebunden werden können. Aus diesen beiden Punkten leiten sich wichtige funktionale Anforderungen an den Online-Shop ab. Da nicht alle der benötigten Funktionen im Standardlieferumfang des Online-Shop-Systems enthalten sein werden, müssen der Erweiterbarkeit und der Flexibilität große Bedeutung beigemessen werden.

Neben den funktionalen gibt es qualitative Anforderungen an Online-Shops. Mit steigender Funktionalität, wachsendem Sortiment, steigender Kundenzahl und vor allen Dingen aufgrund immer besserer Personalisierung, steigen die Anforderungen an die Systemressourcen:

- **Prozessorleistung** und Hauptspeicher um gute Antwortzeiten zu erzielen,

- **Plattenkapazität** um große Datenmengen speichern zu können und

- **Ausfallsicherheit,** um möglichst rund um die Uhr verfügbar zu sein.

- **Leitungsanbindung / Bandbreite,** um große Datenmengen handhaben zu können.

Abschließend soll ein kurzer Vergleich der Preise zeigen, welch gravierende Unterschiede zwischen einzelnen Systemen liegen. Dabei hat der Preisvergleich keinen Anspruch auf Vollständigkeit oder Aktualität. Die dargestellten Preise sind Dokumenten entnommen, die 1999 erschienen sind.

Anbieterübersicht

Anbieter	Typ	Lizenzpreis
Ariba	Buy-Site ab	rund 500.000 Euro
Commerce One	Buy-Site Virtueller Marktplatz	1-500 Nutzer: rund 600.000 Euro
GZS	Buy-Site	rund 17.000 Euro
Intershop	Buy-Site Online-Shop Großkunden	rund 46.000 Euro
Dansi Shopping Cart	Online-Shop	ab 100 Euro
PerlShop	Online-Shop	Kostenlos
OpenShop	Online-Shop	rund 2.500 Euro
ShopMaker	Online Shop	ab rund 7.300 Euro
Microsoft Site Server	Online Shop	rund 4.600 Euro

[11] MÖGLICHKEITEN DES ONLINE-MARKETINGS FÜR E-SHOPS

Die vorliegende Lerneinheit gibt eine Einführung in den Einsatz der Online-Werbung. Im ersten Teil wird ein kurzer Überblick über die Grundlagen des Marketings gegeben und aufgezeigt, in welchem Bereich des Marketingmix die Online-Werbung thematisch einzuordnen ist. Aufbauend darauf werden die Ziele der Online-Werbung konkretisiert und Methoden ihrer Erfolgsmessung vorgestellt. *Abschnitt 11.4* geht auf die vielfältigen Möglichkeiten der multimedialen Gestaltung von Online-Werbemitteln ein. Danach werden die kommunikationspolitischen Instrumente des Suchmaschinenmarketings, des E-Mail- und des Viral Marketings für E-Shops erläutert. *Abschnitt 11.6* beschäftigt sich mit dem Thema des „AFFILIATE MARKETING" – einem speziellen Instrument der Vertriebspolitik. Abschließend werden die Kriterien erarbeitet, mit deren Hilfe der Erfolg von Werbemaßnahmen im Internet kontrolliert werden kann, und dementsprechende Software-Lösungen präsentiert.

GLOSSAR S.466

11.1 Grundlagen des Marketings

Bevor die einzelnen kommunikationspolitischen Instrumente und Werbeformen des Online-Marketings im Detail besprochen werden, soll zunächst ein Überblick über die Ziele und Basiskonzepte des Marketings gegeben werden. Dabei werden auch die Veränderungen des klassischen Marketingmodells durch die Technologien des Internets und die neuen Erfordernisse des Marktes behandelt.

Als weiterführende und grundlegende Literatur zum Thema Marketing werden die Werke von Heribert Meffert – „Marketing: Grundlagen marktorientierter Unternehmensformen", 2000, Gabler Verlag, 9. Auflage – und von Manfred Bruhn – „Marketing. Grundlagen für Studium und Praxis", 2001, Gabler Verlag, 5. Auflage – empfohlen.

Das Marketing

In den heutigen Märkten erfolgreiche Unternehmen zeichnen sich durch eine starke Ausrichtung auf den Kunden und durch die Konzentration auf das Marketing aus. Oftmals wird unter Marketing nur der Produktverkauf und die Werbung verstanden, aber das Marketing kombiniert vielfältige Aktivitäten des Unternehmens: Marketingforschung, Produktentwicklung, Vertrieb, Preissetzung, Werbung, persönlichen Verkauf. Alle Tätigkeiten die darauf ausgerichtet sind, die Bedürfnisse des Kunden zu erkennen, zu bedienen und zu befriedigen und dabei den Gegebenheiten des Marktes gerecht werden sowie die übergeordneten Ziele der Unternehmung verwirklichen, sind dem Begriff des Marketings zuzuordnen.

Meffert (vgl. 2000, S. 29) definiert Marketing folgendermaßen: „Marketing ist die bewusste marktorientierte Führung des gesamten Unternehmens oder marktorientiertes Entscheidungsverhalten in der Unternehmung. Das bedeutet die Planung, Koordination und Kontrolle aller auf die aktuellen und potentiellen Märkte ausgerichteten Unternehmensaktivitäten. Durch eine dauerhafte Befriedigung der Kundenbedürfnisse sollen die Unternehmensziele verwirklicht werden."

GLOSSAR S.466
Als Grundlage des Marketings dient die Marketingforschung, welche die Informationen über den MARKT und die Kunden bereitstellt. Um auf lange Sicht zu vermeiden, dass am Markt vorbei produziert wird, muss sich ein Unternehmen in seinen Aktivitäten den sich ändernden Bedingungen anpassen, Trends voraussahnen, diese mit der Markt- und Kundenbedürfnisanalysen untermauern und das Unternehmen auf diese Ziele ausrichten.

Das Marketingkonzept

Das Marketingkonzept ist der strategische Grundsatzentwurf für die Koordination aller kunden- und marktbezogenen Aktivitäten. Beim Planen des Marketingkonzepts muss man zuerst verstehen, dass man nicht jeden Käufer in jedem Markt erreichen kann und auch nicht alle Käufer auf dem gleichen Weg erreicht. Die Nachfrager sind zu zahlreich, zu weit verstreut und zu unterschiedlich in ihren Bedürfnissen und ihrem Kaufverhalten. Deshalb wenden sich viele Unternehmen vom Massenmarketing ab und praktizieren ein gezieltes Marketing, in dem verschiedene Marktsegmente erkannt und ausgewählt werden, für die Produkte entwickelt und verschiedene Marketingstrategien erarbeitet werden. Folglich entwickelt der Anbieter das richtige Produkt für jeden Zielmarkt, passt seine Preise, Verkaufskanäle und Werbemaßnahmen so an, dass er seine Zielmärkte zu den geringsten Kosten und mit der größten Wirkung, also effizient, erreicht. (vgl. Kotler/Armstrong, 2001)

Um Zielgruppen erfolgreich anzusprechen, müssen die folgenden drei Schritte absolviert werden:

1. **Marktsegmentierung**

   Bei der Marktsegmentierung werden Märkte in abgrenzbare Gruppen von Nachfragern eingeteilt. Anhand von unterschiedlichen Bedürfnissen, Eigenschaften oder dem Kaufverhalten wird ermittelt, welche verschiedenen Produkte oder Marketingkonzepte notwendig für die verschiedenen Gruppen erforderlich wären.

2. **Auswahl des Zielmarktes**

   Wenn die Zielgruppen bzw. –märkte einmal identifiziert wurden, wird die Attraktivität der verschiedenen Zielmärkte bewertet. Ausgehend von dieser Analyse werden ein oder mehrere Zielmärkte ausgewählt, in die das Unternehmen eintritt.

3. Positionierung im Zielmarkt

Das Unternehmen positioniert sein Produkt im Zielmarkt, indem es zum einen deutlich macht, wie es sich von Angeboten anderer Wettbewerber abgrenzt, und indem es die Instrumente des Marketingmix Produkt, Preis, Werbung und Vertrieb aufeinander abstimmt.

Die marketingpolitischen Instrumente

Die Abstimmung der marketingpolitischen Instrumente wird auch als Marketingmix bezeichnet. Die vier Politiken des Marketingmix werden in den nächsten Abschnitten kurz erläutert.

Produktpolitik

Zur Produkt- und Programmpolitik gehören die Gestaltung von Produkten, Dienstleistungen, Service- und Kundendiensten sowie die Qualität, die schon beim Einkauf der Rohstoffe berücksichtigt werden sollte.

Vertriebspolitik

Die Vertriebspolitik legt fest, über welchen Weg das Produktangeboten und geliefert oder die Leistung erbracht werden soll. (Groß- oder Einzelhandel, Internet, Vertreter usw.). Auch Entscheidungen zu Verkaufsbedingungen wie Kundendienst und Ratenzahlungsangebote werden durch die Vertriebspolitik getroffen.

Kommunikationspolitik

Die Kommunikationspolitik umfasst jede Art von Kommunikation eines Unternehmens mit der Öffentlichkeit. Die Kommunikationspolitik umfasst folglich Entscheidungen, wie sich das Unternehmen nach außen präsentiert. Dazu zählen die Verkaufsförderung, die Werbung, der persönliche Verkauf und Public Relations.

Preispolitik

Innerhalb der Preispolitik werden Entscheidungen zur Preissetzung getroffen. Die Preissetzung umfasst Verkaufspreise für Produkte und Leistungen und legt gleichfalls auch Rabatt-, Lieferkonditionen sowie die Zahlungsmodalitäten fest.

Online-Marketing und Online-Werbung

Das Gabler Wirtschaftslexikon, 2001, definiert **Online-Marketing** wie folgt:

„**Online-Marketing**, *eine Form der interaktiven Ausrichtung der Marketing-Instrumente durch den Einsatz vernetzter Informationssysteme (z.B. Telefon, Internet). Mit Online-Marketing ist neben der Interaktivität auch die Möglichkeit gegeben, zeitlich synchron die Marketinginstrumente auf die Kundenbedürfnisse auszurichten.*"

Im klassischen Marketing wurde versucht, Millionen von Nachfragern über Massenmedien mit einer gleich bleibenden Werbebotschaft für ein einziges Produkt zu interessieren. Folglich waren die meisten Marketingkonzepte der Massenkommunikation eher auf eine *einseitige Kommunikation* als auf eine *zweiseitige Kommunikation* mit dem Kunden ausgelegt. Heute im Zeitalter der Globalisierung des Wettbewerbs und der Konzentration der Massengüterproduktion auf wenige starke Anbieter haben viele Unternehmen erkannt, dass sie durch die Ausrichtung und Spezialisierung ihres Angebots auf ein ausgewähltes Zielpublikum auch im global umkämpften Wettbewerb bestehen können. Um dieses Ziel zu verfolgen, ist es notwendig, ausgewählte Kunden effizient zu erreichen und starke persönliche Geschäftsbeziehungen zu ihnen aufzubauen. Die technischen Möglichkeiten des Internets, wie Personalisierung und Data-Mining, bieten optimale Voraussetzungen, um dem beschriebenen Ansatz des direkten Marketings *(One-to-One Marketing)* kostengünstig umzusetzen. Tabelle 11.1 zeigt die Chancen, die für Unternehmen im One-to-One-Marketing liegen.

Massenmarketing	One-to-One-Marketing
Durchschnittlicher Kunde	Individueller Kunde
Anonymität des Kunden	Kundenprofil
Standardprodukt	Kundenspezifisches Marktangebot
Massenproduktion	Kundenspezifische Produktion
Massenvertrieb	Individueller Vertrieb
Massenwerbung	Individuelle Werbebotschaften
Massenvermarktung	Individuelle Kaufanreize
Einseitige Kommunikation	Zweiseitige Kommunikation
Skalenerträge	Produktionssynergien
Marktanteile	Kundenanteile
Alle Kunden erreichen	Profitable Kunden erreichen
Kunden anziehen	Kunden behalten

Tabelle 11.1:
Massenmarketing
versus One-to-One-
Marketing
(vgl. Kotler/Armstrong,
2001, S. 623)

Online-Werbung stellt ein kommunikationspolitisches Instrument der Marketingkonzeption dar. Online-Werbung ist Werbung, die erscheint, während der Nutzer im Internet surft. Entsprechend der Entwicklung des Marketingkonzeptes erfolgt der Ablauf der Werbeplanung in mehreren Teilentscheidungen (vgl. Bruhn, 2001, S.200):

1. Festlegung der Werbeziele
2. Beschreibung der (Werbe-)Zielgruppen
3. Entwicklung der Werbestrategie
4. Festlegung des Werbebudgets
5. Verteilung des Werbebudgets (Streuplanung)
6. Gestaltung der Werbebotschaft
7. Kontrolle der Werbewirkungen

Die vorliegende Lerneinheit konzentriert sich im Rahmen des Themengebiets **Online-Marketing** speziell auf Instrumente der Kommunikationspolitik und geht zudem mit dem Thema „AFFILIATE MARKETING" *(Abschnitt 11.6)* auf ein spezielles Instrument der Vertriebspolitik ein.

GLOSSAR S.466

Seite 359

11.2 Ziele der Online-Werbung

Ein E-Shop ist mehr als nur eine Website. Selbst ein gutes Angebot auf der Seite nutzt Kunden nur, wenn diese auch aufgefunden wird. Zur Bekanntmachung eines E-Shops werden neben der regelmäßigen Pflege und Aktualisierung der Website begleitende Maßnahmen im Bereich des Online-Marketings eingesetzt.

Als Ziele des Online-Marketings können die folgenden vier definiert werden:

- erhöhte Zugriffe durch die angesprochene Zielgruppe
- Steigerung der Umsätze
- Bildung und Festigung einer Marke
- Aufbau von Vertrauen

Laut der Studie „E-Commerce zwischen Anspruch und Wirklichkeit" der Universität Münster, 2001 (Ahlert et al., 2001) bewerten deutsche Online-Einkäufer das Vertrauen in E-Shops lediglich als zufrieden stellend, während gleichzeitig das Vertrauen einen für den Käufer wichtigsten Aspekt in der Kaufentscheidung darstellt. Gerade deshalb sind die Markenbildung und der Vertrauensaufbau elementare Faktoren für eine erfolgreiche Kundenbindung und die Steigerung der Umsätze.

11.3 Messzahlen der Online-Werbung

Für die Erfolgsmessung von Marketingkampagnen im Internet haben sich eine Reihe von Messzahlen und Begriffen etabliert, die Informationen über die Anzahl der ereichten Nutzer für bestimmte Webseiten geben. Grundlegend für die Konzeption von Online-Marketing und dessen Kostenkalkulation ist das Wissen um die Bedeutung der folgenden Begriffe (Abruf: 22.10.2002):

www.rensch.de/
Glossar/Glossar.
asp?SP=a

HIT

Dieser inzwischen kaum noch verwendete Begriff definiert den Zugriff des BROWSERS auf ein einzelnes Seitenelement. Dies kann sowohl die HTML-Datei, als auch jede eingebettete Grafikdatei sein. Dieser Begriff wurde inzwischen als eine zu ungenaue Größe zugunsten der PAGE IMPRESSIONS abgelöst.

PAGE IMPRESSIONS (ehemals Pageviews)

Unter einer Page Impression versteht man eine komplett angezeigte HTML-Seite inklusive sämtlicher weiteren medialen Elemente. Da sämtliche Seitenelemente in dieser Kenngröße vereint sind, geben die Page Impressions die Attraktivität einer Website und deren Nutzungshäufigkeit durch Besucher relativ genau an. Enthält also eine HTML-Seite z.B. sechs Bilder zur grafischen Aufbereitung, so werden insgesamt sieben Dateien beim WEBSERVER angefordert. Diese sieben Dateien ergeben zusammen eine Page Impression.

VISIT

Ein Visit gibt einen zusammenhängenden Nutzungsvorgang einer Website an. Ein Benutzer, der sich mehrere HTML-Unterseiten einer Website ansieht (unabhängig davon wie viele), erzeugt einen Visit. Diese Messzahl gibt den Absolutwert für die Anzahl der Kontakte an, wobei zwischen Neu- und Mehrfachkontakten nicht differenziert werden kann. Als Nutzungsvorgang zählt hier ein technisch erfolgreicher Seitenabruf. Sollte der Webserver 15 Minuten keinen neuen Seitenabruf feststellen, gilt der Visit als beendet.

AD IMPRESSION

Der Begriff Ad Impression gibt die Anzahl des Werbemediums (z.B. Banner) an, die ein Nutzer während seiner HTML-Seitenabrufe angezeigt bekommen hat.

AD REQUEST

Bei Ad Requests wird eine Ad Serversoftware eingesetzt, die Platzierungen von Bannern auf Werbeflächen zeitlich und örtlich verwaltet und ausliefert. Sobald ein Abruf eines Werbemediums erfolgt, wird dieser Abruf durch die Ad Server-Software gezählt.

AD CLICK

GLOSSAR S.466

Ad Clicks bezeichnen die Zahl der Klicks auf ein werbetragendes Objekt (also z.B. einen Banner oder BUTTON). Ad Clicks indizieren demzufolge die tatsächlich realisierten Werbemittelkontakte. Im Gegensatz zu Ad Impressions lässt sich mit Ad Clicks sehr gut die Effizienz eines Werbemittels bestimmen. Ad Clicks dienen häufig als Abrechnungsgrundlage für Werbekampagnen (siehe Zahlungsverfahren „PAY PER CLICK" bei Affiliate-Programmen).

KLICKRATE

Die Klickrate beschreibt die Effizienz eines Werbemediums im Internet. Ihr Wert ergibt sich aus dem Quotienten aus der Anzeigehäufigkeit (Ad Impressions) eines Banners und der Häufigkeit, mit der er angeklickt wird (Ad Click).

TAUSENDER-KONTAKT-PREIS (TKP)

Der TKP-Preis ist die klassische Abrechnungsgrundlage für Werbekontakte, offline sowie online. Er gibt die Werbekosten an, die notwendig sind, um 1000 Personen der Internetnutzer zu erreichen. Der TKP-Preis rechnet entweder nach Sichtkontakten mit der Website (Page Impressions) oder den Sichtkontakten des Werbemittels (Ad Impression) ab.

11.4 Die Gestaltung von Online-Werbemitteln

Banner

Obwohl stetig neue Werbeformate von der Marketingindustrie entwickelt und getestet werden, bleibt der Banner derzeit noch die am häufigsten eingesetzte Werbeform, wie die nachfolgende Grafik darstellt.

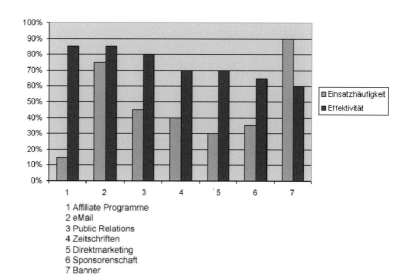

Abb. 11.1:
Effektivität und
Einsatz von
Werbemitteln für
Onlineangebote

www.forrester.com   *Quelle: Studie von Forrester 2000 (http://www.forrester.com, Abruf: 10.08.2001)*

Dass Banner nach wie vor so häufig eingesetzt werden, liegt vor allem daran, dass diese sehr schnell und unkompliziert zu implementieren sind. Zudem erfolgt die Abrechnung meist sehr einfach nach einem „Pay per Click" System, das keine weitere Software erfordert.

Die folgenden Bannerformate werden am häufigsten eingesetzt:

- **468 x 60 Pixel (Fullsize-Banner)**

Abb. 11.2:
468 x 60 Pixel
(Fullsize-Banner)

- **234 x 60 Pixel (Halfsize-Banner)**

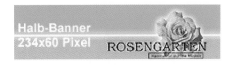

Abb. 11.3:
234 x 60 Pixel
(Halfsize-Banner)

Banner haben das Ziel, den Benutzer einer Website vom eigentlichen Inhalt der Seite abzulenken und die Aufmerksamkeit auf den Inhalt des Banners zu ziehen. Daraus entstanden immer neue Ideen, Banner zu gestalten. Der Einsatz des GIF-Dateiformates erlaubt es beispielsweise, mehrere Einzelbilder in einer GIF-Datei zu speichern und kleine Animationen zu erstellen. Der Vorteil bei animierten GIF-Bannern ist es, dass sie keine technischen Voraussetzungen auf der Serverseite bzw. auf Seiten des Benutzers erfordern.

GLOSSAR S.466

Außerdem ist es möglich, RICH MEDIA CONTENT in die Banner zu integrieren. Dies erlaubt z.B. den Einsatz von JAVA, um Bannern eine Interaktivität zu geben, oder auch den Einsatz von Tools wie beispielsweise Flash, um Banner mit erweiterten Grafik- oder auch Soundfähigkeiten auszustatten.

Bei der Bannergestaltung wird zwischen drei Formen unterschieden: IMAGE-BANNER, RESPONSE-BANNER und CLICK-BANNER. Die Studie von

www.onww.de

OnWW aus dem Jahr 2000 beschäftigt sich mit der Effizienz der drei Banner-Arten.

Image-Banner

Hauptsächliches Ziel dieser Bannerart ist es, den Bekanntheitsgrad einer Marke zu erhöhen, ohne dabei ein konkretes Produkt anzubieten. Meist wird auf diesen Bannern nur ein Logo oder eine markante Marketingbotschaft des Unternehmens transportiert.

Image-Banner haben zwar nur eine durchschnittliche Klickrate, hinterlassen jedoch einen hohen Einprägungseffekt bei Surfern. Dies erhöht das Image des E-Shops auch ohne, dass der Nutzer das Banner anklickt.

Abb. 11.4: Beispiel: Image-Banner

Response-Banner

Beim Response-Banner handelt es sich um eine Kombination aus Markenbranding und einem Angebot des Werbetreibenden.

Produktbezogene Leistungsversprechen haben die stärkste Wirkung auf Erinnerung des Webseitenbesuchers und das Image des beworbenen Brands. Response-Banner produzieren höhere Klickraten als reine Image-Banner.

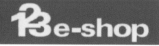

Abb. 11.5: Beispiel: Response-Banner

Click-Banner

Click-Banner versuchen, die Aufmerksamkeit des Nutzers durch textlich prägnante Formulierung oder graphische Button-Gestaltung auf sich zu ziehen.

Abb. 11.6: Beispiel: Click-Banner

Unfaire Bannergestaltung

Es gibt viele Click-Banner, die durch unfaire Methoden versuchen, Benutzer durch eine geschickte Gestaltung auf die eigene Webpräsenz zu leiten. Dies sind z.B. so genannte getarnte Banner, die versuchen, den Benutzer durch den grafischen Einbau von Bedienelementen zu täuschen.

▶ **Beispiel für ein getarntes Banner:**

Abb. 11.7: Beispiel getarnter Banner

Diese Gestaltung von Bannern sollte möglichst vermieden werden, da Besucher unter Umständen sehr ungehalten auf Täuschungen reagieren können. Verärgerte Benutzer werden diese Websites in der Zukunft meiden.

Pop-Ups

Mit Hilfe von Pop-Ups, die z.B. mit Hilfe von PHP oder der Skriptsprache JavaScript erzeugt werden können, lässt sich neben der eigentlichen Zielwebseite, die ein Benutzer öffnen möchte, ein weiteres Fenster öffnen und in diesem die Werbung anzeigen.

Was auf den ersten Blick wie ein effektives Werbemittel aussieht, kann aber im Endeffekt auch dazu beitragen, dass sich Benutzer gestört fühlen. Jede Übertragung von Informationen im Internet kostet Zeit und Geld, so dass erfahrene Benutzer Pop-Ups meist wegklicken, bevor der Inhalt erschienen ist. Es gibt inzwischen bereits Software, die Popups unterbindet (z.B. unter http://www.stoppops.com).

www.
stoppops.com

Interstitials

INTERSTITIALS sind eine Form von „Werbeunterbrechung", die am ehesten mit Werbespots im TV vergleichbar sind. Durch Interstitials wird bei einer beliebigen Aktion des Users der Webseiteninhalt ausgeblendet und die entsprechende Werbung eingespielt. Meistens wird hierbei die volle Webbrowserauflösung ausgenutzt. Da es bei diesem Werbemittel keine

Vereinheitlichung der grafischen Auflösung für einzelne Objekte gibt, sollte darauf geachtet werden, die für die Werbung notwendigen Grafikobjekte nicht zu groß zu gestalten.

www.eresult.de

Das Institut für Marketing und HANDEL an der Universität Göttingen (IMH) und die eResult GmbH, Göttingen untersuchten im Jahre 2000 in einer Studie die Akzeptanz dieser Werbeform. Aus der Studie ging hervor, dass Interstitialwerbung auf redaktionellen Special-Interest-Sites nicht empfohlen wird, weil die Nutzer hier gezielt nach Informationen suchen und die offensive Onlinewerbung als störend wahrnehmen.

Superstitial

Superstitials zählen zu den modernsten Onlinewerbemittel, die derzeit eingesetzt werden. Ähnlich wie bei Pop-Ups öffnet sich hier ein neues Browserfenster, in dem ein animierter Werbefilm abgespielt wird. Dieser kann ohne lange Wartezeiten abgespielt werden, da mit Hilfe von Streamingtechnologie der Inhalt während des Abspielens des „Spots" nachgeladen wird. So muss mit dem Start der Werbeeinblendung nicht gewartet werden, bis alle Dateien komplett übertragen sind.

E-Mercials

Diese Art der Onlinewerbung stellt die komplexeste Form der Online-Werbung dar. Ähnlich wie bei den meisten Interstitials wird auch hier die komplette BILDSCHIRMAUFLÖSUNG genutzt, um multimediale Werbefilme abzuspielen. Diese setzen sich aus Grafikeffekten, Animationen und Sound zusammen. Neue technische Möglichkeiten, wie z.B. Flash, können eingesetzt werden, um komplexe Grafik- und Soundinformationen zu übertragen. Mit Streamingtechnologie können die Werbebotschaften dann übertragen werden. Ein Nachteil sind die recht hohen Produktionskosten der E-MERCIALS. Andererseits können E-Mercials höhere Klickraten erzeugen als herkömmliche Banner. Eine passende Gelegenheit, um einen E-Mercial zu zeigen, wäre z.B. beim Verlassen einer Webseite, wo der Benutzer noch einmal abgefangen und auf ein anderes Webangebot hingewiesen wird.

GLOSSAR S.466

11.5 Suchmaschinenmarketing

Suchdienste lassen sich grundsätzlich nach der Form der Datenakquisition unterscheiden. Man unterscheidet hierbei zwei Arten von Suchdiensten.

GLOSSAR S.466

1. Suchdienste mit automatischer Datenakquisition (SUCHMASCHINEN)
2. Suchdienste mit manueller Datenakquisition (KATALOGE, Verzeichnisse)

Das am weitesten verbreitete Instrument zur Suche im WWW ist der robotbasierte Suchdienst (auch *Suchmaschine* oder *Search Engine* genannt), der sich dem Benutzer in Form einer WWW Seite präsentiert, auf welcher die Suchanfrage formuliert werden kann. Hierfür kann mittels Verwendung von Booleschen Operatoren (AND, OR, AND NOT), einfachen Suchfunktionen (Trunkierung, "*", "Phrasen", Einbeziehungen "+", Ausschliessen "-") oder erweiterten Suchfunktionen ("image:", "url", "host:", "domain:" etc) eine Suche derart präzisiert werden, dass die zurückgegebene Treffermenge möglichst keine irrelevanten Links mehr enthält.

Suchmaschinen basieren auf automatisierten Softwareprogrammen, wie Robots, Spidern oder CRAWLERN, die das Internet zuerst nach bestimmten Stichwörtern absuchen, gefundene Seiten indizieren und in einer eigenen DATENBANK ablegen. Anhand der vorhandenen Meta Angaben in HTML-Seiten werden bestimmte Stichworte (Keywords) zu jeder Seite passend vermerkt. Die Meta Angaben und weitere Kriterien bestimmen, wie relevant ein Seiteninhalt zu einem bestimmten Stichwort ist.

GLOSSAR S.466

Zu unterscheiden sind Suchmaschinen von WEBKATALOGEN, wie Yahoo.de, Dino-online.de oder Web.de. Diese Kataloge benutzen keine Crawler, um Webseiten aufzunehmen. Angestellte Mitarbeiter des Webkatalog-Unternehmens prüfen die Qualität einer Webseite und nehmen diese dann gegebenenfalls in die Katalog-Datenbank auf. So wird ein kleiner, dafür aber qualitativ sehr hochwertiger, Teil von Webseiten im Internet ausgewählt.

Obwohl Suchmaschinen Internet-Seiten auch eigenständig finden können, ist es möglich, die Aufnahme erheblich zu beschleunigen. Auf jeder Webpräsenz einer Suchmaschine gibt es einen Link zu einem

Formular, oftmals „Add URL" genannt, in welches neue Webseiten für die Suchmaschinendatenbank eingetragen werden können. Deutsche Suchmaschinen verwenden meistens die Aufforderung „Website vorschlagen". Die Aufnahme in eine Suchmaschinendatenbank ist jedoch nicht garantiert.

Um den Anmeldevorgang zu beschleunigen und um eine bestimmte Platzierung zu garantieren, bieten Suchportale wie z.B. Web.de oder Fireball seinen Kunden „Eintragsservices" an. Dabei rückt die eigentliche Relevanz der Suchergebnisse jedoch immer weiter in den Hintergrund, da die „Bezahleinträge" noch vor den regulären, alphabetisch oder nach Postleitzahlen sortierten Einträgen aufgelistet werden. Bei der Anmeldung des Eintrags wird eine Gebühr von ca. 150 Euro (z.B. Fireball) erhoben, wobei der Eintrag auf die Dauer von einem Jahr beschränkt ist. Wird der Eintrag auf einer Rubriken-Startseite platziert steigen die Kosten bei Fireball auf 800 Euro im Monat an. (vgl. Robben, 2001)

http://eintrags service.web.de

Praxistipp: *Es ist nicht notwendig, alle Unterseiten der Website einzeln anzumelden, da die Crawler die verlinkten Seiten innerhalb eines URL finden und mit absuchen.*

Suchmaschineneintrag als kommunikationspolitisches Marketing-Instrument

Ein E-Shop kann in erheblichem Umfang von Suchmaschineneintragungen profitieren. Oftmals haben die Benutzer von Suchmaschinen bereits einen konkreten Bedarf, wenn sie diese anwenden wollen. Ein potentieller Kunde nutzt seinen konkreten Bedarf oftmals als Suchanfrage, um entsprechend Angebote zu finden. Wenn der Anbieter die entsprechenden Stichworte in seinen Meta Angaben integriert hat und auch die weiteren Kriterien beachtet hat, die im nächsten Abschnitt erklärt werden, so wird dem potentiellen Kunden das Angebot des E-Shops präsentiert.

Meta Angaben

GLOSSAR S.466

Die klassischen Informationen für die Suchmaschinen-Crawler sind die so genannten META KEYWORDS und die META DESCRIPTION, die als feste Bestandteile der HTML-Struktur definiert werden. In den Meta Keywords bestimmt man die Suchwörter für ein Suchprogramm. Diese haben das Ziel, einem Anwender, der in der Suchdatenbank einer Suchmaschine nach einem dieser dort angegebenen Stichwörter sucht, verzeichnete HTML-Dateien als Suchtreffer anzubieten. Die Stichwörter in dieser Datei sollten folglich das zentrale Thema einer HTML-Datei repräsentieren. In der Meta Description hingegen wird der Beschreibungstext zur HTML-Seite definiert.

GLOSSAR S.466

Hier ein Beispiel für ein HTML-Header. Jede Zeile, die im nachfolgenden Beispiel mit „<**META name**=" beginnt, ist ein Metatag und damit wichtiger Bestandteil der META-ANGABEN. In diesem Beispiel wird jeder einzelne Metatag in blauer Schriftfarbe erklärt.

```html
<head>
<title>Titel der Seite</title>
<META name="description" content="die Description steht bei
Suchmaschinen_Ergebnissen oft in der Beschreibung der Seite">
<META name="keywords" lang="de" content="die, Schlüsselworte,
auf, die, eine, Suchmaschine, reagieren, soll, werden,
durch, Kommas, getrennt">

<META name="robots" content="index,follow"> Suchmaschinencrawler
sollen Website indexieren und Links nach verfolgen.

<META name="content-language" content="de"> Deutschen
Seiteninhalt festlegen. Wichtig, da sonst Probleme bei
Suchmaschinen auftreten, die nur deutsche Seiten indexieren.

<META name="publisher" content="hans wurst">
<META name="copyright" content="hans wurst">
<META name="author" content="hans wurst">

<META name="revisit-after" content=v30 days"> Crawler sollen
nach 30 Tagen auf neue Inhalte prüfen.
</head>
```

Rankingverfahren

Letztendlich entscheidet die Reihenfolge, in der die Suchergebnisse von den Suchmaschinen angezeigt werden, wie viele potentielle Kunden für den E-Shop gewonnen werden können. Suchmaschinen benutzen hierzu so genannte RANKINGALGORITHMEN (Verfahren, die die Reihenfolge von Suchergebnissen festlegen). Diese variieren je nach Suchmaschine. Teilweise werden sie sogar innerhalb von Suchmaschinen zyklisch geändert. Mit einer guten HTML-Seitenstruktur und unter Beachtung wesentlicher Rankingkriterien ist es möglich, die Relevanz einer Seite für bestimmte Suchmaschinen zu beeinflussen.

GLOSSAR S.466

In den folgenden Abbildungen werden Nutzungsdaten von Suchmaschinen im Durchschnitt aufgezeigt. Sie geben einen ersten Hinweis, wie groß die Marktabdeckung der einzelnen Suchmaschinen ist.

Suchmaschinen

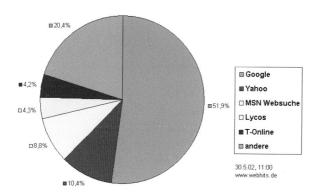

Abb. 11.8: Suchmaschinennutzung

www.webhits.de

Quelle Webhits, http://www.webhits.de, Abruf: 30.05.2002

Rankingkriterien

Da die META-TAG (<meta>) Angaben in der HTML-Datei oft nicht ausreichen, um eine hohe Qualität der Suchtreffer für den jeweiligen Suchbegriff zu erreichen, werden auch andere Elemente der HTML-Seite verwendet, um die Trefferrelevanz zu erhöhen. Taucht beispielsweise der Suchbegriff im Titel (<title>) oder in einer HTML-Überschrift (<h1>, <h2>,...) auf, verbessert sich das Ranking der Seite und diese erscheint auf einem höheren Rang innerhalb der Suchergebnisse.

www.google.de

Moderne Suchmaschinen (z.B. http://www.google.de) bewerten auch, wie häufig ein Suchbegriff im Verhältnis zum gesamten Inhalt einer Web-

GLOSSAR S.466

seite vorkommt. Weiterhin entwickelte Google ein neues Verfahren, genannt „LINK POPULARITY" für die Relevanzbewertung einer HTML-Seite zu einem Suchbegriff. Hierbei wird die Anzahl von Links externer Seiten auf die betreffende Seite gezählt. Je mehr Links auf die Website verweisen, desto besser ist das Ranking. Die Suchmaschine unterstellt, dass externe Websites nur auf qualitativ hochwertige und damit wichtige Webangebote verweisen.

Zusätzliche Rankingkriterien in der Übersicht:

- Suchbegriff im Titel (erscheint oben im Browserfenster in der blauen Leiste)
- Suchbegriff in der URL-Bezeichnung (z.B. http://www.suchbegriff.de, sind optimal für das Ranking der Website, wenn auf diesen Suchbegriff optimiert werden soll)
- Suchbegriff in den Meta Keywords
- Suchbegriff in der Meta Description
- Suchbegriff im Textinhalt der Website (Im <body>-Abschnitt einer HTML-Seite.)
- Suchbegriff möglichst in einer HTML-formatierten Überschrift (<h1>, <h2> etc.)

Besonders Stichwortkombinationen sind für Anbieter im WWW sehr interessant. Eine Suche nach „Madonna" bringt beispielsweise noch sehr breit gestreute Ergebnisse zum Vorschein. Stichwortkombinationen wie „Madonna CD" bereits schon stark ein und es wird bereits der Bedarf des Nutzers deutlich. Stichwortanalysen gehen einer Optimierung immer voraus.

Praxis:

Im folgenden Beispiel soll eine HTML-Seite eines E-Shops auf folgende Suchbegriffe optimiert werden:

- „preiswerte"
- „Digitalkamera"
- „kaufen"

(dies könnten Suchbegriffe sein, die Benutzer in eine Suchmaschine eingeben, um eine Digitalkamera in einem E-Shop zu kaufen)

► **Beispiel:**

```
<html>
<head>
<title> eine preiswerte Digitalkamera kaufen sie bei uns im
XY-Shop</title>

<meta http-equiv="keywords" content="Digitalkamera,
Digitalkameras, preiswert, preiswerte, kaufen, einkaufen,
shopping, ...nicht mehr als 35 Keywords... ">
<meta http-equiv="description" content="XY E-Shop —
preiswerte Digitalkamera kaufen und einen guten Service
dazu.">
</head>


<body>
<h1>bei XY eine preiswerte Digitalkamera kaufen</h1>
```

In diesem Textbereich der Seite sollten sich die in den META-Angaben festgelegten Keywords wiederholen. So erscheinen die Keywords für Suchmaschinen relevant. Abhängig von der Länge des Textinhalts sollten sich die Keywords wiederholen. Dieses Relevanzkriterium wird als Keyword-Density bezeichnet. In unserem Beispiel sollten sich die Keywords „preiswerte", „Digitalkamera" und „kaufen" in diesem Bereich wiederfinden.

```
</body>
</html>
```

Die Meta Description wird von vielen Suchmaschinen als Beschreibung des Suchtreffers bei der Ergebnisausgabe angezeigt. Eine gute textliche Formulierung erhöht die Wahrscheinlichkeit, dass der Suchende das gewünschte Web-Angebot auswählt.

Suchmaschinen sind bestrebt, das Internet neutral und objektiv wiederzuspiegeln. Da viele Website-Betreiber versuchen, das Ranking der Suchmaschinen mit technischen Mitteln zu beeinflussen, setzen die Suchmaschinenbetreiber vermehrt **SPAM**-Filter ein, um dieses zu verhindern. SPAM-Filter überprüfen HTML-Seiten auf unerwünschte Ranking-beeinflussende Faktoren. Dazu zählen beispielsweise Wörter im Textbereich, die in der Hintergrundfarbe geschrieben sind oder zu häufige Wiederholung der Suchbegriffe, um eine höhere Stichwort-Dichte im Textbereich einer HTML-Seite- und damit ein besseres Ranking zu erreichen.

GLOSSAR S.466

▶ **Übung:** *Erstellen Sie einen HTML-Header für ein Online-Reisebüro, das sich auf preiswerte Flugreisen spezialisiert hat. Welche Keywords halten Sie für sinnvoll? Suchen Sie im Internet nach entsprechenden Reisebüros und schauen Sie im Quelltext nach, welche Keywords verwendet werden (z.B. http://www.preiswert-urlaub.de).*

Das Internet selbst enthält zahlreiche Hinweise und Informationsangebote zu Suchmaschinenoptimierung, wie z.B. http://www.suchfibel.de.

www.preiswert-urlaub.de

www.suchfibel.de

11.6 Affiliate Marketing

Affiliatekooperationen (Partnerprogramme) dienen dem Aufbau von virtuellen Distributionsnetzwerken. Sie ermöglichen es Unternehmen, ihre Produkte und Dienstleistungen auf anderen Websites (Partnerwebsites) zu bewerben. Kosten entstehen dabei nur im Erfolgsfall. Typischerweise erfolgt diese Bezahlung durch eine Umsatzbeteiligung in Höhe von 5–20 % für den Partner, der seine Website i.d.R. bereits mit einzelnen Produkten im Onlineshop des Anbieters direkt verlinkt hat. Die Vergütung wird nur fällig, wenn ein Kauf tatsächlich zustande kommt (vgl. Köhler/Best, 2000, S.258).

GLOSSAR S.466

Affiliates (Partnerwebseiten) erhöhen somit die Reichweite der eigenen Produktpalette und erhöhen damit den TRAFFIC (Besucherströme) auf der eigenen Website.

Grundsätzlich bringt ein Partnerprogramm zwei Partner zusammen, auf der einen Seite den **Anbieter** des Partnerprogramms, z.B. ein Shopbetreiber, der sein Angebot auf der Partnerwebsite platziert, und auf der anderen Seite dessen **Nutzer** oder auch Partner, Werbefläche auf seiner Website zur Verfügung stellt und bei erfolgreicher Vermittlung von Besuchern mit einem Anteil des Umsatzes beteiligt wird.

Der Anbieter, der ein Partnerprogramm auflegt, erreicht hierbei im Wesentlichen zwei Vorteile: Zum Ersten wird der Name des Anbieters durch die Präsenz auf Partnerseiten entsprechend bekannt gemacht. Zweitens erhält der Anbieter durch seine Partner einen weiteren Vertriebsweg für seine Produkte. Der Partner wiederum profitiert finanziell an jedem vermittelten User beziehungsweise Käufer und ergänzt den Inhalt seines Webangebots.

Grundsätzlich gibt es drei verschiedene Vergütungsformen für Partner:

Pay per Click

Die einfachste Variante, das Pay-per-Click-Verfahren, ist am ehesten mit herkömmlichen Bannerprogrammen zu vergleichen. Hierbei wird dem Partner jeder Klick auf einen Link zum Anbieter vergütet, egal ob dies nun ein Banner oder auch ein Textlink ist. Das hat den Vorteil, dass der

Anbieter nicht für Ad Impressions bezahlen muss (wie im Bereich der Bannervermarktung üblich), sondern nur für jeden tatsächlich vermittelten User. Je schlechter der Partner das Banner platziert, desto weniger bezahlte Klicks generiert er.

Bei einem herkömmlichen Bannerprogramm mit einem TKP-Preis von beispielsweise 20 Euro würde der Banner eines Anbieters auf den Seiten eines Partners 1000 Mal angezeigt werden. Bei einer durchschnittlichen Klickrate von 1 % würden hierbei also 10 Klicks generiert werden. Dies entspricht einem Preis von 2 Euro pro vermittelten User.

Pay-per-Click-Zahlungsmodelle sind für den Anbieter also deutlich günstiger als herkömmliche Bannerprogramme.

Pay per Lead

GLOSSAR S.466

Oft wird von Anbietern von Partnerprogrammen eine Zahlung über das Verfahren PAY PER LEAD angeboten. Hierbei vergütet der Anbieter bestimmte Aktionen des vermittelten Benutzers. Beispielsweise werden Newsletter-Anmeldungen oder das Ausfüllen von Onlineformularen vergütet. Diese erfolgsabhängige Vergütung ist für den Programmanbieter sehr vorteilhaft, da hier nur für die interessierten, vermittelten Benutzer gezahlt wird. Für Pay-per-Lead-Aktionen werden im Regelfall feste Provisionen vereinbart.

Pay per Sale

 GLOSSAR S.466

PAY-PER-SALE-Programme sind eine weitere Variante der Abrechnungs-verfahren innerhalb eines Partnerprogrammes und stellen die im E-Commerce häufigste Affiliate-Variante dar. Die Zahlung einer Vergütung verlangt hier einen konkret getätigten Kauf auf der Anbieterseite. Für die Kundenvermittlung zahlt der Anbieter dem Partner eine vorher definierte Provision.

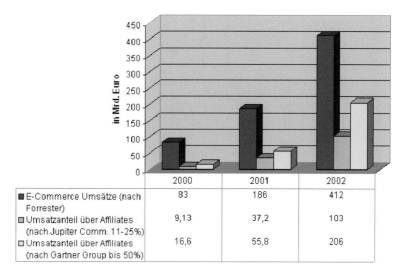

	2000	2001	2002
■ E-Commerce Umsätze (nach Forrester)	83	186	412
▢ Umsatzanteil über Affiliates (nach Jupiter Comm. 11-25%)	9,13	37,2	103
▢ Umsatzanteil über Affiliates (nach Gartner Group bis 50%)	16,6	55,8	206

Abb. 11.1: prognostizierte E-Commerce-Umsätze über Affiliates der Marktforschungsunternehmen Jupiter und Gartner Group aus dem Jahr 2000

In einer Studie von Forrester Research aus dem Jahr 2000 wird damit gerechnet, dass im Jahr 2003 21% der Onlineumsätze über Affiliates generiert werden. Auch andere Studien belegen die Effektivität und Entwicklung von Affiliateprogrammen.

11.7 E-Mail-Marketing für E-Shops

Laut der eCircle AG, die im März 2002 eine umfangreiche Studie zum Thema E-Mailmarkting veröffentlichte, bezeichnet E-Mail-Marketing das Versenden von Werbebotschaften und Informationen per E-Mail durch ein Unternehmen oder eine Organisation, wobei die Empfänger dem Unternehmen zuvor explizit ihr Einverständnis zum Empfang solcher Nachrichten übermittelt haben müssen." (vgl. eCircle, 2002, Abruf 25.10.2002)

www.
ecircle-ag.com/
resource/email-
marketing.html

E-Mail-Marketing ist für E-Shops gerade deshalb interessant, da fast jeder Internetbenutzer eine Internetadresse besitzt, über die er direkt erreichbar ist (vgl. Wirtz, 2001, S. 483). Gegenüber dem postalischen Direktmarketing weist das E-Mail-Marketing (wie z.B. regelmäßige Newsletter oder Produktangebote) eine Reihe von Vorteilen auf. Auf der einen Seite stehen Kosteneinsparungen, die sich laut einer Studie der ecircle AG im Vergleich zu Briefmailings auf bis zu 80 % beziffern lassen (vgl. eCircle, 2002), auf der anderen Seite ermöglicht das Internet gegenüber traditionellen Kommunikationsmitteln geringere Streuverluste und einen schnellen Rückkopplungskanal für Fragen und Feedback des Kunden. Damit lässt sich auch der Erfolg der Marketingkampagne effizienter und schneller kontrollieren und gegebenenfalls korrigieren. Ein wesentlicher Vorteil moderner Newsletter liegt in dessen Personalisierbarkeit. Da die Newsletter mit den Webseiten des E-Shops verbunden werden können (z.B. Links zu Sonderangeboten), können die Reaktionen des Kunden verfolgt und ausgewertet werden. In künftigen E-Mails kann dieses Wissen verwendet werden, um besser auf die Bedürfnisse des Kunden einzugehen.

Abbildung 11.10 gibt einen Überblick über die von Unternehmen eingesetzten Werbeformen. Es lässt sich beobachten, dass den klassischen Kommunikationskanälen wie postalischen Direktmailings und Printwerbung bei den meisten Unternehmen die größte Bedeutung zukommt. Betrachtet man jedoch ausschließlich den Bereich des Internetmarketings hat das E-Mail-Marketing die Onlinewerbung (z.B. Bannerwerbung und Pop-Ups) anteilsmäßig fast eingeholt.

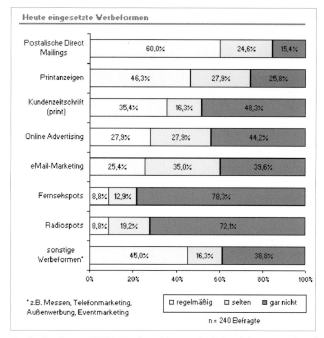

Abb.11.10: Einsatz von Werbeformen

Quelle: Studie von ECIN 2002 (*http://www.ecin.de/marktbarometer/emailmarketing/*, Abruf: 25.10.2002)

In der Abbildung 11.11 wurden die wichtigsten Zielsetzungen der befragten Unternehmen in Bezug auf den Einsatz von E-Markting zusammengetragen. Mit jeweils 82,8 % nehmen die Intensivierung des Dialogs mit dem Kunden und die Kundenbindung die bedeutsamsten Funktionen des E-Mail-Marketings ein.

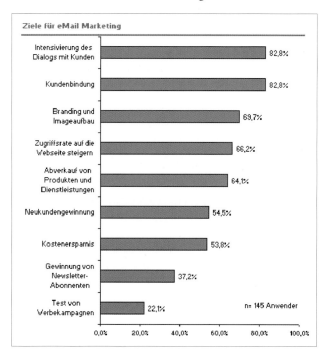

Abb. 11.11:
Ziele des E-Mail-
Marketings

Quelle: Studie von ECIN 2002 (http://www.ecin.de/marktbarometer/emailmarketing/, Abruf: 25.10.2002)

Die Gefahr beim E-Mail-Marketing besteht darin, dass das Verhältnis zum Kunden durch übermäßig viele oder unnötige E-Mails belastet wird und der Kunde dadurch eine negative Einstellung zum Unternehmen entwickelt. Der Deutsche Multimedia Verband (dmmv) hat deshalb in einer Arbeitsgruppe die Anforderungen für ein akzeptables E-Mail-Marketing entwickelt. Es zeichnet sich durch folgende Merkmale aus (vgl. dmmv, 2002):

- vom Empfänger gestattete oder ausdrücklich angeforderte E-Mails
- mit vom Empfänger gestatteten oder ausdrücklich angeforderten Inhalten
- in einer dem Empfänger bekannten oder ausdrücklich verlangten Frequenz
- von dem Empfänger autorisierte Absender (die technische Abwicklung des Versands kann auch über Dienstleister erfolgen)
- die vorherige verständliche Aufklärung des Empfängers über den Umfang und die weitere Verwendung gespeicherter Daten

Diese Anforderungen sind laut dem dmmv dann erfüllt, wenn der Einsatz nutzergesteuerter Anforderungsvorgänge, sogenannter **Opt-Ins**, erfolgt und wenn in jeder Zusendung die deutliche Möglichkeit zur Austragung aus dem Verteiler gegeben wird.

11.8 Viral Marketing für E-Shops

„*The* **best marketing** *is marketing* **you don't have to do yourself** ".
(„*Das beste Marketing ist das Marketing, welches man nicht selbst in die Hand nehmen muss.*")
Jeff Rayport, Professor an der Havard Business School, 1966

„*Die Kunst des erfolgreichen Viral-Marketing besteht darin, diesen Prozess geschickt selbst anzustoßen und die Verbreitung automatisiert ablaufen zu lassen.*"
Andreas Frenko, OnlineMarketer-Verlag, Bad Nauheim, 2000

Erfolgreiches V-Marketing zeichnet sich darin aus, dass die Verbreitung der Botschaft und die Gewinnung einer Vielzahl von neuen Nutzern „automatisch" und ohne großen eigenen Aufwand geschehen.
Elemente des viralen Marketings können sein:

- Verschenken von Produkten und Dienstleistungen
- Einfache Informationsweitergabe („Übertragung")
- Verwendung bestehender / Aufbau neuer Kommunikationsnetze
- Gewinnung von Meinungsmachern und Multiplikatoren
- Nutzung bestehender Distributionskanäle

GLOSSAR S.466

Für den WWW-Bereich gibt es viele mögliche Anwendungsgebiete von VIRAL MARKETING-Strategien. Eines davon ist die kostenlose Abgabe kleiner, für den Endverbraucher nützlichen Softwaretools. Ein gutes Beispiel ist die Verbreitung des Programms ICQ der israelischen Firma Mirabilis. Die Software ermöglicht die Kommunikation über ein CHAT-ähnliches Interface mit anderen Internet-Nutzern. Binnen weniger Wochen hatten sich Millionen Internet-User diese Software installiert und damit der Markenname der Software und des Unternehmens bekannt gemacht.

Das Gabler Wirtschaftslexikon definiert Viral Marketing wie folgt:

Viral Marketing, *Propagation, Aggregation Marketing, Organic Marketing; Konzept der Kommunikations- bzw. Vertriebspolitik im Marketing, bei dem Kunden* DIGITALE PRODUKTE *vom Anbieter kostenlos erhalten und dann per E-Mail an weitere potenzielle Kunden aus ihrem sozialen Umfeld weiterverteilen. So soll sich wie bei Computerviren eine exponentiell wachsende Verbreitung des Produktes bzw. der Information über ein Produkt ergeben.*

GLOSSAR S.466

(Quelle: Gabler Wirtschaftslexikon, 2001)

Das virale Marketing definiert sich über folgende Merkmale.
- Das Produkt liegt in digitaler Form vor.
- Das Produkt kann kostenlos angeboten werden; dies ist möglich, da die Grenzkosten für digitale Produkte gegen null gehen.
- Es wird ein Kundennutzen geboten.

Ziel des Viral Marketing ist, möglichst viele Kundenkontakte herzustellen. Dies kann entweder dazu führen, dass der Kunde andere Produkte des Unternehmens erwirbt, oder dass er Informationen über sich preisgibt, die für andere Marketing-Aktionen verwendet werden können.

Anwendungsgebiete im E-Shop:
Ein viraler Prozess kann angestoßen werden, wenn beispielsweise die Webseite ermöglicht, Freunden diese Website oder Produkte zu empfehlen. Für die Empfehlungen muss ein Anreiz für den Benutzer existieren. Möglichkeiten hierzu sind beispielsweise:
- Ausgabe von Gutscheinen
- Rabatte auf kostenpflichtige Produkte
- Teilnahme an Gewinnspielen

Eine weitere Möglichkeit, einen viralen Marketingprozess anzustoßen, sind, wie bereits erwähnt, kostenlose, digitale Zusatzprodukte.

Beispiele:

- Eine Software für die Verwaltung von CDs, die ein Musik-CD-Shop kostenlos an Kunden abgibt.
- Ein Elektronik-Telekommunikationsshop bietet Kunden eine kostenlose Telefontarif-Vergleichssoftware an.

Auch in anderen Internet-Kommunikationsmöglichkeiten können virale Botschaften untergebracht, und angestoßen werden (Netzwerkeffekt). Dies sind z.B.

- Chats
- Foren
- Usenet
- Communities etc.

11.9 Erfolgskontrolle von Online-Werbemitteln

Wie auch in den klassischen Marketingbereichen ist es im Internet notwendig, eine genaue Erfolgskontrolle der angewandten Marketingaktionen durchzuführen.

www.ivwonline.de

Eine Möglichkeit, Zugriffe auf eine Web-Präsenz zu messen, bietet ein Verfahren der IVW (Informationsgemeinschaft zur Feststellung der Verbreitung von Werbeträgern e.V.). Das technisch standardisierte Zählverfahren protokolliert die Zugriffe auf eine Webseite, anhand derer man komplexe Auswertungen über das Nutzerverhalten auf einer Website ableiten kann. Seitenabrufe (Page Impressions) von Crawlern werden nicht bzw. gesondert gezählt. Alle weiteren Page Impressions werden erst nach einer Verweildauer von 2 Sekunden als gültig erklärt.

GLOSSAR S.466

Ausgangspunkt für die eigene Erfolgskontrolle sind jedoch meist die LOGFILES des Webservers. In den Logfiles werden sämtliche Abrufe von Daten protokolliert. Dies sind sowohl die reinen HTML-Dateien, als auch sämtliche weitere Seitenelemente (Grafikdateien etc.).

Mit einem entsprechenden Analysetool (engl.: log analyzer) lässt sich feststellen, wie häufig und um welche Uhrzeit das eigene Angebot besucht wird. Weiterhin kann man erkennen, von welcher Website der Benutzer möglicherweise weitergeleitet worden ist (z.B. die Site eines Werbepartners).

Der Screenshot der Logfile-Analysesoftware WebSuxess zeigt die Kennzahlen, die bei einer Logfile-Auswertung einbezogen werden.

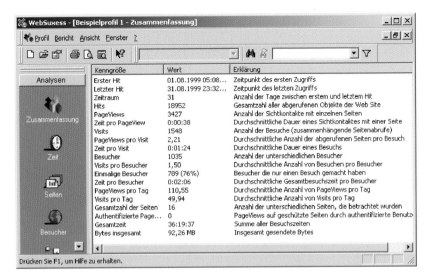

Abb. 11.12: Beispiel: Kennzahlen der Logfile-Auswertung

Diese Statistik enthält zahlreiche Informationen über die Nutzung einer Website. Wichtigster Punkt ist zunächst die Erkenntnis, wie viele Benutzer das Angebot überhaupt nutzen.

Im Detail betrachtet, werden auch Informationen über die Attraktivität des Web-Angebotes deutlich. Die Kenngröße **PageViews pro Visit** enthält den Durchschnitt der von einem Benutzer zusammenhängend angeforderten Webseiten.

Durch die Logfile-Auswertung wird u.a. auch deutlich, an welchen Stellen einer Web-Präsenz die Benutzer die Seite verlassen. Dies kann dann eine wichtige Information für eine eventuelle Seitenüberarbeitung sein.

Die Auswertung verschiedener Internet-spezifischer Werbeaktionen ist ebenfalls über die Logfile-Auswertung möglich.

Die Abbildungen 11.13 und 11.14 zeigen auf, über welche eingesetzten Werbemittel wie viele Klicks angeworben wurden.

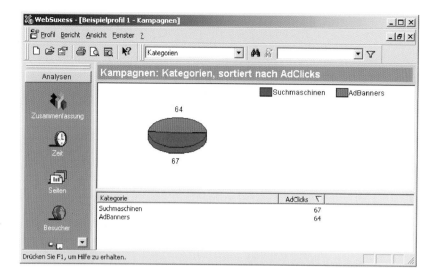

Abb. 11.13: Beispiel: Übersicht zu Klicks auf die eigene Webpräsenz

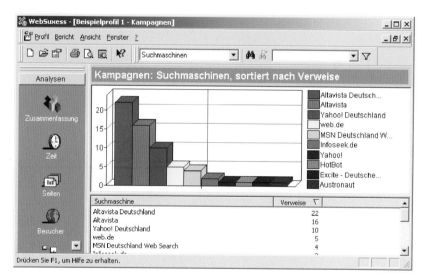

Abb. 11.14: Beispiel: Klicks auf die eigene Webpräsenz: Detail

Die Abbildung 11.15 zeigt, welche Stichworte Benutzer in Suchmaschinen verwenden, um Angebote zu finden. Mit Hilfe dieser Begriffe ist es möglich, die für die Webpräsenz effektivsten Stichworte herauszufinden. Dies sind wichtige Hinweise für effektives Suchmaschinenmarketing.

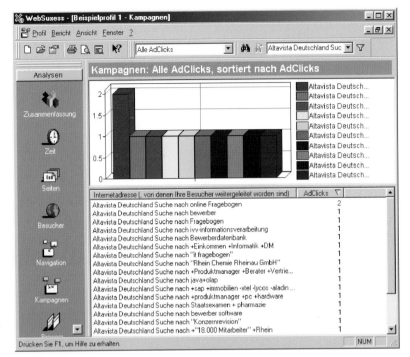

Abb. 11.15
Beispiel: Eingegebene
Stichworte in
Suchmaschinen

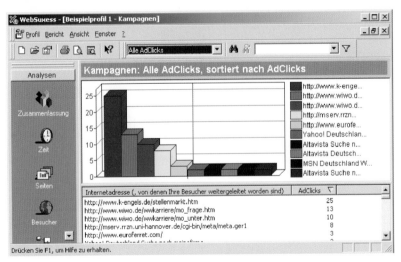

Abb. 11.16: Beispiel:
Verweise von anderen
Websites auf die
eigene Website

Anhand der Abbildung 11.16 kann man erkennen, von welchen Websites Benutzer durch einen Link zu einer eigenen Seite weitervermittelt worden sind. Dies können natürlich auch Banner sein, die auf anderen Websites platziert sind und auf den E-Shop verweisen. Mit diesen Informationen ist es möglich, eine Erfolgskontrolle von Werbemittel-Platzierungen auf anderen Websites zu erstellen und zukünftige Aktivitäten entsprechend zu planen.

ZUSAMMENFASSUNG

Während ein Ladengeschäft auch zufällig im „Vorbeilaufen" entdeckt werden kann, ist dies bei der Masse der Websites im WWW fast unmöglich. Durch die breit angelegte Infrastruktur des WWW ist es für Nutzer sehr schwierig, gewünschte Informationen zu erhalten. Die wichtigsten Instrumente bei der Suche nach Informationen sind für den Nutzer somit die verschiedenen Suchdienste.

Einer Suchmaschinenoptimierung eines E-Shops kommt also eine sehr hohe Bedeutung bei, wenn Angebote des E-Shops bei relevanten Suchmaschinenanfragen erscheinen sollen.

Die alleinige Suchmaschinenoptimierung reicht jedoch als Online-Werbemaßnahme nicht aus, um die Marke eines E-Shops im Internet bekannt zu machen. Alle Werbemittel im E-BUSINESS haben ihre Berechtigung und Ihren Nutzen.

Erst ein Werbe-Mix aus den verschiedenen Marketing-Instrumenten wird langfristig zum Erfolg führen.

GLOSSAR S.466

[12] IMPLIKATIONEN DES ONLINE-RECHTS AUF E-SHOPS

GLOSSAR S.466

Für den Betreiber eines E-SHOPS ergeben sich aus der Abwicklung des Geschäftsverkehrs eine Reihe von rechtlichen Fragestellungen. Diese können in nur einer Lerneinheit nicht erschöpfend behandelt werden. Da grundlegende Kenntnisse hierzu jedoch unerlässlich sind, soll dem Studenten ein fundierter Überblick verschafft werden. Für die Wissensvertiefung wird auf die Qualifikationseinheiten „Vertragswesen für eBusiness" und „Recht im Internet" der TEIA verwiesen (SPC TEIA Lehrbuch Verlag, ISBN 3-935539-67-3 bzw. 3-935539-50-9).

Die Lerneinheit entspricht dem Stand Mai 2002. Die Dynamik dieses Gebiets verlangt es dem Studenten ab, sich über Entwicklungen kontinuierlich auf dem Laufenden zu halten. Da die Gesetzgebung im Bereich des Internetrechts neu bzw. erst in der Entstehung begriffen ist, bildet sich eine Rechtsprechungstradition erst heraus. Bei der Besprechung einzelner Urteile wird deswegen darauf hingewiesen, ob sich eine bestimmte Rechtsansicht manifestiert und Grundlage einer Rechtsprechungstendenz zu werden scheint, oder ob hinsichtlich der politischen Konsequenzen eines Urteils von einer Prognose abzusehen ist.

Die Themenschwerpunkte dieser Lerneinheit ergeben sich aus der Betrachtung der Position des E-Shopbetreibers.

GLOSSAR S.466

Das Internet ist ein internationaler, nichtstaatlicher Raum. Der Gesetzgeber versuchte den besonderen Bedingungen dieses Raums durch Schaffung des so genannten INFORMATIONS- UND KOMMUNIKATIONSDIENSTEGESETZES, kurz IuKDG, gerecht zu werden. Ein kurzer Überblick über dieses Regelungswerk soll den Einstieg zu dieser Lerneinheit bilden *(Abschnitt 12.2)*. Anschließend ist die Frage von Bedeutung, wonach sich die einschlägige Rechtsordnung bestimmt. Der elektronische Geschäftsverkehr funktioniert international, und für den Betreiber eines am E-COMMERCE beteiligten Unternehmens ist es von erheblicher Bedeutung

GLOSSAR S.466

zu wissen, nach welcher Rechtsordnung sich der mit Auslandsbezug geschlossene Vertrag richtet und welche FORMVORSCHRIFTEN zu beachten sind. Auch Fälle außervertraglicher Haftung werden in Hinblick auf die Anwendbarkeit nationalen Rechts untersucht.

Am Ende dieses Abschnitts *(Abschnitt 12.3)* geht es um die örtliche Gerichtszuständigkeit, denn aus dem Umstand, dass beispielsweise französisches Recht anwendbar ist, folgt nicht zwangsläufig die Entscheidungskompetenz eines französischen Gerichts.

Im *Abschnitt 12.4* wird deutsches Vertragsrecht behandelt.

Im Anschluss daran geht es in *Abschnitt 12.5* um Fragen des Verbraucherschutzes. Ein E-Shopbetreiber kann zahlreichen empfindlichen Konsequenzen entgehen, wenn er beim Betrieb seines Unternehmens seine rechtlichen Pflichten beachtet. Verbraucherschutznormen orientieren sich am privaten Endverbraucher. Betroffen ist somit in dieser Hinsicht nur der Business-to-Consumer-Bereich.

GLOSSAR S.466

Auch wettbewerbsrechtliche Aspekte *(12.6)* und URHEBERRECHT *(12.5)* sind Gegenstand dieser Lerneinheit.

12.1 Das Informations- und Kommunikationsdienstegesetz

Das Informations- und Kommunikationsdienstegesetz (IuKDG) ist am -
1. August 1997 in Kraft getreten und besteht aus einer Vielzahl von Ein-
zelgesetzen zum Recht der Neuen Medien. Vom IuKDG als solchem ist
eher selten die Rede. Meistens werden die Einzelgesetze zitiert. Dieses sind

GLOSSAR S.466

zum Beispiel das TELEDIENSTEGESETZ (TDG), das TELEDIENSTEDATEN-
SCHUTZGESETZ (TDDG), das Gesetz zur DIGITALEN SIGNATUR und das
Gesetz zur Änderung des URHEBERGESETZES. Seit dem 21.12.2001 ist das
GESETZ ZUR REGELUNG DES ELEKTRONISCHEN GESCHÄFTSVERKEHRS
(EGG) in Kraft, welches wesentliche Teile der europäischen E-COMMERCE-
RICHTLINIE umsetzt und u.a. das Teledienste- und Teledienstedaten-
schutzgesetz reformiert. Zweck des EGG ist es, einheitliche wirtschaftliche
Rahmenbedingungen für die verschiedenen Nutzungsmöglichkeiten der
elektronischen Informations- und Kommunikationsdienste zu schaffen
(§ 1 EGG). Im Rahmen dieser Lerneinheit werden verschiedene Normen
dieses Regelungswerks erörtert.

12.2 Welches Recht ist anwendbar?

GLOSSAR S.466

Von jeher definieren Rechtsordnungen ihre räumliche Kompetenz. Normen, welche diese Definition vornehmen, werden KOLLISIONS-NORMEN genannt. Jedes Rechtsgebiet innerhalb einer Rechtsordnung verfügt über Kollisionsnormen: In den §§ 3–7 Strafgesetzbuch (StGB) wird festgelegt, für welche Straftaten deutsches Strafrecht gilt, die §§ 120ff Urhebergesetz (UrhG) sehen vor, dass deutsche Staatsangehörige deutschen Urheberschutz für alle ihre geistigen Werke genießen, gleichgültig, wo diese erschienen sind. Für das Zivilrecht befinden sich Kollisionsnormen im EINFÜHRUNGSGESETZ ZUM BÜRGERLICHEN GESETZBUCH (EGBGB). Die zivilrechtlichen Kollisionsnormen bilden einen eigenständigen komplexen Themenbereich: das INTERNATIONALE PRIVATRECHT (IPR). Für Kaufleute existiert als Teil des IPR das UN-ÜBEREINKOMMEN ÜBER VERTRÄGE ÜBER DEN INTERNATIONALEN WARENKAUF (CISG) (Abruf: 11.05.2002). Die Bereiche werden nun im Einzelnen erörtert.

www.jura.
uni-freiburg.de/
ipr1/cisg/conv/
convde.htm

Vertragsrecht

GLOSSAR S.466

▶ **Beispielsfall:** *Der italienische Lebensmittelgroßhändler L bietet Parmaschinken und Parmesan auf seiner Website an. In § 7 der Allgemeinen Geschäftsbedingungen des L steht: „UN-KAUFRECHT findet keine Anwendung." Der deutsche Feinkosthändler F würde gerne mehrere Kilo Parmesan ordern, erkundigt sich aber zuvor bei einem Anwalt, welches Recht im Falle einer Leistungsstörung anzuwenden sei.*

Regelungen darüber, welches nationale Zivilrecht anzuwenden ist, wenn ein Fall mit Auslandsbezug vorliegt, befinden sich im EGBGB. Gemäß Art. 3 Absatz 2 Satz 1 EGBGB gehen völkerrechtliche Vereinbarungen den Regeln im EGBGB vor, wenn diese Vereinbarungen Bestandteil des innerstaatlichen Rechts geworden sind. Deswegen muss zunächst bei einem Fall mit Auslandsbezug untersucht werden, ob UN-Kaufrecht, welches in deutsches Recht inkorporiert wurde und deutsches Vertragsrecht ersetzen kann, betroffen ist.

Das UN-Übereinkommen über Verträge über den internationalen Warenkauf (Convention on the International Sale of Goods, CISG) betrifft den Verkauf von Waren unter Kaufleuten zum gewerblichen Zweck, wenn die Kaufleute ihre Niederlassungen in verschiedenen Staaten haben und wenn diese Staaten Vertragsstaaten zum UN-Kaufrecht sind. Waren sind bewegliche Sachen (Art. 1 Abs.1 CISG).

Art. 6 CISG gestattet die freie Rechtswahl. Diese Norm erweckt den Anschein, dass Rechtswahlvereinbarungen der Anwendung des UN-Kaufrechts vorgingen. Diese Aussage trifft aber nur zu, wenn die vereinbarte Rechtsordnung bzw. der dahinterstehende Staat kein Vertragsstaat zum UN-Kaufrecht ist. Sollten Kaufleute zum Beispiel deutsches Recht zur Vertragsgrundlage bestimmt haben, müssen sie auch das CISG beachten, welches als inkorporiertes Völkerrecht Bestandteil des deutschen Rechts ist. UN-Kaufrecht kann und muss explizit ausgeschlossen werden, wenn es nicht Vertragsgrundlage werden soll.

Viele Unternehmen schließen es aus. Ein Beispiel aus den Allgemeinen Geschäftsbedingungen der Website eines <u>Anglerbedarfsshops</u>, (Abruf: 12.05.2002):

www.superwurm.
de/AGBs.htm

■ „**§10 Schlussbestimmungen**

Sollten eine oder mehrere Regelungen dieser AGB *unwirksam sein oder werden, so zieht dies nicht die Unwirksamkeit des gesamten Vertrages nach sich. Die unwirksame Regelung wird durch die einschlägige gesetzliche Regelung ersetzt.*

Auf diesen Vertrag ist ausschließlich deutsches Recht unter Ausschluss des CISG (UN-Kaufrechts) anwendbar.“

GLOSSAR S.466

Sollte UN-Kaufrecht nicht zur Anwendung kommen, beurteilt sich das nationale Vertragsrecht nach EGBGB.

Die maßgeblichen Aussagen treffen die Art. 27, 28 und 29 EGBGB.

Art. 29 EGBGB betrifft **Verbraucherverträge.** Verbraucherverträge sind Verträge über die Lieferung beweglicher Sachen oder die Erbringung von Dienstleistungen zu einem Zweck, der nicht der beruflichen oder gewerblichen Tätigkeit des Berechtigten zugerechnet werden kann (Legaldefinition Art. 29 Absatz 1 EGBGB). Somit ist Art. 29 EGBGB im

Bereich des Business-to-Consumer-Geschäfts von Bedeutung. Dem Verbraucher darf nicht durch eine Rechtswahlvereinbarung der Schutz seiner Heimatrechtsordnung entzogen werden, wenn dem Vertragsschluss eine **Werbung** in diesem Staat vorausgegangen ist oder dort die **zum Vertragsschluss erforderliche Rechtshandlung** stattgefunden hat. Die Heimatrechtsordnung bestimmt sich nach dem „gewöhnlichen Aufenthaltsort" des Kunden (Art. 29 EGBGB).

▶ **Beispiel:** *Ein deutscher E-Shop-Betreiber umwirbt dänische Endverbraucher, legt aber in seinen Allgemeinen Geschäftsbedingungen fest, dass deutsches Recht für die Vertragsabwicklung gelten soll. Nach Art. 29 EGBGB ist dies nicht möglich. Da der E-Shop-Betreiber dänische Konsumenten direkt anspricht und sogar der vertragsschließende Mausklick in Dänemark stattfindet, ist dänisches Vertragsrecht anzuwenden. Die Rechtswahlklausel wäre unzulässig.*

Freiberufler oder gewerblich Tätige können das anzuwendende Recht frei wählen. Nach Art. 27 Absatz 1 EGBGB „unterliegt ein Vertrag dem von den Parteien gewählten Recht. Die Rechtswahl muss ausdrücklich sein oder sich mit hinreichender Sicherheit aus den Bestimmungen des Vertrages oder aus den Umständen des Falles ergeben. Die Parteien können die Rechtswahl für den ganzen Vertrag oder nur für einen Teil treffen."

Die Rechtswahlklausel kann in den Allgemeinen Geschäftsbedingungen enthalten sein (vgl. Hoeren, 2002, S. 207). Wenn die Rechtswahlklausel von den Parteien nicht ausdrücklich formuliert wurde, kann sich der Wille der Parteien zu einer bestimmten Rechtsordnung auch konkludent – durch schlüssiges Verhalten – manifestieren. „Insbesondere die Vereinbarung eines Gerichts- oder Schiedsstandes soll ein (widerlegbares) Indiz für die Wahl des am Gerichtsort geltenden materiellen Rechts sein" (vgl. BGHZ, 1969, S. 261).

Für den Fall, dass die Rechtsordnung weder durch eine ausdrückliche Vereinbarung noch durch schlüssiges Verhalten von den Parteien gewählt wurde, bestimmt Art. 28 EGBGB die Anwendung der Rechtsordnung, die **mit dem Vertrag die engste Verbindung** hat. Die Absätze 2 – 5 des Art. 28 EGBGB weisen Vermutungsregeln auf, die den unbestimmten Begriff der „engsten Verbindung" eingrenzen sollen. Zum Beispiel wird vermutet, dass der Vertrag die engsten Verbindungen mit dem Staat aufweist, in dem die Partei, welche die charakteristische Leistung zu erbringen hat, im Zeitpunkt des Vertragsschlusses ihren gewöhnlichen Aufenthalt oder ihre Hauptverwaltung hat (Art. 28 Absatz 2 EGBGB).

Art. 34 EGBGB bestimmt, dass die in den Art. 27 – 29 EGBGB festgelegten Grundsätze keine Anwendung bei zwingendem deutschen Recht finden. Dies betrifft Kartell- und Außenwirtschaftsrecht, Regelungen des Produktpirateriegesetzes und Datenschutz- und Steuerrecht (vgl. Hoeren, 2002, S. 208).

Die Lösung des eingangs geschilderten Beispielsfalles des deutschen Feinkosthändlers mit Interesse an italienischem Parmesan ergibt sich aus dem oben Gesagten: Der italienische Lebensmittelhändler L hat UN-Kaufrecht in seinen AGBs ausgeschlossen. Dies ist gemäß Art. 6 CISG möglich. Somit bestimmt sich das anzuwendende Recht nach EGBGB. Art. 29 EGBGB muss nicht beachtet werden, weil es sich bei den Parteien um Gewerbetreibende handelt und nicht um Verbraucher. Eine ausdrückliche Rechtswahl gemäß Art. 27 Absatz 1 Satz 2 1. Alternative liegt nicht vor. Es bestehen auch keine Anhaltspunkte, die auf eine Rechtswahl durch schlüssiges Verhalten hindeuten. Somit ergibt sich die maßgebliche Rechtsordnung aus der engsten Verbindung zu einem Land (Art. 28 EGBGB). Der Lebensmittelhändler L erbringt die charakteristische Leistung (Parmesan) und hat seinen gewöhnlichen Aufenthaltsort in Italien. Es gilt also italienisches Recht.

Formvorschriften

⌕ Seite 226

Formvorschriften sind gesetzliche Regelungen, welche die Wirksamkeit eines Rechtsgeschäfts von einem bestimmten Formerfordernis abhängig machen. In *Abschnitt 7.3.2* wurden Formvorschriften ausführlich behandelt.

Jedes Land regelt in seiner Rechtsordnung Formvorschriften. Das EGBGB definiert in Art. 11, welche Formvorschriften für die Wirksamkeit eines Vertrages mit Auslandsbezug zu beachten sind.

Folgende Aussagen lassen sich Art. 11 EGBGB entnehmen:

- Ein Rechtsgeschäft ist formgültig, wenn es die Formerfordernisse seines speziellen Gegenstandes erfüllt

  oder

- ein Rechtsgeschäft ist formgültig, wenn es die Formerfordernisse des Rechts des Staates erfüllt, in dem es vorgenommen wird.

  oder

- ein Vertrag zwischen Personen, die sich in verschiedenen Ländern befinden, ist formgültig, wenn er die Formerfordernisse seines speziellen Gegenstandes erfüllt

  oder

- ein Vertrag zwischen Personen, die sich in verschiedenen Ländern befinden, ist formgültig, wenn er die Formerfordernisse des Rechts eines dieser Staaten erfüllt.

  oder

- ein Vertrag, der mit Hilfe eines Vertreters geschlossen wird, muss die Formvorschriften des Staates beachten, in dem sich der Vertreter befindet.

  oder

- Verträge, welche die Eigentumsverhältnisse oder Nutzungsrechte an einem Grundstück unmittelbar betreffen, müssen die Formvorschriften des Staates beachten, in dem sich das Grundstück befindet

  oder

- Verträge, welche die Eigentumsverhältnisse oder Nutzungsrechte an einer Sache unmittelbar betreffen, müssen die Formerfordernisse seines speziellen Gegenstandes beachten. (Art. 11 EGBGB leicht abgewandelt wiedergegeben)

Art. 11 EGBGB zur Beantwortung der Frage, welche Formvorschriften anzuwenden seien, auf das Beispiel des italienischen Lebensmittelgroßhändlers L und des deutschen Feinkosthändlers F übertragen, ergibt folgende Lösung:

Es liegt ein Vertrag zwischen Personen in verschiedenen Ländern vor. Also ist dieser formgültig, wenn er entweder den Formerfordernissen seines speziellen Gegenstandes genügt oder den Formerfordernissen eines der beiden Heimatstaaten der Personen. Den Gegenstand des Vertrages bildet ein Warenkauf zwischen einem italienischen Verkäufer und einem deutschen Käufer. Anzuwendendes Recht ist italienisches Vertragsrecht. Wenn also italienische Formerfordernisse für den Warenkauf beachtet werden, ist der Vertrag formgültig. Weil die Personen ein Italiener und ein Deutscher sind, kann der Vertrag entweder nach italienischen oder deutschen Formerfordernissen geschlossen werden. Ob auf den Gegenstand des Vertrages oder den Aufenthaltsort der beteiligten Personen abgestellt wird, ist irrelevant, solange überhaupt entweder die einen oder die anderen Formvorschriften beachtet werden. Bedienen sich der L und der F zweier Vertreter, ist dieselbe Regel anzuwenden, nur dass dann der Aufenthaltsort der Vertreter entscheidend ist und nicht der des L oder des F.

Haftung ohne Vertrag

Personen oder Unternehmen können einander eine Leistung schulden, ohne dass ein vertragliches Verhältnis zwischen ihnen besteht. Zum Beispiel kann ein Unternehmen gegenüber Wettbewerbern eine Wettbewerbsverletzung begangen haben und Unterlassung und/oder Schadensersatz schulden.

GLOSSAR S.466

Sämtliche Rechtsgutsverletzungen, sei es materielles oder immaterielles Eigentum (zum Beispiel geistiges Eigentum im Sinne des Urheberrechts oder PATENTRECHTS) oder das Namensrecht und Recht am eigenen Bild, verursachen Ansprüche beim Verletzten. Diese können in Unterlassungsansprüchen, Schadensersatz- oder Restitutionsansprüchen bestehen. Doch welches nationale Recht ist anwendbar, wenn ein Fall mit Auslandsbezug vorliegt?

Beim Kollisionsrecht muss nach Rechtsgebiet differenziert werden. In diesem Abschnitt werden nur Rechtsgebiete behandelt, die Untersuchungsgegenstand der Lerneinheit sind.

GLOSSAR S.466

Am Ende dieses Abschnitts wird das mit Umsetzung der E-Commerce-Richtlinie in § 4 TDG geregelte HERKUNFTSLANDSPRINZIP erörtert.

Wettbewerbsrecht

GLOSSAR S.466

WETTBEWERBSRECHT beschäftigt sich mit dem Umgang der Konkurrenten am MARKT untereinander und mit den Kunden. Es existieren zahlreiche Gesetze zum Wettbewerbsrecht, wobei eine zentrale Stellung das GESETZ FÜR WETTBEWERBSBESCHRÄNKUNGEN (GWB) und das GESETZ GEGEN DEN UNLAUTEREN WETTBEWERB (UWG), einnehmen. Das GWB behandelt missbräuchliche Monopolbildungen am Markt. Das UWG reguliert Marketingmaßnahmen in Hinblick auf den Endverbraucher. Diese Lerneinheit wird sich ausschließlich mit dem UWG beschäftigen.

http://dejure.org/
gesetze/EGBGB/
40.html

Im Bereich der außervertraglichen, deliktischen Haftung besteht in Kollisionsfragen der Grundsatz des TERRITORIALITÄTSPRINZIPS, das in Art. 40 Absatz 1 EGBGB (Abruf: 13.05.2002) normiert ist. Demnach ist entweder das Recht des Staates, der Erfolgsort ist, anzuwenden oder – auf Wunsch des Verletzten – das Recht des Staates, der Handlungsort (Tatort) ist. Dieser Grundsatz gilt im Wettbewerbsrecht prinzipiell auch, allerdings mit einer Besonderheit. Im Wettbewerbsrecht wird der in Art. 40 EGBGB alternativ angebotene Handlungs- und Erfolgsort als Ort definiert, an dem eine wettbewerbsrechtliche Interessenkollision eintritt. Dies

GLOSSAR S.466

ist der so genannte MARKTORT. Genauer: Ein Marktort ist ein Ort, an dem die marktbezogene Wettbewerbshandlung auf den Wettbewerbsgegner einwirkt (vgl. Hoeren, 2002, S. 168). Weil ein Marktort im Internet schwer eingrenzbar ist, wurde er durch das Erfordernis der „Zielrichtung" konkretisiert, das darauf abstellt, auf welchen Markt das Angebot zugeschnitten ist. Bei manchen Websites ist offenkundig, für welchen Markt sie bestimmungsgemäß konzipiert sind. Zum Beispiel wendet sich eine Website auf Schweizer Deutsch an Schweizer. Meistens ist jedoch nicht klar, wer der Adressatenkreis einer Website ist. Die subjektiv-finale Sichtweise des Onlineanbieters soll laut Hoeren (vgl. Hoeren, 2002, S. 169) deswegen nicht entscheidend sein, weil dieser sonst durch entsprechende Hinweise auf der Site seine Haftbarkeit selber bestimmen könnte. Vielmehr müsse auf einen objektiven Empfängerhorizont abgestellt werden. Objektive Kriterien müssten die Verkehrskreise im Internet bestimmbar machen. Dies sind die Sprache der Website, die angegebenen Bankverbindungen und das tatsächliche Verhalten des E-Shop-Betreibers. Oft wird ein Unternehmen deswegen mehrere Rechtsordnungen im Hinblick auf Wettbewerbsrecht zu beachten haben.

Markenrecht

Das Markenrecht wird dem Wettbewerbs- aber auch dem Immaterialgüterrecht zugeordnet. Das Territorialitätsprinzip gilt auch hier. Allerdings wird im Markenrecht differenziert. Zum Teil entscheidet die Möglichkeit des technischen Abrufs über das anzuwendende Gesetz. Für markenrechtliche Kennzeichenrechte wie §§ 12, 823 BGB gilt der Grundsatz des bestimmungsgemäßen Abrufs. Das heißt das Recht desjenigen Staates ist anwendbar, dessen Staatsangehörige zu den intendierten Nutzern des Angebots zählen (vgl. Hoeren, 2002, S. 35).

Urheberrecht

 Seite 387

Für Verträge, die im Bereich des Urheberrechts geschlossen werden, gilt das in *Abschnitt 12.3.1* Gesagte. In diesem Abschnitt geht es um deliktische Haftung, das heißt um Urheberrechtsverletzungen ohne vertragliche Grundlage.

 GLOSSAR S.466

Im Urheberrecht gilt das so genannte SCHUTZLANDPRINZIP (vgl. BGHZ, Band 136, S. 380, 385).

Das Schutzlandprinzip bedeutet, dass das Recht des Staates anwendbar ist, für dessen Gebiet Schutz gesucht wird (lex loci protectionis). Für das Internet hat dieses Prinzip die Konsequenz, dass diejenigen, die sich rechtmäßig verhalten wollen, ihre Online-Auftritte nach der Urheberrechtsordnung all derjenigen Staaten ausrichten müssen, in denen ihr Angebot abrufbar ist, da jeder dieser Staaten potenziell als Schutzland in Betracht kommt (vgl. Hoeren, 2002, S. 75). Ein Ende dieser unzweckmäßigen Uferlosigkeit ist aktuell nicht in Sicht (vgl. Hoeren, 2002, S. 76).

Herkunftslandsprinzip

Gemäß § 4 TDG muss ein niedergelassener Anbieter von Telediensten das Recht des Landes beachten, in dem er niedergelassen ist. Das Recht der Staaten, in dem er abrufbar ist, muss ihn nicht interessieren. Das Herkunftslandsprinzip gilt nicht im Immaterialgüterrecht (Patentrecht, Markenrecht, Gebrauchsmusterrecht, Geschmacksmusterrecht, Urheberrecht), bei Verbraucherverträgen (Art. 29 EGBGB) und E-Mail-Werbung. Wenn die Parteien eine freie Rechtswahl vorgenommen haben (Art. 27 EGBGB), beim Kartellrecht (GWB) und im Datenschutzgesetz ist das Herkunftslandsprinzip ebenso nicht anwendbar.

In den Fragen, in denen es keine Ausnahme vorsieht, geht es den Kollisionsregeln vor. Das bedeutet, dass in Verträgen zwischen Unternehmen (B2B-Bereich), in denen keine Rechtswahl getroffen wurde, und die nicht einer Ausnahmematerie angehören (zum Beispiel dem Immaterialgüterrecht) ein in Deutschland niedergelassener Teledienste-

Seite 390

anbieter lediglich deutsches Recht beachten muss. In *Abschnitt 12.3.3* widerspricht das Herkunftslandsprinzip den Kollisionsnormen im Wettbewerbsrecht, die in *Abschnitt 12.3.3* besprochen wurden. In Zukunft muss ein in Deutschland niedergelassenes Teledienstunternehmen demnach nur deutsches Wettbewerbsrecht beachten, auch wenn der eigentliche Verstoß an einem völlig anderen Marktort stattfindet.

Die Reaktion der Rechtsprechung bleibt abzuwarten. (vgl. Hoeren, 2002, S. 171 ff)

Zuständigkeit der deutschen Gerichte

GLOSSAR S.466

In Deutschland regelt die ZIVILPROZESSORDNUNG (ZPO) die Zuständigkeit der Zivilgerichte. Nach § 12 ZPO ist in Deutschland das Gericht am Wohnsitz des Beklagten zuständig. In deliktischen Fällen ist nach § 32 ZPO wahlweise das Gericht am Wohnsitz des Beklagten oder am Tatort zuständig. Für Internet-Streitigkeiten ist nicht eindeutig, was unter Tatort zu verstehen ist. Es wird die Meinung vertreten, jeder Ort, an dem eine Homepage abgerufen werden könne, sei Erfolgsort also Tatort (vgl. Zöller, 2002, § 32 Rn 17). Andere sehen den Handlungsort als Tatort an und klagen am Standort des Servers (vgl. Hoeren, mit weiteren Nachweisen, 2002, S. 334).

Bei Verträgen können die Parteien gemäß § 38 ZPO einen Gerichtsstand vereinbaren, wenn sie Kaufleute sind. Nach Zivilprozessordnung sind Gerichtsstandsvereinbarungen mit Verbrauchern nicht zulässig. Nach Art. 17 Absatz 1 EuGVÜ waren Gerichtsstandsvereinbarungen mit Verbrauchern vorgesehen, so dass in Verträgen mit Auslandsbezug die Zuständigkeit eines deutschen Gerichts vereinbart werden konnte. Seit 01.03.2002 ist die EuGVÜ durch die EUGVVO ersetzt worden, die dies nicht vorsieht.

Nach **§ 24 UWG** ist für Wettbewerbsstreitigkeiten das Gericht zuständig, in dessen Bezirk der Beklagte seine gewerbliche Niederlassung hat. In Ermangelung einer Niederlassung ist der Wohnsitz des Beklagten entscheidend. Existiert auch kein Wohnsitz, wird der Aufenthaltsort zu Hilfe genommen. In Ausnahmefällen ist das Gericht zuständig, in dessen Bezirk die wettbewerbswidrige Handlung begangen wurde.

12.3 Vertragsschluss im Internet

Jeder Vertrag kommt durch zwei übereinstimmende Willenserklärungen – Angebot und dessen Annahme – nach den Regeln der §§ 145 ff des *Bürgerlichen Gesetzbuches (BGB)* zustande. Der folgende Absatz behandelt die Vertragsabwicklung im elektronischen Geschäftsverkehr.

Die elektronische Willenserklärung

Um Verträge wirksam schließen zu können, müssen die geschäftsfähigen (volljährigen) Parteien mit Erklärungsbewusstsein und Rechtsbindungswillen Willenserklärungen abgeben, in denen sich ihr rechtlicher Wille unzweideutig manifestiert. Ein Kaufvertrag kommt durch Abgabe eines Angebots und dessen Annahme zustande. Ein „Angebot", dem der rechtliche Bindungswille fehlt, ist eine so genannte INVITATIO AD OFFERENDUM. Also eine Einladung, ein Vertragsangebot abzugeben. Diese Konstruktion liegt meistens vor, wenn der Verkäufer keine vertragliche Pflicht eingehen will, weil er auf einem anonymisierten Markt nicht genügend Einzelheiten kennt, um sich rechtlich verpflichten zu können. Zum Beispiel wenn er die Nachfrage im Verhältnis zu seinem Warenkontingent nicht einschätzen kann. Würde der Verkäufer statt einer invitatio ad offerendum ein rechtsverbindliches Kaufangebot abgeben, wäre mit jeder Annahme ein Kaufvertrag zustande gekommen. Diesen muss der Verkäufer erfüllen, wenn er sich nicht schadensersatzpflichtig machen will. „Angebote" auf einer Website stellen meistens eine invitatio ad offerendum dar. Erst die Bestellmail des Kunden wird rechtlich als Angebot gewertet, die der E-Commerce-Unternehmer annehmen kann. Eine wirksame Willenserklärung kann auch automatisiert abgegeben werden, da das Softwareprogramm auf dem generellen Willen des E-Shop-Unternehmers beruht und die Erklärung bewusst in den Rechtsverkehr gebracht wird.

Der elektronische Geschäftsverkehr bringt es mit sich, dass die Vertragsparteien über eine gewisse Entfernung kommunizieren. Angebote werden „unter Abwesenden" abgegeben.

Eine Willenserklärung gegenüber Abwesenden wird nur wirksam, wenn sie zugeht.

GLOSSAR S.466

- **§ 130 Absatz 1 BGB:**

„Eine Willenserklärung, die einem anderen gegenüber abzugeben ist, wird, wenn sie in dessen Abwesenheit abgegeben wird, in dem Zeitpunkt wirksam, in welchem sie ihm zugeht. Sie wird nicht wirksam, wenn dem anderen vorher oder gleichzeitig ein Widerruf zugeht."

Der Bürgerliche Gerichtshof (BGH) hat dies konkretisiert (vgl. BGH, 1983, S. 929, 930):

Eine Willenserklärung wird unter Abwesenden erst wirksam, wenn sie so in den Machtbereich des Empfängers gelangt, dass bei Annahme gewöhnlicher Verhältnisse damit zu rechnen ist, er könne Kenntnis nehmen.

Eine E-Mail gegenüber einem geschäftlichen Empfänger, die während der Geschäftszeiten abrufbar ist, gilt im gleichen Zeitpunkt als zugegangen. Mitteilungen, die außerhalb der Geschäftszeiten eingelegt werden, werden üblicherweise bei Geschäftsbeginn zur Kenntnis genommen (vgl. Hoeren, 2002, S. 216). Gemäß Art. 11 Absatz 1 der E-Commerce-Richtlinie gelten Willenserklärungen als eingegangen, wenn sie vom Empfänger abgerufen werden können, gleichgültig, ob mit Kenntnisnahme zu rechnen ist oder nicht (vgl. Hoeren, 2002, S. 218 und Glatt, 2001, S. 390). Bei privaten Empfängern gelten E-Mails als am Tag nach der Abrufbarkeit zugegangen.

Wenn die Bestellungsannahme in einem elektronischen Unternehmen automatisiert abläuft, genügt das Passieren der Schnittstelle des Onlineunternehmens aus, so dass das in § 130 Absatz 1 Satz 2 BGB festgelegte Widerrufsrecht bedeutungslos ist (vgl. Hoeren, 2002, S. 216).

Ist die Bestellung des Kunden als Angebot auf Abschluss eines Kaufvertrags beim E-Commerce-Unternehmen eingegangen, kommt der Kaufvertrag durch Annahme dieses Angebots zustande. Gemäß § 151 Satz 1 BGB muss die Annahme gegenüber dem Antragenden jedoch nicht mit ausdrücklicher Erklärung erfolgen, wenn eine solche Erklärung nach der Verkehrssitte nicht zu erwarten ist oder der Antragende auf sie verzichtet hat.

Stellvertretung

Willenserklärungen werden in der Regel von der Person abgegeben, die auch in den Genuss der rechtlichen Wirkung kommen will.

Willenserklärungen können aber auch von Stellvertretern geäußert werden. Dann gibt eine Person eine Willenserklärung ab, deren rechtliche Konsequenzen einen anderen treffen sollen. Der Vertrag kommt mit dem Vertretenen zustande.

Die §§ 164 ff BGB regeln die Stellvertretung. Eine wirksame Stellvertretung setzt Vertretungsmacht voraus. Diese erlangt der Vertreter entweder durch rechtsgeschäftliche Vollmachtserteilung des Geschäftsherrn, kraft Gesetzes (zum Beispiel Eltern gegenüber ihrem Kind) oder durch Rechtsschein in Form der so genannten Duldungs- und ANSCHEINSVOLLMACHT.

Die Vollmachtserteilung durch den Geschäftsherrn kann im Innenverhältnis gegenüber dem Vertreter oder im Außenverhältnis gegenüber Geschäftspartnern erfolgen.

GLOSSAR S.466

Bei der DULDUNGSVOLLMACHT liegt zwar keine Vollmachtserteilung vor, der Geschäftsherr weiß aber, dass sein Vertreter für ihn handelt und duldet es. Bei der Anscheinsvollmacht hätte der Geschäftsherr bei pflichtgemäßer Sorgfalt das Handeln des Vertreters erkennen müssen. Als Folge muss er sich dieses zurechnen lassen.

Liegt überhaupt keine Vertretungsmacht vor und hat der Vertreter dennoch im Namen des Geschäftsherrn gehandelt, liegt eine Vertretung ohne Vertretungsmacht vor. Das durch den Vertreter abgeschlossene Geschäft ist schwebend unwirksam. Genehmigt es der Geschäftsherr im Nachhinein, kommt es mit ihm zustande. Wenn nicht, haftet der vermeintliche Stellvertreter gegenüber dem Geschäftspartner als Vertreter ohne Vertretungsmacht gemäß § 177 BGB.

Im Internet-Bereich werden die Grundsätze der Anscheinshaftung relevant, wenn der Internetzugang durch eine unbefugte Person missbraucht wird. Wenn dieser Zugang nicht sorgfältig mit Passwort geschützt wurde, muss sich der Inhaber des Anschlusses das Verhalten der unbefugten Person zurechnen lassen.

Anfechtung

Gibt ein Erklärender eine Willenserklärung ab, die von seinem tatsächlichen Willen abweicht, kann er das Rechtsgeschäft mit der Folge anfechten, dass es behandelt wird, als habe es nie stattgefunden.

- **§ 142 Absatz 1 BGB:**

  Wirkung der Anfechtung: Wird ein anfechtbares Rechtsgeschäft angefochten, so ist es als von Anfang an nichtig anzusehen.

Hat die Anfechtung Erfolg, muss der Anfechtende dem anderen und eventuell einem Dritten den Schaden ersetzten, der diesem entstanden ist, weil er auf die Erklärung vertraut hat (§ 122 Absatz 1 BGB). Das Gesetz lässt nur wenige Anfechtungsgründe zu. Anfechtungsgründe sind beispielsweise gemäß § 119 BGB der Erklärungs- und der Inhaltsirrtum und gemäß § 120 BGB der Übermittlungsfehler.

Schlichte Übermittlungsfehler – auch des Providers – müssen und können gemäß § 120 BGB angefochten werden. Dies gilt auch für Eingabefehler. Auch wenn die Erklärung aufgrund der Verwendung falscher Daten erfolgte, besteht keine Anfechtbarkeit. Dem Gesetz liegt die Intention zugrunde, fehlerhafte Willensäußerungen korrigierbar zu machen wie Versprechen, Verschreiben, Verklicken und andere Versehen. Motivationswechsel und Willensbildungsdefizite gehen jedoch ausschließlich zulasten des Erklärenden.

12.4 Verbraucherschutz

Die –zumindest teilweise– Umsetzung der E-Commerce-Richtlinie in das EGG und die Novellierung des Schuldrechts im BGB brachten zu Beginn des Jahres 2002 große Veränderungen im Verbraucherschutz mit sich. Die aktuelle rechtliche Situation des Verbraucherschutzes soll im Folgenden behandelt werden. Betroffen ist nur der Business-to-Consumer-Bereich.

Neue Regelungen im BGB

Das BGB definiert in den neu gefassten Paragrafen 13 und 14 den Begriff des Verbrauchers und des Unternehmers. Die neuen Begriffsdefinitionen geben damit den persönlichen Anwendungsbereich verbraucher-privatrechtlichen Regelungen vor (zum Beispiel § 312 BGB neue Fassung, früher § 1 Haustürwiderrufsgesetz).

Verbraucher ist nunmehr jede natürliche Person, die ein Rechtsgeschäft zu einem Zweck abschließt, der weder einer gewerblichen noch einer selbständigen beruflichen Tätigkeit zugerechnet werden kann (§ 13 BGB). Ein Angestellter, der zu privatem Zweck einen Vertrag abschließt, ist Verbraucher. Ein Angestellter, der in Ausübung seiner arbeitsrechtlichen Pflichten einen Vertrag abschließt, handelt als Stellvertreter für seinen Arbeitgeber. Vertragspartner wird der Arbeitgeber, der kein Verbraucher ist.

Unternehmer ist jede natürliche oder juristische Person, die bei Abschluss ihres Rechtsgeschäfts in Ausübung ihrer gewerblichen oder selbständigen beruflichen Tätigkeit handelt. Also der Kaufmann, der Gewerbetreibende und der Freiberufler. Nach § 14 Absatz 2 BGB sind auch rechtsfähige Personengesellschaften wie OHG, PARTNERSCHAFT und EWIV Unternehmer im Sinne der Norm.

GLOSSAR S.466

E-Shop-Unternehmer sollten den neuen § 241a BGB kennen.

■ **§ 241a BGB**

Lieferung unbestellter Sachen

1. *Durch die Lieferung unbestellter Sachen oder durch die Erbringung unbestellter sonstiger Leistungen durch einen Unternehmer an einen Verbraucher wird ein Anspruch gegen diesen nicht begründet.*

2. *Gesetzliche Ansprüche sind nicht ausgeschlossen, wenn die Leistung nicht für den Empfänger bestimmt war oder in der irrigen Vorstellung einer Bestellung erfolgte und der Empfänger dies erkannt hat oder bei Anwendung der im Verkehr erforderlichen Sorgfalt hätte erkennen können.*

3. *Eine unbestellte Leistung liegt nicht vor, wenn dem Verbraucher statt der bestellten eine nach Qualität und Preis gleichwertige Leistung angeboten und er darauf hingewiesen wird, dass er zur Annahme nicht verpflichtet ist und die Kosten der Rücksendung nicht zu tragen hat.*

▶ **Anmerkung:** *§ 241a BGB stellt klar, dass ein Unternehmer keinerlei Ansprüche gegen einen Verbraucher hat, wenn er diesem ungefragt Ware zusendet. Dies bedeutet, dass der Verbraucher mit einer unaufgefordert zugeschickten Ware nach Gutdünken verfahren kann, ohne dass der Unternehmer dagegen juristisch vorgehen könnte. Wenn der Verbraucher bei Anwendung der erforderlichen Sorgfalt erkennen kann, dass die Ware irrtümlich verschickt wurde, muss er sich darauf einstellen, die Ware an den Unternehmer herausgeben zu müssen bzw. Schadensersatz leisten zu müssen (§§ 989 ff BGB).*

http://dejure.org/
gesetze/BGB/
355.html

Besonders relevante Neuregelungen sind die §§ 355ff BGB.
Diese Regelungen gelten seit dem 01.01.2002. Dem Studenten wird an dieser Stelle dringend empfohlen, den Primärtext zu studieren (Abruf: 14.05.2002).

Das in § 355 BGB verankerte Widerrufsrecht gilt immer, wenn dem Verbraucher in oder außerhalb des BGB ein Widerrufsrecht eingeräumt wird. Zum Beispiel verweisen § 312 Absatz 1 BGB (Haustürgeschäfte), § 312d Absatz 1 BGB (Fernabsatzverträge) und § 495 Absatz 1 BGB (VERBRAUCHERDARLEHENSVERTRAG) auf § 355 BGB.

GLOSSAR S.466

GLOSSAR S.466

Der Widerruf des Verbrauchers muss keine Begründung enthalten. Er kann entweder in TEXTFORM erfolgen oder durch Rücksendung der Ware. Der Widerruf muss innerhalb von 2 Wochen gegenüber dem Unternehmer erklärt werden. Der Verbraucher muss die Erklärung zur Fristwahrung rechtzeitig absenden. Die Frist von 2 Wochen beginnt erst, wenn der Verbraucher über sein Widerrufsrecht ordnungsgemäß belehrt worden ist (§ 355 Absatz 2 BGB).

§ 312d Absatz 2 BGB sieht für Fernabsatzverträge umfangreichere Informationspflichten vor, was jedoch im Abschnitt über Fernabsatzverträge behandelt werden wird. Falls der Verbraucher falsch oder überhaupt nicht belehrt wird, erlischt dessen Widerrufsrecht nie (§ 355 Absatz 3 BGB).

Die Höchstfrist von 6 Monaten gilt seit Einführung des neuen § 355 BGB für alle Verbraucherschutzvorschriften.

Für die Rechtsfolgen des Widerrufs gilt:
Der Verbraucher muss im Falle des Widerrufs die Ware an den Unternehmer zurücksenden. Die Kosten und die Gefahr trägt hierfür der Unternehmer. Dem Verbraucher können bei einer Bestellung im Werte von bis zu 40 Euro die Kosten der Rücksendung auferlegt werden. Dies geht nicht, wenn die gelieferte Ware nicht der bestellten entspricht (§ 357 Absatz 2 BGB).

Neben der Rücksendung der erhaltenen Sache muss der Verbraucher gezogene Nutzungen herausgeben (§ 346 Absatz 1 BGB in Verbindung mit § 357 Absatz 1 Satz 1 BGB) und Wertersatz leisten (§ 346 Absatz 2 BGB in Verbindung mit § 357 Absatz 1 Satz 1 BGB). Beispiel beim Widerruf eines Autokaufs: Das PKW muss dem Verkäufer zurückgegeben und Nutzungsersatz für den zeitweisen Gebrauch geleistet werden. Ist das Auto durch einen Unfall nicht mehr herausgabefähig, muss der Käufer den Wert ersetzen.

Wertersatz kommt in Betracht, wenn die Herausgabe oder Rückgewähr nach der Natur des Erlangten unmöglich ist (§ 346 Absatz 2 Satz 1 Nr.1 BGB), der Verbraucher die Ware verbraucht, veräußert oder umgestaltet hat (§ 346 Absatz 2 Satz 1 Nr. 2 BGB) oder sich die Sache verschlechtert hat oder untergegangen ist (§ 346 Absatz 2 Satz 1 Nr.3 BGB). Wenn die Ware sich verschlechtert hat oder untergegangen ist, darf nicht die Verschlechterung berechnet werden, die infolge eines bestimmungsgemäßen Gebrauchs eingetreten ist. Will der Unternehmer sich von der Haftung für den bestimmungsgemäßen Gebrauch der Ware durch den Kunden befreien und auch dafür Wertersatz erhalten, muss er bei Vertragschluss (nicht erst bei Lieferung!) in Textform auf diese Folge hinweisen. Er muss den Kunden aber auch informieren, wie er diese Rechtsfolge umgehen kann.

Allgemeine Geschäftsbedingungen

Das Gesetz zur Regelung der Allgemeinen Geschäftsbedingungen (AGB) wurde im Rahmen des Schuldrechtsmodernisierungsgesetzes in das BGB integriert. Der materiellrechtliche Teil der Regelungen befindet sich nun in den §§ 305–310 BGB. Die verfahrensrechtlichen Vorschriften des AGB-Gesetzes wurden im so genannten UNTERLASSUNGSKLAGENGESETZ gebündelt (UKlaG, Art.3 des Schuldrechtsmodernisierungsgesetzes).

GLOSSAR S.466

Nach § 305 BGB werden Allgemeine Geschäftsbedingungen Bestandteil eines Vertrages, wenn der Verwender bei Vertragsschluss der anderen Partei die Möglichkeit verschafft, in zumutbarer Weise von ihrem Inhalt Kenntnis zu nehmen und die andere Partei mit der Geltung der AGB einverstanden ist. Neu im Vergleich zum alten AGBGB ist, dass hierbei auf körperliche Behinderungen des Kunden Rücksicht genommen werden muss. Der Verwender von AGB muss beweisen, dass diese Vertragsbestandteil geworden sind. Dies gelingt in einem E-Commerce-Unternehmen nur, wenn der Kunde im Verlauf des Bestellvorgangs die Möglichkeit zur Kenntnisnahme eindeutig passieren muss und die Kenntnisnahme in einem Formularfeld bestätigt.

§ 307 Absatz 1 Satz 1 BGB sieht eine Inhaltskontrolle der AGB vor. Bestimmungen in AGB sind unwirksam, wenn sie den Vertragspartner des Verwenders entgegen Treu und Glauben unangemessen benachteiligen. Eine unangemessene Benachteiligung liegt zum Beispiel in der unklaren und unverständlichen Formulierung einer Klausel (§ 307 Absatz 1 Satz 2 BGB, so genanntes TRANSPARENZGEBOT). §§ 308 und 309 BGB führen Klauselverbote auf. §§ 308 und 309 BGB gelten nur für Bestimmungen in Allgemeinen Geschäftsbedingungen, durch die von Rechtsvorschriften abweichende oder diese ergänzende Regelungen getroffen werden. Zum ausführlichen Studium wird auf die Webseiten von Dejure.org (Abruf: 14.05.2002) verwiesen.

http://dejure.org/
gesetze/BGB/
308.html

http://dejure.org/
gesetze/BGB/
309.html

E-Commerce-Unternehmen haben bei der Verwendung von AGB außerdem § 312e Absatz 1 BGB zu beachten. Dem Nutzer müssen demnach die AGB so zur Verfügung gestellt werden, dass er sie abrufen und in wiedergabefähiger Form speichern kann.

Verbraucherkreditgesetz

Seit dem 01.01.2002 befinden sich die Bestimmungen des ehemaligen Verbraucherkreditgesetzes in den §§ 491ff BGB. Der Verbraucherkredit heißt nun Verbraucherdarlehensvertrag.

Das Verbraucherdarlehensvertragsrecht gilt für Darlehensverträge, entgeltliche Zahlungsaufschübe von mehr als drei Monaten, entgeltliche Finanzierungshilfen und Teilzahlungsgeschäfte zwischen einem Unternehmer (§ 14 BGB) und einem Verbraucher (§13 BGB). Das Darlehen oder die Finanzierungshilfe müssen 200 Euro übersteigen.

GLOSSAR S.466

Das Verbraucherdarlehensrecht kann im ELECTRONIC COMMERCE bei Teilzahlungsverträgen relevant werden. Ein Teilzahlungsvertrag kann nicht per E-Mail geschlossen werden. Auch die digitale Schriftform ist nicht ausreichend, vielmehr ist eine eigenhändige Unterschrift erforderlich (§ 492 Absatz 1 Satz 2 BGB in Verbindung mit § 501 Satz 1 BGB). Gemäß § 494 Absatz 2 BGB wird der Formmangel jedoch durch Vollzug des Vertrages geheilt (Übergabe der Ware und Inanspruchnahme des Kredits).

§ 502 Absatz 2 BGB enthält Ausnahmen von der Schriftform. Diese ist nicht erforderlich, wenn der Bar- und Teilzahlungspreis, der Betrag, die Anzahl und die Fälligkeit der Teilzahlungen, der effektive Jahreszins und die Kosten für eine abgeschlossene Versicherung dem Verbraucher rechtzeitig in Textform mitgeteilt wurde, so dass dieser die Angaben rechtzeitig eingehend zur Kenntnis nehmen kann.

Nach § 495 Absatz 1 in Verbindung mit § 355 BGB kann der Verbraucher den Vertrag widerrufen.

Haustürwiderrufsgesetz

Dieses Gesetz existiert als solches nicht mehr, sondern wurde auch – wie das zuvor besprochen Verbraucherkreditgesetz – in das BGB integriert. Seit dem 01.01.2002 entsprechen die §§ 312 – 312a BGB dem ehemaligen Haustürwiderrufsgesetz. Nach Marx/Wenglorz (vgl. Marx/Wenglorz, 2001, S. 111) haben Haustürgeschäfte mit dem Fernabsatz und dem E-Commerce folgende Gemeinsamkeiten: *„…Es sind besondere Vertriebsformen, die gleichsam horizontal an eine besondere Absatzsituation oder -technik außerhalb der Geschäftsräume des Verkäufers anknüpfen. Der erhöhte Schutz des Verbrauchers wird bei solchen Vertriebsformen generell über Informationspflichten des Unternehmers, Widerrufs- oder Rückgaberechte des Verbrauchers und ein Verbot der Abweichung oder Umgehung gewährleistet."*

Obwohl das Haustürwiderrufsrecht im Internetshopping zum Teil erwähnt wird (vgl. Hoeren, 2002, S. 251 mit Nachweisen), wird eine Anwendbarkeit für den E-Commerce überwiegend abgelehnt. „Eine dem Haustürgeschäft vergleichbare Verkaufssituation besteht (…) objektiv nicht." (vgl. Hoeren, 2002, S. 252).

Fernabsatzgesetz

Seit 01.01.2002 befinden sich die Regelungen zum Fernabsatz in den - §§ 312b – 312d BGB. Was das Gesetz unter einem Fernabsatzvertrag versteht, wird in § 312b Absatz 1 BGB definiert:

„Fernabsatzverträge sind Verträge über die Lieferung von Waren oder über die Erbringung von Dienstleistungen, die zwischen einem Unternehmer und einem Verbraucher unter ausschließlicher Verwendung von Fernkommunikationsmitteln im Rahmen eines für den Fernabsatz organisierten Vertriebs- oder Dienstleistungssystems abgeschlossen werden."

Diese Definition umfasst sowohl den klassischen Versandhandel als auch Teleshopping und Vertrieb übers Internet (Marx/Wenglorz, 2001, S. 96). § 312b Absatz 3 BGB sieht Ausnahmen vor, die nicht unter das Fernabsatzrecht fallen (Abruf: 14.05.2002).

http://dejure.org/
gesetze/BGB/
312b.html

GLOSSAR S.466

Pflicht des Unternehmers im Rahmen des Fernabsatzrechts ist es, den Verbraucher rechtzeitig vor Abschluss des Vertrages über den gewerblichen Zweck des Vertrages und die in der INFORMATIONSPFLICHTVERORDNUNG festgelegten Anforderungen zu informieren.

■ § 1 Informationspflichten bei Fernabsatzverträgen

1. *Der Unternehmer muss den Verbraucher gemäß § 312c Abs. 1 Nr. 1 des Bürgerlichen Gesetzbuchs vor Abschluss eines Fernabsatzvertrags mindestens informieren über:*

   1. seine Identität,

   2. sseine Anschrift,

   3. wesentliche Merkmale der Ware oder Dienstleistung sowie darüber, wie der Vertrag zustande kommt,

   4. die Mindestlaufzeit des Vertrags, wenn dieser eine dauernde oder regelmäßig wiederkehrende Leistung zum Inhalt hat,

   5. einen Vorbehalt, eine in Qualität und Preis gleichwertige Leistung (Ware oder Dienstleistung) zu erbringen, und einen Vorbehalt, die versprochene Leistung im Fall ihrer Nichtverfügbarkeit nicht zu erbringen,

   6. den Preis der Ware oder Dienstleistung einschließlich aller Steuern und sonstiger Preisbestandteile,

   7. gegebenenfalls zusätzlich anfallende Liefer- und Versandkosten,

   8. Einzelheiten hinsichtlich der Zahlung und der Lieferung oder Erfüllung,

   9. das Bestehen eines Widerrufs- oder Rückgaberechts,

   10. Kosten, die dem Verbraucher durch die Nutzung der Fernkommunikationsmittel entstehen, sofern sie über die üblichen Grundtarife, mit denen der Verbraucher rechnen muss, hinausgehen und

   11. die Gültigkeitsdauer befristeter Angebote, insbesondere hinsichtlich des Preises.

2. *Der Unternehmer hat dem Verbraucher gemäß § 312c Abs. 2 des Bürgerlichen Gesetzbuchs die in Absatz 1 Nr. 1 bis 9 bestimmten Informationen in Textform mitzuteilen.*

3. Der Unternehmer hat dem Verbraucher gemäß § 312c Abs. 2 des Bürgerlichen Gesetzbuchs ferner folgende weitere Informationen in Textform und in einer hervorgehobenen und deutlich gestalteten Form mitzuteilen:

1. Informationen über die Bedingungen, Einzelheiten der Ausübung und Rechtsfolgen des Widerrufs- oder Rückgaberechts sowie über den Ausschluss des Widerrufs- oder Rückgaberechts,

2. die Anschrift der Niederlassung des Unternehmers, bei der der Verbraucher Beanstandungen vorbringen kann, sowie eine ladungsfähige Anschrift des Unternehmers und bei juristischen Personen, Personenvereinigungen oder -gruppen auch den Namen eines Vertretungsberechtigten,

3. Informationen über Kundendienst und geltende Gewährleistungs- und Garantiebedingungen und

4. die Kündigungsbedingungen bei Verträgen, die ein Dauerschuldverhältnis betreffen und für eine längere Zeit als ein Jahr oder für unbestimmte Zeit geschlossen werden.

Die Lektüre des Primärtextes ist an dieser Stelle unerlässlich. Besonders hervorgehoben werden soll Absatz 3, der Informationen nennt, die dem Kunden in besonders deutlich gestalteter Form nahe gebracht werden müssen.

Die Informationen sind nach § 312c Absatz 2, Absatz 3 BGB „alsbald, spätestens bis zur vollständigen Erfüllung des Vertrages und bei Waren spätestens bei Lieferung an den Verbraucher" mitzuteilen.

Dem Verbraucher steht wahlweise ein Widerrufs- oder Rückgaberecht (§§ 355, 356 BGB) zu. Die Informationspflichten bei Fernabsatzverträgen unterscheiden sich von denen des § 355 BGB. Die Widerrufsfrist im Fernabsatz beginnt, wenn die oben beschriebenen Informationen erbracht worden sind, die in Textform übermittelt werden müssen (§ 312c Absatz 2 BGB), bei der Lieferung von Waren nicht vor dem Tag ihres Eingangs beim Empfänger, bei der wiederkehrenden Lieferung gleichartiger Waren nicht vor dem Tag des Eingangs der ersten Teillieferung und bei Dienstleistungen nicht vor dem Tag des Vertragsschlusses (§ 312d Absatz 2 BGB).

Bestimmte Fernabsatzverträge sind vom Widerrufsrecht ausgeschlossen (312d Absatz 3 BGB), zum Beispiel Verträge über Zeitschriften, Finanzdienstleistungen.

Zusammenfassung:

- § 1 Nr.1 bis 11 der Informationspflichtverordnung müssen als Informationen rechtzeitig vor Abschluss eines Fernabsatzvertrages in einer dem eingesetzten Fernkommunikationsmittel entsprechenden Weise klar und verständlich übermittelt werden (§ 312c Absatz 1 BGB). Dies ist auf der Website möglich.
- § 1 Absatz 1 Nr. 1 – 9 der Informationspflichtverordnung müssen als Informationen alsbald, spätestens bis zur vollständigen Erfüllung des Vertrages, bei Waren spätestens bei Lieferung an den Verbraucher in Textform übermittelt werden (§ 312c Absatz 2 BGB). Dies erfolgt in Form einer schriftlichen Empfangsbestätigung der Bestellung, die nicht zwingend als Annahmeerklärung des Bestellangebots gewertet werden kann. Vor Erfüllung dieser Informationspflichten beginnt die Widerspruchsfrist nicht (§ 312d Absatz 2 BGB).
- § 1 Absatz 3 Nr. 1–4 der Informationspflichtverordnung müssen als Informationen alsbald, spätestens bis zur vollständigen Erfüllung des Vertrages, bei Waren spätestens bei Lieferung an den Verbraucher in Textform (als E-Mail) und in einer hervorgehobenen und deutlich gestalteten Form mitgeteilt werden (§ 312c Absatz 2 BGB). Vor Erfüllung der Informationspflichten beginnt die Widerspruchsfrist nicht (§ 312d Absatz 2 BGB).

12.5 Urhebergesetz

Urheberrecht (UrhG) ist ein privatrechtliches Sonderrecht, das die Eigentumsverhältnisse an Schöpfungen des menschlichen Geistes regelt. Das Urheberrecht regelt das geistige Eigentum an Werken der Literatur, Tonkunst, Bildenden Kunst und Fotografie (§§ 1, 72 Absatz 1 UrhG).

Es gibt noch andere Gesetze, die geistiges Eigentum schützen.

GLOSSAR S.466

Das GESCHMACKSMUSTERGESETZ ist ein spezielles Urhebergesetz für Muster und Modelle. Geschützt werden Farb- und Formgestaltungen gewerblicher Gegenstände, die durch Form und Gestaltung auffallen und nachahmbar sind. Wie beim Urheberschutz muss die Gestaltung das Ergebnis einer selbständigen schöpferischen Leistung sein. Typografische Schriftzeichen werden nach Maßgabe des Schriftzeichengesetzes ebenfalls geschützt. Das Patentrecht umfasst die Schutzrechte an Erfindungen.

GLOSSAR S.466

Außerdem gibt es das GEBRAUCHSMUSTERGESETZ, das ebenfalls Erfindungen schützt. Der Unterschied zwischen Patent- und Gebrauchsmustergesetz ist, dass das Gebrauchsmustergesetz Erfindungen schützt, die „auf einem erfinderischen Schritt beruhen" (§ 1 Absatz 1 Gebrauchsmustergesetz), während das Patentgesetz eine „erfinderische Tätigkeit" fordert (§ 1 Absatz 1 PatentG). Das erfinderische, technische Niveau ist beim Patentschutz deutlich höher, dementsprechend ist die Prüfung für eine Zulassung bei Patenten auch wesentlich anspruchsvoller. Der Schutz des geistigen Eigentums an Websites fällt in der Regel in den Bereich des Urheberrechts.

Urheberrechtlicher Schutz der Internetseite

Damit eine Internetseite als persönliche geistige Schöpfung qualifiziert werden kann und somit in den Schutz des Urheberrechts fällt, muss sie von einem Menschen geschaffen worden sein, individuelle Züge tragen und sich dadurch von anderen Werken unterscheiden. Außerdem muss ein gewisses Gestaltungsniveau vorliegen.

- Von einem Menschen geschaffen;
- Individuelle Züge, die Unterscheidbarkeit von anderen Werken begründen;

- Gestaltungsniveau; das Alltägliche und Handwerkliche muss deutlich überragt werden
(vgl. BGHZ, 1986, 739, 740f)

Die faktische Zusammensetzung einer Website erfordert drei Prüfungsgegenstände in Hinblick auf Urheberrecht:
- den Schutz des Quellcodes,
- den Schutz der einzelnen Bausteine einer Seite und
- den Schutz der Anordnung der Daten auf der Seite.

Der HTML-Quellcode einer Seite kann ein urheberrechtlich geschütztes Computerprogramm sein (§ 69a UrhG). Computerprogramme finden als „Sprachwerke" im Sinne des Urhebergesetzes entsprechenden Schutz (§ 69a Absatz 4 UrhG). Allerdings erfordert dies eine individuelle intellektuelle Leistung (§ 69a Absatz 3 UrhG). Sehr einfache, durch HTML-Editoren erzeugte Codes weisen dieses Merkmal nicht auf. Die Programmstruktur darf sich nicht notwendig aus der Aufgabenstellung ergeben. Das Programm muss das Ergebnis einer Transferleistung zwischen verschiedenen Formeln und Abläufen sein und sich nicht in der bloßen mechanisch-technischen Fortführung erschöpfen.

Die einzelnen Bausteine einer Seite sind geschützt, wenn ihnen eine eigenständige Werksqualität zukommt. Bei Texten sind sprachlich-inhaltlich individuelle Merkmale erforderlich. Bei Bildern, Videos und Animationen wird ein urheberrechtlicher Schutz als sachgerecht angenommen, obwohl es oft an der im Gesetzeswortlaut geforderten „Lichtbildeigenschaft" im technischen Sinne fehlt. Grafiken gelten als Werke der angewandten Kunst.

Datenbankwerke werden auch geschützt (§ 4 Absatz 2 UrhG) ebenso deren Hersteller (§§ 87a – 87e UrhG). Ein Datenbankwerk ist eine Sammlung von Werken, Daten und anderen unabhängigen Elementen, die aufgrund der Auswahl oder der Anordnung der Elemente eine persönlich geistige Schöpfung darstellen (vgl. BGHZ, 1982, S. 37, 39) zum Beispiel Börsenkurse, Sportergebnisse und Warenvergleiche. Aber auch ganzen Websites kann unter Umständen Datenbankwerkscharakter zukommen. Die Anordnung muss aus einer eigenständigen gestalterischen Leistung resultieren und nicht nur Ergebnis einer alphabetischen, numerologischen oder trivial-beliebigen Auflistung sein (vgl. BGHZ, 1954, S. 129, 130).

Für den Schutz der Website heißt dies, dass die Komposition von einzelnen Elementen, die eigenständige Werke sind, dann geschützt wird, wenn diese ihrerseits Ausdruck einer persönlichen geistigen Schöpfung ist. Dann kann sie ein so genanntes Sammelwerk oder aber Datenbankwerk sein. Eine Website wird in der Praxis bislang eher nicht urheberrechtlich geschützt. Generell **keinen** Schutz erfährt die Konzeption einer Website. Als bloße Idee fehlt es ihr an dem erforderlichen Werkcharakter.

Die Idee, die einem Werk zugrunde liegt, ist nicht geschützt (vgl. Hoeren, 2002, S. 78)

Der Urheber und seine Rechte

Der zweite Fragekomplex betrifft die **Rechte des Urhebers**, also desjenigen, der das Werk geschaffen hat (§ 7 UrhG), grundsätzlich und in Hinblick auf Nutzung seines Werkes im Internet.

Ist nicht sicher, wer überhaupt Urheber ist, gilt die Vermutung, dass das Urheberrecht im Zweifel demjenigen zusteht, der auf dem Werk oder dem Vervielfältigungsstück des Werkes als Urheber bezeichnet ist. Unabhängig von einer Registrierung (wie etwa beim Patentrecht) entsteht das Urheberrecht mit Schöpfung des Werks und endet 70 Jahre nach dem Tod des Urhebers.

Der Urheber hat so genannte **Urheberpersönlichkeitsrechte.** Diese sind nicht übertragbar. Der Inhaber eines Urheberpersönlichkeitsrechts kann darüber bestimmen, inwieweit das Werk der Öffentlichkeit zugänglich gemacht wird und kann in gewissem Umfang entstellende Manipulationen am Werk verbieten. Er verfügt außerdem über **Verwertungsrechte,** die er beschränkt oder unbeschränkt übertragen kann. Das Verwertungsrecht meint die ausschließliche Befugnis, sein Werk in körperlicher Form zu verwerten. Dies umfasst das VERVIELFÄLTIGUNGSRECHT, das VERBREITUNGSRECHT und das Recht, das Werk in unkörperlicher Form öffentlich wiederzugeben (§ 15 ff UrhG).

GLOSSAR S.466

Zum Verwertungsrecht gehört unter anderem das Recht zur VERVIELFÄLTIGUNG (§§ 15, 16 UrhG). Vervielfältigung ist die Herstellung einer

oder mehrerer Festlegungen, die geeignet sind, das Werk den menschlichen Sinnen auf irgendeine Weise wiederholt unmittelbar oder mittelbar wahrnehmbar zu machen (vgl. BGHZ, 1983, S. 208, 209). Jede Vervielfältigung bedarf der Zustimmung des Urhebers. Aber welche Handlung ist konkret Vervielfältigung? Nach kontroverser Diskussion scheint
für folgende Handlungsweisen Klarheit zu herrschen: das Laden in den
Arbeitsspeicher, das Downloading, das Uploading, Zwischenspeicher-
vorgänge auf Serverrechnern und in BROWSERPROGRAMMEN stellen Vervielfältigungen dar. Sogar das Setzen eines Links kann Vervielfältigung
sein. Um das Internet nicht durch urheberrechtliche Zustimmungs-
erfordernisse und Vergütungsansprüche lahm zu legen, trifft die so
genannte INFOSOC-RICHTLINIE der EU, die bis zum 21.6.2003 in die
nationalen Rechtsordnungen umzusetzen ist, eine Regelung für temporäre Kopien. Demnach stellen temporäre Kopien zwar Vervielfältigungen
im urheberrechtlichen Sinn dar, sind aber nicht zustimmungspflichtig,
wenn diese Vervielfältigungen dem technischen Prozess immanent sind,
für keinen anderen Zweck getätigt werden, als den rechtmäßigen
Gebrauch zu ermöglichen, und **keine eigene wirtschaftliche Bedeutung**
haben. Die Konsequenzen daraus sind Folgende: PROXY-SERVER unterliegen keinem Zustimmungserfordernis, die Speicherung im RAM oder die
Bildschirmanzeige ebenso wenig.

GLOSSAR S.466

Die **Bearbeitung** eines urheberrechtlich schutzfähigen Werks bedarf
nicht der Einwilligung des Urhebers (Ausnahme: Datenbankwerk,
§ 23 UrhG). Erst die **Verwertung** des bearbeiteten Werks ist zustimmungspflichtig.

Bei Software existieren Ausnahmen zum üblichen Zustimmungserfordernis, zum Beispiel § 69c Absatz 1 Nr.3 UrhG, § 69d Absatz 2 UrhG
oder § 69d Absatz 3, 69e UrhG. Diese Normen sehen Ausnahmen vom
Zustimmungserfordernis des Rechtsinhabers vor, wenn die ansonsten
zustimmungspflichtige Handlung für eine bestimmungsgemäße Benutzung des Computerprogramms durch jemanden erforderlich ist, der zur
Benutzung eines Vervielfältigungsstücks berechtigt ist.

▶ **Beispiel:** *Der A hat eine Software käuflich erworben. Er ist somit
Berechtigter an einem Vervielfältigungsstück. Eigentlich würde er die*

Zustimmung des Rechteinhabers benötigen, wenn er an der Software Bearbeitungen vornehmen wollte. Ist diese Bearbeitung aber für den bestimmungsgemäßen Gebrauch erforderlich, kann der A die Änderungen auch ohne Zustimmung vornehmen. Außerdem sind Handlungen zustimmungsfrei, wenn es um die Herstellung der Interoperabilität eines unabhängig geschaffenen Computerprogramms mit anderen Programmen geht (§ 69e UrhG).

Diese äußerst verkürzte Wiedergabe der in §§ 69c ff UrhG definierten Ausnahmetatbestände ist kein Ersatz für eine genaue Lektüre der Normen!

Eine Ausnahme bildet jedoch die Bearbeitung eines Datenbankwerks, hier wird die Einwilligung des Urhebers benötigt.

Das **Verwertungsrecht** des Urhebers ist Einschränkungen unterworfen. So sind die Vervielfältigung zu eigenen, privaten Zwecken (§ 53 UrhG), der Gebrauch zu wissenschaftlichen Zwecken (§ 53 Absatz 2 Nr. 1 UrhG) und zu Unterrichtszwecken (§ 53 Absatz 3 UrhG) privilegiert. Für das Herunterladen von Websites aus dem Internet gilt deswegen: Websites, die ein urheberrechtlich geschütztes Datenbankwerk darstellen, dürfen zum eigenen wissenschaftlichen Gebrauch heruntergeladen werden. Zu gewerblichen Zwecken darf dies allerdings nicht erfolgen. Auch Unterrichtszwecke sind statthaft. Als „Unterrichtszwecke" gilt aber zum Beispiel nur die Nutzung im Internet gefundener Materialien durch den Lehrer in seiner Schulklasse. Diese Ausnahme ist sehr eng auszulegen.

Vom Vervielfältigungsrecht abzugrenzen ist das **Verbreitungsrecht.**
Dies ist das Recht, das Original oder Vervielfältigungsstücke eines Werkes der Öffentlichkeit anzubieten oder in den Verkehr zu bringen (§ 17 Absatz 1 UrhG). Dieses Recht erlischt, wenn Vervielfältigungsstücke veräußert werden. Auch das Einspeisen ins Internet könnte diesem so

GLOSSAR S.466

genannten ERSCHÖPFUNGSGRUNDSATZ unterfallen. Allerdings soll sich die Erschöpfung nur auf die Verbreitung körperlicher Werkexemplare erstrecken; eine zumindest entsprechende Anwendung des Grundsatzes auf bestimmte Onlineübertragungen wird von der herrschenden Meinung für unmöglich erachtet (vgl. Hoeren, 2002, S. 103 mit weiteren Nachweisen) Somit gibt der Urheber, der sein Werk ins Internet stellt, sein exklusives Verbreitungsrecht nicht auf.

GLOSSAR S.466

▶ **Fallbeispiel:** *Der A stellt lyrische Texte einer fremden* DATENBANK *in einem Frame-Set dar und verbindet sie mit* WERBEBANNERN. *Überlegen Sie, ob dies zulässig ist oder ob dieses Vorgehen Urheberrechte verletzt.*

www.netlaw.de/
urteile/ lgk_19.htm

✍ *Lesen Sie die Entscheidung nach unter:* http://www.netlaw.de/urteile/ lgk_19.htm, (Abruf: 15.05.2002).

Die Sanktionen bzw. Folgen

Die **§§ 97 ff. UrhG** regeln die Sanktionen bei Urheberrechtsverletzungen. Gegen den Schädigenden stehen dem Urheber Unterlassungs-, Beseitigungs- und Schadensersatzansprüche zu. Außerdem Vernichtungs- und Überlassungsansprüche.

Die zustimmungspflichtige Vervielfältigung eines urheberrechtlich geschützten Werks lässt stets einen Vergütungsanspruch aufleben.

Auch strafrechtliche Sanktionen sind vorgesehen. Nach § 106 Absatz 1 UrhG droht demjenigen eine Freiheitsstrafe bis zu drei Jahren oder eine Geldstrafe, der ohne eine gesetzliche Lizenz und ohne Einwilligung des Rechteinhabers ein Werk vervielfältigt (§ 16 UrhG), verbreitet (§ 17 UrhG) oder öffentlich wiedergibt (§ 15 Absatz 2 UrhG).

▶ **Anmerkung:** *Am 9. April 2001 wurde vom EU-Ministerrat die Richtlinie zum Urheberschutz erlassen. Diese muss innerhalb von 18 Monaten von den Mitgliedsstaaten umgesetzt werden. Diese Anmerkung soll dem Studenten bewusst machen, dass er es mit einer dynamischen Materie zu tun hat, deren Aussagen ständiger Überprüfung und Aktualisierung unterzogen werden müssen.*

http://europa.
eu.int/comm/
internal_market/
de/intprop/news/
1100.htm

Lesen Sie hierzu den Artikel der Europäischen Kommission „Vorschlag für eine Richtlinie über Urheberrecht und verwandte Schutzrechte in der Informationsgesellschaft", den Sie unter nachfolgender Adresse abrufen können: http://europa.eu.int/comm/internal_market/de/intprop/news/ 1100.htm, (Abruf: 15.05.2002).

12.6 Wettbewerbsrechtliche Aspekte

Der Gesetzgeber sieht diverse Regeln vor, die grundsätzlich einen fairen Wettbewerb gewährleisten sollen und auch im Internet gewahrt werden müssen. Verschiedene Gesetze definieren das Wettbewerbsrecht (zum Beispiel Markengesetz). Unser Thema soll nun die Anwendung des **Gesetzes gegen den unlauteren Wettbewerb** (UWG) sein, das auch für den Wettbewerb auf dem digitalen Markt gilt.

Das UWG regelt das Verhältnis der Wettbewerber untereinander in Hinblick auf Werbeverhalten gegenüber dem Verbraucher und untereinander. Für einen E-Shopbetreiber sind Kenntnisse darüber, welche Werbestrategien rechtmäßig sind, und welche ihn unter Umständen unerfreulichen Abmahnungen betroffener Mitbewerber aussetzen, unerlässlich.

Wir wollen zwei Schwerpunkte bilden. Zum einen wird ein wettbewerbsrechtlicher Einblick in **Domainnamensrechte** gegeben und zum anderen wird **Werbung** unter dem Gesichtspunkt der „Unlauterkeit" betrachtet.

Die Generaltatbestände des UWG

- **§ 1 UWG:**

  Wer im geschäftlichen Verkehre zu Zwecken des Wettbewerbes Handlungen vornimmt, die gegen die guten Sitten verstoßen, kann auf Unterlassung und Schadensersatz in Anspruch genommen werden.

- **§ 3 UWG:**

  Wer im geschäftlichen Verkehr zu Zwecken des Wettbewerbs über geschäftliche Verhältnisse, insbesondere über die Beschaffenheit, den Ursprung, die Herstellungsart oder die Preisbemessung einzelner Waren oder gewerblicher Leistungen oder des gesamten Angebots, über Preislisten, über die Art des Bezugs oder die Bezugsquelle von Waren, über den Besitz von Auszeichnungen, über den Anlass oder den Zweck des Verkaufs oder über die Menge der Vorräte irreführende Angaben macht, kann auf Unterlassung der Angaben in Anspruch genommen werden. Angaben über geschäftliche Verhältnisse im Sinne des Satzes 1 sind auch Angaben im Rahmen vergleichender Werbung.

Diese beiden Normen werden in der Praxis außerordentlich oft angewendet. Die Rechtsprechung hat eine Vielzahl von Fallkonstellationen gebildet, die letztlich darüber Aufschluss geben, was unter **Sittenwidrigkeit** und **Irreführung** im Sinne des Gesetzes zu verstehen ist. Dass die beiden Normen am Anfang dieses Abschnitts präsentiert werden, bedeutet nicht, dass jede Möglichkeit der Sittenwidrigkeit und Irreführung diskutiert oder ausschließlich die Subsumtionsarbeit der Gerichte durchleuchtet wird.

Im Text soll versucht werden, die wettbewerbsrechtliche Sittenwidrigkeit (§ 1 UWG) abstrakt anhand der gebildeten Kategorien der Rechtsprechung zu erläutern und die Irreführung im Sinne des § 3 UWG mit Hilfe eines Beispielfalles zu verdeutlichen. Auf diese Weise wird die richterliche Perspektive ansatzweise transparent gemacht und praktisch demonstriert.

Wenn der Richter überprüft, ob der Lebenssachverhalt vom Gesetz betroffen wird, nimmt er sich Wort für Wort des Gesetzestextes vor und versucht die Übereinstimmung herauszufinden. Er subsumiert. § 1 UWG beginnt mit dem Wort „Wer". „Wer" ist jede natürliche aber auch juristische Person. Jeder Mensch, jede GmbH oder AG, Kommanditgesellschaft oder Anstalt des öffentlichen Rechts kann sittenwidrig handeln.

Das nächste so genannte Tatbestandsmerkmal heißt „im geschäftlichen Verkehr". Die Handlung muss also im Zusammenhang mit geschäftlicher Betätigung im Unterschied zu privater oder amtlicher erfolgt sein. Eine rein private Homepage lässt sich somit nicht an § 1 UWG messen.

Das Merkmal „zu Zwecken des Wettbewerbs" bedeutet, dass zwischen dem Schädigenden und dem Verletzten ein wirtschaftliches Wettbewerbsverhältnis bestehen muss, in welches aktiv eingegriffen wird. Das heißt, die Parteien müssen Konkurrenten im selben Marktsegment sein.

Erforderlich ist neben der Handlung auch eine entsprechende Absicht. Diese wird aber vermutet, wenn eine entsprechende Handlung vorliegt.

Doch was bedeutet „ein Verstoß gegen die guten Sitten"? Die Konkretisierung dieses Merkmals erfolgt mit Hilfe einer höchstrichterlichen Definition und der Bildung von fünf Fallgruppen. Die Definition lautet: „Es kommt auf das Anstandsgefühl des verständigen und anständigen Durchschnittsgewerbetreibenden an sowie darauf, ob die fragliche wettbewerbsrechtliche Maßnahme von der Allgemeinheit missbilligt und für untragbar angesehen wird" (BGHZ 56, 18, 19).

Der Richter ist nicht allein darauf angewiesen, dieses Anstandsgefühl eines Durchschnittsgewerbetreibenden zu fingieren

Die Rechtsprechung entwickelte fünf Fallgruppen. Ein Vorgehen ist sittenwidrig, wenn es entweder **Kundenfang, Behinderung, Ausbeutung, Rechtsbruch** oder **Marktstörung** darstellt.

Sittenwidriger Kundenfang liegt in Angst, Zwang, Belästigung, moralischer Erpressung und Schleichwerbung vor. Behinderung wendet sich eher an Mitbewerber. Zum Beispiel fallen Preiskampf, Boykott und Diskriminierung darunter. Unter Ausbeutung versteht man das Nachahmen und die Ausbeutung fremder Leistung. Rechtsbruch erklärt sich selbstredend. Ein Verstoß gegen das Fernabsatzgesetz stellt beispielsweise einen Rechtsbruch im Sinne von § 1 UWG dar.

Zur Marktstörung gehören zum Beispiel das massenhafte Verteilen von Originalware und Unter-Preis-Schlachten. Ein Unterfall der sittenwidrigen Behinderung stellte früher die so genannte **vergleichende Werbung** dar. Vergleichende Werbung ist jede Werbung, die unmittelbar oder mittelbar einen Mitbewerber oder die Erzeugnisse oder Dienstleistungen, die von einem Mitbewerber angeboten werden, erkennbar macht. Inzwischen erlaubt das Gesetz vergleichende Werbung, jedoch mit den im Folgenden aufgezeigten Grenzen .

Vergleichende Werbung verstößt gegen die guten Sitten im Sinne von § 1 UWG, wenn gemäß § 2 Absatz 2 UWG der Vergleich

- sich nicht auf Waren oder Dienstleistungen für den gleichen Bedarf oder dieselbe Zweckbestimmung bezieht;
- nicht objektiv auf eine oder mehrere wesentliche, relevante, nachprüfbare und typische Eigenschaften oder den Preis dieser Waren oder Dienstleistungen bezogen ist;
- im geschäftlichen Verkehr zu Verwechslungen zwischen dem Werbenden und einem Mitbewerber oder zwischen den von diesen angebotenen Waren oder Dienstleistungen oder den von ihnen verwendeten Kennzeichen führt;

- die Wertschätzung des von einem Mitbewerber verwendeten Kennzeichens in unlauterer Weise ausnutzt oder beeinträchtigt;
- die Waren, Dienstleistungen, Tätigkeiten oder persönlichen oder geschäftlichen Verhältnisse eines Mitbewerbers herabsetzt oder verunglimpft oder
- eine Ware oder Dienstleistung als Imitation oder Nachahmung einer unter einem geschützten Kennzeichen vertriebenen Ware oder Dienstleistung darstellt.

Nach diesen sehr theoretischen Erläuterungen folgt nun ein Beispiel zu irreführender Werbung gemäß § 3 UWG.

Der Fall wurde am 26. 5. 2000 vom Oberlandesgericht Köln entschieden und wurde in der Zeitschrift „Kommunikation & Recht", Heft 2/2001, ab S. 106 veröffentlicht.

Ein Unternehmen, das Onlinedienste anbietet, warb mit der blickfangartig besonders herausgestellten Aussage „Internet zum Festpreis". In einem Sternchenhinweis gibt es an, dass weitere 6 Pfennig pro Verbindungsaufbau und weitere 3,9 Pfennig für jede Minute Internetnutzung gezahlt werden müssen.

Das Gericht sah die Werbung des Unternehmens als irreführend an, wenn der angekündigte Festpreis tatsächlich nur den Grundpreis von 9,90 DM erfasst und die weitere Nutzung des Angebots kostenpflichtig ist.

Der Sternchenhinweis sei wettbewerbsrechtlich bedeutungslos, da er keine wahre Aussage erläutere, sondern eine irreführende unrichtige Blickfangangabe allenfalls entlarve.

Zunächst stellte das Gericht fest, dass es das Verständnis von „Festpreis" beurteilen könne, weil es potenziell auch zum umworbenen Kundenkreis gehöre.

Dann bestimmte es, wonach sich die Irreführung bemisst: nämlich nach den Gepflogenheiten des speziell betroffenen Marktsegments.

Irreführend sei „Festpreis", weil es gerade im Internetbereich suggeriere, dass damit der gesamte Zugang beglichen sei. Der Internetmarkt sei jung, aber es gebe einige Anbieter, die den Zugang zu einer einmaligen Pauschale anböten und eben keine sonstigen Gebühren erhöben. Deswegen müsse der Verbraucher nicht zwangsläufig davon ausgehen, dass „Festpreis" nur Grundgebühr bedeute, sondern könne vielmehr erwarten, damit die gesamte Leistung des Anbieters abgeglichen zu haben.

Angesichts der Blickfangwerbung durch die deutliche Herausstellung des Wortes „Festpreis" und der damit beabsichtigten flüchtigen Beurteilung des Verbrauchers sei das Sternchen nicht geeignet, die Irreführung zu entkräften.

Domainnamen

Die unten gezeigte Grafik demonstriert die praktische Relevanz von Domainnamen. Im privaten wie auch im geschäftlichen Verkehr erfreuen sie sich äußerster Beliebtheit und werden oft zu Werbezwecken benutzt. Das ARCHmatic-<u>Glossar</u> (Abruf: 20.10.2002) erklärt den Begriff „DOMAIN" folgendermaßen:

www.glossar.de/
glossar/
z_domain.htm

GLOSSAR S.466

„Jeder im Internet angeschlossene Computer wird mit einer Domain-Bezeichnung (Domain, englisch = Gebiet) angesprochen."

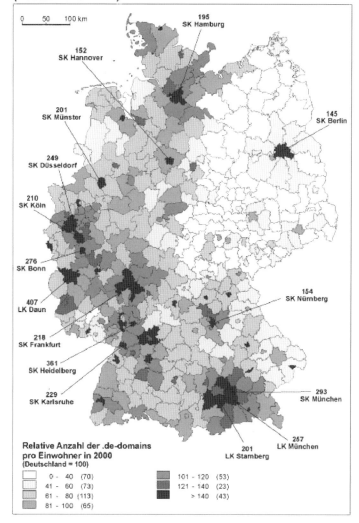

Relative Anzahl der .de-domains pro Einwohner in 2000 (Deutschland = 100)

195 SK Hamburg

152 SK Hannover

201 SK Münster

145 SK Berlin

249 SK Düsseldorf

210 SK Köln

276 SK Bonn

154 SK Nürnberg

407 LK Daun

218 SK Frankfurt

361 SK Heidelberg

229 SK Karlsruhe

293 SK München

257 LK München

201 LK Stamberg

Relative Anzahl der .de-domains
pro Einwohner in 2000
(Deutschland = 100)

0 - 40 (70)	101 - 120 (53)	
41 - 60 (73)	121 - 140 (23)	
61 - 80 (113)	> 140 (43)	
81 - 100 (65)		

Abb. 12.2:
Die Studie wurde in Zusammenarbeit mit dem Wirtschafts- und Sozialgeographischen Institut der Universität Köln durch die DeNIC (vgl. www.denic.de/index.html, Abruf: 15.05.2002) erstellt und basiert auf den Zahlen der offiziellen DeNIC-Datenbank von Ende 2000.

Die DeNIC, die als Interessenvereinigung für die Vergabe von Domainnamen mit der Top-Level-Domain „de" zuständig ist, nimmt bei der Anmeldung keine Prüfung vor, ob der Name die Rechte Dritter verletzt. Sie prüft lediglich, ob er bereits vergeben ist. Sie verlangt eine Selbstverpflichtungserklärung der Antragsteller, die Namensrechte Dritter zu prüfen (siehe § 3 Absatz 1 AGB, http://www.denic.de/doc/DENIC/agb.html, Abruf: 15.05.2002)

www.denic.de/
doc/DENIC/
agb.html

Rechte Dritter können sich aus dem Markengesetz, dem Wettbewerbsrecht (§§ 1 und 3 UWG) und firmen- bzw. namensrechtlichen Normen (§ 37 II HGB, 12 BGB) ergeben.

Nach Markengesetz werden Unternehmenskennzeichen als geschäftliche Zeichen geschützt. Jedes Unternehmen kann nach § 15 II und § 15 IV Markengesetz die Verwendung ihres Zeichens in einer Internetadresse durch einen Konkurrenten verhindern. Allerdings muss ein Konkurrenzverhältnis vorliegen. Ein Konkurrenzverhältnis wird bejaht, wenn der Eindruck entsteht, dass der Markenrechtsinhaber und der Domaininhaber zusammenarbeiten könnten. Dafür genügt unter Umständen bereits ein Verweis auf der Homepage. Voraussetzung ist allerdings, dass die Konkurrenten in einer ähnlichen Branche arbeiten. Bei Branchenverschiedenheit der Unternehmen oder der durch die Marken angesprochenen Verkehrskreise scheidet eine Verwechselungsgefahr in der Regel aus. Eine Domainregistrierung, die ohne sachlichen Grund das entsprechende Kennzeichen gebraucht, wird als Behinderung der Ausdehnung geahndet, wenn der Domainname für den Inhaber des Kennzeichens blockiert ist. Auch eine rein private Domainnutzung, die ein Kennzeichen benutzt, kann gem. § 826 BGB eine vorsätzlich sittenwidrige Schädigung darstellen und einen Schadensersatzanspruch begründen.

An dieser Stelle können nicht alle mit dem Gebrauch von Domainnamen einhergehenden Probleme erörtert werden. Wir wollen uns darauf beschränken, zwei Entscheidungen zu diesem Thema vorzustellen, die sehr relevante Probleme in diesem Bereich betreffen: Markenrecht und Namensrecht.

Verwechslungsgefahr bei Markendomain

Im ersten Fall geht es um eine eingetragene Marke, die sich durch einen ähnlichen Domainnamen einer Verwechslungsgefahr ausgesetzt sieht.

Der Fall wurde am 23. Mai 2000 vom Landgericht Köln entschieden und ist in der Zeitschrift für Urheber- und Medienrecht, Rechtsprechungsdienst (ZUM-RD) 6/2001, S. 292ff, abgedruckt.

Der WDR (Westdeutscher Rundfunk) mit der Domainadresse „wdr.de" ging gegen ein Unternehmen vor, das Internet-Dienstleistungen in den Bereichen Fachjournalismus, PR, Webdesign und Grafik anbietet, und die Domain „wdr.org" benutzt. WDR ist seit Jahrzehnten eine eingetragene Marke. Die „wdr.org" Domain besteht seit 2 Jahren; der WDR erhielt aber erst im Frühjahr 2000 davon Kenntnis und strengte sofort ein Eilverfahren an. Das „wdr.org"-Unternehmen war der Ansicht, dass keine Verwechslungsgefahr bestünde, weil „org" als andere Top-Level-Domain zur Unterscheidbarkeit beitrage, jede SUCHMASCHINE immer zuerst „wdr.de" ausgebe und ein Unterscheidungshinweis auf ihrer Website ausdrücklich vorhanden sei. Außerdem wären sie in einem anderen Bereich als der WDR tätig und der WDR habe die Verwechslungsgefahr auch viel zu spät gerügt.

GLOSSAR S.466

Das Gericht war anderer Ansicht. Es bejahte eine markenrechtliche Verwechslungsgefahr mit der Konsequenz, dass „wdr.org" die Verwendung dieser Domain untersagt wurde.

Das Gericht stützte sich auf § 14 II Ziffer 2 Markengesetz, welcher einen Unterlassungs- und Schadensersatzanspruch vorsieht:

■ **§ 14 Markengesetz**
2) Dritten ist es untersagt, ohne Zustimmung des Inhabers der Marke im geschäftlichen Verkehr
1. ein mit der Marke identisches Zeichen für Waren oder Dienstleistungen zu benutzen, die mit denjenigen identisch sind, für die sie Schutz genießt,
2. ein Zeichen zu benutzen, wenn wegen der Identität oder Ähnlichkeit des Zeichens mit der Marke und der Identität oder Ähnlichkeit der durch die Marke und das Zeichen erfassten Waren oder Dienstleistungen für das Publikum die Gefahr von Verwechslungen besteht, einschließlich der Gefahr, dass das Zeichen mit der Marke gedanklich in Verbindung gebracht wird, oder...

Es führte aus, dass der WDR nicht zu spät gehandelt habe, da er sofort nach Kenntnis der Sachlage rechtliche Schritte unternommen habe. Für eine frühere Kenntnis seien keine Anhaltspunkte vorhanden und insbesondere bestehe *„keine allgemeine Pflicht zur Beobachtung des Marktes"*.

Im Sinne des Markengesetzes bestehe Verwechslungsgefahr zwischen „WDR" und „wdr", da ja sogar Identität bestehe. *Die Angabe der Top-*

Level-Domaingruppe sei zur Abgrenzung nicht geeignet, da Internetbenutzern bekannt sei, dass nur Second-Level-Domains auf den jeweiligen Teilnehmer hinweisen. Auf Anmerkungen auf Homepages und Suchmaschinen käme es nicht an. Entscheidend sei, *ob der Benutzer Beziehungen zu dem Antragsteller herstellt, wenn er im Verkehr auf die Benutzungsform* stößt. Außerdem seien beide Parteien im weitesten Sinne journalistisch tätig (Branchenähnlichkeit).

Bestehen Internet-Domain-Namen aus Namen, Firmenbezeichnungen, Markenwörtern oder entsprechenden Abkürzungen, so stellt ihre Wiedergabe auf Bildschirmen oder in schriftlicher Form einen kennzeichenmäßigen Gebrauch im herkömmlichen Sinne dar, da sie der Verkehr ohne weiteres als Bezeichnung des über die Internet-Adresse erreichbaren Unternehmens verstehen wird

Einen Anspruch aus § 12 BGB verneinte das Gericht, weil § 12 nur den natürlichen Namen, aber keine Abkürzungen schütze.

▶ *Anmerkung: Das Urteil enthält – neben einer anschaulichen Darstellung der Argumentationsweise eines wettbewerbsrechtlichen Urteils – einige signifikante Aussagen:*
  - *Top-Level-Domain-Namen sind bei Domainstreitigkeiten zur Abgrenzung nicht geeignet. Maßgeblich sind Second-Level-Domain-Namen.*
  - *Abgestellt wird bei der Verwechselungsgefahr auf die Perspektive des Nutzers/Surfers.*
  - *Für die Einhaltung der Frist einer gerichtlichen Klärung ist entscheidend, wann der Antragsteller Kenntnis von der anderen Domain erlangt hat und nicht, seit wann diese im Netz verfügbar ist, weil keine Pflicht zur Marktbeobachtung besteht.*

Internetdomain unter Gleichnamigen

In diesem speziellen Fall geht es darum, dass sich Mitglieder derselben Familie über den Gebrauch einer Domain streiten. Die Problematik ergibt sich jedoch häufiger unter fremden Gleichnamigen.

Der Fall wurde vom Landgericht Hamburg am 1. August 2000 entschieden und ist in der Zeitschrift für Urheber- und Medienrecht, Rechtsprechungsdienst, ZUM-RD 06/2001 auf den Seiten 287ff veröffentlicht.

Das vom Modedesigner Wolfgang Joop begründete Unternehmen mit der Domain „joop.com" wendete sich gegen den Gebrauch der Domain „joop.de" durch zwei Verwandte des Modeschöpfers.

Wolfgang Joop ist seit Ende der Siebziger Jahre in seinem Metier tätig und seither einer breiten Öffentlichkeit unter seinem bürgerlichen Namen bekannt. Die Marke „Joop!" wurde 1980 eingetragen. Das Unternehmen ist Inhaber vieler Marken für Waren und Dienstleistungen, international tätig und erwirtschaftete im Jahre 1999 einen Umsatz von 600 Millionen DM. In einer Markenbekanntheitsstudie gaben 68 % der Befragten an, die Marke im Parfümbereich zu kennen. Die Inhaber der Domain „joop.de" sind Verwandte des Modeschöpfers und als Pianohändler und EDV-Dienstleister tätig. Der eine Beklagte wurde bereits 1990 bei der DeNIC, der andere 1999 eingetragen. Das Modeunternehmen forderte 1999 eine strafbewehrte Unterlassungserklärung. Das heißt, es forderte die beiden Beklagten auf, die Benutzung des Domainnamens zu unterlassen und im Falle der Zuwiderhandlung eine Strafe zu bezahlen. Da dies keinen Erfolg hatte, legte das Unternehmen Klage ein mit der Begründung, es bestehe Verwechslungsgefahr im Sinne von §§ 14 und 15 Markengesetz. Außerdem verfüge es über Priorität, weswegen ein Anspruch aus § 12 BGB gegeben sei. Das Verhalten der Beklagten stelle im Übrigen eine unlautere Irreführung (§ 3 UWG) und eine sittenwidrige Behinderung gem. § 1 UWG dar.

Das Gericht sah einen Anspruch auf Nutzungsunterlassung als gegeben an. Einen Anspruch auf Einwilligung zur Übertragung der Domain auf den Modeschöpfer jedoch nicht. Das Gericht bejahte einen Verstoß gemäß § 12 BGB und § 15 Absatz 4 Markengesetz.

■ **§ 12 BGB[Namensrecht]**

Wird das Recht zum Gebrauch eines Namens dem Berechtigten von einem anderen bestritten oder wird das Interesse des Berechtigten dadurch verletzt, dass ein anderer unbefugt den gleichen Namen gebraucht, so kann der Berechtigte von dem anderen Beseitigung der Beeinträchtigung verlangen. Sind weitere Beeinträchtigungen zu besorgen, so kann er auf Unterlassung klagen.

■ § 15 Markengesetz

Ausschließliches Recht des Inhabers einer geschäftlichen Bezeichnung; Unterlassungsanspruch; Schadensersatzanspruch

1. Der Erwerb des Schutzes einer geschäftlichen Bezeichnung gewährt ihrem Inhaber ein ausschließliches Recht.

2. Dritten ist es untersagt, die geschäftliche Bezeichnung oder ein ähnliches Zeichen im geschäftlichen Verkehr unbefugt in einer Weise zu benutzen, die geeignet ist, Verwechslungen mit der geschützten Bezeichnung hervorzurufen..

3. Handelt es sich bei der geschäftlichen Bezeichnung um eine im Inland bekannte geschäftliche Bezeichnung, so ist es Dritten ferner untersagt, die geschäftliche Bezeichnung oder ein ähnliches Zeichen im geschäftlichen Verkehr zu benutzen, wenn keine Gefahr von Verwechslungen im Sinne des Absatzes 2 besteht, soweit die Benutzung des Zeichens die Unterscheidungskraft oder die Wertschätzung der geschäftlichen Bezeichnung ohne rechtfertigenden Grund in unlauterer Weise ausnutzt oder beeinträchtigt.

4. Wer eine geschäftliche Bezeichnung oder ein ähnliches Zeichen entgegen Absatz 2 oder 3 benutzt, kann von dem Inhaber der geschäftlichen Bezeichnung auf Unterlassung in Anspruch genommen werden.

5. Wer die Verletzungshandlung vorsätzlich oder fahrlässig begeht, ist dem Inhaber der geschäftlichen Bezeichnung zum Ersatz des daraus entstandenen Schadens verpflichtet.

6. ...

Das Unternehmen „Joop!" könne deswegen **Namensschutz** gem. § 12 BGB verlangen, weil nicht nur der bürgerliche Name in § 12 BGB geschützt werde, sondern alle Kennzeichnungen, auch Firmenabkürzungen und Schlagworte.

§ 15 IV Markengesetz sei einschlägig, weil dem Unternehmen „Joop!" die notwendige **Priorität** (§ 5 II Markengesetz) zustehe, da das Unternehmen bereits seit Anfang der Siebziger Jahre geschäftlich aktiv sei. Es verfüge auch über die **erforderliche Verkehrsgeltung** und Bekanntheit. Dies sei dann der Fall, wenn ein Bekanntheitsgrad von ca. 30–40 % in der Gesamtbevölkerung erreicht wird. Internetdomains hätten neben ihrer Primärfunktion, über die Eingabe ein bestimmtes Adressfeld aufrufen zu können, eine Sekundärfunktion. Diese bestehe darin, dass der Verkehr über die Eingabe der Domain zugleich eine Zuordnung des hinter der Website stehenden Anbieters vornehmen könne. Über die Internet-Domain könne demnach das betreffende Unternehmen von anderen Unternehmen unterschieden und damit namensmäßig gekennzeichnet werden. In dieses Recht habe die Beklagten unbefugt eingegriffen. Allerdings sei der Konflikt über das **Recht der Gleichnamigen** zu lösen. Die Grundregel des Rechts der Gleichnamigen besage, dass der jüngere Namensträger, der im Prinzip ein berechtigtes Interesse an der Verwendung seines Namens vorweisen könne, alles ihm Zumutbare tun müsse, um Verwechslungen nach Möglichkeit auszuschließen. Indem die Beklagten sich den Namen als Domain eintragen ließen, der garantiert mit dem Unternehmen des Mode-Schöpfers assoziiert wird, haben sie der Verwechslung Vorschub geleistet und eben nicht alles ihnen Mögliche getan. Bei der erforderlichen Interessenabwägung ergebe sich die Notwendigkeit, dass die Beklagten den Domain-Namen mit einem unverwechselbaren Zusatz ergänzten.

Deswegen kann das Unternehmen „Joop!" die Aufgabe des Domainnamens verlangen. Den Beklagten sei es zuzumuten, sich „Pianojoop.de" oder vergleichbar zu nennen. Eine Übertragung des Domain-Namens auf das Modeunternehmen sahen die Richter jedoch nicht in dem Anspruch enthalten.

▶ **Anmerkung:** *Das Urteil behandelt das Recht der Gleichnamigen. Die Fallkonstellation, dass gleichnamige „Trittbrettfahrer" sich mit Hilfe einer Domainregistrierung die Popularität eines Prominenten zu Nutze machen wollen, ist praxisrelevant. Eine umfassende Behandlung der Rechtsprobleme beim Domainerwerb siehe Hoeren, a.a.O., S. 26ff.*

[13] SHOPPINGPORTALE UND MALLS

GLOSSAR S.466

Diese Lerneinheit beschäftigt sich mit der Analyse und der Darstellung von zwei speziellen Geschäftsmodellen im elektronischen HANDEL: POR-TALEN und MALLS. Im ersten Anschnitt werden marketingtheoretische Grundlagen wie die Funktionen des Handels erörtert und darauf aufbauend Konzepte für die Funktionsweise von virtuellen Marktplätzen vorgestellt.

In den *Abschnitten 13.1.3* und *13.1.4* erfolgt die Definition von Malls bzw. Portalen und deren Einbettung in das aus den *Lerneinheiten 1* und *2* vertraute Geschäftsmodellsystem nach Wirtz.

Abschnitt 13.2 betrachtet Malls im Hinblick auf Merkmale wie Funktionsweise, Attraktivität für E-Shop-Betreiber und stellt Beispiele dar. *Abschnitt 13.3* behandelt die gleichen Inhalte für Portale.

13.1 Marketingtheoretische Grundlagen

Bevor in dieser Lerneinheit die Geschäftsmodelle „Portal" und „Mall" einer praktischen Betrachtung unterzogen werden, müssen einige marketingtheoretische Grundlagen aufgezeigt werden. Hierzu zählen vor allem die Funktionen des Handels und die des elektronischen Marktplatzes, die in den nächsten beiden Abschnitten eingehend erläutert werden.

Funktionen des Handels

GLOSSAR S.466

Verkaufsprozess und technologische Grundlagen von E-Shops
Seite 48

Portale und Malls haben die Gemeinsamkeit, sogenannte INTERMEDIÄRE zu sein. Dieser Begriff wurde bereits in *Lerneinheit 2* definiert, als die WERTSCHÖPFUNGSKETTE in elektronischen MÄRKTEN und die dort auftretende DISINTERMEDIATION besprochen wurden. Die Disintermediation beschreibt das Phänomen der Reduzierung der Anzahl der Zwischenhändler auf dem elektronischen Markt im Gegensatz zum klassischen Handel. Doch obwohl in vielen Branchen eine Disintermediation zu beobachten ist, verkürzt sich die Wertschöpfungskette vom Händler zum Endverbraucher nicht immer, da auch weitere neue Zwischenstufen auftreten können. In diesem Fall spricht man von REINTERMEDIATION (vgl. Merz, Michael, E-Commerce und E-Business, 2. Auflage, Heidelberg 2002, S. 133ff, 589). Diese neuen Intermediäre am elektronischen Markt erweitern die Wertschöpfungskette um innovative Geschäftsmodelle, die die technischen Möglichkeiten des E-BUSINESS nutzen. Angestammte Positionen des Handels gehen verloren, wo dessen typischen Aufgabenbereiche (Funktionen) durch E-COMMERCE-Anwendungen ersetzt und optimiert werden können. Bevor Portale und Malls analysiert werden, werden die Funktionen des Handels generell betrachtet und denen des elektronischen Marktes gegenübergestellt. Darauf aufbauend wird die Rolle von Intermediären definiert.

Was ist Handel?

Handel kann als der Überbegriff des wirtschaftlichen Austauschs von Bedürfnis und Bedürfnisdeckung definiert werden (vgl. Kollmann, 2001, S. 1). Nach Kollmann „beinhaltet [Handel] eine ganze Facette von

Ausprägungen, die sich vom privaten Tausch bis zur marktlichen Koordination erstreckt". Unter marktlicher Koordination sei das kumulierte Aufeinandertreffen von Nachfrage (Bedürfnis) und Angebot (Problemlösung), der Tausch von Gütern bzw. die Abstimmung einer ganzen Reihe von wirtschaftlichen Aktivitäten zu verstehen.

Die Abgrenzung von Handel und Markt fällt nach dieser Definition schwer. Der wesentliche Unterschied ist, dass Handel Transaktionen zwischen Anbietern und Nachfragern beinhaltet und Markt die Koordinationsform für die Transaktionen darstellt.

Im Rahmen dieser Lerneinheit genügt eine kontextbezogene Definition, die Handel als Verfügbarmachung eines Produktes für den Kunden auffasst – in Abgrenzung zu Zulieferung und Produktion – (Wirtz, 2001, S. 160) und die unter Markt ein abstraktes, räumlich und zeitlich unabhängiges Modell für das Zusammentreffen von Anbietern und Nachfragern versteht. Dagegen soll der „MARKTPLATZ" als konkreter, zeitlich und räumlich beschriebener Ort für das Zusammentreffen von Anbietern und Nachfragern verstanden werden (vgl. Kollmann, 2001, S. 3).

GLOSSAR S.466

Welche Funktionen des Handels gibt es?

Funktion	Unterfunktion
Güterbereitstellung	■ Sicherstellung der Qualität der Ware: durch Güterkonzeption, -erhaltung, -kennzeichnung, Qualitätssicherung ■ Zusammenstellung eines kundengerechten Sortiments (qualitative Transformation) ■ Güterfolgeleistungen: Einweisung, Installation, Pflege, Ersatzteillieferung, Reparatur
Gewinnung von Absatz- und Beschaffungspartnern	■ Ausgleich zwischen den Interessen von Herstellern und Konsumenten: z. B. durch neutrale Aufklärung über Warenqualität und –auswahl ■ Information und Beratungsakquisition: Anbieten weiterer passender Waren
Güterumschlag	■ Transport (räumliche Transformation) ■ Lager (zeitliche Transformation) ■ Aufteilung größerer Lieferungen in kleinere Gebinde zum Verkauf (QUANTITATIVE TRANSFORMATION)
Entgelt	■ Preisbildung ■ Kredit (Zahlweise)

Tabelle 13.1: Funktionen des Handels

Quelle: siehe http://www.bmwi.de/textonly/Homepage/Unternehmen/E-Business/Handel.jsp, Abruf: 17.05.2002

Eine andere Aufteilung der Handelsfunktionen nimmt Kotler vor.

Marktphase	Funktion	Beschreibung
Informationsphase	Informationsgewinnung	Intermediäre sammeln Informationen über den Markt und die Marktteilnehmer und geben diese weiter
	Absatzförderung	Intermediäre werben für ein bestimmtes Angebot und wecken damit Kundeninteresse
	Kontaktaufnahme	Intermediäre suchen Käufer und nehmen Kontakt zu diesen auf
Vereinbarungsphase	MATCHING	Intermediäre passen das Angebot an die Nachfrage an und umgekehrt z.B. durch Sortimentsbildung und Mengenanpassung (quantitative und qualitative Transformation)
	Verhandlungen	Intermediäre führen eine endgültige Einigung über den Preis und andere Konditionen herbei.

GLOSSAR S.466

Tabelle 13.2:
Handelsfunktionen
nach Kotler

Quelle: vgl. Kotler et al., 1996; siehe auch unter http://www.corpssaxonia.de/seminararbeiten/ bwl/ Intermediaere_B2C.pdf, Abruf: 17.05.2002

Auch wenn der Handel als Endstück der Wertschöpfungskette definiert wird, übernimmt er vier wichtige Funktionen, die sich ebenfalls in Tabelle 13.1 und 13.2 wieder finden lassen: die räumliche, zeitliche, qualitative und quantitative Transformation (siehe *Lerneinheit 2*).

Seite 49

Diese dem Handel klassisch zugewiesenen Aufgaben können nur teilweise auch im E-Commerce wahrgenommen werden.

Probleme des Handels im E-Commerce

Die erste Funktion der Güterbereitstellung mit den Unterfunktionen Gewährleistung der Warenqualität, Sortimentsgestaltung und Folgeleistungen ist im E-Commerce keine Domäne des Handels mehr. Diese räumlichen und zeitlichen Transformationsleistungen können mit Hilfe des Mediums Internet sehr leicht von Herstellern und Großhändlern oder sogar vom Nachfrager selbst übernommen werden (vgl. Merz, 1996 S. 133ff).

Die Gewinnung von Absatz- und Beschaffungspartnern durch den Handel hat sich im elektronischen Geschäftsverkehr gewandelt. Mit Hilfe von Informationsnetzwerken wie dem Internet erhalten Hersteller einen direkten Zugang zum Kunden (Wirtz, 2001 S. 161). Allerdings ergeben sich auch neue Nischen. Dadurch dass der Kunde im Onlinebereich nicht passiv auf Umwerbung hofft, sondern Initiator, Preisbilder und Endverbraucher in einer Person sein kann (siehe zweistufiges AIDA-MODELL, *Lerneinheit 2),* ergeben sich für Zwischenhändler neue Mittlerfunktionen, beispielsweise als CO-SHOPPING-Plattformen, Auktionsmarktplätze oder PREISVERGLEICHER. Diese Modelle stellen virtuelle Marktplätze dar. Auch Malls und Portale zählen zu den virtuellen Marktplätzen.

↯ Seite 51

Bei der Funktion des Güterumschlags mit Transport, Lager und der quantitativer Transformation (Aufteilung großer Mengen in Endverbrauchermengen) ergeben sich durch E-Business für den Handel keine neuen Betätigungsfelder.

Durch E-Commerce nimmt der Preiswettbewerb zu, da Kunden Preise leichter vergleichen können. Folglich wird ein Produkt, das durch die Gewinnmargen verschiedener Zwischenhändler teurer ist als direkt vom Hersteller, am Onlinemarkt kaum Chancen haben.

Das Bundesministerium für Wirtschaft und Technologie analysierte die Probleme des Handels im E-Commerce. Trotz dessen Bedrohung durch Disintermediation entstehen durch E-Business auch Chancen für den Handel: „E-Business-Anwendungen unterstützen Handelsunternehmen dabei, drei wichtige Ziele zu erreichen: Kundenakquisition, Kundenbindung und Kostensenkung." (Abruf: 17.05.2002)

www.bmwi.de/text only/Homepage/ Unternehmen/ E-Business/Handel. jsp2

Zielsetzung	Optionen
Kundenakquisition	■ Marketingmaßnahmen, insbesondere über die Website ■ Neue Kundengruppen durch Onlineverkauf
Kundenbindung	■ Serviceleistungen auf der unternehmenseigenen Website ■ Elektronische NEWSLETTER
Kostensenkung	■ Kostenlose Informationsangebote im Internet ■ Kommunikation via E-Mail ■ Kostengünstige Beschaffung über das Internet

Tabelle 13.3: Ziele des Handels im Zeitalter des eCommerce

Elektronische Marktplätze

Die Definition des Marktplatzes wurde bereits gegeben: Ein Marktplatz ist ein konkreter, räumlich und zeitlich beschriebener Ort für das Zusammentreffen von Anbietern und Nachfragern. Übertragen auf den elektronischen Marktplatz sind Abstriche bei dem Merkmal der „Räumlichkeit" zu machen. Ansonsten soll diese Definition auch für elektronische Marktplätze im Rahmen dieser Lerneinheit Geltung haben.

Geschäftsmodelle und Strukturen beim Handel im Internet
☞ Seite 14

Die grundsätzliche Einteilung **virtueller Marktplätze** hat der Student bereits in *Lerneinheit 1* kennengelernt. Dies ist die Einteilung, die sich in Abhängigkeit von der Stellung der Anbieter bzw. Nachfrager im Wirtschaftskreislauf ergibt: Business-to-Consumer (**B2C**), Business-to-Business (**B2B**) und andere (vgl. Kollmann, 2001, S. 59).

GLOSSAR S.466

Die Etablierung einer Neuordnung von Marktplätzen im elektronischen Bereich ist Folge der Notwendigkeit einer Reintermediation von Handelsvermittlern: Die Zunahme an potenziellen Handelspartnern schafft für den Nachfrager Orientierungslosigkeit und Informationsasymmetrien, die ein Bedürfnis nach aktiven Marktplatzbetreibern weckt (vgl. Kollmann, 2001, S. 61).

GLOSSAR S.466

„Ein VIRTUELLER MARKTPLATZ entsteht in einem intransparenten und fragmentierten Umfeld, d.h., es sind sowohl auf der Anbieter- wie Nachfragerseite hinreichend viele Akteure vorhanden, so dass es dem Einzelnen unmöglich oder nur unter sehr hohen Kosten möglich ist, sich eine Marktübersicht zu verschaffen" (vgl. Kollmann, 2001, S. 63).

Im Business-to-Consumer-Bereich gibt es Unternehmen, die als E-Shops nicht Hersteller ihrer Artikel sind und gegenüber dem Nachfrager die vier klassischen Funktionen des Handels (zeitliche, räumliche, qualitative, quantitative Transformation) wahrnehmen. Je intransparenter und fragmentierter deren Marktsegment ist, desto eher wird aus absatzstrategischen Gründen die Anbindung an einen aktiven Marktplatzbetreiber erforderlich sein.

Intermediäre im Electronic Business haben eine wichtige Funktion in der Bereitstellung virtueller Marktplätze. Ging im klassischen Handel das Handelsgut in das Eigentum bzw. in den Besitz des Intermediärs über, so stellt der Intermediär (z.B. der Marktplatzbetreiber) im E-Commerce die in seiner DATENBANK gesammelten Informationen über Anbieter und Nachfrager zur Verfügung und bringt so die Marktakteure zusammen.

GLOSSAR S.466

Tabelle 13.4:
Koordinationsfunktion des Betreibers von virtuellen Markt-plätzen nach Kollmann

Angebotsseitige Koordinationsnachfrager	Koordinationsanbieter	Nachfrageseitige Koordinationsnachfrager
Produkte, Leistungen, Konditionen ▶		◀ Wünsche, Gesuche, Kriterien, Profile
Anbieter 1	Datenbank des	Nachfrager 1
Anbieter 2	Marktplatzbetreibers	Nachfrager 2
Anbieter 3		Nachfrager 3
Anbieter 4		Nachfrager 4
◀ Interessenten, Bestellungen Kaufabsichten, Aufträge		Objektprofile, Gebote, Alternativen, Vorschläge ▶

Quelle: vgl. Kollmann, 2001, S. 69

Folgende Vorteile ergeben sich für die Marktteilnehmer virtueller Markt-plätze:

- Erhöhung der Markttransparenz für Nachfrager
- Eröffnung neuer Absatzwege für Anbieter
- Senkung von Transaktionskosten in Such- und Informationsphase
- Senkung des Vertriebsaufwands
- Erleichterung des Kundenkontakts

An die Koordinationsleistung des Marktplatzbetreibers werden drei Anforderungen gestellt:

- Übersichtsfunktion
- Koordination von Verbundeffekten
- Koordination der Ziele in optimaler Qualität und Quantität (Matching)

Die Ware, mit der der Marktplatzbetreiber handelt, sind Informationen. Er muss Informationen sammeln, diese aufbereiten und nachfragespe-zifiziert zur Verfügung stellen (Informationsintermediär). Kollmann spricht von „themenspezifischer Bündelung von Informationsströmen" (vgl. Kollmann, 2001, S. 71). In Hinblick auf Information üben aufgrund der tripolaren Struktur virtueller Marktplätze Anbieter und Nachfrager von Waren und Dienstleistungen die Koordinationsnachfrage aus, während der Marktplatzbetreiber die **Koordinations- und Übersichtsfunktion** übernimmt (vgl. Kollmann, 2001, S. 71).

Die **Koordination von Verbundeffekten** gestaltet sich auf virtuellen Marktplätzen anders als auf traditionellen. Ein traditioneller Markt ist real und räumlich. Sein Nutzen zeichnet sich durch direkte Kontaktmöglichkeit möglichst zahlreicher Anbieter und Nachfrager aus. Kommen zwischen den Anbietern und Nachfragern Transaktionsaktivitäten zustande, wirken sich diese qualitativ nur zwischen den unmittelbar beteiligten Akteuren aus. „Bei virtuellen Marktplätzen besteht die Verbundstruktur nicht aus einzelnen isolierten Datenleitungen, sondern vielmehr steht der virtuelle Marktplatz als gemeinsame Plattform im Mittelpunkt der Systemarchitektur" (vgl. Kollmann, 2001, S. 72f). Der Marktplatz stellt die gemeinsame Schnittmenge der Beteiligten dar. Transaktionen zwischen zwei Akteuren bewirken deswegen eine qualitative Veränderung des „Pools", von der alle Marktteilnehmer profitieren können. Bei gelungener Koordination dieser Verbundseffekte kann bereits ein kleiner spezialisierter Marktplatz mit wenigen Teilnehmern für diese sehr attraktiv sein. Beispiele für die Systemarchitektur virtueller Marktplätze finden sich bei Wirtz (vgl. Wirtz, 2001, S. 332). Transaktionsmechanismen virtueller Märkte sind demnach das Schwarze Brett, der KATALOG, die AUKTION und die BÖRSE.

GLOSSAR S.466

Die eigentliche Koordinationsleistung eines virtuellen Marktplatzbetreibers besteht darin einzelne Koordinationsziele in Quantität und Qualität in Übereinstimmung zu bringen (Angebot und Nachfrage). Dieser Prozess wird auch Matching genannt.

Virtuelle Marktplätze können horizontal und vertikal ausgestaltet sein.

Unter **vertikalen** virtuellen Marktplätzen werden Handelsplattformen verstanden, welche die gesamte Wertschöpfungskette einer meist geschlossenen Nutzergruppe abdecken und die für die jeweilige Branche spezifischen Handelslösungen anbieten.

Unter **horizontalen** virtuellen Marktplätzen werden Handelsplattformen verstanden, welche sich auf einen bestimmten Punkt der Wertschöpfungskette für eine offene Nutzergruppe konzentrieren (z.B.
Beschaffung) und damit branchenübergreifende Handelslösungen
anbieten. (vgl. Kollmann, 2001, S. 83f).

- Beispiele für vertikale Marktplätze: Covisint, Aeroexchange, MetalSite
- Beispiele für horizontale Marktplätze: Mercateo.com, eLance

www.bmwi.de/text
only/Homepage/
Unternehmen/
E-Business/Markt
plaetze.jsp

Einen kurzen lesenswerten Beitrag zum Thema „Elektronische Marktplätze" liefert das Bundesministerium für Wirtschaft und Technologie auf
seiner Website (Abruf 17.05.2002).

Malls

Im Kontext der marketingtheoretischen Grundlagen soll nun das
Geschäftskonzept der Malls untersucht werden. Anknüpfungspunkte
hierfür sind deren Stellung innerhalb des E-Commerce unter Berücksichtigung der Handelsfunktionen und deren Einordnung in das in *Lerneinheit 1* besprochene Geschäftsmodellsystem.

Geschäftsmodelle
und Strukturen
beim Handel im
Internet
Seite 14

Malls im E-Commerce

GLOSSAR S.466

Eine ELECTRONIC MALL ist ein virtuelles Shopping- und Dienstleistungs-
zentrum, in dem mehrere elektronische Einzelhandelsmärkte präsent
sind und die möglichst unter einheitlicher Oberfläche und Bedienungs-
logik auftreten (Fraunhofer Institut Arbeitswirtschaft und Organisation,
Electronic Commerce, Stuttgart 1998, S. 84).

Bei der Analyse der Handelsfunktionen von Malls sollte beachtet werden, dass sie zum einen gegenüber Einzelhändlern (E-Shops) auftreten
und zum anderen auch Funktionen gegenüber Endverbrauchern erfüllen.
Somit agieren sie im B2B- und im B2C-Bereich.

Bei der folgenden Untersuchung der einzelnen Handelsfunktionen
wird die Aufstellung nach Kotler (siehe Tabelle 13.2) zugrunde gelegt.

Funktion des Handels	Mall
Informationsgewinnung	E-Malls sammeln Daten über ihren Besucherverkehr (TRAFFIC). Dies ermöglicht ihnen die Erstellung von NUTZERPROFILEN und die PERSONALISIERUNG der Website. Kundendaten können auch bei zentral durchgeführten Marketingaktionen wie EVENT-SHOPPING gesammelt werden. Solange diese Daten anonym erhoben und verwaltet werden, muss beim Nutzer nicht um sein Einverständnis ersucht werden. Auf diese Weise sammeln Malls Informationen, die ihnen selbst, den verbundenen E-Shops und durch Personalisierung des Angebots sowie der Webseiten auch den Endverbrauchern zugute kommen. In gezielten Marketingaktionen können ausgewählten Endverbrauchern Produktinformationen vermittelt werden. Zudem stellen E-Malls oft einen Metakatalog, ein Anbieterverzeichnis oder eine Gesamtsuchfunktion zur Verfügung. Diese Dienstleistungen kann wiederum als eine selbständige Handelsware verstanden werden.
Absatzförderung	Malls organisieren sich in unterschiedlicher Weise. Sie bestehen als virtuelle Einkaufscenter, die den Absatz der ihnen angeschlossenen E-Shops u.a. dadurch erhöhen, dass ein Nutzer, wenn er die virtuelle Pforte durchschritten hat, an Shops vorbeigeführt wird, die sonst seiner Aufmerksamkeit entgangen wären. Malls existieren allerdings auch als virtuelle Repräsentanzen realer Geschäfte und fördern deren Absatz durch eine erweiterte Produktpräsentation und Informationsstreuung. Sie führen konzertierte Marketingaktionen durch, die helfen den Absatz der angeschlossenen E-Shops zu erhöhen, und sich dadurch selbst als Marktplatz für neue Unternehmen und Werbepartner attraktiver machen.
Kontaktaufnahme	Regionen präsentieren sich oft als Mall, um die regionale Wirtschaft und zunehmend auch Verwaltung zu bewerben. Malls suchen den aktiven Kontakt zu Kunden durch Werbeaktionen.
Matching	Nach der in dieser Lerneinheit bereits vorgenommenen Definition (siehe *13.1.2*) bedeutet Matching das Verfügbarmachen von Information zum Zwecke der optimalen Zusammenführung von Angebot und Nachfrage in quantitativer und qualitativer Hinsicht. Qualitativ erreichen Malls eine größere Nähe interessierter Nachfrager durch eine themenorientierte Organisation der Mall.
Verhandlungen	Gegenüber Endverbrauchern verfügen Malls oft über spezielle Preisfindungsmechanismen wie zum Beispiel Auktionen oder Börsen.
Physische DISTRIBUTION	Es existieren Malls, die für ihre angeschlossenen E-Shops Auslieferungslager unterhalten und sämtliche logistischen Prozesse übernehmen. Die Lieferung selbst wird jedoch nicht von Malls, sondern von Lieferdiensten wie der Post, UPS oder dem HERMES-Lieferdienst übernommen.
Finanzierung, Zahlungsverkehr	Malls übernehmen oftmals eine einheitliche Abwicklung der Bezahlung; Clearing, INKASSO oder Bonitätsprüfungen
Risikoübernahme	Durch die Übernahme der Zahlungsabwicklung und Bonitätsprüfung tragen Malls einen großen Teil des Unternehmerrisikos. Vor der Ausübung seines Widerrufsrechts durch den Kunden können sie die integrierten E-Shops allerdings nicht schützen.

GLOSSAR S.466

GLOSSAR S.466

Tabelle 13.5:
Malls im E-Commerce

Ein gutes Beispiel für eine Electronic Mall ist Amazon.com.

E-Malls innerhalb des Geschäftsmodellsystems nach Wirtz

Anhand des Beispiels Amazon.com wird die Einbettung einer Electronic Mall in das Geschäftsmodellsystem nach Wirtz erklärt (vgl. Wirtz, 2001, S. 241).

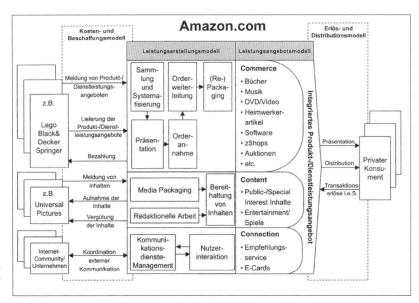

Abbildung 13.1: E-Malls im Geschäfts-modellsystem am Beispiel von Amazon.com

GLOSSAR S.466

Die Abbildung zeigt die Wertschöpfung von Amazon.com. Demnach bietet Amazon.com verschiedene Leistungen in den Bereichen COMMERCE, CONTENT und CONNECTION an (LEISTUNGSANGEBOTSMODELL). Von den Zulieferern werden im Bereich Commerce Produkte und/oder Dienstleistungen erworben (Kosten- und BESCHAFFUNGSMODELL). Diese werden gesammelt, systematisiert, präsentiert und nach der Bestellungsaufnahme verpackt und an den Kunden versandt (LEISTUNGSERSTELLUNGSMODELL). Der Kunde bezahlt das empfangene Leistungsbündel. (Erlös- und DISTRIBUTIONSMODELL).

Im Bereich Content (Leistungsangebotsmodell) erwirbt Amazon.com von seinen Zulieferern Inhalte, wie zum Beispiel Spiele oder Special Interest Inhalte. Diese werden redaktionell aufgearbeitet (Leistungserstellungsmodell) und dem Endverbraucher zur Verfügung gestellt, z.B. als kostenpflichtige Rubrik auf der Website (Erlös- und Distributionsmodell).

Portale

Im Folgenden werden Portale im Hinblick auf ihre Rolle im E-Commerce untersucht und anschließend ebenfalls in das Geschäftsmodellsystem nach Wirtz eingebunden.

Portale im E-Commerce

Eine einheitliche Definition des Begriffs Portal existiert nicht (vgl. Merz, 2002, S. 288). Merz zitiert u.a. die folgende:

„Ein Portal ist eine hochfrequente Einstiegsseite ins Web, die Anwendern, die sich von der Informationsflut überfordert fühlen, eine kostenlose Einstiegs- und Orientierungshilfe bietet." Laut einer Ovum Studie „Enterprise Portals: New Strategies for Information Delivery" aus dem Juni 2000, die Merz zitiert, werden acht Funktionen für Portale beschrieben: NAVIGATION, Datenintegration, Personalisierung, Notifikation, Wissensmanagement, Workflow, Anwendungsintegration und Infrastrukturdienste.

GLOSSAR S.466

Doch welche Rolle spielen Portale im Handel?

Funktion des Handels	Portal
Informationsgewinnung	Es existieren reine Informationsportale, die der Kundeninformation dienen. Dadurch, dass diese Seiten stark frequentiert sind, ist auch die Sammlung von Benutzerdaten leicht durchführbar, so dass Informationsportale nicht nur Informationen weitergeben, sondern auch gewinnen.
Absatzförderung	Da Portale eine Orientierungshilfe bieten, weisen sie den Weg zu kommerziellen Seiten und helfen dadurch deren Umsatz zu steigern. Portale sind wegen ihres hohen Traffics als Werbeplattformen beliebt, was ebenfalls den Absatz der beworbenen Unternehmen steigert. Portale selbst können auch so genannte Transaktionsportale bzw. E-Shops sein und Absatzförderung in eigener Sache betreiben.
Kontaktaufnahme	Aufgrund seiner Funktion als Orientierungshilfe wird der Kontakt zu Portalen von Kunden stark gesucht. Der Nachfrager nimmt aktiv Kontakt mit dem Unternehmen auf.
Matching	Die Aufgabe von Portalen besteht u.a. darin, die nötigen Informationen für eine effiziente Zusammenführung von Anbietern und Nachfragern zu liefern.
Verhandlungen	Portale bieten auch Preisfindungsverfahren wie Auktionen an.
Physische Distribution	Portale erbringen Distributionsleistung. Allerdings wird meist auf externe Lieferdienste zurückgegriffen.
Finanzierung, Zahlungsverkehr	Durch Vermieten von Werbeflächen und Aufnahme von E-Commerce-Anwendungen generieren Portale Einkünfte.
Risikoübernahme	Portale versuchen, eine Oberfläche zu schaffen, die für andere Unternehmen attraktiv ist, Zusatzdienste anzubieten. Ein Zusatzdienst kann in der Bereitstellung von Risikoübernahme liegen.

Tabelle 13.6: Erfüllung der klassischen Handelsfunktionen durch Portale

GLOSSAR S.466

Portale bieten inzwischen – nachdem sie oftmals als reine SUCHMASCHINEN oder Internetkataloge starteten – durch eine Kombination von Basis- und Komplementärleistungen ein konkurrenzfähiges Systemprodukt an. (vgl. Geipel, 2000, S. 19)

Portale innerhalb des Geschäftsmodellsystems nach Wirtz

Das Leistungsangebot von Yahoo.com beinhaltet, wie Abbildung 13. 2 zeigt, alle vier Leistungsangebote des **4-C-Net-Business-Modells: Context, Content, Commerce** und **Connection.** Zusätzlich zum Leistungs

GLOSSAR S.466

angebot des Mallkonzeptes bietet das Portal Yahoo.com auch CONTEXT an. Context-Anbieter klassifizieren und systematisieren die im Internet ver fügbaren elektronischen Informationen (vgl. Wirtz, 2001, S. 243). Ihre Funktion ist die Navigation durch das Internet. Dadurch dass die Besucherzahlen auf Portal-Sites wie Yahoo.com relativ groß sind, versuchen Portale durch erweiterte Leistungsangebote Umsatz zu generieren. Yahoo.com erweiterte sein Angebot um Content, Commerce, Connection und Werbung. Somit lässt sich wiederum feststellen, dass auch Portale inzwischen vielfältige Handelsfunktionen erfüllen. Der einzige signifikante Unterschied zum Leistungsangebot der Malls stellt die kontextbezogene Informationssuche dar.

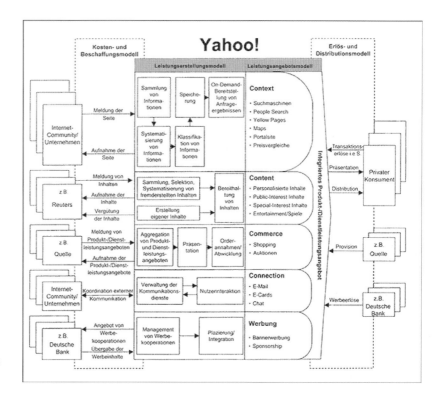

Abbildung 13.3: Portale Geschäfts-modellesystem am Beispiel von Yahoo.com (vgl. Wirtz, 2001, S. 250)

13.2 Praktische Betrachtung des Geschäftsmodells „Mall"

Nachdem der vorhergehende Abschnitt *(13.1)* das nötige Theoriegebäude vermittelt, werden in diesem Kapitel *(13.2)* nun Beispiele *(13.2.1)*, Merkmale *(13.2.2)* und Attraktivität in Hinblick auf eine Teilnahme als E-Shop-Betreiber *(13.2.3)* am Geschäftsmodell Mall erörtert.

Beispiel für Electronic Malls

Malls können die folgenden Funktionen erfüllen:
- **virtuelle Kaufhäuser**
- **Repräsentation von Regionen**

Als virtuelle Kaufhäuser kommen Malls in Gestalt von Internet-Repräsentanzen realer Einkaufsmalls vor und ergänzen diese somit durch eine weitere Absatzquelle. Z.B. http://www.dubaishoppingmalls.com (Abruf: 23.05.2002)

www.dubai
shoppingmalls.com

Oft sind Electronic Malls jedoch reine Internetkaufhäuser, die auf keinem realen Geschäft basieren. Das Beispiel Amazon.com wurde bereits aufgeführt. Weitere Beispiele für dieses Geschäftsmodell sind:

www.netzmarkt.de

- http://www.netzmarkt.de (Abruf: 24.05.2002). Netzmarkt arbeitet mit verschiedenen selbständigen Shops zusammen zum Beispiel dem Versandhaus Neckermann.

www.webmart.de
www.shopping.
24.de

- http://www.webmart.de (Abruf: 24.05.2002).
- http://www.shopping.24.de (Abruf: 24.05.2002) gehört zum Otto-Konzern, beinhaltet aber auch Shops von nichtkonzernzugehörigen Versendern

Beispiele für regionale „Malls", die teilweise auch Funktionen von Portalen übernehmen, sind:

www.baynet.de/
CDA_VMB_PL_
Portal/1,3565,,00.
html

- http://www.baynet.de/CDA_VMB_PL_Portal/1,3565,,00.html (Abruf: 23.05.2002).

www.berlin.de/
home/.html/
index.html

- http://www.berlin.de/home/.html/index.html (Abruf: 24.05.2002)

Beispielsweise bietet Baynet.de themenbezogenen Content und E-Commerce an. Es wendet sich an die Bewohner Bayerns. Auch ein Behördenwegweiser ist angeschlossen. Baynet.de liefert eine themenspezifische Navigations- und Agglomerationsleistung. Diese Kontext-Leistung klassifiziert diese Website zu einem Portal mit weiteren angeschlossenen Leistungsangeboten wie E-Commerce.

Ein Beispiel für eine „reine" regionale Mall ist z.B. für die Region Hamburg zu finden: http://www.hamburg-shopping.de (Abruf: 23.10.2002)

www.hamburg-shopping.de

Regionale Malls spezialisieren sich auf Händler einer Region und auf regionale Angebote.

GLOSSAR S.466

Im Unterschied hierzu nehmen GLOBALE MALLS jeden Händler auf, vorausgesetzt der Store eignet sich für den geplanten Sortimentsrahmen.

Merkmale

Verschiedene Anbieter unterschiedlichster Waren sind in Shopping Malls unter einem „Dach" vereint.

Für ein optimales Umfeld ist der Betreiber der Shopping Mall verantwortlich. So unterstützt er Anbieter bei der Einrichtung der Shops, er kann sie aber auch von der Shopping Mall ausschließen, z.B. wenn bestimmte Qualitätsanforderungen nicht erfüllt werden Die Auswahl der integrierten Shops kann nach dem Prinzip der „gegenseitigen Ergänzung" oder nach dem Prinzip „Jeder, der möchte" vorgenommen werden. Im Unterschied zu den real existierenden Shopping Malls finden sich in den virtuellen Shopping Malls oftmals zahlreiche Zusatzangebote, wie im Beispiel von Shopping24, Informationen zu Jobs, Promotionangebote oder Newsletter. Die Bestellung von Artikeln erfolgt in der Regel auch bei

GLOSSAR S.466

den Shopping Malls über den virtuellen WARENKORB.

Das Verfahren zum Bezahlen der Waren gibt der jeweilige Shopbetreiber meist vor. Die gängigsten Zahlungsverfahren sind Nachnahme, das Bezahlen mittels Kreditkarte, teilweise aber auch per Rechnung oder Scheck.

GLOSSAR S.466

Ziel ist es, wie in einem Kaufhaus ein ONE-STOP-SHOPPING mit der Möglichkeit der übergreifenden Produktsuche zu realisieren. Durch das gemeinsame Layout und die gleich bleibende Navigation wird der Eindruck erzielt, dass der Kunde sich in einem großen E-Shop bewegt und

GLOSSAR S.466

damit ein unbewusstes anbieterübergreifendes CROSS SELLING erreicht.

Eine Spielart der Electronic Shopping Mall stellt das so genannte **Event Shopping** dar. Ausgangspunkt des Dienstes sind Ereignisse, wie Geschäftsreise oder Hochzeit, zu denen vorstrukturierte und ereignisbezogene Angebotspakete existieren, die im Verlauf eines Beratungsdialoges an die konkrete Situation des Kunden angepasst werden. Die Anpassung erfolgt über eine Reihe von Fragen, die der Benutzer explizit beantworten muss. Darüber hinaus ist das System in der Lage, aus den Antworten des Kunden implizit weitere Sachverhalte abzuleiten, nämlich einerseits über Abhängigkeiten, die zwischen eng korrelierten Fragen bestehen, und andererseits mittels einer Suche nach Ähnlichkeiten in einer Fallbasis. Als Ergebnis der Beratung stellt das System dem Kunden anbieterübergreifend ein maßgeschneidertes Produktbündel zusammen (CROSS SHOPPING).

Die Herausforderung des Event Shopping liegt in der organisatorischen und technischen Umsetzung der Beratung, in der verschiedene Arten des Wissens, wie Kundenwissen, Beratungswissen und Sortimentswissen zu einem Beratungsergebnis verknüpft werden.

Ob sich mit Online Shopping Malls tatsächlich ein zusätzlicher Nutzen für die Anbieter und Nachfrager realisieren lässt, ist gegenwärtig sehr umstritten. Die Befürworter des Konzepts betonen zum einen, dass die Bündelung der Angebote unter einer elektronischen Adresse attraktiver für die Nachfrager ist, weil z.B. langwieriges Suchen nicht mehr notwendig ist und der Einkauf unterschiedlicher Produkte vereinfacht wird. Zum anderen sinken durch den Verbund die Werbungskosten der Anbieter, so werden z.B. Promotionskampagnen oftmals von den Mallbetreibern initiiert und durchgeführt. In vielen Fällen kann auch die technische Infrastruktur gemeinsam genutzt werden und der Mallbetreiber Shopping- und Zahlungssysteme zur Verfügung stellen.

Die Gegner argumentieren, dass im Internet die Anhäufung, die Agglomeration, von unterschiedlichen Angeboten keineswegs den Einkauf unterstützt. Schließlich ist die Konkurrenz nur einen Mausklick entfernt. Die Kunden müssen keineswegs lange Wege auf sich nehmen, um andere Einkaufszentren zu erreichen. Die elektronische Einkaufswelt leidet nicht unter Verkehrsproblemen, Parkgebühren und kurzen Öffnungszeiten. Hier zählen Preisvorteile, Attraktivität des Angebotes und Kundenservice.

Sehr ausführlich werden die Vor- und Nachteile des Mallkonzeptes in dem Artikel „Bringt der Handel über Online-Shopping-Malls für den Anbieter Vorteile?" unter http://www.ecin.de/fragen-antworten/frage-16/ (Abruf: 30.05.2002) diskutiert.

www.ecin.de/
fragen-antworten/
frage-16/

Es gibt für E-Mallbetreiber mehrere Möglichkeiten Erlöse zu generieren:
- umsatzabhängige Prozentgröße als Provision (2 – 6 %)
- monatliche Gebühr je nach Umfang und Leistung ca. 1500 – 4500 € (z.B Netzmarkt.de)
- BANNERWERBUNG auf den Seiten der E-Shops und der Shopumgebung

GLOSSAR S.466

Vor- und Nachteile für E-Shopumsätze durch die Teilnahme an Shopping Malls

Grundvoraussetzung für das Verkaufen von Produkten in einem E-Shop ist, dass potentielle Kunden die Shop-Website kennen und besuchen. Im Sinne der Nutzung einer Webseite wird auch der Begriff Traffic verwandt. Durch die Generierung von qualifiziertem Traffic in einer erfolgreichen E-Mall können teilnehmende E-Shops langfristig mit gesteigerten Nutzerzahlen und folglich auch mit gesteigerten Umsätzen rechnen.

Es bleibt jedoch die Frage offen, in welchen Fällen E-Malls „Trafficmultiplikatoren" für einen bestimmten E-Shop darstellen können.

Shopping Malls bündeln die Anbieter verschiedenster Produkte unter einem gemeinsamen URL. Wird lediglich der Kauf eines einzelnen Produktes betrachtet, so sind die Geschäftsprozesse ähnlich denen in einem

GLOSSAR S.466

einfachen E-Shop. Erst bei Onlinekäufen von mehreren Artikeln verschiedenster Art profitieren die E-Shopanbieter von der Möglichkeit des Kunden, in einer Shopping Mall im vereinfachten Sinne „bummeln" zu gehen.

Des Weiteren beinhalten die Leistungen des Shopping-Malls-Betreiber oftmals gemeinsame Marketingaktionen, durch die auch der integrierte E-Shop profitiert. Die Kosten für die Werbung sind durch den Verbund der Shops oft erheblich geringer als die von Einzelkampagnen der einzelnen E-Shops.

Da in den meisten Fällen der E-Mallbetreiber eine gemeinsame technische Plattform anbietet, wird durch die Kategorisierung des Artikelangebotes den Kunden die Möglichkeit zu einer schnellen Navigation zu Angeboten verschiedenster E-Shops geboten, da die Navigationsstruktur für alle E-Shops gleich ist. Durch den zentral gehaltenen Artikelbestand aller E-Shops sind meist auch Volltextsuchen möglich.

Seite 358

Partnerprogramme (siehe *Lerneinheit 11),* Bonussysteme oder die Vergabe von Kundenkarten werden zentral von einer Stelle aus entwickelt und angeboten. Das spart Entwicklungskosten für eigene, technische Lösungen zur Kundenbindung und erhöht die Reichweite

Im Folgenden werden die Vorteile und Möglichkeiten einer elektronischen Shopping Mall noch einmal zusammengefasst:

- Globale Produktsuche über alle Shops
- Volltextsuche
- Katalogsuche

GLOSSAR S.466

- Gemeinsames MARKETING
- Partnerprogramme
- Kundenkartenintegration
- Bonussysteme
- geringere technische Entwicklungskosten des E-Shops

Natürlich kann die Teilnahme an Mallkonzepten auch **Nachteile** haben.

Schafft es ein E-Shop-Betreiber, mit einem sehr spezialisierten Angebotssegment und durch ein gutes Ranking bei Suchmaschinen (siehe

Seite 352

Lerneinheit 11) selbständig qualifizierten Traffic zu erreichen, so lohnt

sich die Teilnahme an einem E-Mallkonzept meist nicht. Ist demgegenüber die Konkurrenz in dem jeweiligen Marktsegment sehr groß, kann es
sehr viel Aufwand verursachen, durch eigene Marketingmaßnahmen
qualifizierten Traffic auf den E-Shop zu lenken, da hier der Wettbe-
werbsdruck – z.B. hinsichtlich dem Ranking in Suchmaschinen –
wesentlich höher ist. Eine Präsenz in E-Malls wäre in diesem Fall sinnvoll.

GLOSSAR S.466

Ein Nachteil von E-Malls ist, dass das LAYOUT nicht optimal an die
eigene CORPORATE IDENTITY angepasst werden kann, bzw. dieses grenzt
sich durch die gemeinsame Basis nicht genügend von Konkurrenten ab.
Im Nachteil sind durch die vereinheitlichte Technologie auch E-Shops
mit hochkomplexen Produktartikeln mit der Möglichkeit zur Konfiguration, denn oftmals können Standardwarenkorbsysteme Konfigurationsmöglichkeiten nicht realisieren.

Trotz dieser Nachteile kann das E-Mallkonzept für einige E-Shops
gewinnbringend sein. Gerade unbekannten E-Shops wird es zunehmend
schwerer fallen, ausreichend qualifizierten Traffic auf die eigene Seite zu
bringen. Für sie bietet das E-Mallkozept eine vorteilhafte Alternative.

13.3 Praktische Betrachtung des Geschäftsmodells „Portal"

Nun werden Beispiele gegeben und Portale in Hinblick auf praktische Merkmale und Umsatzchancen für angeschlossene E-Shops untersucht.

Beispiele für Portale

Geschäftsmodelle und Strukturen beim Handel im Internet
Seite 14

www.abseits.de/portale.htm

GLOSSAR S.466

Portale kommen in den unterschiedlichsten Varianten vor und vereinen zahlreiche Geschäftsmodelle in sich. Kennzeichnend für sie ist stets die angebotene Kontext-Leistung (siehe *Lerneinheit 1),* die in Verbindung mit anderen Leistungen angeboten werden kann.

Folgende Portale werden unterschieden (vgl. http://www.abseits.de/portale.htm, Abruf: 30.05.2002):

- VERTIKALE PORTALE, auch VORTAL genannt
- MEGA PORTALE
- ENTERPRISE INFORMATION PORTAL (EIP)
- EXPERTEN-PORTALE
- GOVERNMENT PORTAL
- HOCHLEISTUNGSPORTAL
- EMPLOYEE PORTAL, auch B2E, Knowledge Portal
- NISCHENPORTALE
- Shopping-Portale

Folgende E-Commerce-Unternehmen werden als Portal-Sites klassifiziert:
- http://www.yahoo.de
- http://www.excite.com
- http://www.msn.de
- http://www.aol.com
- http://www.lycos.com

Vertikale Portale wenden sich an eine Branche oder einen Industriezweig wie z.B. den Maschinenbau. Mega Portale sind Portale wie Yahoo und Lycos, die sich an ein Massenpublikum richten. Enterprise-Information Portale (EIP) sind Portale auf Unternehmens-Websites, die sich an die eigenen Mitarbeiter und Partner wenden. Dabei können Kunden, Lieferanten und Aktionäre neben den Mitarbeitern des Unternehmens Internet-Seiten gestalten und mit integrierten Redaktionssystemen arbeiten. Beispiele für EIPs sind das Sage Business Portal (http://www.sage.com) und http://www.bewag.de. EIPs integrieren Internet und INTRANETS. Mit Hilfe der EIPs können Unternehmen Partnern diverse Informationen bereitstellen. Dazu gehören z.B. Werksnormen und Vorschriften, Dokumentationen, Qualitätssicherungshandbücher, Software-Freigaben und Schulungsunterlagen.

www.sage.com
www.bewag.de

GLOSSAR S.466

Merkmale

Es gibt verschiedene Quellen, aus denen sich Portale finanzieren. Als die wichtigsten Einnahmequellen insbesondere für Shoppingportale sollen hier Aufnahme- und monatliche Teilnahmegebühren sowie Marktforschung und Werbung genannt werden.

Grundvoraussetzung für die Aufnahme eines E-Shops in die Strukturen von Shoppingportalen ist in den meisten Fällen die so genannte **Setup Fee (Aufnahmegebühr)**. Diese kann sich von 250 Euro bis mehreren tausend Euro bewegen. Setup Fees und monatliche Gebühren müssen genau geprüft und mit der Anzahl der VISITS des Portals gegenübergestellt und verglichen werden. Zudem fallen für den Portalteilnehmer auch Kosten der E-Shopintegration an, die sich die Portalbetreiber meist zu marktüblichen Stundensätzen vergüten lassen.

GLOSSAR S.466

Eine weitere wichtige Finanzierungsquelle der Shoppingportale ist die **regelmäßige Marktforschung.** Gerade vertikale Portale, die auf Produktdatenbanken basieren, haben die Möglichkeit, das Verhalten der Kunden genau zu recherchieren. Solange sie dabei die Daten ausschließlich anonymisiert auswerten, ist diese Methode auch aus datenschutzrechtlichen Gesichtspunkten zulässig.

Besonders nachgefragt werden von der Industrie Marktforschungs-berichte für verschiedene Kundensegmente. Dadurch soll die Erstellung präziser Nachfragerprofile möglich gemacht werden, für die dann von den Herstellern ein zielgerichtetes Produktangebot konzipiert wird.

Mit Hilfe von Abgrenzungsfaktoren wie Alter, Hobbys, Einkommen und bisherigen Kaufgewohnheiten werden Kundensegmente gebildet. Außerdem wird nach einem Kauf (Shopping Mall) oder einer Kaufver-mittlung (Preisvergleich) überprüft, nach welchen Kriterien der Kunde bei der Produktauswahl vorgegangen ist.

In die Kaufentscheidung fließt nicht nur der Preise sondern auch die Gewichtung von verschiedenen Produkteigenschaften ein. Die Auswer-tung von Logfiles sowie die Methoden des Data-Mining ermöglichen eine komplexe Segmentbildung, die für die Produkthersteller wichtige Hin-weise über Kundenbedürfnisse enthält. Bei der Segmentierung von Handykäufern könnten die Kundensegmente wie in Tabelle 13.8 charak-terisiert sein:

Kundensegment	Einkommen	Wichtig	Unwichtig
18–24 Jahre (75 %)	250–750,– Euro	Herstellerimage Spracherkennung großes Display Preis	WAP Gewicht Bandtypen
18–24 Jahre (5 %)	750–1250,– Euro	Herstellerimage Design Akkulaufzeit Bandtypen Gewicht	WAP Preis

Tabelle 13.8: Beispielhafte Kundensegmentierung beim Handykauf

Statistiken dieser Art werden an Hersteller bzw. an größere Marktforschungsinstitute verkauft. Diese Einnahmen können etwa 15 % des Gewinns von E-Shoppingportalen ausmachen.

Durch die hohe Anzahl der täglichen Seitenabrufe ist auch die **Vermarktung von Werbefläche** als Erlösquelle für Shoppingportalbetreiber sehr interessant. Onlineportale können nicht nur Bannerplätze auf bestimmten Webseitenbereichen vermarkten, sondern auch Bannerplatzierungen bei bestimmten Produktbereichen verkaufen. Diese Einteilung nach Bereichen senkt den Streuverlust von Bannerwerbung erheblich, und macht Shoppingportale attraktiv für Online-Werbung. Auch Eigenwerbung von teilnehmenden E-Shops in **Newslettern** der E-Shopping-Portale stellt eine weitere Einnahmequelle dar.

Vor- und Nachteile für E-Shopumsätze durch die Teilnahme an Shoppingportalen

Durch die Generierung von qualifiziertem Traffic durch Shoppingportale können partizipierende E-Shops langfristig mit gesteigerten Umsätzen rechnen.

Portale werden oft aufgrund ihrer Bekanntheit als Startseite für Internetaktivitäten gewählt. Die zahlreichen Transaktionen im Kontext-Bereich führen auch zu einer Steigerung der Transaktionen in anderen Bereichen, z.B. im E-Commerce. Der Bekanntheitsgrad und die Funktion als Startseite machen Portale wie Lycos.com oder Yahoo.com zu begehrten Kooperationspartnern.

Ein Nachteil für angeschlossene E-Shop-Unternehmen liegt im Verlust einer eigenen Corporate Identity. Der E-Shop als solcher wird kaum mehr wahrgenommen, da innerhalb des Portals im Regelfall auf Einzelprodukte verwiesen wird. Wie bei Malls ist dieser Nachteil nur von Shops hinnehmbar, die sich in hart umkämpften Marktsegmenten behaupten müssen. E-Shops, deren Exklusivität bereits durch ihre Produktpalette gewährleistet ist, können ohne die Teilnahme an Shoppingportalen über ausreichenden spezialisierten Traffic verfügen.

[14] AUSBLICK

GLOSSAR S.466

Nachdem in den vorangegangenen Lerneinheiten das Thema E-Shop von mehreren Seiten beleuchtet wurde, beschäftigt sich diese Lerneinheit mit einem Ausblick in die Zukunft.

Der Erfolg des E-Commerce hängt entscheidend von der Entwicklung der Infrastruktur ab. Dazu zählen das Internet selbst (Nutzer, Hosts, Websites), die entsprechenden Zugangstechnologien, wie beispielsweise die Breitbandtechnologie, Festnetztechnologie und Mobilkommunikation und natürlich die allgemeine Entwicklung der Angebote im Internet. Demzufolge beschäftigt sich der erste Teil dieser Lerneinheit mit entsprechenden Prognosen. Im zweiten Teil werden Erkenntnisse zum Verhalten der Menschen mit diesem Medium vorgestellt.

Als Leitstudie für diese Lerneinheit dient der „4. Faktenbericht Monitoring Informationswirtschaft", den NFO Infratest und das Institute for Information Economics (IIE) im Auftrag des Bundesministeriums für Wirtschaft und Technologie im Februar 2002 vorgestellt hat.

14.1 Entwicklung der Informationswirtschaft

Der Verband BITKOM rechnet zur Informationswirtschaft folgende
Bereiche:

- Hardware, Software & Services
- Informationstechnik
- Telekommunikation
- Elektronische Bauelemente
- Unterhaltungselektronik

- Fachhandel und DISTRIBUTION
- Medien.

Da sich dieser Ausblick auf den E-Commerce konzentriert, werden hier
nur die Bereiche Informations- und Telekommunikationstechnologie
(IKT) weiterbetrachtet.

Megatrend Informationsgesellschaft

Mit dem World Wide Web hat die Bedeutung von Information für die
Gesellschaft eine neue Dimension bekommen. Die Industriegesellschaft
wandelt sich zur Informationsgesellschaft. Unendliche Mengen an Information stehen durch das Internet jedem zur Verfügung. Die Aussage
„Wissen ist Macht" (Bacon 1597) wird zunehmend falsch. Macht hat derjenige, der mit der Informationsflut am besten umgehen kann. Der Begriff Informationsgesellschaft drückt dabei die wachsende Bedeutung der
Informations- und Kommunikationstechnologie für die Gesellschaft aus.

   Treibende Kraft auf dem Weg zur Informationsgesellschaft ist die Entwicklung der Informations- und Kommunikationstechnologie (IKT).
Die Internet-Ökonomie entwickelt sich und ändert in ihrem Gefolge
Geschäftsbeziehungen, Prozesse und Strukturen. Mit der Maus er-
schließt sich der Kunde die Welt, ohne dass er seine Umgebung verlassen
muss. Neue mobile Endgeräte gestatten ihm, an jedem Ort und zu jeder
Zeit den Zugriff auf Informationen und die Einbeziehung in Prozesse.
Wirtz (vgl. Wirtz, 2001 S. 6) stellt die Dimensionen dieser Informationsgesellschaft in folgender Graphik dar:

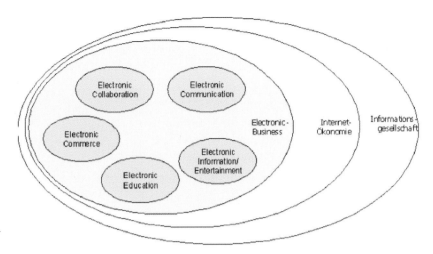

Abbildung 14.1:
Dimension der Infor-
mationsgesellschaft

Wichtiges Teilgebiet der Informationsgesellschaft ist die Informations-
und Kommunikationswirtschaft, wovon die Internet-Ökonomie wiederum eine Teilmenge darstellt. Da in den vorliegenden Prognosen der IKT-
Markt nicht zwischen der Internet-Ökonomie und den anderen Bereichen unterscheidet, beziehen sich die folgenden Zahlen auf den IKT-
Markt.

Ein Indiz für die Bedeutung der Informationsgesellschaft ist der
Umsatzanteil der IKT am Bruttoinlandsprodukt (BIP). Danach hat sich
die IKT-Branche zur drittgrößten Branche in Deutschland entwickelt. Sie
ist die umsatzstärkste in Europa, obwohl Deutschlands Pro-Kopf-Ausga-
ben für IKT nur im europäischen Mittelfeld liegen (vgl. NFO, 4. Faktenbericht 2002, S. 82).

Die Entwicklung der Mitarbeiterzahlen von 1999 bis 2001 zeigt im Gegensatz eine eher langsame und teilweise sogar stagnierende Entwicklung. Im
Jahre 2000 stieg die Anzahl der Beschäftigten in der Informationstechnik
von 490.000 lediglich auf 496.000, in der Kommunikationstechnik lag
sie mit 326.000 Beschäftigten sogar 4.000 unter denen von 2000 (vgl.
NFO, 4. Faktenbericht 2002, S. 82).

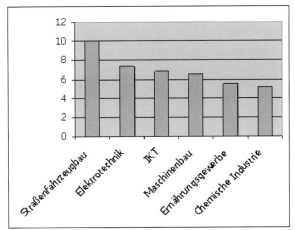

*Abbildung 14.2:
Umsatzanteile am
BIP verschiedenen
Branchen in Prozent
2001*

VDMA/BITKOM/INFO Infratest 2002

Der Gesamtmarkt der Informationswirtschaft

GLOSSAR S.466

Die Informationstechnik wird nach einer Prognose von EITO weltweit im Jahr 2002 einen MARKT von 1.202 Milliarden Euro erreichen, gegenüber 1.133 Milliarden Euro in 2001 (vgl. NFO 2002 S. 91), der sich wie folgt aufteilt:

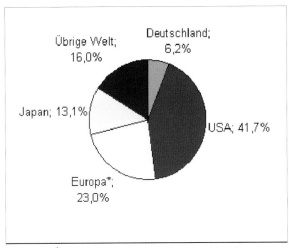

*Abbildung 14.3:
Der weltweite Markt
für Informationstech-
nik im Jahr 2002
(Angaben in Prozent)*

* inkl. Osteuropa, ohne Deutschland,

Der europäische Gesamtmarkt für Informationstechnik beträgt laut EITO 431 Milliarden Euro in 2002, dabei nimmt der deutsche Markt mit 74,5 Milliarden Euro nach Großbritannien den zweiten Platz ein.

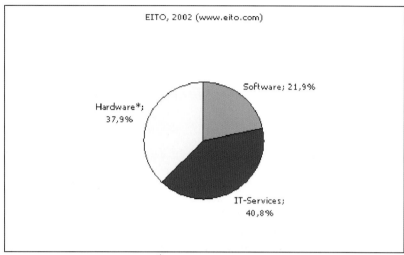

EITO, 2002 (www.eito.com)

Software; 21,9%

Hardware*; 37,9%

IT-Services; 40,8%

Abbildung 14.4: Markt für Informationstechnik in Prozent für 2000–2002

* inkl. Bürotechnik

Dabei treibt vor allem der Verkauf von Dienstleistungen und Software-produkten den Markt an. Starkes Wachstumspotential haben laut BITKOM besonders mobile E-BUSINESS-Systeme für den Mittelstand. Insgesamt befindet sich die Informationswirtschaft in einer Konsolidie-rungsphase, die durch die weltweite Rezession noch verstärkt wird. Die-se Konsolidierungsphase wird nach Einschätzung vieler IT-Unternehmen in Deutschland auch im Jahre 2002 und darüber hinaus anhalten (vgl. NFO 2002 S. 95):

| GLOSSAR S.466 |

2001/2002	Deutschland	Westeuropa
Hardware	-1,8%	2,6%
Software	7,1%	8,9%
IT-Services	7,4%	8,5%
Bürotechnik	-2,9%	-0,4%
Summe	**2,9%**	**5,1%**

Tabelle 14.1: Wachstumsrate für Informationstechnik nach Segmenten

Quelle: vgl. NFO, S. 96

In der Vergangenheit war der PC-Markt eine wichtige Triebfeder für die Entwicklung. Dabei führte der „Wintel-Effekt" in erheblichem Maß zu Investitionen in Software, Hardware und Dienstleistungen. Microsoft lieferte eine neue Version des Windows-Betriebssystems, das regelmäßig mehr Speicher und schnellere Prozessoren erforderte. Intel lieferte dazu die neuen Prozessoren. Die Systemhäuser führten das Roll-Out durch und schulten die Kunden in der Benutzung der neuen Software. Nach einer Einschätzung von Gartner Request und BITKOM wird jedoch im Jahre 2002 die Zahl der verkauften PCs seit ihrer Einführung erstmals sinken (vgl. NFO 2002 S. 97).

Auch die Telekommunikationsbranche leidet unter der weltweiten Rezession. Für 2002 prognostizierte EITO mit 1.240 Milliarden Euro gegenüber 1.159 Milliarden Euro in 2001 jedoch wieder steigende Umsätze und damit eine beginnende Erholung. Obwohl Deutschlands TK-Marktpotential im Jahre 2002 63 Milliarden Euro umfasst und damit nach Großbritannien an zweiter Stelle in Europa liegt, wird das erwartete Wachstum in Deutschland 2002 knapp unter dem westeuropäischen Durchschnitt liegen.

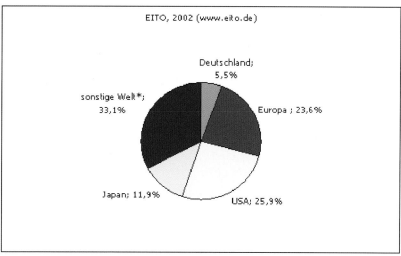

Abbildung 14.5:
Weltweiter Markt für
Telekommunikation
2002 in Prozent

Die Umsatzverteilung gibt EITO in den drei Segmenten Endgeräte, Netzinfrastruktur und TK-Dienste wie folgt an:

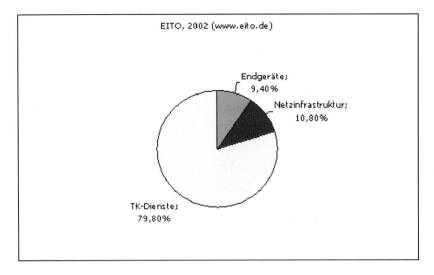

*Abbildung 14.6:
Markt für
Telekommunikation
in Deutschland
2000-2002 in
Prozent*

Die größten Entwicklungspotenziale rechnet BITKOM weiterhin den Internet- und Online-Diensten zu (vgl. NFO 2002, S. 104). Es bleibt abzuwarten, ob in den nächsten Jahren der Sektor der Netzinfrastruktur durch die Investitionen in die UMTS-Lizenzen (UMTS = Universal Mobile Telecommunication System) wachsen wird.

Infrastrukturelle Voraussetzungen

Der zukünftige Erfolg des E-Commerce hängt von zwei grundsätzlichen Voraussetzungen ab:

1. Der Entwicklung der Zugangstechnologien zum Internet (Breitband-technologie, Festnetz-Technologie, Mobilkommunikation, Verbreitung des Internets, Internet-Zugang, und PC-Dichte),

GLOSSAR S.466

2. Nutzungsintensität (Nutzerzahl, Nutzungshäufigkeit, Hosts, SSL-Server, Websites, Online-Transaktionen.

Zugangstechnologien

Je mehr Bandbreite beim Zugriff zum Internet zur Verfügung steht, desto kürzer sind die Wartezeiten und desto höher wird die Akzeptanz der Benutzer sein. Außerdem können mit wachsender Übertragungsgeschwindigkeit neue Services, wie z.B. Media Streaming, erfolgreich angeboten und vermarktet werden.

Breitbandige Zugangsmöglichkeiten für Internetnutzer sind:

- Anschlüsse auf Basis von DSL-Technologien
  (DSL = Digital Subscriber Line)
- Kabelanschlüsse
- Satellitenanbindungen
- Stromkabel.

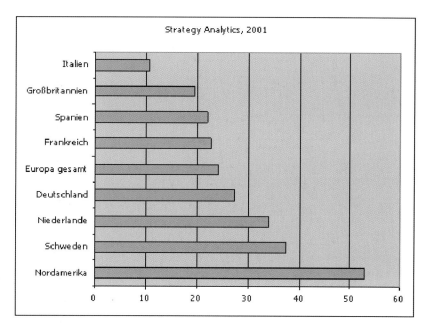

Abbildung 14.7: Prognose Breitbandanschlüsse 2005 (nur Kabelmodem und DSL, Nordamerika und 16 Teilmärkte)

Mit 71 % dominierte im privaten Bereich im Jahre 2001 der Internet-Zugriff über analoge Telefonleitungen. 17,8 % der Nutzer in Deutschland griffen über ISDN und 3,5 % über DSL auf das Internet zu. Es wird jedoch prognostiziert, dass DSL im Soho- und Privatkundenbereich die

GLOSSAR S.466

analogen Techniken und ISDN – zumindest in den Ausbaugebieten – als dominierende Internetzugangstechnologie bald ablösen wird (Soho = Small office and home). Im Soho-Bereich sowie in mittelständischen Unternehmen werden sich DSL-Internetverbindungen aufgrund deren Notwendigkeit zum effizienten Daten- und Informationsaustausch bereits in naher Zukunft durchsetzen.

Im Jahre 2001 besaßen 56 % der deutschen Haushalte einen Kabelanschluss. Mit entsprechender Aufrüstung des Kabelnetzwerks durch die Kabelnetzbetreiber können PCs, sofern sie über ein besonderes Kabelmodem verfügen, und der Kabelnetzbetreiber entsprechende Dienste bereitstellt, an das Internet angeschlossen werden. Da die Übertragungskapazitäten der Kabelnetzwerke sehr hoch sind, eignen sich diese auch problemlos für volumenintensive Multimedianwendungen. Nach Angaben von Andersen/Datamonitor (vgl. NFO 2002, S. 133) wird dem Internet-Zugang über das Kabelnetz für das Jahr 2003 bereits ein Umsatzanteil von 21 % prognostiziert, bei einem geschätzten Gesamtumsatz der Kabelnetzbetreiber von 6,5 Mrd. €.

Im Bereich der kurzen Übertragungswege (20 – 600 m) können Wireless-LAN- bzw. Bluetooth-Lösungen den Zugriff auf einen mit dem Internet verbundenen PC mit erheblicher Bandbreite (bis 54 MBit/sec) realisieren. Diesen beiden Verfahren wird erhebliche Bedeutung für die Zukunft beigemessen.

Auch dem interaktiven Fernsehen wird von vielen Analysten eine große Zukunft bescheinigt (vgl. NFO 2002, S.138). So prognostiziert Forrester, dass bereits Jahre 2005 mehr Europäer das Internet über interaktives Fernsehen nutzen werden als über ihren PC. Diese Art der Internetnutzung erfordert eine Set-Top-Box oder ein entsprechend ausgestattetes Endgerät.

Sinkende Verbindungsentgelte und einfach zu bedienende Mobiltelefone mit hoher Funktionalität haben zu einer starken Verbreitung des Mobilfunks geführt. Von 1999 bis 2000 wuchs die Zahl der Mobilfunkteilnehmer um 30,6 % (vgl. NFO 2002, S. 151). Im Jahre 2005 soll die weltweite Durchdringungsrate der Mobilfunknutzer 24 % betragen. Wie stark der Mobilfunk die Internet-Nutzung beeinflussen wird, ist unter den Analysten umstritten. Auch wenn die Zahl der internetfähigen

Mobiltelefone (über WAP (Wireless Access Protocoll), i-Mode oder HTML) sprunghaft steigt, bedeutet das nicht, dass sie zum Internet-Zugang benutzt werden. Tatsächlich entwickelt sich der Internet-Zugang über WAP-Handies nur langsam (vgl. NFO 2002, S. 162). Studien sprechen sogar von nachlassendem Interesse von Handy-Benutzern gegenüber dem Interneteinkauf (vgl. NFO 2002, S. 173). Es bleibt abzuwarten, inwiefern die gerade eingeführte I-Mode-Technologie diese Vorhersagen positiv beeinflussen wird.

Große Hoffnungen werden heute in die neue UMTS-Technologie gesetzt. Der Einsatz von UMTS (Universal Mobile Telecommunication System) wird nach einer Studie der Meta Group durch eine Reihe von Gründen erschwert (vgl eMeta Group 2001, S.119). Dazu zählen die ungenügende VERFÜGBARKEIT von UMTS-Endgeräten, Widerstände in der Bevölkerung gegen den Aufbau der Infrastruktur und letztendlich die fehlenden sinnvollen Dienste, die über die mobile Technologie zur Verfügung stehen könnten (fehlende „Killerapplikationen"). Die Meta Group schätzt, dass in den notwendigen Aufbau der Infrastruktur und die Entwicklung der mobilen Dienste noch 100 Milliarden Euro investiert werden müssen. Es wird derzeit erwartet, dass der Durchbruch von UMTS erst im Jahre 2008 erwartet werden wird.

| GLOSSAR S.466 |

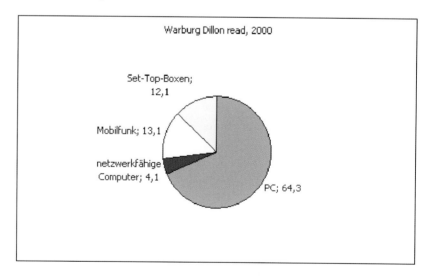

Abbildung 14.8: Prognose Internet-Zugangswege in Europa für 2002 in Millionen

Wie Abbildung 14.8 zeigt, stellt der PC in Europa im Jahre 2002 den wichtigsten Internet-Zugang dar. Die Verbreitung der PCs kann folglich als ein wichtiger Gradmesser für die Nutzung des Internets angesehen werden. Mit 24 PCs pro 100 Einwohner liegt die Entwicklung in Europa deutlich hinter den USA und Japan.

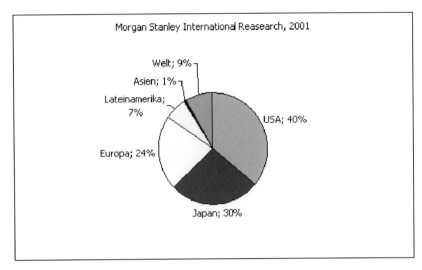

Abbildung 14.9: PCs pro 100 Einwohner

Deutschland befindet sich mit 33 PCs pro 100 Einwohner im internationalen Mittelfeld und über dem europäischen Durchschnitt. (vgl. NFO, S. 207) Bis zum Jahre 2005, so prognostiziert BITKOM, wird fast jeder zweite Deutsche einen PC besitzen (vgl. NFO, S. 207) und dementsprechend wird auch die Internetnutzung weiter ansteigen.

Die Entwicklung der Internetnutzung

Insgesamt haben sich die Internet-Zugangskosten in den letzten Jahren weltweit reduziert, wobei die Kostenentwicklung in Deutschland deutlicher als im OECD-Mittel nach unten zeigt.

In Deutschland hatten im Jahre 2001 zwischen 32,9 % (NetValue) und 37,9 % (Eurobarometer) der Haushalte einen Internet-Zugang (vgl. NFO 2002 S. 195). Insgesamt haben 46 % der Bevölkerung in Deutschland Zugang zum Internet.

Die Internet-Nutzung durch Unternehmen hat deutlich zugenommen. So stieg die Anzahl der angeschlossenen Unternehmen nach einer Erhebungen von Empirica 2001 von 67 % im Jahre 1999 auf 89 % im Jahre 2000 an(vgl. NFO 2002 S. 198). Dabei waren im Jahre 2000 in Bezug auf den Einsatz des Internets zwischen Großunternehmen und KMU (KMU = kleine und mittelständische Unternehmen) keine Unterschiede mehr festzustellen. Auch beim Vergleich der Internetnutzung zwischen Großstädten und dem ländlichen Raum sowie zwischen den alten und den neuen Bundesländern haben sich die Anteile im Jahre 2001 deutlich angenähert.

Grundsätzlich führt BITKOM aus, dass in Deutschland die weltweit leistungsfähigste Telekommunikationsinfrastruktur existiert (vgl. BITKOM, 2000, S. 4). Folglich sollte die langsame Entwicklung des E-Business nicht auf eine mangelhafte Infrastruktur zurückgeführt werden, sondern nach anderen Ursachen für das Zurückbleiben der Nutzung des Internets und dessen Möglichkeiten in Deutschland gesucht werden.

14.2 Anwendungen

In Bezug auf die Infrastruktur sind die Grundlagen für die Entwicklung der Internet-Ökonomie vorhanden. In diesem Abschnitt werden die wesentlichen Anwendungen der Internet-Ökonomie untersucht und deren weitere Entwicklung prognostiziert.

E-Commerce

Es gibt eine Vielzahl von Definitionen zu den Begriffen E-Commerce und E-Business. Da als Leitstudie für den Ausblick die NFO-Studie herangezogen wurde, werden die Definitionen dieser Studie herangezogen, um nicht durch unterschiedliche Interpretationen die Aussagen der Prognosen zu verfälschen.

Unter E-Commerce wird demnach ein Kaufakt verstanden, den ein Käufer über das Internet beginnt oder tätigt, unabhängig davon, ob die Rechnungsstellung online oder konventionell erfolgt und wie das Produkt zugestellt wird (vgl. NFO 2002, S 273).

Für den Begriff E-Business stützt sich die NFO-Studie auf eine Definition von Cap Gemini Ernst & Young, wonach E-Business die Gesamtheit der aufeinander abgestimmten Verfahrensweisen ist, welche durch den integrierten Einsatz von neuen Technologien eine Koordination und Integration von Geschäfts-, Kommunikations- und Transaktionsprozessen auf der Markt- und Unternehmensebene ermöglichen (vgl. NFO 2002, S. 271).

Es werden zwei Arten von Transaktionen unterschieden:

- B2C (zwischen Unternehmen und Verbraucher)
- B2B (zwischen Unternehmen).

Es existieren zahlreiche Untersuchungen zur Ermittlung des weltweiten E-Commerce-Umsatz. Bereits bei der Angabe der Umsätze in Bezug auf die letzten Jahre gibt es, wie die folgende Tabelle zeigt, gravierende Unterschiede:

Analyst	2000	2001	2002	2003
eMarketer	286	550	1.008	1.792
IDC Research		1.000		2.800
Active Media Research	132	283	533	963
Forrester Research	654	1.234	1.231	3.980
Goldmann Sachs & Co.	595	1.234	2.174	3.480
Ovum	247	393	624	991

*Tabelle 14.2:
Vergleich der welt-
weiten E-Commerce
Umsätze in
Milliarden USD*

Quelle: vgl. NFO 2002, S. 274

Die Unterschiede resultieren meist aus der unterschiedlichen Abgrenzung bzw. Definitionen der Onlinetransaktion. Unabhängig von der Höhe der Umsätze sagen alle Untersuchungen für die kommenden Jahre ein deutliches Wachstum voraus.

Ein weiterer wichtiger Trend ist, dass sich das Verhältnis zwischen B2B- und B2C-Umsätzen, wie die nachfolgende Abbildung zeigt, immer mehr in Richtung B2B verschiebt. (vgl. NFO, 2002 S. 289):

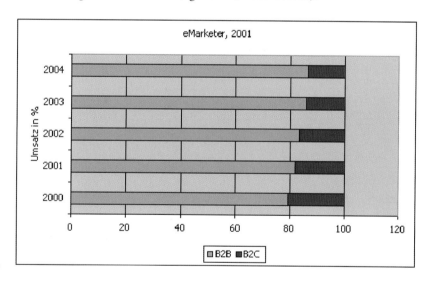

*Abbildung 14.10:
Verteilung des
E-Commerce-Umsatz*

Verglichen mit dem europäischen Gesamteinzelhandel sind die im Internet getätigten Umsätze mit einem Anteil von 0,125 % noch relativ klein. Bis 2005 wird jedoch eine Steigerung auf einen Anteil von 7 % prognostiziert (vgl. NFO, 2002 S. 284). Dann entspräche der E-Commerce-Umsatz dem heutigen Versandhandelsumsatz.

Durch die Möglichkeiten des E-Commerce eröffnen sich für viele Branchen neue Geschäftsfelder. Im Folgenden sollen einige E-Commerce-Trends für die wichtigsten Branchen aufgezeigt werden. Grundlage hierfür bildet die Studie „Trends in ausgewählten Branchen, Deutschland 2001" der Meta Group Deutschland GmbH.

Die Bestrebungen in den einzelnen Branchen lassen sich zu folgenden wesentlichen Trends zusammenfassen (vgl. Metagroup, 2001):
- Aufbau von Unternehmensportalen und E-Shops zum Verkauf von Produkten und Dienstleistungen
- Aufbau von Kunden- und Serviceportalen (Energie- und Versorgungsunternehmen)
  - Vertragabschluss und -kündigung
  - Änderung von Tarifarten
  - Zugriff auf Rechnungs- und Verbrauchsdaten
  - Vermittlung von Handwerkern
  - Störungsmeldungen und Störungsverfolgung
- Transparenz durch elektronische Marktplätze (Versicherungswesen, Maschinen- und Anlagenbau, Elektronikindustrie)
- Integration der gesamten Supply-Chain:
  - Effizienzsteigerungen im Beschaffungsprozess durch E-Procurement (Chemie und Pharmazie, Maschinen- und Anlagenbau)
  - Integration von Werkstätten und Vertragshändlern in die Produktionskette und die Ersatzteilbeschaffung (Fahrzeugbau)
  - Auftragsvermittlung an Subunternehmer
  - Automatisierter Zahlungsverkehr
- Mobile Lösungen (insb. im Handel und Logistik)
  - Operatives Customer Relationship Management
  - Lagerbestandabfragen
  - Bestellungen
  - TRACKING

GLOSSAR S.466

Die Medien sind aufgrund der Möglichkeit zur Digitalisierung ihrer Produkte und Dienstleistungen im besonderen Maße durch den E-Commerce herausgefordert. Die Meta Group schätzt, dass 2004/2005 weltweit mehr als 35 % der Inhalte im Internet downloadbare DIGITALE GÜTER sein werden (vgl. Meta Group, S.145). Als weiterer wichtiger Erwerbszweig für die Branche wird auch die Ausweitung des Verkaufs von Informationsdiensten an PORTALE, E-Shops, Marktplätze oder an unternehmenseigenes INTRANETS angesehen.

GLOSSAR S.466

M-Commerce

Der Begriff Mobile Business bezeichnet den Zugriff auf E-Business-Lösungen über mobile Endgeräte. M-Commerce ist dementsprechend die Unterstützung von Aktivitäten im Zusammenhang mit dem Kaufen und Verkaufen über elektronische Netze, wobei der Zugang über ein mobiles Endgerät erfolgt. Da die Umsatzprognosen für E-Commerce die Bedeutung des B2B betonen, wird der Motor für M-Commerce eher im B2B-Umfeld zu finden sein. Ovum prognostiziert jedoch, dass der M-Commerce auch B2C-Bereich ein starkes Umsatzpotential hat (vgl. NFO, S. 360).

Entscheidend für den Erfolg von M-Commerce ist die Durchdringung des Marktes mit mobilen Endgeräten. Prognosen zeigen, dass diese Durchdringung vorhanden ist. Durch die hohen Kosten für UMTS-Lizenzen stehen die Telekommunikationsgesellschaften vor dem Druck, diese Lizenzen erfolgreich zu vermarkten. Es wird erwartet, dass sich das UMTS-Handy zu einem multimedialen Endgerät entwickeln wird, das Telefon, PDA, Internet-Zugang, DATENBANK, Kamera, Radio, DVD-Abspielgerät und elektronischer Ausweis in einem ist. Ob dieses multimediale Endgerät allerdings den PC/Laptop als wichtigsten Zugangsweg zum Internet verdrängen wird, ist jedoch heute noch offen.

GLOSSAR S.466

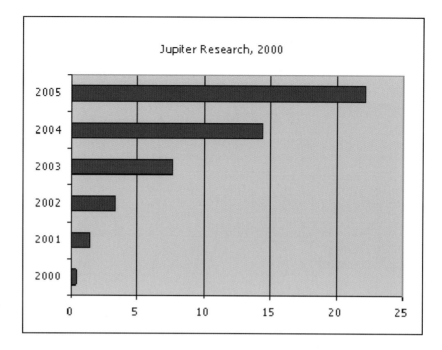

Abbildung 14.11: Umsatzprognose M-Commerce weltweit in Milliarden USD

E-Government

GLOSSAR S.466

Unter dem Begriff E-GOVERNMENT versteht man den Einsatz des Internets zur Abwicklung staatlicher Verwaltungsakte und Dienstleistungen. NFO unterscheidet folgende Arten des E-Governments:

- A2A (Administration to Administratiom)
- A2B (Administration to Business)
- A2C (Administration to Consumer / Bürger)

Mit dem Einsatz des Internets sollen nach Darstellung der KPMG folgende Ziele erreicht werden:

Ziel	Bedeutung
Optimierung der Geschäftsprozesse	60%
Mehr Bürgerorientierung	54%
Aktuelle Information	43%
Schnelles Reaktionsvermögen und Flexibilität	33%
Bessere Zusammenarbeit zwischen den Behörden	33%
Erreichbarkeit der Behörde rund um die Uhr	25%
Besseres Image	18%
Niedrige Transaktionskosten	10%
Bessere Zusammenarbeit mit Lieferanten	8%
Ausweitung des Beschaffungsmarktes	7%
Verlagerung von Tätigkeiten auf Lieferanten, Partner u. Leistungsempfänger	5%
Sonstige	3%

Tabelle 14.3: Ziele des Internet-Einsatzes für Behörden

Quelle: vgl. NFO, S. 408

Wegen der hohen Sensibilität der Daten und der Strenge von Gesetzes-vorgaben (z.B. bei der Wahl von Volksvertretern übers Internet) müssen große Anstrengungen unternommen werden, um die Datensicherheit zu garantieren. Mit dem Gesetz zur DIGITALEN SIGNATUR wurde eine wich-tige Voraussetzung für die flächendeckende Einführung von E-Govern-ment geschaffen.

GLOSSAR S.466

Vor dem Hintergrund der Diskussion über die Senkung der Ver-waltungskosten und der Verbesserung des Services bei gleichzeitig leeren Kassen, bieten Internettechnologien die Chance, diesen Konflikt zu be-wältigen.

E-Learning

Die ständig zunehmende Menge an Informationen und Innovationen bei gleichzeitiger Abnahme der Halbwertzeit von Wissen führt für Unter-nehmen und ihre Mitarbeiter zu neuen Herausforderungen. Lernen und fortlaufendes Training werden zu lebenslangen Aufgaben.

Das Internet wird dabei in der Zukunft der Ausbildung eine zentrale Rolle spielen – als Informationsbasis, als Kommunikationsmedium und als Träger von maßgeschneiderten Trainingsangeboten. Unter dem Begriff E-Learning wird das Lernen über Internet-Technologie verstanden. Dazu gehören interaktive Lerneinheiten mit multimedialen Informationsquellen sowie geeignete Kommunikationsformen, die den Lernprozess unterstützen.

Ein großer Vorteil des E-Learnings besteht in der Interaktivität des Lernens. Auch hier gibt es Möglichkeiten zur PERSONALISIERUNG. So kann die Form der Vermittlung von Lehrinhalten an die Erfahrungen des Lernenden angepasst werden. E-Learning-Plattformen für Unternehmen können wiederum andere Formen des E-Business integrieren, wie z.B. E-Communication, E-Collaboration oder E-Commerce (z.B. in Bezug auf den Vertragsabschluss und die elektronische Abrechung der abgerufenen Leistungen).

Laut einer Prognose von IDC wird der deutsche E-Learning-Markt von 20 Mio. USD im Jahre 1999 auf 575 Mio. USD im Jahre 2004 anwachsen.

GLOSSAR S.466

14.3 Information, Organisation und Management

In der Industriegesellschaft bilden die Menschen oft das Bindeglied zwischen Prozessen. Dies gilt vor allem für Dienstleistungsprozesse zwischen den Unternehmen. In der Beschaffung redet der Einkäufer mit dem Verkäufer, Bestellungen gehen per Post, Fax oder Telefonanruf im Vertriebsinnendienst ein und werden dort weiterverarbeitet. Fragen zum Produkt werden vom Verkäufer beantwortet. Die Menschen gleichen Unzulänglichkeiten in den Daten und Prozessen durch ihr Wissen und ihre Erfahrung aus. Dies gilt besonders für kleine und mittelständische Unternehmen (KMU).

Mit der Internet-Ökonomie ändern sich diese Prozesse. Anstelle der Mensch-Mensch-Kommunikation tritt verstärkt die Mensch-Maschine- und in immer mehr B2B-Prozessen die Maschine-Maschine-Kommunikation. Enterprise Application Integration (EAI) erlauben es beispielsweise, dass Daten und Applikationen aus unterschiedlichen Systemen miteinander verbunden werden. Wichtige Geschäftsprozesse können somit vereinfacht werden. Beginnt sich ein Unternehmen auf diese Bedingungen einzustellen, ändern sich automatisch die Prozesse, nicht innerhalb weniger Monate, wie die letzten fünf Jahre gezeigt haben, sondern langsam, aber unaufhaltsam.

Der Faktor Mensch

In den ersten Abschnitten dieser Lerneinheit wurde anhand umfangreichen Zahlenmaterials dargestellt, dass Deutschland zwar nicht Spitzenreiter in der technologischen Entwicklung ist, dass die notwendige Infrastruktur in Deutschland jedoch vorhanden ist. Es sollten folglich andere Ursachen betrachtet werden, die dazu führen, dass potentielle Internetnutzer Vorbehalte gegenüber diesem Medium haben.

Es gibt in Deutschland mehr als 50 % „Internet-Verweigerer" (vgl. NFO, S. 236), davon sind 44,9 % Männer und 59,5 % Frauen. 44,2 % der Männer in Deutschland nutzen das Internet, dem stehen 30,5 % Frauen gegenüber. Es ist zudem ein soziales Gefälle beim Online-Zugriff zu beobachten: Personen mit Abitur und Studium nutzen zu mehr als 60 % das Internet und lehnen nur zu 25 % dessen Nutzung ab. Demgegenüber nutzen Personen mit Volksschulabschluss nur zu 15 % das Internet und stellen mit knapp 80 % die meisten Verweigerer.

Seit 1997 hat sich die Zahl der 6–12jährigen Internet-Nutzer verdreifacht, wobei ab einem Alter von 10 Jahren das Interesse für das Internet spürbar zunimmt. Diese junge Zielgruppe wird im späteren Erwachsenenalter bedeutend weniger Vorbehalte gegenüber dem Medium haben, als dies ein Großteil der heutigen Erwachsenen hat.

Obwohl das Internet als grenzenloser Markt dargestellt wird, lassen sich beim Einkaufsverhalten lokale Trends feststellen (vgl. BCG 1999). Die Bevorzugung des lokalen Einkaufs ist nach den in Tabelle 14.4 dargestellten Ergebnissen bei deutschen Benutzern besonders deutlich ausgeprägt. Sie führen lediglich 16 % ihrer Bestellungen in ausländischen E-Shops durch. Dieses Merkmal steht im Gegensatz zu den französischen Kunden, deren Auslands-Shopping-Anteil rund 41 % beträgt.

Ort des Anbieters	Deutsche Käufer	Französische Käufer	Britische Käufer
Deutschland	84 %	2 %	1 %
Frankreich	0 %	59 %	1 %
UK	2 %	2 %	67 %
übriges Europa	1 %	5 %	0 %
USA	8 %	29 %	28 %
Sonstige Länder	5 %	0 %	3 %
Weiß nicht	0 %	3 %	0 %

*Tabelle 14.1:
Einkaufverhalten von
Online-Käufern*

Der Durchsetzung des E-Commerce im B2C stehen aus der Perspektive des Kunden subjektive oder objektive Barrieren im Weg, wie die nachfolgende Tabelle zeigt (VGL NFO, S. 342). Mit 46 % stellen Sicherheitsbedenken das größte Hindernis dar. Diese Bedenken lassen sich einerseits auf eine generelle Skepsis gegenüber dem Internet und andererseits auf Bedenken gegenüber dem E-Shopbetreiber zurückführen.

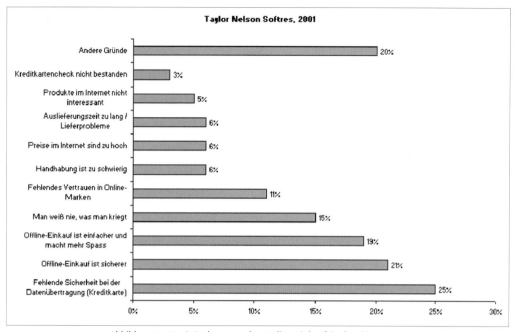

Abbildung 14.12: Gründe gegen den Online-Einkauf (weltweit)

Zu weiteren Ergebnissen kommen Ernst & Young in einer Befragung von 1200 Verbrauchern (vgl. Zellekens, 2000, S. 13). An erster Stelle der Bedenken gegenüber dem Onlinekauf steht bei beiden Umfragen die Angst vor einen Kreditkartenmissbrauch.

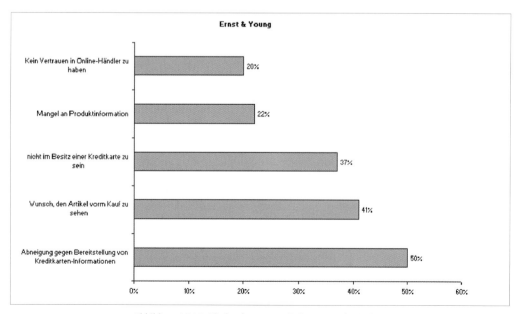

Abbildung 14.13: Hindernisse gegen E-Commerce im B2C

Einen Überblick über die Gründe für eine Ablehnung von Online-Shopping im B2B-Bereich bietet Abbildung 14.14.

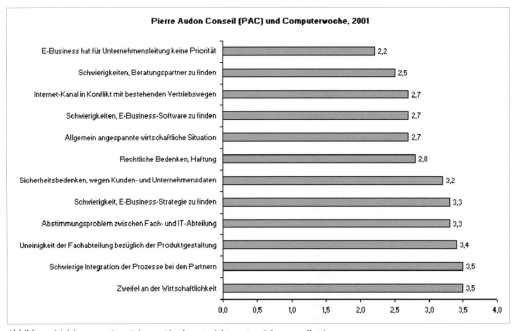

Pierre Audon Conseil (PAC) und Computerwoche, 2001

E-Business hat für Unternehmensleitung keine Priorität	2,2
Schwierigkeiten, Beratungspartner zu finden	2,5
Internet-Kanal in Konflikt mit bestehenden Vertriebswegen	2,7
Schwierigkeiten, E-Business-Software zu finden	2,7
Allgemein angespannte wirtschaftliche Situation	2,7
Rechtliche Bedenken, Haftung	2,8
Sicherheitsbedenken, wegen Kunden- und Unternehmensdaten	3,2
Schwierigkeit, E-Business-Strategie zu finden	3,3
Abstimmungsproblem zwischen Fach- und IT-Abteilung	3,3
Uneinigkeit der Fachabteilung bezüglich der Produktgestaltung	3,4
Schwierige Integration der Prozesse bei den Partnern	3,5
Zweifel an der Wirtschaftlichkeit	3,5

Abbildung 14.14: Barrieren für E-Business im B2B

(1 = Stimme überhaupt nicht zu, 5 = Stimme voll zu)

Die Grafik veranschaulicht, dass es auch innerhalb der Unternehmen viele Barrieren gibt, die die Entwicklung des E-Business hemmen.

Da durch das E-Business Vormachtsstellungen im Unternehmen abgebaut und Prozesse rationalisiert werden, haben Mitarbeiter oft Angst, ihre Position zu verlieren. Zudem fällt es älteren Mitarbeitern oftmals schwer, mit den neuen Technologien umzugehen. Eine der größten Barrieren für die Durchsetzung der Internettechnologie in mittelständischen Unternehmen ist das geringe Wissen der Mitarbeiter und Führungskräfte über E-Business und dessen Möglichkeiten sowie eine generell geringe Investitionsbereitschaft für IT-Themen. Dies steht im Gegensatz zu den meisten großen Unternehmen, die das Potential von E-Business-Lösungen als Wettbewerbsvorteil zur Kostensenkung und Nutzensteigerung im Markt erkannt haben und demzufolge eigene Abteilungen unterhalten, die sich mit dem Thema E-Business auseinandersetzen und unternehmensspezifische Lösungen erarbeiten.

Personalisierung vs. Sicherheit und Datenschutz

Mit der steigenden Bedeutung von Daten in der Informationsgesellschaft steigt zwangsläufig die Gefahr des Missbrauchs und des Konflikts mit bestehenden Gesetzen zum Datenschutz. Ein System, das sich mit Hilfe von Personalisierung, Profiling und Data-Mining bestmöglich auf den Benutzer einstellen kann, muss jedoch viel über seinen Benutzer wissen:

- Der Verkäufer erhält im persönlichen Kontakt Informationen über das Unternehmen des Kunden, die ihm helfen, sich im Einkaufsprozess besser auf ihn einstellen zu können. Sobald aber Informationen privater bzw. persönlicher Natur sind, verstößt die Speicherung in einer Datenbank gegen das Datenschutzgesetz.
- Auch die Spurenauswertung beim Onlinebesuch kann gegen das Datenschutzgesetz verstoßen, wenn diese Daten dem Benutzer zugeordnet in der Datenbank gespeichert werden.
- In *Lerneinheit 8 – Kundenbindung und Support* wurde ein E-Shop aus dem Lebensmittelbereich gezeigt, der umfangreiche Daten über den Kunden gespeichert hat. Auch in diesem Beispiel ist die Gefahr groß, gegen das Datenschutzgesetz zu verstoßen.

Seite 258

Da der Kunde nicht weiß, welche Daten er hinterlässt und was mit seinen Daten passiert, besteht eine einfache Vorbeugung eines möglichen Konflikts darin,

- die Erlaubnis des Kunden zur Speicherung der Daten einzuholen, und ihm das Recht zu geben, jederzeit eine Löschung seiner Daten zu verfügen,
- dem Kunden Online-Zugriff auf die über ihn gespeicherten Daten zu gewähren,
- dem Kunden zu erklären, was mit seinen Daten passiert und mit welchen Methoden die Sicherung der Daten gegen unerlaubten Zugriff erfolgt.

[15] ANHANG

15.1 Glossar

§ 24 UWG
Regelt im Gesetz gegen den unlauteren Wettbewerb (UWG), welches Gericht örtlich für Klagen zuständig ist, die aufgrund des UWG angestrengt werden.

4C-Net-Business-Model
Geschäftsmodelltypologie nach Wirtz, welches Geschäftsmodelle nach dem Leistungsangebot der im Internet agierenden Unternehmen abgrenzt. Basisgeschäftsmodelltypen werden nach diesem Modell in → Content, → Commerce, → Connection und → Context unterteilt.

Acquirer
Bank oder Finanzinstitut, das mit Händlern Verträge über die Akzeptanz von Kreditkarten abschließt. Der Acquirer kauft dem Händler seine Forderung gegenüber dem Kunden ab und behält dafür einen Teil des Umsatzbetrags (Disagio) als Provision ein.

Ad Click
Maßeinheit für die Wirksamkeit von Banner. Hierbei wird jeder Mausklick auf einem Banner gezählt.

Ad Impression
Bezeichnet die Anzahl der von den Clients der Nutzer abgerufenen (requested) Werbemittel vom Server eines Werbeträgers. Als Werbemittel gelten nicht nur Banner, sondern auch andere Werbeformen (beispielsweise → Interstitials, E-Mail-Marketing oder → Affiliate Marketing).

Ad Request
Bannereinblendung

Affiliate Marketing
Marketingstrategie, die durch Zusammenarbeit von Partnern zum Beispiel durch Bannertausch oder andere Verlinkungen und Werbeformate gekennzeichnet ist.

AFTER-SALES-
FUNKTIONALITÄ-
TEN

Im Kontext der Qualifikationseinheit: Funktionen für Beratung, Betreuung und zusätzliche Angebote des Kunden. Die Funktionen zu Logistik, Zahlungsabwicklung und Versicherung, die auch in diesem Zusammenhang genannt werden, gehören zur Handelstransaktionsphase „Abwicklung".

AGENTEN

(auch Software Agenten oder Intelligente Agenten) Technologie die komplexe Aufgaben von Menschen auf Softwaresysteme übertragen soll. Ein Agent kann z.B. auf einen Gebiet Wissen erwerben (Informationssuche), Entscheidungen treffen (z.B. Online Kauf/ Verkauf von Waren) und Aufgaben lösen.

AIDA-MODELL

AIDA steht für **A**ttention (Aufmerksamkeit), **I**nterest (Interesse), **D**esire (Wunsch) und **A**ction (Handeln). Hierbei handelt es sich um ein Modell, welches das Verhalten von Konsumenten beim Kauf beschreibt.

ANFECHTUNGS-
GRÜNDE

Rechtsgeschäfte (z. B. Kaufverträge) kommen durch die Abgabe von Willenserklärungen der beteiligten Rechtssubjekte zustande. Wird ein Rechtsgeschäft mit einer fehlerhaften Willenserklärungen geschlossen, kann der irrtümlich Erklärende seine Erklärung mit der Folge anfechten, dass das Rechtsgeschäft als von Anfang an nichtig angesehen wird. Das BGB definiert genau, welche Anfechtungsgründe zulässig sind (§§ 119 Irrtum, 120 falsche Übermittlung, 123 Täuschung, Drohung), innerhalb welcher Frist angefochten werden muss, und welche Folgen die Anfechtung hat (Schadensersatz gegenüber dem auf die Erklärung Vertrauenden).

ANSCHEINS-
VOLLMACHT

Ein Stellvertreter handelt für den Vertretenen. Diese Vertretungsmacht erhält der Stellvertreter entweder kraft Gesetzes (z. B. Eltern gegenüber ihren minderjährigen Kindern) oder durch Vollmacht des Vertretenen oder kraft Rechtsscheins. Die Anscheinsvollmacht ist eine Rechtsscheinsvollmacht. Der Stellvertreter wird so behandelt, als ob eine ordnungsgemäße Bevollmächtigung vorläge. Die Anscheinsvollmacht liegt vor, wenn jemand für einen anderen nach außen auftritt, und der andere bei pflichtgemäßer Sorgfalt dies hätte erkennen und verhindern können. Er muss sich dann das Verhalten des Vertreters zurechnen lassen.

APPLIKATIONS-
SERVER

(engl. Application Server) Webarchitekturen bestehen im Allgemeinen aus einem Server, einem Client und einem Applikationsserver (3-Tier-Architektur). Der Applikationsserver ist eine Software, die serverseitig betrieben wird und zusammen mit dem Webserver die Logik einer Business-Applikationskomponente ausführt. Applikationsserver isolieren Business-Applikationskomponenten von den Details eines Netzwerkmanagements. So lange wie die Business-Applikationskomponenten die notwendigen Schnittstellen (z. B. → CORBA, → Enterprise Java Beans) unterstützen, solange wird die Komponente alle Vorteile des Applikationsservers übernehmen. Applikationsserver unterstützen Webserver-Schnittstellen wie → CGI, → NSAPI und → ISAPI. Diese wiederum unterstützen Komponenten die in → Perl, → Java oder CORBA IDL entwickelt wurden.

ASYNCHRONE
KOMMUNIKATION

(engl. auch ATM für Asynchronus Transfer Mode) Der Begriff bezeichnet die Anwendung von Übertragungssystemen zur Zweiwegekommunikation (bidirektionalen Kommunikation), die sich in ihren Qualitätseigenschaften, z. B. der Bandbreite, unterscheiden. Asynchrone Kommunikation soll dem Anwender einen Kanal hoher Datenrate vom Dienstleister zum Anwender und einen Kanal geringerer Datenrate vom Anwender zum Dienstleister zur Verfügung stellen. Ein Beispiel hierfür ist T-DSL der deutschen Telekom mit Übertragungsraten von z. B. 768 kbit/s vom Internet zum PC und 128 kbit/s vom PC ins Internet.

ASYNCHRONE
ABWICKLUNG

Bei der asynchronen Abwicklung eines Auftrags kann ein Anwendungsprogramm nach einem erfolgreichen Auftrag jedes beliebige Ereignis entgegennehmen und geeignet darauf reagieren, die Auftragsbestätigung erfolgt erst mit einem expliziten Empfangsaufruf. Bei synchroner Auftragsabwicklung hingegen ist das Programm vom Zeitpunkt des Auftrags bis zum Zeitpunkt der Auftragsbestätigung blockiert.

ASYMMETRISCHE
(VERSCHLÜSSE-
LUNGS-)
VERFAHREN

(auch Public-Key-Verfahren) Jeder Anwender besitzt ein Schlüsselpaar aus einem öffentlichen und einem geheimen Schlüssel. Zur Verschlüsselung benötigt der Absender den öffentlichen Schlüssel (Public Key) des Empfängers. Eine derart kodierte Nachricht kann nur mit dem zugehörigen geheimen Schlüssel dechiffriert werden; nicht einmal der Absender ist in der Lage, den Klartext wiederherzustellen. Die öffentlichen Schlüssel lassen sich gefahrlos in einem allgemein zugänglichen Verzeichnis speichern. Allerdings muss sichergestellt sein, dass ein öffentlicher Schlüssel auch wirklich zu seinem vermeintlichen Inhaber gehört: dies ist durch persönliche Überprüfung oder durch digitale Zertifikate von vertrauenswürdigen Dritten zu gewährleisten. Das weitaus bekannteste Public-Key-Verfahren ist → RSA (nach seinen Entwicklern **R**ivest, **S**hamir, **A**dleman). Der Nachteil asymmetrischer Algorithmen liegt in der vergleichsweise langsamen Abarbeitung infolge ihrer hohen Komplexität.

AUKTION

Eine der ältesten Formen beim Handeln mit Gütern, bei der der Besitzer einer Ware direkt an den Endnutzer verkauft. Nach Wirtz (Wirtz, B. W.: Electronic Business, 2. Auflage, Wiesbaden 2001, S. 454f) werden Auktionen zunehmend als zentrales dynamisches Preisfindungsinstrument für das E-Business gesehen. Auktionen sind demnach in der Lage, Preise flexibel beim Aufeinandertreffen von Angebot und Nachfrage in Abhängigkeit der Markt- und Wettbewerbsbedingungen zu bilden. Abhängig vom Preisfindungsmechanismus wird zwischen verschiedenen Auktionsformen unterschieden z. B.: *Englische Auktion* (Gebotsabgabe binnen fester Frist und Verkauf an höchstes Gebot), *Holländische Auktion* (Anfangspreis sinkt, bis der erste Bieter diesen annimmt). Neben der offenen Abgabe der Gebote gibt es so genannte verdeckte Auktionen. Ein bekanntes Beispiel hierfür ist die *Vickrey Auktion*. Die Abgabe der Gebote erfolgt hier ohne die Einsichtnahme der anderen Teilnehmer. Das besondere an der Vickrey Auktion ist, dass der Meistbietende den zweithöchsten Gebotspreis zahlt.

AUTHENTIFIKA-
TION

Nachweis der Identität gegenüber dem Kommunikationspartner.

AUTORISATION

Durch Autorisation werden Art und Umfang der Rechte (Zugriffsrechte, Zugangsrechte) von Systemobjekten (Benutzer, Programme, Dateien, Geräte, Rechner, Netze) in Computersystemen (Netzwerken) festgelegt. Autorisierung bedeutet demnach, dass beispielsweise ein Benutzer autorisiert ist (das Recht hat), gewisse Aktionen gemäß seinem Grad der Autorisierung im System durchzuführen.

B2B

Bedeutet Business-to-Business. bezeichnet im E-Commerce den Handel der Unternehmen untereinander. Der B2B Bereich ist in der Regel durch langfristige Geschäftsbeziehungen zwischen Transaktionspartnern gekennzeichnet. Dabei steht die Schaffung einer Infrastruktur flexibler Kooperationstechniken zwischen den beteiligten IT Systemen im Vordergrund. Dies wird u.a. durch Techniken wie → CORBA, → EDI oder → EDIFACT unterstützt.

B2C

Bedeutet Business-to-Consumer. Hierunter werden geschäftliche Transaktionen zwischen einem Unternehmen als Anbieter und einem Endverbraucher als Nachfrager subsumiert. Die Bindung zwischen den beteiligten Akteuren ist im Vergleich zum → B2B Bereich eher locker.

BACKEND

Während das → Frontend jeweils auf dem lokalen Rechner des Benutzers verbleibt, befindet sich das Backend auf dem Server des Anbieters. Backend bezeichnet demnach, vereinfacht gesagt, den Teil eines Programms, das bei Client-Server-Anwendungen auf dem Server abläuft und umfasst in der Regel den Datenbankserver sowie den Anwendungsserver (Anwendungsserver stellen die zentralen Anwendungskomponenten im Rahmen der Client-Server-Architektur zur Verfügung, z.B. Webserver).

BACKOFFICE-SYSTEM

Hierunter werden Produktkataloge ebenso subsummiert wie unterschiedlichste Applikationen, die mit der Nutzung des Angebots verbunden sind. Der Begriff fasst Verwaltungsprozesse und Geschäftsabläufe zusammen, die hinter den Kulissen, also hinter dem → Frontend ablaufen. Dazu gehört beispielsweise die rechnergestützte unternehmensinterne Weiterbearbeitung von Bestellungen und Reklamationen. Das Backoffice umfasst die Schnittstellen zwischen verschiedenen Untersystemen, wie etwa E-Commerce-Anwendungen, Ressourcenplanung oder CRM-Systeme.

BANNER	Englisch für „Spruchband"; interaktives Werbeformat auf Websites. Eine Grafik, die als Werbefläche auf einer Website eingebunden ist. Sie soll Aufmerksamkeit erregen und zu einem Klick auf das Banner motivieren, um den Besucher zur umworbenen Website weiterzuleiten.
BENUTZER-TRACKING	→Tracking
BESCHAFFUNGS-MODELL/ BESCHAFFUNGS-KETTE	Beschaffungskette. Meist im Zusammenhang mit Supply Chain Management benutzt. Es geht darum, die Einkaufsprozesse über die gesamte → Wertschöpfungskette zu optimieren.
BEST-OF-BREED	Bei einem Best-of-Breed-Ansatz wird eine Gesamtlösung aus unterschiedlichen Komponenten zusammengestellt, wobei für jede einzelne Komponente gilt, dass diese am besten geeignete ist.
BILDSCHIRM-AUFLÖSUNG	Die Anzahl darstellbarer Bildpunkte (Pixel) auf einem Monitor. Die Auflösung, mit der ein Monitor Bildinformationen darstellen kann, hängt von der verwendeten Grafikkarte ab. Je mehr Pixel (Bildpunkte) dargestellt werden können, desto detailreicher und schärfer wird das Monitorbild (800 x 600 Pixel, 1024 x 768 Pixel, 1280 x 1024 Pixel und höher).
BITSTRINGS	Folge von Bits. Bit: kleinste Informationseinheit im binären Zahlensystem. Ein Bit kann entweder den Zustand von 1 oder 0 annehmen.
BLOCKCHIFFRE	Blockchiffren verschlüsseln eine bestimmte Anzahl Bits in einem Schritt, häufig 64 Bit. Für diese Algorithmen stehen neben der einfachen Verschlüsselung „Block für Block" (Electronic Codebook Mode, ECB) verschiedene zusätzliche Betriebsarten zur Verfügung, die durch Rückkopplung des Verschlüsselungsergebnisses auf den nächsten Block entstehen. Damit kann die Blockgröße des Verfahrens reduziert oder/und die Sicherheit erhöht werden: ein Angreifer könnte beim ECB Blöcke ermitteln, die häufig auftreten und deren Klartext abzuleiten ist wie bei Grußformeln oder Header-Informationen – diese 8-Zeichen-Folgen wären

dann an jeder Stelle kompromittiert. Außerdem können ECB-Blöcke umgestellt und für Replay-Attacken benutzt werden.

BÖRSE   Bezeichnung für einen regelmäßig stattfinden Markt für vertretbare (fungible) Güter, deren Beschaffenheit allgemein bekannt ist und deren Mengen untereinander austauschbar sind. Die Waren selbst brauchen also nicht zur Stelle zu sein. Für Waren nicht vollkommen gleichartiger Beschaffenheit (Getreide, Kaffee, Baumwolle) werden Typen festgesetzt. (Quelle: Gabler Wirtschafts Lexikon, 1984)

BROWSER   Ein „Web-Browser" ist ein Programm, das den Zugriff und die Darstellung von Seiten des World Wide Web ermöglicht.

BROWSER-KOMPATIBILITÄT   Die verschiedenen Browser (beispielsweise Internet Explorer, Netscape Navigator oder Opera) stellen nicht jede HTML-Seite gleich dar, da sich die Entwickler nicht an einheitliche Standards hielten. Einzelne HTML-Befehle werden von unterschiedlichen Browsern anders interpretiert oder manchmal sogar ignoriert, CSS (Cascading Style Sheets) werden nicht von allen Browsern in der gleichen Form dargestellt. Für den Ersteller von Webseiten ist es daher notwendig, die Kompatibilität der Seite in den verschiedenen Browsern zu testen und gegebenenfalls die Seite anzupassen.

BÜRGERLICHES GESETZBUCH   (BGB). Sammlung zivilrechtlicher Normen. Trat am 01.01.1900 in Kraft. Besteht aus fünf Büchern: dem allgemeinen Teil, dem allgemeinen Schuldrecht, dem besonderen Schuldrecht, dem Sachenrecht und dem Familien- und Erbrecht.

BUSINESS OBJEKTE   Entspricht einem betriebswirtschaftlichen Objekt der realen Welt. Business Objekte können sowohl konkrete oder abstrakte Gegenstände als auch Tätigkeiten oder Anläufe sein. Beispiele sind Telefonanrufe, Bestellungen, Verträge oder Kunden. Ein Business Objekt dient demnach der Modellierung anspruchsvoller Geschäftsprozesse. Es kann sowohl multimedialen Inhalt und prozessuales Verhalten als auch den Lebenszyklus einer konkreten Geschäftsinformation umfassen.

Business-Regel	Business Regeln sind Handlungsanweisungen eines Unternehmens, für konkrete Situationen. Eine Business Regel schreibt zum Beispiel vor, dass für unbekannte Besteller mit einem Bestellvolumen über 1.000 € eine Bankauskunft einzuholen ist, bevor die Bestellung ausgelöst wird.
Button	Engl. für „Schaltfläche"
Buy-Site-Lösung	Eine Buy-Site-Lösung ist eine Einkaufsplattform beim Kunden für die Mitarbeiter des Kunden. Der Lieferant stellt seinen Produktkatalog beim Kunden zur Verfügung.
Certification Authority	Eine Certification Authority (engl. für Zertifizierungsstelle) ist eine unabhängige und vertrauenswürdige Instanz, welche im Internet in erster Linie Aufgaben zur Verwaltung von Zertifikaten für öffentliche Schlüssel (→ asymmetrische Verschlüsselungsverfahren) wahrnimmt.
CGI	Eine der ältesten Methoden dynamische Webseiten zu erstellen, ist das Common Gateway Interface (CGI). CGI ist eine Schnittstelle zwischen dem Webserver und einem externen Programm. Über CGI kann der Webserver ein Programm aufrufen und dabei benutzerspezifische Daten (etwa vom Benutzer in ein Formular eingegebene Daten) übergeben. Das Programm verarbeitet dann die Daten und der Server liefert die Ausgabe des Programms an den Webbrowser zurück. Der einfache und standardisierte Aufbau von CGI hat es ermöglicht, dass fast alle Webserver CGI unterstützen. CGI ist unabhängig von der verwendeten Programmiersprache und der Plattform, auf der es ausgeführt wird.
Chat	Englischer Begriff („Plaudern") für die Unterhaltung zweier Anwender mittels Tastatur und Bildschirm. Der Chat funktioniert in speziellen Chatrooms auf Websites oder mit einer Verbindung beider Rechner zum IRC (Internet Relay Chat – Dienst im Internet, der auf speziellen Servern Chats zwischen Internetnutzern mittels geeigneter Software ermöglicht).
CISG (Convention on the International Sale of Goods)	Auch → UN-Kaufrecht. Gilt unter Angehörigen (Kaufleuten) der Vertragsstaaten zum UN-Kaufrecht und regelt einheitlich die Vertragsabwicklung im internationalen Warenkauf. Geht in diesen Fällen nationalen Regelungen vor, wenn es nicht explizit ausgeschlossen wurde.

CI	„Corporate Identity", Erscheinungsbild eines Unternehmens oder einer Marke in der Öffentlichkeit. Dazu zählen Warenzeichen, Form- und Farbgebung der Produkte, Verpackungen, Slogans usw. CI wird häufig gleichbedeutend mit Corporate Design verwendet, gilt aber als übergeordnete Definition.
CLICK BANNER	→Banner
COMMERCE	Der Geschäftsmodelltyp Commerce ist einer der 4 Basisgeschäftsmodelltypen des → 4C-Net-Business-Commerce beinhaltet die Unterstützung aller Handlungen, die zu einer Geschäftstransaktion erforderlich sind. Dazu zählen die Anbahnung, Aushandlung und/oder Abwicklung der Geschäftstransaktionen.
COMMUNITY	Englisch für „Gemeinschaft". Eine Community ist ein Dienst im Internet, wo sich Gleichgesinnte Personen treffen können und gemeinsam über Themen zu diskutieren.
CONNECTION	Englisch für „Verbindung, Anschluss". Basisgeschäftsmodelltyp im → 4C-Net-Business-Model. Das Leistungsangebot dieses Geschäftsbereichs umfasst die Herstellung der Möglichkeit eines Informationsaustauschs in Netzwerken. Es wird zwischen Intra-Connection und Inter-Connection unterschieden. Intra-Connection beinhaltet Communities in Form von Customer Opinion Portalen (z. B. dooyoo.de), Customer Exchanges (gnutella.com) und Customers Chat (tripod.com). Außerdem Mailing Services wie gmx.de. Dem Geschäftsmodell Inter-Connection gehören Unternehmen wie T-Online, Wap und i-mode an.
CONTENT	Englisch für „Inhalt". Informationen werden redaktionell aufgearbeitet zur Verfügung gestellt. → 4C-Net-Business-Model.
CONTEXT	Englisch für „Zusammenhang, Kontext". → Suchmaschinen und →Web-Kataloge gehören zu diesem Geschäftsmodell. → 4C-Net-Business-Model

CORBA	„Common Object Request Broker Architecture"; 1991 von der OMG (Object Management Group) als Spezifikation ihrer Object Management Architecture (OMA) vorgestellt. Ist eine Spezifikation, die die Definition der Schnittstellen in verteilten Systemen sowie die Kommunikation zwischen diesen Schnittstellen ermöglicht und somit den Standard darstellt, der die Kommunikation zwischen Objekten und Programmen regelt. CORBA ist systemunabhängig und nicht an eine bestimmte Programmiersprache gebunden.
CORPORATE DESIGN & IDENTITY	Kurz „CD". Bezeichnet das unverwechselbare visuelle Erscheinungsbild eines Unternehmens. Wesentliche Bestandteile: Firmenzeichen, Logo, Typografie und Unternehmensfarben. Diese sorgen auf Visitenkarten, Messeständen, Geschäftsfahrzeugen, Produkten oder auch auf der Kleidung der Angestellten für einen hohen Wiedererkennungseffekt.
CO-SHOPPING	auch „Powershopping" genannt. Dabei handelt es sich um eine Variante des Einkaufs im Internet, bei der sich Käufer zu Gruppen zusammenschließen, um Mengenrabatten zu erzielen. Je mehr Käufer ein bestimmtes Produkt gemeinsam erstehen, desto billiger wird es.
CRAWLER	Indexierungsprogramm von Suchmaschinen. Durchsucht systematisch Websites, um Text, META-Informationen und Links zu sammeln und diese im Index einer Suchmaschine zu speichern. Dort werden die gesammelten Informationen für Suchanfragen herangezogen.
CRM	Ist eine Bezeichnung für die Bündelung von *Informatik*-Diensten im Bereich der Kundenbetreuung. Darunter versteht man u. a. folgende Bereiche: ■ Call Center ■ Tele Sales ■ Internet Informations-Plattform ■ Online Kunden-Support ■ Database Marketing ■ Marketing ■ Marketing Automation ■ Verkaufsunterstützung

CROSS SELLING — Verkaufsstrategie, bei der bereits existierende Kundenkontakte zusätzlich genutzt werden, um auf kostengünstige Art weitere Verkäufe zu forcieren (beispielsweise geschicktes Platzieren einer Mobiltelefontasche oder eines Reserveakkus auf dem Bestellbildschirm eines Shopsystems beim Kauf eines neuen Mobiltelefons)

CROSS SHOPPING — Das Anbieten/Verkaufen weiterer themenbezogener Waren an Kunden, die bereits ähnliche Waren gekauft haben. Wird speziell in E-Malls praktiziert.

C-TEILE — Güter mit oft geringem Einkaufswert, die für einen geregelten Geschäftsablauf aber nicht für die Produktion erforderlich sind. In den meisten Unternehmen z. B. Hygieneartikel, Arbeitsschutzkleidung und Ähnliches.

CUSTOMER EXCHANGE — Webseiten, auf denen Tauschbörsen stattfinden.

CUSTOMER RELATIONSHIP — Management Kurz → CRM (Kundenbeziehungsmanagement). Bezeichnet die institutionelle Analyse, Steuerung, Gestaltung Controlling von Geschäftsbeziehungen zu den Kunden mit dem Ziel, einen unternehmerischen Erfolgsbeitrag zu leisten.

DATA MINING — Die Entdeckung neuer Zusammenhänge, Muster oder Trends in gespeicherten, gewöhnlichen großen Menge von Daten (→ Datenbanken).

DATENBANK — Unter einer Datenbank versteht man die strukturierte Speicherung und Verwaltung von nicht redundanten Daten; die Datenbank ist praktisch der Container, in dem die Informationen gespeichert werden. Es gibt mehrere Modelle, nach denen Datenbanken realisiert werden:
- hierarchische Datenbanken,
- relationale Datenbanken und
- objektorientierte Datenbanken.

DES	Data Encryption Standard: Der DES ist eine symmetrische Block-Chiffre, die auf eine IBM-Entwicklung der frühen 70er Jahre zurückgeht. Aufgrund seiner einfachen Operationen läßt sich DES gut in Hardware implementieren; aktuelle DES-Chips erreichen einen Durchsatz von mehreren GByte/s. Der DES zählt zu den am besten durchleuchteten Algorithmen und ist ungebrochen. Kritik erntet er überwiegend wegen seines kleinen 56-Bit-Schlüssels. Dieses Manko läßt sich allerdings durch Abwandlungen mildern: Triple-DES arbeitet in drei normalen DES-Durchgängen mit 112 Bit oder 168 Bit Gesamtschlüssellänge.
DIGITALE GÜTER	Nach Maleri und Illik Güter, die aufgrund ihrer Beschaffenheit direkt über das Web ausgeliefert werden können.
DIGITALE SIGNATUR	Bestimmte Public-Key-Verfahren (→ asymmetrische Verschlüsselung) können Digitale Signaturen verwirklichen, indem der Autor (oder Signierer) ein Dokument mit seinem geheimen Schlüssel „unterschreibt". Mit Hilfe des öffentlichen Schlüssels kann jeder die Integrität überprüfen. Neben der Sicherheit des Verfahrens spielen die Authentizitätsprüfung des Signierschlüssels und die dahinterliegende Infrastruktur von Zertifizierungsstellen (→ Certification Authority) eine tragende Rolle; schließlich interessiert neben der Unveränderlichkeit auch die gesicherte Urheberschaft. In der Praxis signiert man nicht das gesamte Dokument, sondern nur seinen digitalen Fingerabdruck. Die Qualität der verwendeten Sicheren → Hash-Funktion ist dann für die Signatur genauso wichtig wie das verwendete Krypto-Verfahren.
DISINTER-MEDIATION	Das Schwinden von Zwischenhändlern (Intermediären) im E-Commerce durch Erbringung der handelstypischen Transformationsleistungen durch Hersteller und Großhändler. → Reintermediation.
DISKUSSIONS-LISTEN	Verteiler für E-Mail-Nachrichten zu einem bestimmten Thema an eingetragene Empfänger
DISTRIBUTION	Bereitstellung und Überbringung der Unternehmensleistung zum Kunden.

DISTRIBUTIONS-MODELL	Eines der fünf Partialmodelle zur Erklärung eines Geschäftsmodells nach Wirtz, welches die Auslieferung der Ware/Dienstleistung an den Kunden beschreibt.
DPI	„Dots Per Inch". Maßeinheit die beim Drucken angibt, wie viele Bildpunkte/Pixel pro Zoll untergebracht werden können.
DSL	„Digital Subscriber Line". Verfahren für digitalisierte Übertragung per Telefonleitung, das in Kupferleitungen hohe Übertragungsraten ermöglicht. Die Übertragungsraten können beim Senden bis zu 2 MBit/s erreichen, die beim Empfangen bis zu 52 MBit/s. Es gibt die verschiedenen Varianten ADSL (Asymmetric DSL), SDSL (Symmetric DSL), HDSL (High Data Rate DSL) und VDSL (Very High Data Rate DSL).
DULDUNGS-VOLLMACHT	Ein Stellvertreter verfügt über Vertretungsmacht in Form der Duldungsvollmacht, wenn der Vertretene das Auftreten des Stellvertreters für ihn kannte und duldete.
EAI-SYSTEME (ENTERPRISE APPLICATION INTEGRATION)	Enterprise Application Integration ist die Konvertierung von Daten und Befehlen aus dem Format einer Anwendung in das einer anderen, um den Datenaustausch zwischen inkompatiblen Anwendungen zu ermöglichen.
E-CATALOG	Elektronischer Katalog, um Informationen von Produkten und Dienstleistungen an Kunden oder Geschäftspartner weiterzugeben.
E-COMMERCE-RICHTLINIE	Richtlinie der Europäischen Union zum E-Commerce zwecks Harmonisierung des Gemeinschaftsrechts, welche von den Mitgliedsländern in die nationalen Rechtsordnungen umgesetzt werden musste. In Deutschland weitgehend ins nationale Recht inkorporiert (Mai 2002). Ergab zahlreiche Änderungen im Teledienstegesetz, im BGB und in anderen Gesetzen. Schaffung des EGG (Gesetz für den elektronischen Geschäftsverkehr)
EDI	EDI (Electronic Data Interchange) ist eine Methode zur Verbesserung der Geschäftsprozesse. Dabei werden für definierte Geschäftsvorfälle (Bestel-

lungen, Rechungen usw.) Dateiformate definiert, die zwischen den IT-Systemen von Kunde und Lieferant automatisch über Datennetze ausgetauscht werden. Ein EDI-System führt dieses Verfahren durch.

E-EDUCATION   Geschäftsmodellvariante im Geschäftsmodell Content. Beinhaltet Virtuelle Universitäten und Public Education

E-ENTERTAIN-MENT   Geschäftsmodellvariante im Geschäftsmodell → Content. Unterhaltende Inhalte werden angeboten zum Beispiel E-Games, E-Movies und E-Music.

EGBGB   Einführungsgesetz zum → Bürgerlichen Gesetzbuch. Enthält so genannte Kollisionsnormen für das Zivilrecht bzw. Normen des IPR (→ Internationales Privatrecht), die festlegen, in welchen Fällen nach deutschem Recht deutsches Recht anwendbar ist. Die Anwendung deutschen Rechts ist nicht zwingend mit der Zuständigkeit deutscher Gerichte verbunden.

EGG   Gesetz für den elektronischen Geschäftsverkehr. → E-Commerce-Richtlinie. Sieht Novellierung des Teledienste- und Teledienstedatenschutzgesetzes vor, etabliert das Herkunftslandsprinzip und verschiedene Informationspflichten von Teleddiensteanbietern. Regelt die Verantwortlichkeit von Teleddiensteanbietern u. v. m

E-GOVERNMENT   Wenn Behörden und staatliche Einrichtungen ihre Aufgaben mit Hilfe von Telekommunikationsmedien wahrnehmen. Modelle: Business-to-Government, Government-to- Consumer, Government-to-Government. Auch E-Administration.

E-INFORMATION   Geschäftsmodellvariante des Geschäftsmodells Content. Das Leistungsangebot besteht in Information. Das kann politische, kulturelle oder sonstige Information sein.

EINFÜHRUNGS-GESETZ ZUM BÜRGERLICHEN GESETZBUCH   → EGBGB

E-Business, Electronic Business	Unter dem Begriff E-Business wird die Anbahnung sowie die teilweise respektive vollständige Unterstützung, Abwicklung und Aufrechterhaltung von Leistungsaustauschprozessen innerhalb und außerhalb von Unternehmen mittels elektronischer Netze verstanden (Wirtz, B. W.: Electronic Business, 2.Auflage, Wiesbaden 2001, Seite 34).
E-Commerce, Electronic Commerce	Electronic Commerce beinhaltet die elektronische Unterstützung, die in direkten Zusammenhang mit dem Kauf und Verkauf von Gütern und Dienstleistungen via elektronischer Netze in Verbindung stehen.
Electronic Mall	Eine Mall ist ein virtuelles Einkaufszentrum mit rechtlich unabhängigen Firmen. Das gemeinsame Dach ist die Web-Adresse der Mall. Die Einzelshops einer Mall sind meist durch ein Anbieterverzeichnis integriert. Häufig stehen Suchfunktionen mit Zugang zu den Artikeln aller Shops zur Verfügung.
elektronischer Markt	Es wird vertreten, dass das Internet der elektronische Markt sei (J., A., Illik, Electronic Commerce, München, Wien 1999, Kapitel 8). Es existieren viele Definitionen: „Ein Elektronischer Markt ist ein Ort im virtuellen Raum, auf dem eine Mehrzahl von Anbietern und Nachfragern zusammenkommen, um dort Geschäfte anzubahnen und abzuschließen." So http://www.beschaffungswelt.de/einkauf/elektonische_markt _plaetze_grund wissen_defintionen.html Abruf: 10.10.2002
elektronisches Geld	Ein in nationaler Währung angegebener Geldwert, der in elektronischer Form oder auf einem elektronischen Gerät beim Konsumenten gespeichert wird. Der Konsument hat ein gewisses Guthaben käuflich erworben. Bezahlt er eine Geschäftstransaktion von diesem Guthaben, reduziert es sich. Benötigt nicht jedes Mal eine Onlineautorisierung und stellt ein eigenes Konto dar, das nicht mit den Bankkonten des Konsumenten unmittelbar synchronisiert ist. Dies gewährleistet eine anonyme Zahlung (vgl. Bargeld). Zwei unterschiedliche Arten elektronischer Geräte gibt es: vorausbezahlte Karten und vorausbezahlte Software-Produkte. Bei Karten ist der elektronische Wert auf einem in der Karte implementierten Computer-Chip (oder einem integrierten Schaltkreis)

gespeichert. Zum Bezahlen wird ein Kartenlesegerät benötigt. Bei der Software-Lösung ist der Wert auf der Rechnerfestplatte gespeichert und wird über Kommunikationsnetzwerke wie das Internet übertragen.

E-MERCIALS   Vollbildwerbespots

EMPLOYEE PORTAL

Vertikales Portal für die Mitarbeiter eines Unternehmens. Als Intranet und/oder Extranet aufgebaut. Bietet Informationen zum Unternehmen, vereinfacht organisatorische und Verwaltungsaufgaben und integriert zunehmend Commerceangebote.

END-TO-END-SECURITY

Kurz: E2S. Projekt zur Erprobung des SET-Standards zur kommerziellen Verwendung in offenen Netzen, das von einem Konsortium aus neun europäischen Organisationen aus den Bereichen Bankwesen, Informationstechnologie und dem staatlichen Sektor realisiert wird. Es soll Transaktionen von Unternehmen zu Unternehmen über das Internet ermöglichen.

ENTERPRICE RESSOURCE PLANNING (ERP)

ERP-Systeme sind Softwarelösungen, die der unternehmensweiten Steuerung und Auswertung von Prozessen in den Bereichen Produktion, Vertrieb, Logistik, Finanzen, Personal, etc. dienen.

ENTERPRISE INFORMATION PORTAL

Kurz: EIP. Website von Unternehmen, die ein eigenes, unternehmensspezifisches Angebot zur Verfügung stellen. EIPs bieten beispielsweise Nachrichten und Finanzinformationen über das Unternehmen, interne Normen und Vorschriften, Dokumentationen, Software-Freigaben sowie Telefon- und Adressenverzeichnisse. Darüber hinaus können hier auch Geschäfte abgewickelt werden. Dazu zählen sowohl interne Geschäfte unter den Beschäftigten, als auch externe mit Zulieferfirmen und Geschäftskunden bzw. -partnern. Im Grunde handelt es sich hierbei um eine Art Mischform von Intranet und Internet. Ein Beispiel für ein solches Portal ist das von SAP.

ENTITY-RELATIONSHIP-MODELL	Kurz: ER-Modell. Das von Chen (1976) vorgestellte Modell gilt als Standard-Modellierungstechnik im Datenbankbereich. Durch dieses können die statischen Relationen zwischen Objekten bzw. Entitäten beschrieben werden. Ursprünglich wurde diese Methode für den Datenbankentwurf entwickelt, heute wird sie aber auch in der Definitionsphase für Systeme mit komplexen Daten und Datenbeziehungen eingesetzt. Im ER-Modell werden die für ein zu entwickelndes System relevanten Objekte bzw. Entitäten, ihre Attribute sowie die Beziehungen bzw. Relationen zwischen den Objekten beschrieben. Das ER-Modell bildet eine gute Basis für die Realisierung durch relationale Datenbanken.
ERGONOMIE	Der Begriff bezeichnet die bestmögliche Anpassung von Arbeitsbedingungen und Maschinen an menschliche Bedürfnisse. Unterschieden wird im Zusammenhang mit der Informationstechnologie zwischen der Softwareergonomie (Disziplin zur Beurteilung der Gebrauchstauglichkeit von Softwareprodukten) und der Hardwareergonomie (Gestaltung der Hardware nach den Anforderungen des Menschen, z.B. Bildschirme (strahlungsarm), Drucker (Lärmarm) usw.).
ERSCHÖPFUNGS-GRUNDSATZ	Begriff aus dem Urheberrecht. Dieser besagt, dass nach dem Verkauf des Werkstücks im Sinne des Urheberrechts oder von Kopien davon – also nur bei körperlicher Werkverwertung – die Weiterverbreitung mit Ausnahme der Vermietung unbeschränkt zulässig ist. Dies gilt im Gebiet aller Mitgliedsstaaten des Abkommens über den europäischen Wirtschaftsraum (Mitglieder dieses Abkommens sind alle westeuropäischen Staaten mit Ausnahme der Schweiz.).
E-SHOP	Website, auf der Waren oder Dienstleistungen per Mausklick bestellt werden können. Manche Definitionen fordern auch die digitale Bezahlmöglichkeit. Begriff differenziert nicht nach → B2B- oder → B2C-Markt.
E-SHOP-BACKEND	→ Backend
E-SHOP-FRONTEND	→ Frontend

EVENT SUPPORT	Ein Event Support (auch Trigger) ist die Fähigkeit eines Datenbanksystems, beim Einfügen, Aktualisieren oder Löschen von Daten in einer Tabelle ein hinterlegtes Programm (Stored Procedure) auszuführen und diesem die Änderungen als Parameter zu übergeben.
EVENT-SHOPPING	Ein Ereignis wird zur Verkaufsaktion. Zum Beispiel Geschenke zur Hochzeit oder Blumen und Pralinen zum Valentinstag.
EWIV	Einzige Gesellschaftsform des Europäischen Rechts. Darf keine eigene Geschäftsidee zur Gewinnerzielung verfolgen, sondern erfüllt Hilfsfunktionen wie Marketing oder Distribution. Rechtliche Alternative zur Gesellschaft bürgerlichen Rechts (GbR). Wird in Register eingetragen und kann als Firma auftreten.
EXPERTEN-PORTALE	Portale, die das Know-how der Benutzer kommerziell zu nutzen versuchen. Es gibt drei Arten von Experten-Portalen: Portale mit redaktionellen Konzepten, Lern-Communities und Beratungskonzepte.
EXTRANET	Bei einem Extranet handelt es sich um die Erweiterung des firmeninternen Intranets auf nahe stehende Gruppen wie z.B. Lieferanten, Vertriebsleute oder Verkaufspartner.
FORMVOR-SCHRIFTEN	Formerfordernisse bei bestimmten Rechtsgeschäften haben Beweis- oder Warnfunktion o. Ä. Formvorschriften definieren, was Schrift-, Text- oder digitale Form beinhaltet.
FRONTEND	Der für den Nutzer auf seinem lokalen Rechner sichtbare Teil einer Anwendung (Programm, Endbenutzerwerkzeug oder Umgebung von Anwendungsentwicklern), der die Kommunikation mit dem Nutzer durchführt. Beispielsweise die Nutzeroberfläche des Arbeitsplatzrechners in einer Client-Server-Anwendung oder die Seiten eines Webportals. Das Frontend greift auf die → im Backend ablaufenden Prozesse zu.
FULFILLMENT	E-Fulfillment umfasst sämtliche Dienstleistungen, welche die Abwicklungsphase von Handelstransaktionen unterstützen. Dazu zählen die Logistik und die Zahlungsabwicklung.

GEBRAUCHS-MUSTERGESETZ	Urheberrecht über technische Erfindungen, die vom technischen Niveau unter dem Patentrecht stehen. Anmeldung einfacher und Schutz geringer als beim Patentrecht.
GESCHMACKS-MUSTERGESETZ	Gesetz über das geistige Eigentum an Mustern und Modellen, also zweidimensionalen oder dreidimensionalen Darstellungen eines Erzeugnisses. Die Intention der Darstellung muss in der ästhetischen Wirkung liegen. Das Muster oder Modell muss neu und speziell sein (Eigenart besitzen).
GESETZ FÜR WETTBEWERBS-BESCHRÄNKUNGEN, **GWB**	Kartellrecht. Versucht zu verhindern, dass einzelne Unternehmen eine marktbeherrschende Stellung aufbauen. Reguliert Wettbewerbshandlungen der Unternehmen untereinander.
GESETZ GEGEN DEN UNLAUTEREN WETTBEWERB, **UWG**	Reguliert den Wettbewerb im Verhältnis der Unternehmen untereinander und (hauptsächlich) gegenüber dem Kunden. Irreführende und unlautere Werbung und andere Wettbewerbshandlungen werden unterbunden.
GESETZ ÜBER RECHTLICHE RAHMENBEDINGUNGEN DES ELEKTRONISCHEN GESCHÄFTSVERKEHRS	→ EGG
GESETZ ZUR DIGITALEN SIGNATUR	Regelt Anforderungen an Zulassung und Betrieb von Zertifizierungsstellen und technische Fragen zur digitalen Signatur
GESETZ ZUR REGELUNG DES ELEKTRONISCHEN GESCHÄFTSVERKEHRS	→ EGG

GLOBALE MALLS	Elektronische Kaufhäuser, deren angeschlossene E-Shops überregionaler, geographisch-unabhängiger Herkunft sind.
GOVERNMENT PORTAL	Portal, das von einer staatlichen Einrichtung betrieben wird, um hoheitliche oder fiskalische Aufgaben wahrzunehmen.
HANDEL	Gesamtheit aller Unternehmen, die Produkte und Leistungen derart bereitstellen, dass diese den Bedürfnissen der Nachfrager in räumlicher, zeitlicher, quantitativer und qualitativer Hinsicht gerecht werden.
HANDELSTRANSAKTIONSPHASEN	Klassische Handelstransaktionsphasen sind Information, Vereinbarung, Abwicklung und After-Sales. Dies wird differenziert in Anbietersuche und Information für die Informationsphase, Anbahnung und Abschluss für die Vereinbarungsphase, Bezahlung und Distribution für die Abwicklungsphase und Service und → Community für die After Sales Phase.
HASH-FUNKTIONEN	Darunter werden mathematische Funktionen verstanden, die aus einem beliebigen Klartext nach einem vorbestimmten Verfahren ein Komprimat im Sinne einer Prüfziffer generieren. Eine Hash-Funktion nimmt einen Datenstring und gibt als Ergebnis den Hash-Wert aus. → Hash-Algorithmen
HASHING-ALGORITHMEN	Ein mathematisches Verfahren, das aus einem Klartext einen Hash-Wert in Form einer Bitfolge extrahiert. An den Klartext angefügt, dient sie der Authentisierung und Prüfung der Integrität. Aus dem gewonnenen Ergebnis kann das Anfangspasswort nicht wiederhergestellt werden, und die Wahrscheinlichkeit, dass zwei verschiedene Passwörter in ein und dieselbe Bitfolge umgewandelt werden könnten, ist äußerst gering. Der Hashing-Algorithmus soll sicherstellen, dass es äußerst unwahrscheinlich ist, Originaldaten so zu verändern, dass der gleiche Hash-Wert erreicht wird. Ein Hash-Algorithmus muss demnach die beiden folgenden wesentlichen Bedingungen erfüllen: Zu einem gegebenen Fingerabdruck (Hash-Wert) darf es nicht möglich sein, einen Text zu finden, der diesen Wert als Hash-Wert besitzt. Man spricht in diesem Fall von einer Einwegfunktion. Außerdem darf es nicht möglich sein, zwei Texte mit dem gleichen Fingerabdruck konstruieren zu können (Kollisionsresistenz).

HERKUNFTS-
LANDSPRINZIP

Im Gesetz für den elektronischen Geschäftsverkehr verankert. Besagt, dass Telediensteunternehmen ausschließlich die Gesetze des Landes ihrer Niederlassung beachten müssen. Im Immaterialgüterrecht und auf viele andere Rechtsfragen nicht anwendbar. Besonders für das Wettbewerbsrecht umstritten.

HIT

Die Kennzahl „Hits" steht für die Anzahl aller Objekte (Dateien), die vom Webserver abgerufen werden. Dabei ist es gleichgültig, ob es sich um statische HTML-Dokumente oder dynamisch durch CGI-Skripte erzeugte Dokumente handelt, um Grafiken, Audio- oder Videodateien oder andere Dateitypen. Der Begriff „Hits" wurde in den Anfangsjahren des WWW eingeführt. Hits wurden vor allem deshalb ‚gemessen', um zu messen, wie viel Traffic der Webserver standhält. Es handelt sich aber um eine wenig aussagekräftige Messgröße: Wenn eine HTML-Seite viele grafische Elemente enthält, werden auch mehr Hits erzeugt, ohne dass dies etwas über das Benutzerverhalten aussagen würde.

HOCHLEIS-
TUNGSPORTAL

Kein Fachbegriff. Drückt aus, dass Portal höchsten Anforderungen genügt, was Informationsgeschwindigkeit, Bedienkomfort und Funktionalität betrifft.

HOSTING

Unter Hosting wird eine Form der Auslagerung verstanden, bei der die Internet-Software im Rechenzentrum des Internet Service Providers installiert und von diesem überwacht wird.

HYPERTEXT
TRANSFER
PROTOCOL

→ HTTP

IANA

Die IANA (Internet Assigned Numbers Authority) ist für die eindeutige Vergabe der IP-Adressen, Domain-Namen und Protokollparameter im Internet verantwortlich. Zu letzteren gehören u.a. die → TCP- und UDP-Port-Nummern sowie die MIME-Types.

ICONS	Icons sind visuelle Symbole, die einen Sachverhalt oder eine Handlungsanweisung ausdrücken sollen.
IDEA	steht für **I**nternational **D**ata **E**ncryption **A**lgorithm und ist ein blockorientierter (→ Blockchiffre), konventioneller → symmetrischer Verschlüsselungsalgorithmus, der an der Eidgenössischen Technischen Hochschule der Schweiz entwickelt wurde. IDEA arbeitet mit 64 Bit Blöcken und mit einer Schlüssellänge von 128 Bit und ist somit sicherer als DES (64 Bit bzw. 56 Bit). IDEA ist in den USA sowie in den meisten europäischen Ländern patentiert. Die private Nutzung ist frei.
IMAGE BANNER	Werbefläche (Banner) im WWW, der aus einem Bild besteht.
INFORMATIONS- UND KOMMUNIKATIONSDIENSTEGESETZ	Name eines Regelungswerkes mit vielen Einzelgesetzen: Teledienstegesetz, Telekommunikationsgesetz, Teledienstedatenschutzgesetz und andere.
INFORMATIONSPFLICHTVERORDNUNG	Die Paragraphen über Fernabsatzverträge (§§ 312b ff BGB) sehen eine umfassende Informationspflicht des E-Shop-Betreibers gegenüber dem Verbraucher vor. Diese Informationspflicht ist in allen Einzelheiten in der Informationspflichtverordnung geregelt.
INFOSOC-RICHTLINIE	Eigentlich: Richtlinie 2001/29/EG des Europäischen Parlaments und des Rates vom 22.5.2001 zur Harmonisierung bestimmter Aspekte des Urheberrechts und der verwandten Schutzrechte in der Informationsgesellschaft. Wird in Deutschland voraussichtlich 2002 nicht mehr umgesetzt. Kernpunkt der Richtlinie ist der Umfang der Kopierfreiheit, wobei das Recht auf Informationsfreiheit auf der einen Seite und Wirtschaftsinteressen auf der anderen Seite konkurrieren.
INKASSO	Das Einziehen von fälligen Forderungen

INTEGRATED WEB
USAGE MINING

Wird das WWW als Informationsquelle für das → Data Mining herangezogen, so spricht man von Web Mining. In Abhängigkeit von der inhalts- oder nutzungsorientierten Analyse des World Wide Web (WWW) lassen sich die Teilgebiete des Web Content Mining und des Web Usage Mining voneinander abgrenzen. Eine Ausprägungsform des Web Usage Mining, bei der sich die Analyse ausschließlich auf die Protokolldateien des Webservers beschränkt, wird als Web Log Mining bezeichnet. Sofern neben den Protokolldateien noch weitere Datenbestände in den Mustererkennungsprozess einfließen, wird diese Ausprägung als Integrated Web Usage Mining bezeichnet.

INTEGRATIONS-
TIEFE

Ausmaß und Umfang der Integration von Teilsystemen in ein Gesamtsystem. Mit Integration ist hier gemeint, dass aus verschiedenen unabhängigen Einheiten eine größere Einheit gebildet wird, welche in ihrer Effizienz und Effektivität den eigenständigen Systemen überlegen ist.

INTEGRITÄT

Bedeutet Vollständigkeit, Unversehrtheit. Wurde als Ziel bei der Sicherheit im Datentransfer genannt.

INTERMEDIÄRE

Ein Intermediär ist ein Zwischenhändler

INTERMEDIATION

„Mit dem Begriff der Intermediation wird der Sachverhalt beschrieben, dass die Wertkette der Distribution durch den Einsatz moderner Informations- und Kommunikationstechnologie aufgespalten werden kann." Dadurch können sich Unternehmen auf Kernkompetenzen beschränken und Teile der Distributionsleistung auf Kooperationspartner übertragen. (Siehe Wirtz, aaO, Seite 385)

INTERNATIONALES
PRIVATRECHT

→ IPR, beinhaltet Kollisionsnormen, die die Anwendbarkeit deutschen Rechts bestimmen. Normen des IPR befinden sich im → EGBGB.

INTERNETAUKTION

Preisfindungsverfahren im Internet. Es existieren verschiedene Modelle. Beim so genannten englischen Verfahren z. B. wird das zu ersteigernde Gut dem zu einem bestimmten Zeitpunkt Meistbietenden zugeschlagen. Bei der inversen Auktion sucht sich ein Nachfrager unter mehreren Anbietern das attraktivste Angebot aus.

INTERSTITIALS	Eine Art → Pop-Up-Fenster. Wie diese öffnen sie sich „von alleine". Sie füllen einen großen Teil des Browserfensters aus, oder nehmen ein ganzes, automatisch geöffnetes Browserfenster ein.

Die Werbebotschaft von Interstitials ist nicht auf, sondern zwischen den Seiten eines Web-Angebots platziert. Es handelt sich um ein unterbrechendes Werbeformat wie Fernsehwerbung. Da Online-Zeit bezahlt werden muss, erzielen sie bei Nutzern eher negative Reaktionen.

Diese Werbeform ist für Unterhaltungs- und Spielsites angemessen, für „seriöse Werbung" jedoch eher ungeeignet.

INTRA-CONNECTION	→ Connection
INVITATIO AD OFFERENDUM	übersetzt: die Einladung zur Abgabe eines Angebots. Unterschied zum Angebot im rechtlichen Sinne: der Rechtsbindungswille fehlt.
IP	Das Internet Protocol (IP) ist ein verbindungsloses Protokoll zur Paketübermittlung. Es übernimmt die Weiterleitung (Forwarding) der Datenpakete, führt dafür die Wegewahl (Routing) durch und kann dabei Pakete zerlegen und wieder zusammensetzen (Fragmentation/Reassembly). IP ist in RFC 791 (http://www.ietf.org/rfc/rfc791.txt) definiert.
IPR	→Internationales Privatrecht
ISDN	„Integrated Services Digital Network". ISDN basiert auf dem Ausbau des Telefonnetzes mit digitaler Vermittlungs- und Übertragungstechnik und macht unterschiedliche Kommunikationsdienste wie Telefon, Fax und Datenübertragung möglich. Der Teilnehmer kann zwei Dienste gleichzeitig in Anspruch nehmen, da zwei B-Kanäle zur Datenübertragung zur Verfügung stehen. Ein separater D-Kanal transportiert Verbindungsinformationen wie Uhrzeit und Rufnummer. Abhängig vom verwendeten Anschlussmodul des Teilnehmers können neben digitalen auch analoge Endgeräte angeschlossen werden.
ISSUER	Unternehmen, das Karten für den Zahlungsverkehr herausgibt.

IVW	Informationsgemeinschaft zur Feststellung der Verbreitung von Werbeträgern. Seit Oktober 1997 überprüft die IVW die Reichweiten der Online-Werbeangebote.
JAVA	Objektorientierte Programmiersprache, die in Anlehnung an die Programmiersprache C++ von der Firma SUN entwickelt wurde und dem Entwickler erlaubt, WWW-Seiten mit verschiedenen, auch interaktiven Spezialeffekten auszustatten. Zur Ausführung von Java-Programmen wird eine „Java Virtual Machine" benötigt, welche heutzutage in den verbreiteten Browsern bereits implementiert ist. Mit dieser lassen sich Java-Programme auf nahezu jedem Computer, unabhängig von dessen Hardware oder Betriebssystem, ausführen.
JAVA-APPLETS	Ein Java-Applet ist ein Programm, das von einer Webseite aus gestartet und von einem Server herunter geladen wird. Java-Applets werden häufig verwendet, um auf Webseiten Multimediaeffekte und Interaktivität zu erzeugen (z.B. Animationen, Musik, Videos).
KAPITALMODELL	Teil des Geschäftsmodellsystems nach Wirtz. Untermodelle: Finanzierungsmodell und Erlösmodell. Es bildet die finanziellen Ressourcen und Formen der Refinanzierung eines Unternehmens ab.
KOLLISIONSNORMEN	→ EGBGB
KONSISTENTE NAVIGATIONSELEMENTE	Navigationselemente, die auf allen Webseiten einer Website ein durchgängiges Erscheinungsbild haben. Damit kann gewährleistet werden, dass eine einfache Orientierung auf den Seiten für den Betrachter gegeben ist.
KONTEXTSENSITIVE HILFETEXTE	Kontextsensitive Hilfen bieten dem Benutzer eine Hilfe zur jeweils aktuellen Arbeitssituation. Hierbei kann unterschieden werden, ob das Hilfesystem Kenntnis vom Wissensstand des Anwenders hat (intelligente Hilfesysteme) oder ob eine allgemeine Hilfe bezüglich des augenblicklichen Kontexts angeboten wird. Weiterhin kann dahingehend unterschieden werden, ob das Hilfesystem eigenständig agiert oder die Hilfe explizit angefordert werden muss.

KONTEXT-
SENSITIVE LINKS
In einer personalisierten Anwendung lassen sich kontextsensitive Links anzeigen, z.B. themenverwandte Seiten oder „Experten" zur aktuellen Seite. Durch diese Links können Informationen oder Anweisungen übermittelt werden. Kontextsensitive Links sind realisiert durch → CGI-Programme, die die ähnlich wie bei Formularen übermittelten Daten auswerten und entsprechende Aktionen ausführen.

LASTVERTEILUNG
Die Lastverteilung wird auch als „load balancing" bezeichnet und beruht auf dem parallelen Gebrauch mehrerer Geräte für erhöhte Geschwindigkeit und Redundanz. Dabei werden Anfragen an eine Applikation auf verschiedene angeschlossene Server verteilt. Die Verteilmechanismen selbst können stark variieren, bis hin zu Modellen, bei denen die Anfragen abhängig von der Antwortzeit, der Art der Anfrage oder der Ressourcenbeanspruchung einzelnen Servern zugewiesen werden. Als Beispiele können → VPNs, Webserver oder Internetverbindungen mit Lastverteilung angeführt werden.

LAYER
„Schicht". Hier bezogen auf eine Schicht im → OSI-Referenzmodell.

LAYOUT
Seitenaufbau und -gestaltung der verschiedenen Elemente einer Drucksache oder einer Website. Berücksichtigt vor allem die Anordnung von Kopf- und Fußzeilen, Logo oder Textspalten.

LEISTUNGS-
ANGEBOTSMODELL
Teil des Geschäftsmodellsystems nach Wirtz, welches nach den Leistungsangeboten (Content, Commerce, Context und Connection) der Unternehmen differenziert.

LEISTUNGS-
ERSTELLUNGS-
MODELL
Ein Geschäftsmodell (Business Model), welches nach der vom Unternehmen zu erbringenden Leistung (z.B. redaktionelle Aufarbeitung von Inhalten zu Content) differenziert.

LINK
POPULARITY
Suchmaschinen berücksichtigen die so genannte Link-Popularität, d.h. die Qualität und Zahl der Links, die auf eine Site oder Seite zeigen. Dabei haben Links, die von Verzeichnissen wie das Open Directory Project oder Yahoo! ausgehen, wesentlich höhere Bedeutung als Links einer privaten Home Page schon allein, weil diese Verzeichnisse eine massive Zahl von eingehenden Links aufweisen können.

LIEFERAVIS

Mitteilung über die voraussichtliche Ankunft der Ware beim Empfänger. Das Lieferavis enthält den voraussichtlichen Ankunftstermin, die Mengen und die Materialien bzw. Dienstleistungen. Ein Lieferavis kann in Form einer EDI-Nachricht, per Fax oder mittels anderer Medien übermittelt werden.

LOGFILE, LOGDATEI

Jede HTTP-Transaktion führt zu einem Informationsaustausch zwischen Browser und Webserver. Informationen darüber können vom Webserver in Protokolldateien aufgezeichnet werden. Mit Protokoll ist in diesem Zusammenhang nicht ein Kommunikationsprotokoll im Sinne von Rechnernetzen gemeint, sondern das Aufzeichnen (Protokollieren) von Informationen in einer bestimmten Datei. Für diese Datei wird häufig synonym der Begriff „Logdatei", „Logfile" oder „Log" verwendet. Genauso wie in einem Logbuch eines Schiffes werden hier bestimmte Ereignisse protokolliert.

MACROPAYMENT

In diesen Bereich werden Zahlungen eingeordnet, die mehr als 10,– Euro betragen. Beim Macropayment steht die Sicherheit des Geldtransfers im Vordergrund. Wie auch beim → Micropayment können die bezogenen Waren (meist → digitale Güter) problemlos einzeln verrechnet werden. Jedoch werden einzelne Rechnungen gebündelt, um Transaktionskosten zu sparen. Beim Macropayment können die traditionellen und die kreditkartenbasierten Bezahlmethoden verwendet werden.

MAILING SERVICE

Service von Anbietern im WWW, der Informationen zum jeweiligen Angebot per E-Mail an in → Mailing-Listen eingetragene Teilnehmer versendet.

MAILING-LISTE

Verteilerliste für E-Mails. Jede Liste hat dabei ein bestimmtes Thema, auf das sich alle Nachrichten beziehen, die Verwaltung der Liste wird dabei häufig von einem Programm (Mailing List Server) übernommen. Mailing-Listen sind meist offene Listen, d.h. jeder kann sich als Teilnehmer einschreiben und (unzensiert) Nachrichten an die Liste und damit an alle anderen Teilnehmer senden.

MALL	Eine Mall ist ein virtuelles Einkaufszentrum, bei dem unter einem Dach verschiedene E-Shops betrieben werden.
MAPPING	Ein Mapping ist ein Abbildungsprozess zwischen zwei Dateien unterschiedlichen Datenformats
MARKETING	Gesamtheit der Maßnahmen auf dem Gebiet des Absatzes. Nach Kotler und Bliemel (Kotler, Philip; Bliemel, Friedhelm: Marketing-Management – Analyse, Planung, Umsetzung und Steuerung, 8. Auflage, Schäffer-Poeschel Verlag Stuttgart, 1995) ist Marketing ein Prozess im Wirtschafts- und Sozialgefüge, durch den Einzelpersonen und Gruppen ihre Bedürfnisse und Wünsche befriedigen, indem sie Produkte und andere Dinge von Wert erzeugen, anbieten und miteinander austauschen.
MARKT	Zusammentreffen von Angebot und Nachfrage. Der Markt kann sich auf eine bestimmte Gütergruppe beziehen. Für Unternehmen ist es wichtig, innerhalb des Gesamtmarktes das zu bearbeitende Marktsegment zu bestimmen.
MARKTMODELL	Teil eines Geschäftsmodells, das nach Akteuren (Anbietern und Nachfragern) unterscheidet.
MARKTORT	Ein Marktort ist ein Ort, an dem die marktbezogene Wettbewerbshandlung auf den Wettbewerbsgegner einwirkt. Wird durch Zielrichtung konkretisiert. Im Wettbewerbsrecht wurde Begriff des Marktortes zur Bestimmung des Tatorts gebildet, der nach Art. 40 EGBGB das maßgebliche Recht bei außervertraglicher Haftung bestimmt.
MARKTPLATZ	Es gibt virtuelle bzw. elektronische und klassische Marktplätze. Ort, an dem Angebot und Nachfrage zusammenkommen. Marktplatzbetreiber stellt ordnende dritte Instanz dar. Transaktionsmethoden virtueller Marktplätze sind z. B. die Auktion, das Schwarze Brett und die Börse.
MATCHING	Leistung des virtuellen Marktplatzbetreibers: Angebote und Nachfragen in qualitativer und quantitativer Hinsicht passend zuzuordnen.

MEGA PORTAL | Kein Fachbegriff. Beschreibt ein besonders leistungsfähiges, großes Portal mit zahlreichen Funktionalitäten z. B. Yahoo

MEHRBENUTZER-FÄHIGKEIT | Auch: Concurrency; Fachbegriff bei Datenbanken. Realisiert die Möglichkeit, dass mehrere Benutzer auf dieselben Datensätze zugreifen können.

MESSAGE | Eine Message ist eine Datei, die ein Geschäftsdokument in einem definierten Datenformat enthält.

META DESCRIPTION | Mit dem Attribut `name="description"` des HTML-Elements `<meta>` (`<meta name="description" content="…Beschreibungstext…">`) kann man innerhalb einer HTML-Seite einen Beschreibungstext für den Inhalt der jeweiligen Seite bestimmen (description = Beschreibung).

META KEYWORDS | Mit dem Attribut `name="keywords"` des HTML-Elements `<meta>` (`<meta name="keywords" content="… Schlüsselwörter…">` kann man Stichwörter für Suchmaschinen festlegen. Diese werden dann im Index einer Suchmaschine gespeichert und für Suchanfragen herangezogen. (keywords = Schlüsselwörter). Die einzelnen Schlüsselwörter werden durch Komma voneinander getrennt, ein Schlüsselwort kann auch aus zwei oder mehreren Einzelwörtern bestehen.

META ANGABEN | META-Angaben sind zusätzliche Informationen über ein HTML-Dokument. Sie können beispielsweise von Robots und Browsern ausgewertet werden. In der Regel werden sie aber im Browser nicht dargestellt und sind somit für den eigentlichen Benutzer im Browser nicht sichtbar. Sie können z.B. standardisierte Informationen über die Sprache, den Autor und den Inhalt des HTML-Dokumentes enthalten.

MICROPAYMENT | In diesen Bereich werden Zahlungen eingeordnet, die weniger als 10,– Euro betragen. Dazu zählen digitale Güter, die direkt im Netz abgerufen werden können (beispielsweise Nachrichten oder Musikstücke). Bei solchen Waren steht vor allem die Wirtschaftlichkeit und nicht die Sicherheit des Geldtransfers im Vordergrund (keine Rechnungen für jeden Kleinbetrag). Es werden vor allem vorausbezahlte Systeme und Inkassosysteme verwendet.

MODEM	Abkürzung für „Modulator/Demodulator". Gerät zur Datenfernübertragung, das eine Verbindung zu einer Gegenstation aufbaut und die vom Computer kommenden Signale in Töne umsetzt. Anschließend sendet es diese Töne zur Gegenstation. Sollte sich dort ebenfalls ein Modem befinden, werden die empfangenen Töne von diesem wieder in maschinenverständliche Signale zurückübersetzt (moduliert).
MULTITHREAD	Paralleles Abarbeiten mehrerer Programmabläufe in einem einzigen Programm. Die Aufgaben können gleichzeitig im Speicher gehalten und verarbeitet werden. In Bezug auf die Datenbearbeitung bezeichnet man damit auch eine Technik, bei der Knoten in einer baumartigen Datenstruktur Zeiger auf darüber liegende Knoten enthalten, um das Durchlaufen der Struktur effizienter zu gestalten.
MYSQL	MySQL ist ein frei verfügbares und auf vielen Plattformen einsetzbares Database Management System. Häufig wird MySQL in Verbindung mit der Skriptsprache PHP verwendet. Diese Kombination kann auf verschiedenen Plattformen eingesetzt werden. Eine sehr häufig eingesetzte Variante ist: Linux, Apache-Webserver, MySQL und → PHP. Diese wird auch als LAMP bezeichnet.
NAVIGATION	Tätigkeit, die ein Benutzer ausführen muss, um seine gewünschten Informationen zu finden. Eine einfache Navigation ist sinnvoll, damit Interessenten die gesuchten Informationen schnell finden können.
NISCHEN-PORTALE	Portale für spezielle Zielgruppen. → Vertikale Portale gehören zu dieser Kategorie. Aber auch technologie-orientierte Portale oder Anfängerportale (Portale für die Zielgruppe ungeübter Internetnutzer. Diese Portale bieten eine breit gefächerte Informationssammlung und eine sehr übersichtliche → Navigation. Bekannteste Beispiele im deutschsprachigen Raum sind AOL, T-Online und Yahoo.).
OFFLINE-BEZAHLFORM	Rechnung, Nachnahme, Lastschrift

ONE STOP
SHOPPING

One-Stop-Shopping ist die Philosophie, dem Kunden „Alles aus einer Hand" zu liefern. Dies kann über den Full Service hinaus auch noch Angebote in den Gebieten Marktforschung, Personalberatung, usw. umfassen. Der Begriff wird auch bei Einkaufszentren verwendet, in denen die Verbraucher die Gelegenheit haben, alle Kaufwünsche bequem an einem Ort zu befriedigen.

ONE-CLICK-TO
PURCHASE

Nur ein Klick zum Kauf. Vereinfachung der Funktionalität eines E-Shops. Dieses Prinzip wurde vom Online-Buchshop „Amazon" patentiert und ermöglicht es dem bereits registrierten Käufer, mit nur einem Mausklick ein Produkt zu bestellen. Durch die bereits vorher erfolgte Registrierung werden bei diesem Mausklick alle relevanten Informationen (Name des Käufers, Kontonummer bzw. Kreditkartennummer, Lieferadresse usw.) mit übertragen, so dass die erneute Eingabe dieser Daten entfällt.

ONE-TO-ONE

Eine One-to-One-Beziehung im B2B beschreibt eine Situation, in der ein Kunde mit einem Lieferanten aufgrund definierter Regeln den Bestellprozess elektronisch durchführen kann. Bei diesen Beziehungen handelt es sich um Point-to-Point-Verbindungen, welche oft auf der Basis des → EDI realisiert werden und bei der ein einziger Absender mit einem einzigen Empfänger kommuniziert.

OSI-MODELL

Schichtenmodell in der EDV, das als ISO 7498-1 (DIN ISO 7498) bzw. ITU-T (CCIT) X.200 standardisiert wurde. Ein Schichtenmodell versucht die verschiedenen Problembereiche der Kommunikation zwischen Rechnern und/oder weitere Netzkomponenten (Peripherie) auf aufeinander aufsetzende Schichten klar zu verteilen. Von diesem Modell verspricht man sich die Vorteile der Spezialisierung (Entwickler können sich auf die Probleme jeweils einer Schicht konzentrieren und damit mit der unterschiedlich schnellen technischen Entwicklung besser Schritt halten), des Verursachens geringer Kosten (man kann die Implementierungen für eine Schicht ändern, ohne alle anderen ändern zu müssen) und der Wahlfreiheit (der Endnutzer kann durch die Wahl unterschiedlicher Implementierungen für seine Probleme maßgeschneiderte Lösungen zusammenstellen). Die Schichten und ihre Funktionen (von oben nach unten):

- Anwendungsschicht (Datenübertragung von Programm zu Programm),
- Darstellungsschicht (Textformatierung und -anzeige, Codeumwandlung),
- Kommunikationssteuerschicht (Aufnahme, Durchführung und Koordinierung der Kommunikation),
- Transportschicht (korrekte Bereitstellung, Qualitätssicherung),
- Netzwerkschicht (Transportwegsteuerung, Nachrichtenverarbeitung und -übertragung),
- Sicherungsschicht (Codierung, Adressierung und Datenübertragung),
- physikalische Schicht (Hardwareverbindungen)

OUTPUT   Gegenbegriff zu Input. Input: Was wurde in ein bestimmtes Vorhaben investiert. Output: Was erhält man als Ergebnis zurück.

OUTSOURCING   Outsourcing steht für die Übertragung bisher im eigenen Unternehmen erstellter (Dienst-) Leistungsfunktionen an fremde Unternehmen, wobei diese für die Abwicklung die unternehmerische Verantwortung übernehmen.

PAGE IMPRESSIONS (EHEMALS PAGEVIEWS)   Die Kennzahl „Page Impressions" (oft auch Page Views genannt) steht für die Anzahl der HTML-Dokumente, die vom Webserver abgerufen wurden (→ Hits). Grafiken und andere Dateiformate bleiben unberücksichtigt. In einer Logdatei-Analyse sollten somit immer mehr Hits als Page Impressions vorhanden sein.

PARTNERSCHAFT   Gesellschaftsform. Die Partnerschaft ist eine Personengesellschaft, in der sich Angehörige der in § 1 Abs. 2 PartGG genannten Freien Berufe und Berufsgruppen zur Ausübung ihrer Berufe nach Maßgabe des für jeden Partner geltenden Berufsrechts zusammenschließen. Sie kann unter ihrem Namen Rechte erwerben und Verbindlichkeiten eingehen. Eigentum und andere dingliche Rechte an Grundstücken erwerben, vor Gericht klagen und verklagt werden. Die Partnerschaft ist als solche weder einkommens- noch körperschaftsteuerpflichtig; sie unterliegt nicht schon kraft Rechtsform der Gewerbeertrags- bzw. der Gewerbekapitalsteuer, wie es bei der GmbH der Fall ist.

PATENTRECHT

Das gewerbliche Schutzrecht für Patente. Patente sind neue technische Erfindungen, die auf einer erfinderischen Tätigkeit beruhen und gewerblich anwendbar sind. Wird beim Patentamt angemeldet, geprüft und eingetragen.

PAY PER CLICK

Werbetreibende bezahlen festgelegte Summe pro Besuch der Website

PAY PER LEAD

(potenzieller Interessent/heiße Spur) Bei „Pay-per-lead oder Pay-per-action Programmen" erhält der Partner eine Provision, wenn ein potenzieller Kunde, den er auf das Partnerangebot lenken kann, eine bestimmte Aktion ausführt, wie z. B. das Abonnieren eines Newsletter

PAY PER SALE

Bei → Affiliate Programmen: bei einem Pay-per-sale Programm erhält der Partner eine Provision für jeden Verkauf, der über einen Link auf seiner Website generiert wird. Der Betrag einer solchen Provision wird entweder umsatzorientiert oder pauschal bemessen.

PAY PURSE

Auch → Wallet

PAYMENT GATEWAYS

Schnittstelle zwischen **Internet** und Bankennetz. Payment-Gateway ist der Online-Zugang des Händlers zu seiner Bank. Es überprüft die **Authentizität** und **Integrität** der Zahlungsanweisungen und leitet diese an die Bank des Kunden (→ **Issuer**) weiter.

PERL

Perl, die „Practical Extraction and Report Language", ist eine Programmiersprache mit einer weit verbreiteten frei verfügbaren Implementierung, die inzwischen für nahezu jedes Betriebssystem bereitgestellt wird. Perl kennt vielfältige und leistungsfähige Funktionen zur Manipulation von Texten, vor allem flexible Möglichkeiten für das Suchen und Ersetzen von Texten mit Hilfe von regulären Ausdrücken. Mit regulären Ausdrücken können Zeichenketten durchsucht, Zeichenketten stellenweise ersetzt oder Zeichenketten eingelesen und in einzelne Bestandteile zerlegt werden. Obwohl die Erstellung von → CGI-Programmen mit vielen Programmiersprachen möglich ist, wird hierfür vielfach die Skriptsprache Perl verwendet.

PERSONALISIE-RUNG	Durch verschiedene Methoden der Benutzerkennung wird ein Besucher bei erneutem Besuch einer Website identifiziert, und das Angebot individuell auf ihn abgestimmt.
PGP	Pretty Good Privacy: ein Programm zum Verschlüsseln von vertraulichen Daten (E-Mail) und zum zweifelsfreien Identifizieren von Benutzern.
PHYSISCHE GÜTER	→ physische Produkte
PHYSISCHE PRODUKTE	Nach Illik materielle Realgüter
PIN/TAN	**P**ersönliche **I**dentifikations**n**ummer. Auf Checkkarten oder beim **Telebanking** verwendete Geheimzahl zur Identifikationsprüfung. Hinzu ist pro Transaktion oft auch eine **TAN** erforderlich. **T**ransaktions**n**ummer. Beim **Homebanking** eingesetzte Geheimzahl, die zu jeder Transaktion (z.B. bei einer Überweisung) mit übergeben wird. Bank vergibt vorab einige solcher Transaktionsnummern. Eine TAN kann nur für eine Transaktion genutzt werden. Sind alle „verbraucht", müssen neue von der Bank übergeben werden.
POP-UP-FENSTER	Ein Pop-up-Fenster ist ein zusätzlich geöffnetes Browserfenster, das kurzfristig über allen anderen Fenstern angezeigt wird. Es handelt sich um eine weitere Instanz des Browsers, in der meist alle Icons und Navigationselemente ausgeblendet sind. Diese Fenster werden mit JavaScript erzeugt und können mit festen Größenangaben versehen werden. In einem Popup werden oft zusätzliche Informationen, z.B. Worterläuterungen, häufig aber auch Werbung, angezeigt.
PREIS-VERGLEICHER	Ein →Intermediär, dessen Leistung im Produkt- und Preisvergleich im E-Commerce besteht.
PRODUKT-GRUPPEN	Mehrere Produkte, die sich thematisch in einer Kategorie zusammenfassen lassen.

PRODUKT-KATALOG	Elektronische Produktkataloge sind nur zum Teil mit konventionellen Papierkatalogen vergleichbar, da hier die Produkte neben der textlichen und grafischen Präsentation auch noch in multimedialer Form dargestellt werden können. Dabei können beispielsweise dreidimensionale Zeichnungen, Videosequenzen oder eine Beschreibung per Sprachausgabe hinzugefügt werden. Ferner bieten die elektronischen Kataloge in der Regel Suchfunktionen für die enthaltenen Artikel, die eine Stichwortsuche bzw. eine Suche entlang der Produktkategorien ermöglichen.
PRODUKT-KONFIGURATOR	Der Produktkonfigurator wird eingesetzt, wenn der Kunde beim Produkt aus mehreren verschiedenen Zusammenstellungen auswählen kann, wie beispielsweise bei einem Auto (Motoren, Zubehör etc.).
PROFIL	Im Kontext der QE meist Kundenprofil. Daten, die sich durch den ein- oder mehrfachen Besuch eines Kunden auf einer Website ergeben, werden – aus Datenschutzgründen – anonymisiert analysiert und zu einem Verhaltensmuster mit Prognosemöglichkeit verarbeitet. Dieses wird für → personalisierte Websites eingesetzt.
PROFILING	Sammeln von Daten über die Gewohnheiten von Besuchern mit dem Ziel, ein Kundenprofil anzulegen und dieses zu Marketingzwecken zu nutzen. → Data Mining
PROTOKOLL	„Protokoll" (engl. Protocol) ist ein zentraler Begriff aus der Kommunikationstechnik. Es ist mit einer Sprache vergleichbar, die es Computern ermöglicht, sich zu verständigen. Protokolle regeln den Informationsaustausch zwischen kommunizierenden Partnern, beispielsweise zwischen Server und Client.
PROXY	Proxies sind Vermittlungs-Programme (bzw. -Rechner) die sowohl Client als auch Server sein können. D.h. sie nehmen zum Client hin die Rolle eines Servers und zum Server hin die eines Clients ein. Sie nehmen vom Client Requests entgegen. Entweder reichen sie diese an den eigentlichen Server weiter oder sie bedienen den anfragenden Client sofort aus einem Zwischenspeicher, dem so genannten Cache.

PRÜFSUMME	Gleichbedeutend mit einem Hash-Wert, der beim Einsatz der → Hash-Funktionen zur Verschlüsselung entsteht.
PURE PLAYER	Ein Anbieter im E-Business, der nur eines der vier Leistungen aus dem 4C-Net-Business-Model anbietet. Inzwischen sehr selten. Die meisten Unternehmen bieten mehrere an, z. B. Portale, die neben Context (Suchmaschine) oft Commerce (E-Shop) und Content (Informationen) anbieten.
RANKING-ALGORITHMEN	Formel bzw. Methodik von Suchmaschinen, die nach Auswertung aller Webseiten die Relevanz zutreffender Seiten bezogen auf eine Suchanfrage bestimmt. Die Ergebnisse, die am besten zur Suchanfrage passen, sollen dabei möglichst weit vorne erscheinen, es soll also nach Relevanz sortiert werden.
REFERENZ-SELLING	Im Referenzselling wirkt ein Kunde aktiv bei der Gewinnung von Interessenten und Kunden mit, meist tut er dies in seinem bekannten Umfeld. Im B2B geschieht dies in enger Abstimmung mit dem Verkäufer, der ihn betreut. Im B2C geschieht dies ungesteuert durch positive Berichte über den Händler im Freundeskreis des Kunden oder gesteuert mit Kundenwerbemaßnahmen.
REINTERMEDIA-TION	Nach der beobachteten Abnahme der Zwischenhändler im E-Commerce (→ Disintermediation) zeigt sich nun eine durch Outsourcing und neue Geschäftsideen hervorgerufene Verlängerung der Wertschöpfungskette in Form der Reintermediation. Neue Zwischenhändler besetzen eigene Aufgabenfelder.
RESPONSE BANNER	Messbare Rückläufe/Reaktionen durch Klick auf einen Banner.
RETOUREN	Retouren sind Rücklieferungen durch den Spediteur, weil die Adresse falsch war, der Kunden nicht angetroffen wurde oder dieser die Annahme verweigert hat.

RICH MEDIA CONTENT	Bezeichnet Inhalte wie z.B. Videos, Dia Shows, Flashanimationen, Musik.
ROBOT	WWW-Suchmaschinen beziehen ihre Informationen über Websites durch vollautomatische Informationssammler. Diese werden oft Robots oder auch Spiders, Crawlers, Worms oder Wanderers genannt.Robots sind spezielle Softwareprogramme, die wie ein automatisierter Browser HTTP-Anfragen stellen, die ihnen in Form der übermittelten Daten beantwortet werden.Suchmaschinen-Robots starten mit einer vorgegebenen Webseite – in der Regel die Webseite, die bei der entsprechenden Suchmaschine angemeldet wurde – und lesen dieses HTML-Dokument. Informationen über den Inhalt dieses Dokuments werden an ein Indexierungsprogramm weitergegeben, dann (meist mit etwas zeitlichem Abstand) werden die vom Dokument referenzierten Webseiten ebenfalls angefordert und entsprechend bearbeitet.
RSA	→ asymmetrische Verschlüsselungsverfahren
SCHUTZLAND-PRINZIP	Begriff aus dem Urheberrecht. Es gilt das Urheberrecht, dessen Schutz begehrt wird.
SELL-SITE-LÖSUNG	Eine Lösung, die lieferantenseitig dem Kunden einen Produktkatalog über das Internet online verfügbar macht.
SEMI-DIGITALE PRODUKTE	Nach Illik digitale Güter, deren Nutzung die physische Anwesenheit von Personen (z. B. Trainern) erfordert.
SEMI-PHYSISCHE GÜTER	→ semi-physische Produkte
SEMI-PHYSISCHE PRODUKTE	Nach Illik physische Güter, die auf elektronischen Märkten gehandelt werden. Physische Artikel eines E-Shops werden im Sinne dieser Definition zu semi-physischen Gütern.
SERIFEN	Kleine Querbalken an den An- und Abstrichen von Schriftzeichen.

SET	„Secure Electronic Transaction". Protokoll für sichere Kreditkartenzahlungen, das gemeinsam von Visa und Mastercard entwickelt wurde.
SETCo	SETCo wurde 1997 von VISA und Mastercard gegründet und koordiniert das SET-Umfeld (http://www.setco.org)
SHOPPING-PORTAL	Ein Portal ist eine Website, die Context-Leistung anbietet. Verbindet es dies mit Commerce-Angeboten, liegt ein Shopping-Portal vor.
S-HTTP	„Secure Hypertext Transfer Protocol". Standard zur sicheren Datenübertragung im WWW, der HTTP bei der Authentifizierung und Datenverschlüsselung zwischen Webserver und Browser erweitert.
SIMULTANEOUS ENGINEERING	Ein Konzept, bei dem Kunde und Lieferant bereits in der Produktentwicklung eng miteinander verzahnt sind, um die Entwicklungszeiten zu reduzieren und das Know-how des Zulieferers besser zu nutzen.
SITE-INDEX	Auflistung aller in einer Website enthaltenen einzelnen Webseiten, meist in Form einer Liste mit Links zu den aufgeführten Seiten. Bietet einen Überblick über die vorhandenen Einzelseiten und stellt somit eine Orientierungshilfe zur Navigation innerhalb der Website dar.
SITE MAP	WWW-Suchmaschinen beziehen ihre Informationen über Websites durch vollautomatische Informationssammler. Diese werden oft -> Robots oder auch Spiders, Crawlers, Worms oder Wanderers genannt. Robots sind spezielle Softwareprogramme, die wie ein automatisierter Browser HTTP-Anfragen stellen, die ihnen in Form der übermittelten Daten beantwortet werden. Suchmaschinen-Robots starten mit einer vorgegebenen Webseite – in der Regel die Webseite, die bei der entsprechenden Suchmaschine angemeldet wurde – und lesen dieses HTML-Dokument. Informationen über den Inhalt dieses Dokuments werden an ein Indexierungsprogramm weitergegeben, dann (meist mit etwas zeitlichem Abstand) werden die vom Dokument referenzierten Webseiten ebenfalls angefordert und entsprechend bearbeitet.

SKALIERBARKEIT Skalierbarkeit bezeichnet die Fähigkeit eines Systems aus Hard- und Software zum schrittweisen Ausbau. Damit kann sichergestellt werden, dass die Leistungsfähigkeit der Lösung mit den Anforderungen wachsen kann.

SMART CARD Chipkarte mit eigenem Prozessor, die als Identifizierungskarte im Internet eingesetzt wird. Speichert geheime Daten. Die gespeicherten Daten lassen sich nicht auslesen und nicht kopieren. Einsatz: im E-Commerce. Voraussetzung für die Anwendung ist ein Kartenlesegerät.

SPAM Werbe-E-Mails

SSL SSL (Secure Socket Layer) ist ein Verschlüsselungsprotokoll für die sichere Übertragung von Daten über Netze, primär natürlich über das Internet. Es gewährleistet die Sicherheit durch die Verschlüsselung und durch die Überprüfung der Vollständigkeit und Korrektheit der übertragenen Daten. Entwickelt wurde das SSL-Protokoll von Netscape. 1995 wurde die Version SSL 2 erstmals in den Webbrowser Netscape Navigator 2.0 implementiert. Dadurch wurde es rasch verbreitet und entwickelte sich zu einem De-Facto-Standard. Derzeit ist Version 3 aktuell. Eine noch etwas weiterentwickelte und genormte Version ist auch als TLS (Transport Layer Security) bekannt.

STAGING Staging Area / Staging Engine ist ein temporärer Datenpuffer zur Trennung von Extraktions- und Transformations-/Ladeprozessen bei der Datenbewirtschaftung.

STANDLEITUNG Gemietete Festverbindung in das Internet mit meist höherer Bandbreite als Telefonleitungen. Im Gegensatz zur Wählverbindung ist eine Standleitung dauerhaft aufgebaut und empfiehlt sich bei hohem Datendurchsatz.

SUBMIX Englisch für „Angebot, Offerte". Produkt-Submix

SUCHFORMULAR Eingabefeld für Suchbegriffe, beispielsweise auf einer Website. Realisiert werden Suchformulare über HTML-Formulare, die die Suchanfragen entweder clientseitig verarbeiten, beispielsweise mit → JavaScript, oder per → CGI an den → Server weiterleiten.

SUCHMASCHINE	Allgemein ein Programm, das in Dokumenten oder in Datenbanken nach Schlüsselwörtern sucht. Im Internet wird es genutzt, das das World Wide Web, die Newsgroups, → Gopher-Menüs und FTP-Archive nach Schlüsselwörtern in Dateien und Dokumenten zu durchsuchen. Suchmaschinen können auch für eine einzige Website eingesetzt werden. Andere suchen im gesamten Internet mit so genannten → Crawlern, um Listen verfügbarer Dateien und Dokumente zu sammeln. Diese Listen werden in Datenbanken abgelegt, die die Benutzer über Schlüsselwörter abfragen können. Derzeit wohl prominentestes Beispiel dieser Art Suchmaschinen ist Google.
SUPERSTITIAL	Superstitials sind → Interstitials mit Animationen und/ oder Sound
SUPPLY CHAIN	Auch SCM; Abkürzung für „Supply Chain Management" („supply" = Lieferung, Versorgung, Angebot/„chain" = Kette). SCM befasst sich mit den Verfahren, die der Bedarf nach einer Ware bzw. einer Dienstleistung mit der Erfüllung entlang der Wertschöpfungskette mit sich bringt, der physischen Infrastruktur, welche die Supply Chain unterstützen (z.B. Distributionszentren, Produktionswerken, etc.), den IT-Systemen, welche die Realisierung dieser Business Prozesse ermöglichen und den organisatorischen Anpassungen der Supply Chain Prozesse, um sicherzustellen, dass die Rollen und Verantwortlichkeiten im Unternehmen optimal darauf abgestimmt sind.
SYMMETRISCHE (VERSCHLÜSSELUNGS-) VERFAHREN	Bei symmetrischen Verfahren benutzen Absender und Empfänger denselben Schlüssel zum Ver- und Entschlüsseln einer Nachricht. Solche Algorithmen lassen sich sehr effizient implementieren, haben aber auch deutliche Nachteile: Jeweils zwei Anwender müssen einen geheimzuhaltenden Schlüssel vereinbaren und über einen sicheren Kanal austauschen. Zudem wächst die Schlüsselmenge des Systems quadratisch mit der Teilnehmerzahl. Die Authentizität des Kommunikationspartners folgt implizit aus der Möglichkeit der Entschlüsselung seiner Nachricht, da nur er den vereinbarten Schlüssel kennt – mit der Kompromittierung der Vertraulichkeit ist daher auch ein Verlust der Authentizität verbunden. Zu den bekanntesten symmetrischen Algorithmen gehören der DES, IDEA (International Data Encryption Algorithm).

SYNCHRONE KOMMUNIKATION	Zweiwegekommunikation, bei der in beiden Richtungen gleich große Datenmengen übertragen werden (beispielsweise Videokonferenzen). Die Dialogpartner verfügen in diesem Fall über gleiche Voraussetzungen und Chancen zur Kommunikation.
TAUSENDER-KONTAKT-PREIS (TKP)	Bezeichnung aus der Onlinewerbung, unter der man einen festen Betrag versteht, der pro 1.000 Werbekontakte zu entrichten ist. Berechnungen erfolgen beispielsweise nach erfolgten → Page-Impressions (also pro 1.000 Seitenabrufen) oder → AdClicks (pro 1.000 Bannerclicks).
TCP	Das Transmission Control Protocol (TCP) realisiert einen verbindungsorientierten Transportdienst mit Fehlersicherung und Reihenfolgeerhaltung der Daten. Gleichzeitig fügt TCP der IP-Adresse eine Port-Nummer hinzu.
TDDG	→Teledienstedatenschutzgesetz
TDG	→Teledienstegesetz
TELEDIENSTE-DATENSCHUTZ-GESETZ	Das spezielle Datenschutzgesetz, das Teledienstunternehmen zu beachten haben. Demnach ist bereits die Erhebung personenbezogener Daten nicht gestattet, es sei denn, es handelt sich um Bestands-, Nutzungs- oder Abrechnungsdaten. Die Teledienstunternehmen müssen die Betroffenen informieren, welche Daten sie von Ihnen speichern. Ansonsten ist die Erhebung personenbezogener Daten von der Einwilligung des Betroffenen abhängig, an die laut Gesetz strenge Anforderungen zu stellen sind.
TELEDIENSTE-GESETZ	zuletzt geändert durch das → EGG. Definiert u. a. die Haftung von Teledienstunternehmen.
TERRITORIALI-TÄTSPRINZIP	Begriff, der das anzuwendende Recht vom Tatort einer deliktischen Handlung abhängig macht. Begriff kommt im Strafrecht vor, ist aber im Kontext der QE in der Frage des anzuwendenden Rechts bei außervertraglicher Haftung relevant. In Art. 40 EGBGB geregelt. Demnach ist das Recht des Landes anzuwenden, das entweder Handlungs- oder Erfolgsort der rechtswidrigen Handlung war. Spezifiziert im Wettbewerbsrecht durch den Begriff des Marktortes.

TEXTFORM	§ 126b BGB: Erklärung muss in einer Urkunde oder auf andere zur dauerhaften Wiedergabe in Schriftzeichen geeignete Weise abgegeben, die Person des Erklärenden genannt und der Abschluss der Erklärung durch Nachbildung der Namensunterschrift oder anders erkennbar gemacht werden. Damit können auch E-Mails dieser Form entsprechen. Früher gab es nur die Schriftform, die die eigenhändige Unterschrift unter einem Dokument erforderte und auch durch die digitale Signatur nicht erfüllt werden konnte.
TRACKING	Englisch für „verfolgen". Verfolgt werden Bewegungen von Nutzern auf Webseiten. Dazu zählen vor allem die besuchten Seiten einer Domain und wann bzw. über welche Links ein Besucher auf die Website kam. Mit Hilfe des Trackings wird ein bedarfs- und bedürfnisorientiertes Onlinemarketing möglich. Realisiert wird das Tracking über eine Server-Log-Funktion, welche die Webseiten protokolliert, über die ein Besucher auf die Seite kam und beispielsweise welchen Browser oder welches Betriebssystem dieser Besucher benutzt hat.
TRAFFIC	Englisch für „Verkehr". Hier: Verkehr, der durch eine Website erzeugt wird. Ziel vieler, vor allem kommerziell orientierter Websites ist es, möglichst viele Zugriffe und damit viel Traffic zu generieren. Eine regelmäßige Kontrolle des Website-Traffics ist auch wichtig, um Nutzern jederzeit ideale Leitungskapazitäten zur Verfügung stellen zu können.
TRANSACTION-MODELL	Hierbei geht es um die Optimierung von Geschäftsprozessen durch das Internet. Welche Methoden und Instrumente können eingesetzt werden, um die zuvor im Prozessmodell definierten Geschäftsprozesse bestmöglich zu unterstützen und die Transaktionen zwischen Käufern und Verkäufern mit Hilfe der Internettechnologie zu ermöglichen. Das Transaction-Modell bestimmt die informationstechnologische Lösung.
TRANSAKTIONS-PORTAL	Gegenbegriff zu → Informationsportalen. Portale, auf denen Transaktionen möglich sind: Portale mit E-Commerce.

TRANSPARENZ-GEBOT	Sagt aus, dass Unklarheiten in Allgemeinen Geschäftsbedingungen zu Lasten des Verwenders gehen.
UKLAG	→ Unterlassungsklagengesetz
UN-KAUFRECHT	→ CISG
UNTERLASSUNGS-KLAGENGESETZ	eigentlich: Gesetz über Unterlassungsklagen bei Verbraucherrechts- und anderen Verstößen vom 26.11.2001. Regelt u. a. Unterlassungsklagen gegen unwirksame AGB-Klauseln (§§ 307-309 BGB).
UN-ÜBEREIN-KOMMEN ÜBER VERTRÄGE ÜBER DEN INTERNATIO-NALEN WAREN-KAUF	→ CISG
URHEBERGESETZ	Schützt geistiges Eigentum an Werken der Literatur, Wissenschaft und Kunst (§ 1 UrhG). Das Regelungswerk zum → Urheberrecht.
URHEBERRECHT	Das Recht des geistigen Eigentums an Werken der Literatur, Wissenschaft und Kunst.
URHG	→ Urhebergesetz
VERBRAUCHER-DARLEHENS-VERTRAG	früher Verbraucherkreditgesetz, heute im BGB geregelt. Regelt Rechte des Verbrauchers bei Verträgen, bei denen ein entgeltlicher Zahlungsauf-schub/Darlehensgewährung vereinbart ist.
VERBREITUNGS-RECHT	§ 17 UrhG: ein materieller Gegenstand (Werkstück) darf nur von seinem Urheber weitergegeben werden. Computerprogramme sind keine Werk-stücke. Verbreitung ist keine Vervielfältigung. Das Verbreitungsrecht erfährt in § 17 II UrhG eine wichtige Einschränkung: wurden das Ori-

ginal oder Vervielfältigungsstücke des Werks mit Zustimmung des zur Verbreitung Berechtigten in den Rechtsverkehr eingebracht, so ist die weitere Verbreitung dieses körperlichen Gegenstandes auch ohne Zustimmung des Urhebers möglich (→Erschöpfungsgrundsatz).

VERFÜGBARKEIT	Bereitschaft, →Disponibilität, Vorhandensein
VERTIKALE PORTALE	Portale, die branchenspezifisch organisiert sind.
VERTRAULICHKEIT	Ziel der Datensicherung. Datenübertragung muss ausschließen, dass unbefugte Dritte Einblick erhalten.
VERVIELFÄLTIGUNG	Das Herstellen von Kopien eines Werkes.
VERVIELFÄLTIGUNGSRECHT	Begriff aus Urheberrecht. In § 16 UrhG geregelt. Dies ist das Recht, Kopien vom Werk herzustellen.
VIRAL MARKETING	Alle Maßnahmen, Kunden zu animieren, angebotene Produkte und Dienstleistungen weiter zu empfehlen. Mundpropaganda.
VIRTUELLE COMMUNITIES	„Gemeinschaft". Website, auf der sich Besucher mit ähnlich gelagerten Interessen treffen und ihre Erfahrungen austauschen. In Communities tragen alle Teilnehmer zum Erfolg bei, indem sie Informationen über das Interessengebiet einbringen. Es gibt sowohl offene als auch geschlossene Communities. Während sich die ersten Communities alle auf den B2C-Sektor konzentrierten, nutzen mittlerweile auch viele Unternehmen dieses Konzept im B2B-Bereich. Eine virtuelle Gemeinschaft ist in vielerlei Hinsicht mit einer realen zu vergleichen: es nehmen reale Personen teil, die über ähnliche Interessen verfügen. Zur Kommunikation werden unter anderem E-Mail, Chat und Newsgroups eingesetzt. Ziel einer virtuellen Community ist die Erzeugung einer Art Interessensgemeinschaft mit einem Zusammengehörigkeitsgefühl.

VISITS

Die Kennzahl „Visits" steht für die Anzahl der Anwendersitzungen einer Website. Eine Anwendersitzung ist dabei ein zusammenhängender Nutzungszeitraum einer Website durch einen Clientrechner, beginnend mit dem erstmaligen Abruf einer Ressource auf dieser Website. Ein Visit wird als beendet betrachtet, wenn der Clientrechner einen festgelegten Zeitabschnitt keine Anforderung gestellt hat (z.B. nach 30 Minuten). Visits sind nicht gleich bedeutend mit der Anzahl der Benutzer einer Website, denn als Visit wird der gesamte Aufenthalt eines Besuchers auf dem Web-Angebot gezählt. Der Besucher wird anhand seiner IP identifiziert, d.h. alle Zugriffe, die eine IP macht, gelten als ein Visit.

VORTAL

„vertikales Portal". In einem Vortal versucht der Anbieter, möglichst vielen Benutzern mit klarem Interessenprofil, beispielsweise Juristen oder Tierfreunden, als Einstieg ins Internet zu dienen, was klare Werbestrategien ermöglicht. Durch die Nutzung eines Vortals als Informationsquelle ist es möglich, schnell und vor allem zielgerecht nach Informationen aus einem bestimmten Fachgebiet im Internet zu suchen, ohne unzählige Internet-Seiten auf ihren Inhalt prüfen zu müssen.

Durch die Branchenorientierung eines Vortals können sehr gut Transaktionen von Waren und Dienstleistungen vollzogen werden. Sie bieten somit eine Möglichkeit, das eigene Produkt zu vertreiben oder für den eigenen Geschäftsbetrieb notwendige Produkte zu erwerben.

VPN

„Virtual Private Network". Unter einem VPN versteht man bestimmte Knoten eines öffentlichen Netzwerks (z.B. des Internet), die sich untereinander über eine Verschlüsselungstechnologie verständigen, weshalb die Nachrichten nicht von Unbefugten abgefangen werden können. Durch diese Knoten wird in einem öffentlichen Netzwerk (dem Internet) praktisch ein Privatnetzwerk integriert.

WALLET

Englisch: Bezeichnung für Brieftasche/Geldbörse. Als Wallet werden Bezahlsysteme im Internet bezeichnet. Derzeit werden zwei Methoden unterschieden:

Geldkarten werden bei einem Kreditinstitut mit einem Betrag aufgeladen. In Verbindung mit einem Lesegerät, welches am Client angeschlossen sein muss, kann dieser Betrag dann ausgegeben werden.

Bei einer Softwarelösung, die auf dem lokalen Computer installiert sein muss, wird beispielsweise die Kreditkartennummer verschlüsselt auf der Festplatte gespeichert. Anschließend können Online-Zahlungen übers Internet getätigt werden. Der Webserver muss aber die Wallet-Software unterstützen.

WARENKORB
Hier: zentraler Bestandteil eines Shopsoftware-Systems. Hat der Käufer eine Ware ausgesucht, muss er diese nicht sofort einzeln bestellen, sondern legt sie zunächst im Warenkorb ab und kann dann weitere Waren aussuchen. Erst wenn der Käufer alle gewünschten Produkte im Warenkorb hat, wird die Bestellung generiert. Folgende Funktionen kann ein Warenkorb beispielsweise aufweisen: Produkte aufnehmen und entfernen, Anzahl der Produkte wählen, automatische Berechnung von Einzelpreis, Summenpreis, Steuer und Versandkosten. Technisch gesehen handelt es sich bei einem Warenkorb um eine temporäre Datenbank-Tabelle.

WEBCLIENT
Webclients fordern über das Internet Dokumente an. Es gibt unterschiedliche Formen von Webclients. Die wohl bekannteste ist der Webbrowser. Dieser wird von einem Benutzer gesteuert und stellt die angeforderten Dokumente auf dem Bildschirm des Benutzers dar.
Aber auch beispielsweise die Robots, die für die verschiedenen WWW-Suchmaschinen Informationen sammeln, sind Webclients.

WEBEDI
WebEDI ist eine Kombination von EDI und Online-System über das Internet. Der Kunde schickt EDI-Messages zum WebEDI-System. Dieses wandelt die Messages um und stellt sie dem Kunden als Internet-Formulare zur Verfügung.

WEB-INTERFACE
Administrationsoberfläche für eine Software, die direkt im Browser aufgerufen wird und somit keiner gesonderten Installation bedarf. Web-Interfaces werden vor allem bei Datenbanken und E-Commerce-Anwendungen verwendet.

WEBKATALOG Viele Suchmaschinenseiten bieten zusätzliche Webkataloge an, in denen man Websites gegliedert nach Themen und Inhalten suchen kann. Ein Beispiel dafür ist yahoo.de. Kataloge bieten durch eine themenorientierte Gliederung die Möglichkeit, gezielt nach bestimmten Aspekten zu suchen.

WERTSCHÖP-FUNGSKETTE Vom Zulieferer über den Hersteller bis zum Endverbraucher erfährt eine Ware Transformationsleistungen, die ihren Wert erhöhen.
Diese Entwicklung nennt man Wertschöpfungskette. Klassischen Zwischenhändlern (Intermediären) werden hierbei vier Transformationsleistungen zugeschrieben: die räumliche, zeitliche, qualitative und quantitative Transformation. Bei der räumlichen Transformation werden Produkte am Ort der Nachfrage vom Handel verfügbar gemacht, die zeitliche Transformation wird durch die Lagerhaltung von Produkten realisiert, bei der qualitativen Transformation werden vom Handel Sortimente verschiedener Produkte erstellt und bei der quantitativen Transformation werden die Produkte in bedarfsgerechten, kleinen Mengen verfügbar gemacht.

WETTBEWERBS-RECHT Recht, das den wirtschaftlichen Wettbewerb regelt und damit schützt. Besteht aus dem Recht gegen den unlauteren Wettbewerb (→ UWG) und dem Recht gegen Wettbewerbsbeschränkungen (→ GWB), das auch Kartellrecht genannt wird.

XML-SCHEMA Die Formatbeschreibung einer XML-Datei

ZIVILPROZESS-ORDNUNG (ZPO) Das Gesetz, das die Regeln des Zivilprozesses beinhaltet. Es klärt Fragen zu der Zuständigkeit der Gerichte, der Klageerhebung, des Verfahrensverlaufs, zu den Klagearten und vieles mehr zu bürgerlich-rechtlichen Streitigkeiten.

15.2 Literaturverzeichnis

zu Lerneinheit 1

www.acta-online.de

[ACTA 2002] Allensbacher Computer- und Telekommunikations-Analyse (ACTA 2002), Institut für Demoskopie Allensbach, Oktober 2002

www.acta-online.de

[ACTA 2001] Allensbacher Computer- und Telekommunikations-Analyse (ACTA 2001), Institut für Demoskopie Allensbach, 2001

www.ard-werbung. de/showfile.phtml/ eimeren.pdf?foid= 5292

[ARD/ZDF 2002] van Eimeren B., Gerhard H., Frees B.: ARD/ZDF-Online-Studie 2002, Abruf 27.11.2002

[G+J 2000] G+J Electronic Media Service: Internet-Nutzung in Deutschland – Analyse der fünften Erhebungswelle des GfK-Online-Monitors, Band I, Hamburg 2000

www.wuv-studien. de/wuv/studien/ 092001/391/index. htm

[GfK 2001] GfK: Web*Scope E-Commerce, September 2001, Abruf: 20.09.2002

[Illik 1999] Illik J.A.: „Electronic Commerce. Grundlagen und Technik für die Erschließung elektronischer Märkte", Oldenbourg Verlag München/Wien, 1999

[Klein 2001] Klein S.: Geschäftsmodelle in der New Economy, In: wisu Das Wirtschaftsstudium, 30. Jg, 2001, Heft 6, S. 825–830

[Merz 2002] Merz M.: E-Commerce und E-Business, 2. Auflage, Heidelberg 2002

http://eCommerce.
ncsu.edu/topics/
models/models.
html

[Rappa 2000] Rappa M.: Business Models on the Web. In: Managing the Digital Enterprise, Abruf am 20.09.2002

[Stähler 2001] Stähler P.: Geschäftsmodelle in der digitalen Ökonomie: Merkmale, Strategien und Auswirkungen, Köln-Lohmar, Josef Eul Verlag, 2001

[Thome, Schinzer 1997] Thome R., Schinzer, H.: Electronic Commerce, München, Verlag Vahlen, 2. Auflage, München 2002

[Weiber 2000] Weiber R. (Hrsg.): Handbuch Electronic Business: Informationstechnologien, Electronic Commerce, Geschäftsprozesse, Wiesbaden 2000

[Wirtz 2001] Wirtz B. W.: Electronic Business, 2. Auflage, Wiesbaden 2001

[Wirtz 2000] Wirtz B.W.: E-Commerce: Die Zukunft Ihres Unternehmens von @ bis z, Mittelstandsschriftenreihe der Deutschen Bank, Frankfurt am Main, 2000

zu Lerneinheit 2

[Bruhn 2001] Manfred Bruhn, Marketing: Grundlagen für Studium und Praxis 2001

[Herrmann, Sulzmaier 2001] Herrmann, C. und Sulzmaier, S.: E-Marketing, Frankfurt am Main 2001

www.informatik.
uni-hamburg.de/
TIS/Lehre/ws_99_
00/DBS/ html/

[Kesper 2000] Kesper B.: Einführung in Datenbanksysteme, Januar 2000, Abruf: 25.10.2002

[KPMG 1999] KPMG, Herausgeber Nenninger, M.: Electronic Procurement. Neue Beschaffungsstrategien durch Desktop Purchasing Systeme, 1999

www.competence-
site.de/eCommerce
shop.nsf/fbfca922
42324208c12569
e4003b2580/0db
64ed596427847c
125697300438015
!OpenDocument

[KPMG Consulting 2002] KPMG Consulting: Electronic Sales – Standardsoftware für integrierte Shopsysteme, Juni 2002, Abruf 25.10.2002

[Merz 2002] Merz, M.: E-Commerce und E-Business, 2. Auflage, Heidelberg 2002

ftp://ftpagr
.informatik.uni-
kl.de/pub/CBR/
Papers/german/
KI_1_01-schmitt-
schneider.pdf

[Schmitt, Schneider 2001] Schmitt, S. und Schneider, B.: Einsatzpotentiale der KI im Electronic Commerce, in „Künstliche Intelligenz", Heft 1/01, Abruf: 12.06.2002

[Schneider, Gerbert 1999] Schneider, D. und Gerbert, P.: E-Shopping – Erfolgsstrategien im E-Commerce, Wiesbaden 1999

[Wahrig Fremdwörterlexikon 2000] Wahrig Fremdwörterlexikon: 4. Auflage, Gütersloh 2000

[Wirtz 2001] Wirtz, B. W.: Electronic Business, 2. Auflage, Wiesbaden 2001

zu Lerneinheit 3

http://ls10-www.
informatik.uni-
dortmund.de/
~schoepe/artikel/
adessomemo.pdf

[adesso 2000] adesso Memo Nr. 4, Bewertungskriterien für Online-Shopsysteme im Electronic Commerce, Nov. 2000, Abruf: 30.04.2002

[Alpar et al. 2000] Alpar, P. Pickerodt S., Pfuhl, M.: Leitfaden eShop Verkaufen im Internet (Schriftenreihe der Landesinitiative Hessen-media) Band 16, Hessisches Ministerium für Wirtschaft, Verkehr und Landesentwicklung, 2000, (Abruf: 24.10.2002)

www.hessen-
commerce.de/
leitfaden/

[akademie.de 1999] akademie.de, Herausgeber: Erfolgreiches Web-Design von Patrick J. Lynch, Sarah Horton, Koch Media Verlag, 1999

[Bellmann et al. 1999] Bellmann, S., Lohse, G.L., Johnson. E.J.: Predictors of Online Buying Behavior, in: Communications of the ACM, Vol. 42, No. 12, 1999

www.casa.ucl.ac.
uk/martin/amster.
pdf

[Durand & Kahn 1998] Durand & Kahn: S. 42, 1998, Abruf: 10.09.2001

[Horton 1994] Horton, William K.: Das ICON-Buch : Entwurf und Gestaltung visueller Symbole und Zeichen, Bonn 1994

[Informationweek 1999] Informationweek Spezial: Grenzen des Goldrauschs, Themenheft E-Commerce, August 1999

[Koch 2000] Koch, R.: Das UN-Kaufrecht, in Neue Juristische Wochenschrift, NJW, 2000

[Lohse, Spiller 1998] Lohse, Spiller: Electronic Shopping, in: Communications of the ACM, Vol. 41, No. 7, 1998

[Luczak 1997] Luczak, H.: Arbeitswissenschaft. Mit Beiträgen von zahlreichen Fachwissenschaftlern, Springer Verlag, 1997

[McLaren 1996] McLaren, C.: Information Engineering: Designing for the User: The Organisation and Presentation of Complex Knowledge Structures and Hypermedia, 1996

[Merz 2002] Merz, M.: E-Commerce und E-Business, 2. Auflage, Heidelberg 2002

[Piller 2001] Piller, F. T.: Mass Customization, 2.Aufl., Gabler/DVU Verlag, Wiesbaden 2001

[Schneider, Gerbert 1999] Schneider, D. und Gerbert, P.: E-Shopping – Erfolgsstrategien im E-Commerce, Wiesbaden 1999

[Zona Research 1999] Zona Research Inc.: The Need for Speed, Zona Research Inc., Juni 1999

www.webhits.de/
webhits/browser.
htm

[Webhits.de 2002] Webhits.de: Abruf: 22.05.2002

[Wirtz 2001] Wirtz, B. W.: Electronic Business, 2. Auflage, Wiesbaden 2001

zu Lerneinheit 4

[Bensberg, Weiss 1999] Bensberg, Weiss: Web Log Mining als Marktforschungsinstrument für das World Wide Web, in Wirtschaftsinformatik, Nr. 41, Heft 5, 1999

www.bundesfinanz ministerium.de/ Aktuell-.484.7326/ Electronic-Commerce- und-Steuern-Online- Leitfaden-fuer- kleine-und-mittlere- Unternehmen.htm

[BMBF 2001] BMF: Electronic Commerce und Steuern – Online-Leitfaden für kleine und mittlere Unternehmen, Abruf: 22.09.2002

www.bsi.de

[BSI 2002] BSI: Grundschutzhandbuch des Bundesamtes für Sicherheit in der Informationstechnik, Abruf 22.09.2002

www.deutschepost. de/index.html?inhalt =/postag/news/ new0111/ ne011110.html

[Evita 2002] Comcult Research und Rheingold: Marktstudie, Abruf: 03.12.2002

www.uni-koblenz.de/ ~iwi/publicfiles/ Publikationen(Frank/ EMISA2000.pdf

[Frank et al. 2000] Frank U., Jasper H., Küng, J., Vossen G. (Ed.): Informationssysteme für E-Commerce: EMISA-2000, Abruf: 22.09.2002

[Merz 2002] Merz M.: E-Commerce und E-Business, 2. Auflage, Heidelberg 2002

[Ollmert, Schinzer 2000] Ollmert C., Schinzer H.: Software-Agenten im Internet, erschienen in wisu – Das Wirtschaftsstudium, 29. Jg. Heft 2/2000 , S. 213 – 220

[Schmitt, Schneider 2001] Schmitt, S. und Schneider, B.: Einsatzpotentiale der KI im Electronic Commerce, in „Künstliche Intelligenz", Heft 1/01

[Schneider, Gerbert 1999] Schneider, D. und Gerbert, P.: E-Shopping – Erfolgsstrategien im E-Commerce, Wiesbaden 1999

www.symposion.de/ shoppingreport/ 2001/report2001.htm

[Symposion 2001] Symposion Publishing GmbH: Internetshopping Report 2001, Studie, Abruf 22.10.2001

[Wirtz 2001] Wirtz, B. W.: Electronic Business, 2. Auflage, Wiesbaden 2001

zu Lerneinheit 5

[Frauenhofer 1998] Fraunhofer Institut Arbeitswirtschaft und Organisation: Electronic Commerce, Stuttgart 1998

www.eclass.de

[IdW 2000] Institut der deutschen Wirtschaft: eCl@ssStandard für Materialklassifikation und Warengruppen - Anwendungen in E-Commerce, Mai 2000

www.microsoft. com/technet/ treeview/default. asp?url=/TechNet/ prodtechnol/ comm/deploy/ csint3rd.asp

[Microsoft 2002] Microsoft: Integration Third-Party ERP-Systems with Commerce Server Application, Abruf: 24.05.2002

[SAP 2000] SAP White Paper: Integration von Third-Party-Anwendungen in den MySAP.com Workplace - Technologie und Lösungsansätze, SAP AG 2000

[SAP 2002a] SAP White Paper: Voraussetzungen für eine offene E-Business-Integration - Ein Überblick, Version 1.0, SAP AG, 2002

[SAP 2002b] SAP White Paper: Exchange-Infrastruktur: Prozessorientierte Integration und Zusammenarbeit, SAP AG, 2002

zu Lerneinheit 6

www.accenture. de/4publika/ 4studien/index.jsp

[Accenture 2001] IT-Security Wachstumsfaktor im E-Business, Accenture GmbH, Juli 2001, Abruf: 25.09.2002

www.acta-online.de

[ACTA 2001] ACTA – Allensbacher Computer- und Telekommunikations-Analyse, Institut für Demoskopie Allensbach, 2001

[CCITT 1988] CCITT, The RSA public key cryptosystem, Annex C to Recommendation X.509, Volume VIII, Fascicle VIII.8, 1988

www.ems.guj.de/ studien/gfk7.html

[GfK 2001] GfK: Web*Scope E-Commerce, September 2001, siehe http://www.wuv-studien.de/wuv/studien/092001/391/index.htm, Abruf: 20.09.2002

[Hagemann, Rieke 1994] Hagemann H., Rieke A.: „Grundlagen der Kryptologie", c't 08/1994, S. Seite 230

www.ecc-handel.
de/veroeff/
1026217341/

[Hudetz, Dach 2002] Hudetz K., Dach C.: Internet im Handel und in ausgewählten Dienstleistungsbereichen, Berichtsband 2002, Abruf 01.11.2002

[Luckhardt 1996] Luckhardt N.: „Qnf jne rvasnpu, tryy? - Kryptologische Begriffe und Verfahren", c't 12/1996, Seite 110

www.mediamit.de/
downloads/
ebusinessumfrage.
pdf

[MediaMit 2000] E-Business in Deutschland, Umfrage des Deutschen Industrie und Handelstages (DIHT) und der MediaMit GmbH, 2000, Abruf 25.09.2002

[Merz 2002] Merz M.: E-Commerce und E-Business, 2. Auflage, Heidelberg 2002

[Nievergelt 1991] Nievergelt J.: Die fünf Grundoperationen der ganzzahligen Arithmetik und das div-mod-Problem, in Informatik Spektrum (1991) 14: 43-44 und 351-354

[RSA 1978] Rivest R.L., Shamir A., Adleman L.M.: "A Method for Obtaining Digital Signatures and Public-Key Cryptosystems," Communications of the ACM, Februar 1978, S. 120-126.

[Schmidt 1998] Schmidt J.: Kreditkarten-Lotto Kundendaten öffentlich zugänglich, erschienen in c't 10/1998, S.34

[Schneier 1996] Schneier B.: "Angewandte Kryptographie - Protokolle, Algorithmen und Sourcecode in C", 2. Auflage, Addison-Wesley, 1996

[Tahlheim et al. 2002] Tahlheim L., Krissler J., Ziegler P.: „Körperkontrolle – Biometrische Zugangssicherungen auf die Probe gestellt", c't 11/2002, S.114

[Wirtz 2001] Wirtz B. W.: Electronic Business, 2. Auflage, Wiesbaden 2001

[Wobst 2000] Wobst R.: „Schlüsselbefreiung - Das Ende des RSA-Patents und die Folgen", iX 10/2000, Seite 72

zu Lerneinheit 7

com/artikel/
20000901.htm

www.zahlungs
verkehrsfragen.de/
kartenframe.html

www.berlecon.de

www.bmwi.de/text
only/Homepage/
Unternehmen/
E-Business/Informa
tion.jsp

www.iww.uni-karls
ruhe.de/IZV4/aus
wertung/studie.html

www.inf.fh-bonn-
rhein-sieg.de/person/
professoren/leisch
ner/e-payment.pdf

www.iww.uni-
karlsruhe.de/IZV4/
auswertung/
studie.html

http://emma.
informatik.unibw-
muenchen.de/~
laemmle/eGeld.pdf

[ASPheute 2002] ASPheute.com: Abruf: 01.10.2002

[Bartsch 2002] Bartsch: Geldkartensysteme, Abruf: 01.10.2002

[Berlecon 2001] Berlecon Research, Studie E-Business 2001

[BMWI 2000] BMWI, Elektronischer Geschäftsverkehr, Ratgeber für kleine und mittlere Unternehmen, Sept. 2000, Abruf 28.10. 2002

[IVZ4 2001] IZV4, Abruf: 01.10.2002

[Kannen, Leischner 2001] Kannen, M., Leischner, M.: E-Payment im Internet für kleine und mittlere Unternehmen, Kompetenzzentrum Elektronischer Geschäftsverkehr, KompEC Bonn/Rhein-Sieg, Juni 2001, Abruf: 01.10.2002

[Ketterer 2001] Ketterer, Institut für Wirtschaftspolitik und Wirtschaftsforschung – Universität Karlsruhe: Umfrage zu Zahlungsmitteln im Internet vom 15. November 2000 bis 31. Januar 2001, Abruf: 01.10.2002

[Krause 1998] Krause, J.: Electronic Commerce – Geschäftsfelder der Zukunft heute nutzen. Hanser-Verlag: München Wien, 1998

[Lämmele 2000] Lämmle, G.: Elektronische Zahlungssysteme – Grundlagen und Anwendungen, Universität der Bundeswehr München, 2000, Abruf: 01.10.2002

[Merz 2002] Merz, M.: E-Commerce und E-Business, 2. Auflage, Heidelberg 2002

[Merz 1996] Merz, M.: Elektronische Märkte im Internet, Bonn 1996

[Thome, Schinzer 1997] Thome, R./ Schinzer, H.(Hrsg.): Electronic Commerce, München 1997

zu Lerneinheit 8

www.tu-dresden.
de/wwprowi/
lehre/ss02_
ksiwuv/2002-06-
25_KSiWuV_CRM_
Kurzfassung.pdf

[Herzwurm 2002] Herzwurm, Georg: Technische Universität Dresden, Fakultät Wirtschaftswissenschaften, Professur für Wirtschaftsinformatik insbes. Informationssysteme im Dienstleistungsbereich: Vorlesung Customer Relationship Management: Einführung und Überblick am 3.07.2002 (14.09.2002)

[Bach, Österle 2000] Bach, V. , Österle, H.: Customer Relationship Management in der Praxis, Erfolgreiche Wege zu kundenzentrierten Lösungen, Berlin Heidelberg New York 2000

[Küster 2001] Küster, U.: Data Mining Methoden: Einordnung und Überblick, in: Handbuch Datamining im Marketing hrsg. von Hippner, H. / Küsters, U. / Meyer, M./ Wilde, K., Wiesbaden, 2001

[Kunz 1996] Kunz, H.: Beziehungsmanagement : Kunden binden, nicht nur finden. Orell Füssli, Zürich, 1996

[Shapiro, Varian 1999] Shapiro, C.; Varian, H.R.: Information Rules – A Strategie Guide to the Network Economy, Boston 1999

[Wirtz, Werner 1999] Wirtz, B. W.; Werner: Management der Kunden-zufriedenheit – ein Erfolgsfaktor im Rahmen der Unternehmensstrategie, in: Deutsche Bank Spezial, Nr. 4, 1999, S. 24–28

[Wirtz 2001] Wirtz, B. W.: Electronic Business, 2. Auflage, Wiesbaden 2001

zu Lerneinheit 9

[Lux, Schön 1997] Lux W., Schön P.: Outsourcing der Datenverarbeitung – Von der Idee zur Umsetzung, Berlin Heidelberg 1997

[Merz 2002] Merz M.: E-Commerce und E-Business, 2. Auflage, dpunkt.ver-lag, Heidelberg 2002 (Für diese Lerneinheit Kapitel 10, S. 393–438)

[Scheer 1990] Scheer A.-W.: EDV-orientierte Betriebswirtschaftslehre – Grundlagen für ein effizientes Informationsmanagement, 4. Auflage, Berlin 1990.

[Stahlknecht, Hasenkamp 2000] Stahlknecht P., Hasenkamp U.: Einführung in die Wirtschaftsinformatik, Springer-Verlag, Berlin-Heidelberg-New York, 10. überarbeitete Auflage 2002

zu Lerneinheit 10

[DEDIG 2000] DEDIG: Dörflein, M.: eProcurement – Digitale Beschaffung von Waren und Dienstleistungen, DEDIG Deutsche EC/EDI-Gesellschaft e.V., 2000

[KPMG 1999] KPMG: Nenninger, M.: Electronic Procurement. Neue Beschaffungsstrategien durch Desktop Purchasing Systeme, 1999

[Merz 1999] Merz, M.: Electronic Commerce: Marktmodelle, Anwendungen und Technologien, Heidelberg 1999

[Wirtz 2001] Wirtz, B. W.: Electronic Business, 2. Auflage, Wiesbaden 2001

zu Lerneinheit 11

[Bruhn 2001] Bruhn, M.: Marketing. Grundlagen für Studium und Praxis. 5. Auflage, Wiesbaden 2001

[Fritz 2000] Fritz, W.: Internet- Marketing und Electronic Commerce. Grundlagen – Rahmenbedingungen – Instrumente, Wiesbaden 2000

[dmmv 2002] dmmv – Deutscher Multimediaverband: Projektgruppe - E-Mail-Marketing, 5.9.2002, Abruf 25.10.2002

www.ecin.de/
marktbarometer/
emailmarketing/

[ecircle AG 2002] ecircle AG: eMail-Marketing – Die Macht der Mailbox, 04.04.2002, Abruf: 25.1.2002

[Gabler Wirtschaftslexikon 2001] Gabler Wirtschaftslexikon, Wiesbaden 2001

www.netbooster.
de/presse.htm

[IDC, NetBooster 2000] IDC, NetBooster: Studie, Dezember 2000, Abruf 19.06.2002

[Köhler, Best 2000] Köhler, T.; Best, R.: „Electronic Commerce – Konzipierung, Realisierung und Nutzung im Unternehmen", Addison Wesley, 2. Auflage, 2000

[Kotler, Armstrong 2001] Kotler, P.; Armstrong, G.: Principles of Marketing, 9th edition, Prentice-Hall, 2001

[Meffert 2000] Meffert, H.: Marketing: Grundlagen marktorientierter Unternehmensformen, 9. Auflage, Wiesbaden 2000

www.onww.de

[OnWW 2002] OnWW: Online WerbeWirkungen, Abruf 19.06.2002

www.ecin.de/
spotlight/2001/
11/28/03574/

[Robben 2001] Robben, M.: Suchmaschinen Trend: Pay for Placement, 28.11.2001, Abruf: 22.10.2002

[Stolpmann 2001] Stolpmann, M.: Online-Marketingmix – Kunden finden, Kunden binden im E-Business, 2. Auflage, Bonn 2001

www.webhits.de

[Webhits 2002] Webhits, Abruf: 12.08.2001

zu Lerneinheit 12

[BGHZ 1969] Bundesgerichtshof für Zivilsachen, BGHZ: Freie Rechtswahl, in Juristen Zeitung, JZ, 1969

[BGHZ 1983] Bundesgerichtshof für Zivilsachen, BGHZ: Zugang von Willenserklärungen unter Abwesenden, BGH in „Neue juristische Wochenschrift", NJW 1983

[BGHZ 1986] Bundesgerichtshof für Zivilsachen, BGHZ: Gestaltungs-niveau im Urheberrecht, BGH in Gewerblicher Rechtsschutz und Urheberrecht, GRUR, 1986

[BMWI 2000] Bundesministerium für Wirtschaft und Technologie, BMWI: Elektronischer Geschäftsverkehr, Ratgeber für kleine und mittlere Unternehmen, Sept. 2000

http://dejure.org

[dejure.org 2002] dejure.org: Gesetze und Rechtsprechung zum europäischen, deutschen und baden-württembergischen Recht, Abruf 19.06.2002

www.
uni-muenster.de/
Jura.itm/hoeren/
materialien/Skript_
Maerz.pdf

[Hoeren 2002] Hoeren, T.: Rechtsfragen im Internet, Skriptum Internet-Recht, Münster 2002, Abruf: 13.05.2002

[Landgericht Hamburg 2001] Landgericht Hamburg: Domain unter Gleichnamigen, in der Zeitschrift für Urheber- und Medienrecht, Recht-sprechungsdienst, ZUM-RD 06/2001

[Landgericht Köln 2001] Landgericht Köln: Verwechselungsgefahr einer Markendomain, in der Zeitschrift für Urheber- und Medienrecht, Rechtsprechungsdienst (ZUM-RD) 6/2001

[Marx, Wenglorz 2001] Marx, C., Wenglorz, G.: Schuldrechtsreform 2002 – das neue Vertragsrecht, Freiburg/Berlin/München 2001

www.netlaw.de

[netlaw.de 2002] netlaw.de: Beiträge, Urteile und Gesetze zum Internet-recht, Markenrecht Wettbewerbsrecht sowie Urheberrecht, Abruf: 23.10.2002

[Oberlandesgericht Köln 2001] Oberlandesgericht Köln: Irreführende Werbung, in der Zeitschrift „Kommunikation & Recht", Heft 2/2001

[Zöller 2002] Zöller: Kommentar zur Zivilprozessordnung, 23. Auflage, Köln 2002

zu Lerneinheit 13

www.abseits.de/
portale.htm

[Abseits.de 2002] Abseits.de: Portale, Abruf: 30.05.2002

www.bmwi.de/text
only/Homepage/
Unternehmen/E-Busi
ness/Handel.jsp

[BMWI 2002] BMWI: E-Business und Handel, Abruf: 17. 05.2002

[BMWI 2002] BMWI: Elektronische Marktplätze, Abruf: 17.05.2002

www.bmwi.de/text
only/Homepage/
Unternehmen/
E-Business/
Marktplaetze.jsp

[Fraunhofer Institut Arbeitswirtschaft und Organisation 1998] Fraunhofer Institut Arbeitswirtschaft und Organisation: Electronic Commerce, Stuttgart, 1998

www.corps-saxonia.
de/seminararbeiten/
bwl/Intermediaere_
B2C.pdf

[Geipel 2000] Geipel, P.: Intermediäre im Internet am Beispiel des B2C E-Commerce, Seminararbeit in der Seminarreihe Marketing und Electronic Commerce, 2000, Abruf: 17.05.2002

[Kollmann 2001] Kollmann, T.: Virtuelle Marktplätze, München 2001

[Kotler et al. 1996] Kotler, P., Armstrong, G., Saunders, J., Wrong, V.: Principles of Marketing: European Edition, London 1996

[Merz 2002] Merz, M.: E-Commerce und E-Business, 2. Auflage, Heidelberg 2002

[Merz 1996] Merz, M.: Elektronische Märkte im Internet, Bonn 1996

www.ovum.com/
go/product/
flyer/EIP.htm

[Ovum 2000] Ovum Studie: „Enterprise Portals: New Strategies for Information Delivery", Juni 2000, Abruf: 23.05.2002

[Schneider, Gerbert 2000] Schneider, D. und Gerbert, P.: E-Shopping – Erfolgsstrategien im E-Commerce, Wiesbaden 1999

[Wirtz 2001] Wirtz, B. W.: Electronic Business, 2. Auflage, Wiesbaden 2001

zu Lerneinheit 14

[BCG 1999] BCG: Die Realität des virtuellen Marktes – E-Commerce Business-to-Consumer in Deutschland, vom Goldrausch zur Goldgewinnung, Dr. Antonella Mei-Pochtler, Boston Consulting Group 1999

[BITKOM 2000] BITKOM: Wege in die Informationsgesellschaft – Status quo und Perspektiven Deutschlands im internationalen Vergleich, Edition 2000

[META Group 2001] META Group: Trends in ausgewählten Branchen, Deutschland 2001, Eine Analyse der META Group Deutschland GmbH

[NFO 2002] NFO: Monitoring Informationswirtschaft, 4. Faktenbericht 2002, NFO Infratest GmbH & Co., im Auftrag des Bundesministerium für Wirtschaft und Technologie

[Wirtz 2001] Wirtz, B. W.: Electronic Business, 2. Auflage, Wiesbaden 2001

[Zellekens 2000] Zellekens, H.-J.: Geschäft ohne Geschäfte?: 5 Jahre Handel im Internet – Eine kritische Bestandsaufnahme, EHI, Köln, 2000 (Fakten, Analysen, Hintergründe aus der empirischen Forschung des EuroHandelsInstituts)

[16] DIE TELES EUROPEAN INTERNET ACADEMY AG (TEIA AG)

Deutschland klagt über den Mangel an IT-Fachkräften. Die Green Card-Aktion holte bislang nur ca. 6.000 von den mindestens benötigten 70.000 IT-Fachkräften ins Land.

Mit seinem Bestseller *Megatrends* wies John Naisbitt bereits in den 70ern auf das Ausbildungsdilemma der hoch entwickelten Wirtschaftsnationen hin – auf den sich verschärfenden Widerspruch zwischen wachsenden Anforderungen an die Ausbildung ihrer Bevölkerungen und sinkenden Aufwendungen, die eben diese Bevölkerungen für ihre Ausbildung zu betreiben bereit sind.

Die Aktualisierung dieser frühen Erkenntnis und ihre Fokussierung auf die IT-Ausbildung auf Hochschulniveau in Deutschland zeigt ein erschreckendes Szenario:

- Einerseits benötigt die deutsche IT-Wirtschaft (IT = Informations- & Telekommunikations-Branchen) zur Steigerung ihrer Produktivität, also um ihre Geschäftstätigkeit deutlich zu beleben, bereits heute und in den kommenden zwei, drei Jahren mehrere Zehntausend von IT-Experten geeigneter und hoher Qualifikation,
- andererseits kann dieses äußerst drängende IT-Erfordernis der Wirtschaft von den deutschen Hochschulen keinesfalls erfüllt werden – was eine sehr ernsthaft Bedrohung des Wirtschaftsstandortes Deutschland zur Folge hat.

Um dem sich weiter verschärfenden Mangel an geeignet qualifizierten Internet-Arbeitskräften kurzfristig und in großer Breite entgegenzuwirken, hat die TELES AG im April 2000 die „TELES European Internet Academy (TEIA)" gegründet.

Während in Europa die Anzahl der auf dem Arbeitsmarkt fehlenden, geeignet qualifizierten Internet-Arbeitskräfte im sechsstelligen Bereich liegt, will die TEIA jährlich eine fünfstellige Rate hochqualifizierter Absolventen erreichen. Sie ist damit die einzige europäische Institution, die eine Internet-Qualifikationsinitiative dieser Größenordnung ergriffen hat.

Das TEIA-Qualifikationsziel des „Mittelstands-Internet-Spezialisten" ist einzigartig: Es ist speziell darauf ausgerichtet, Mittelstandsunternehmen Internet-Spezialisten mit einem solchen Qualifikationsprofil zur Verfügung zu stellen, wie sie es für den kurzfristigen Aufbau und einen wirtschaftlich erfolgreichen Betrieb eigener eCommerce-Anwendungen unbedingt benötigen.

Seit April 2001 gibt es erstmalig in Deutschland einen Online-Studiengang „eBusiness Management". Die Ausbildung an der Online-Akademie TEIA (www.teia.de) funktioniert über WebLearning. Nach 12 Monaten empfohlener Studienzeit mit 35–40 Wochenstunden schließen die Studenten als „TEIA-Bachelor of eBusiness Management" mit einer Präsenz-Prüfung ab. Sie sind ausgebildet, um für Unternehmen Konzept, Aufbau, Betreuung und Kommunikation von Internet-Auftritten zu realisieren und eCommerce-Aktivitäten zu betreuen. Die Ausbildungsinhalte sind von der Staatlichen Zentralstelle für Fernunterricht (ZFU) zertifiziert.

Die WebLearning-Studenten der TEIA lernen u. a. Internet–Kommunikationstechnik (z.B. WebSite-Administration), Internet-Anwendungstechnik (z.B. PHP), Internet-Anwendungen (z.B. spezielle eShops) und Internet-Wirtschaft (z.B. BWL, Marketing, Vertragswesen). Der Studiengang ist mit 12 Qualifikationseinheiten modular angelegt. Der Student erhält Online-Lehrmaterial, macht Online-Tests und schreibt Hausarbeiten, die von Tutoren schriftlich bewertet werden. Außerdem wird er durch ein Learning Management System von Online-Tutoren intensiv unterstützt und motiviert. Nur die Abschlussprüfungen der einzelnen Qualifikationseinheiten sind Präsenzprüfungen in der realen Berliner Akademie. Vorteile des Online-Studiums: Der Student bestimmt sein Lerntempo und die Anzahl der Module selbst. Dadurch kann er auch zwischen nebenberuflichem Teil- und hauptberuflichem Vollzeitstudium wählen, sich mit anderen Studenten in Diskussionsforen austauschen, Lerngruppen bilden und auch für das reale Leben verabreden.

Je schneller man studiert, desto weniger kostet das Studium. Bei der empfohlenen Regelstudienzeit von 12 Monaten zahlt der Student 7.795 Euro. Ein Leistungsbonus reduziert den Preis um 400 Euro, wenn der Student eine Abschlussnote von 1,7 erreicht. Fachliche Voraussetzungen für das Online-Studium werden nicht gefordert. Grundkenntnisse im Umgang mit dem Computer, einem gängigen Betriebssystem und einem Internetbrowser werden empfohlen. Jeder kann sich jederzeit anmelden.

Kontakt für Studenten:
TELES European Internet Academy AG (TEIA AG),
Dovestr. 2–4
D-10587 Berlin
Telefon 030/7 26 298-50
Telefax 030/7 26 298-510
www.teia.de
info@teia.de

16.1 Studiengang

TEIA-Bachelor of eBusiness-Management

Der TEIA-Bachelor of eBusiness-Management ist ein IT-Studiengang, dessen Absolventen einerseits hervorragende Berufsperspektiven auf dem Arbeitsmarkt haben und andererseits den Produktivitätssteigerungs-Bedürfnissen der deutschen Wirtschaft ideal entsprechen.

Das Lehrvolumen ist höher, als es Vordiplome in etwa vergleichbarer Studiengängen an deutschen Hochschulen i.d.R. erfordern. Hinzu kommt noch die deutlich gesteigerte Aussagekraft der entsprechenden TEIA-Zertifikate.

Das strukturelle Skelett dieses TEIA-Studienganges ist die nachfolgende Matrix seiner Qualifikationseinheiten (QE).

Während die Qualifikationsprozesse der TEIA auf individueller Fernausbildung per modernster WebLearning-Plattform und Tutoren-Betreuung beruhen, erfolgt jede Zertifikats-Erteilung per individueller Qualifikationsbestätigung in einer Präsenz-Einzelprüfung der Studenten, und zwar in Form von sowohl Wissens- als auch Praxistests pro Qualifikationseinheit. Die Einhaltung höchster Qualitätsstandards bei Ausbildung und Prüfung gewährleistet die inhaltliche Zuarbeit und Fachaufsicht von international angesehenen Wissenschaftlern und Experten der jeweiligen Fachgebiete.

Die Bewertung des Qualifikationserfolges eines Studenten pro Qualifikationseinheit – und ggf. pro Studiengang – erfolgt wie üblich durch Noten zwischen 0,75 (sehr gut) und 5 (nicht ausreichend).

	Internet- Kommunikationstechnik	Internet- Anwendungstechnik	Internet- Anwendungen & Dienste	Internet- Wirtschaft
Systeme & Dienste PFLICHT	WebSite-Administration & Grundlagen Apache	Anwendungsgrund- lagen Internet & HTML	Mittelstands-Shopsysteme: OPENSTORE & GS ShopBuilder Pro	Marketing für mittel- ständische Unternehmen
Systeme & Dienste WAHL	Installation und Konfiguration von Routern	Macromedia Flash	Intershop 4 ePages	Grundlagen Rechnungs- wesen & DATEV
	Security Systems	PHP	Application Server für mittelständische Unternehmen 1	Projektmanagement und MS Project
	Apache	Adobe GoLive	ePayment & Logistics: Anwendungen & Dienste	eBusiness-Entwicklung für kleine und mittel- ständische Unternehmen
	MS Internet Information Server	Java und Webapplikationen	Content-Verteilung: Anwendungen & Dienste	Warenwirtschaft: Systeme & Dienste für kleine und mittelständische Unter- nehmen
		JavaScript	Application Server für mittelständische Unternehmen 2	WWS für mittel- ständische Unter- nehmen: Lexware & KHK
		Perl & CGI		Grundlagen BWL
		MS Frontpage		
		Webdesign mit Dreamweaver		
		Entwicklung HTML- basierter Websites		
		XML		
		SQL		
		Adobe Photoshop		
Konzepte PFLICHT	Konzepte Internet-Technik	Konzepte Content- Repräsentation & Markup-Sprachen	Konzepte in eCommerce Anwendungen	Vertragswesen für eBusiness
Konzepte WAHL	Konzepte Network Security	Relationale Datenbanken	Kommunikationsdesign	Recht im Internet

Die nachfolgenden Punkte charakterisieren die strukturellen Merkmale des Studienganges für den TEIA-Bachelor of eBusiness Management auf der Grundlage dieser QE-Matrix und auf der Grundlage der Studien- und Prüfungsordnung der TEIA für diesen Studiengang (siehe TEIA-StuPo auf http://www.teia.de).

www.teia.de

- Die Lehrinhalte der vier Spalten der Matrix zeigen, dass die inhaltliche Ausrichtung des Studienganges einerseits die Benutzung der Internet-Technik vollständig erfasst, aber andererseits weit in den betriebswirtschaftlichen Bereich hinein reicht.

- Die starke Praxisorientierung ist aus den vier Zeilen der Matrix ersichtlich: Die bei weitem meisten Lehrinhalte sind den beiden oberen Zeilen zugeordnet, d.h. dem Vertrautwerden mit den konkreten marktüblichen Systemen und Diensten des Berufsalltags eines eBusiness Managers. Dabei ist die Mittelstandsorientierung der TEIA-Ausbildung an der inhaltlichen Ausrichtung der Lehrveranstaltungen in den beiden rechten Spalten deutlich erkennbar.

Aber auch die unbedingte Auseinandersetzung mit den allgemeinen Konzepten, auf denen dieses handwerkliche Instrumentarium beruht, ist in dem Studiengang verankert – wie die Lehrinhalte der beiden unteren Zeilen der Matrix zeigen. Dadurch wird die Zukunftssicherheit des TEIA-Studienganges – und seine Gleichrangigkeit mit universitären Studiengängen – sichergestellt.

- Sowohl der Praxis- als auch der Konzeptteil aller vier Ausbildungssäulen enthält eine Pflicht-QE und mehrere Wahl-QE.

- Alle QE in der Matrix sind, der Gliederung von Hochschul-Semestern entsprechend, in 14 Qualifikationsabschnitte aufgeteilt. Ein Qualifikationsabschnitt einer QE entspricht also dem in einer Woche erzielbaren Lernfortschritt in einer konventionellen Hochschul-Lehrveranstaltung. Dies umfasst in beiden Fällen die Vermittlung neuen Stoffes, seine Verständnistests, die zugehörigen kleineren und größeren Übungsaufgaben und die Hausarbeiten am Ende jedes Abschnitts.

Diese spezielle Ausbildung zum eBusiness Manager entspricht aus einer Vielzahl von Gründen exakt dem Bedarf von Hunderttausenden von Mittelstandsunternehmen: Bei ihnen können die Absolventen dieses Studienganges die Aufgaben des *eBusiness-Beraters* übernehmen, der für ihre erfolgreiche Geschäftsentwicklung in Zukunft ebenso wichtig sein wird, wie es heute bereits ihr Steuerberater ist.

Dieser neue Studiengang ist eine für die aktuellen Bedürfnisse der kleinen und mittleren Unternehmen (KMU) maßgeschneiderte Neuauflage des Studienganges zum Wirtschaftsingenieur, der in den frühen 60er Jahren an einigen deutschen Hochschulen eingeführt wurde und seither bei der Wirtschaft viel Anerkennung gefunden hat.

Die TEIA beansprucht für das Qualitätsniveau ihrer QEs eine absolute Spitzenstellung, national und auch international. D.h.: Absolventen des Studiengangs TEIA-Bachelor of eBusiness-Management mit sehr guten und guten Noten sollten fachlich allen für KMUs geeigneten Unternehmensberatern in Deutschland in fast jeder Hinsicht zweifelsfrei überlegen sein. Für Absolventen einzelner QE sollte sinngemäß das gleiche gelten.

Offensichtlich ist dieser Anspruch auf weithin anerkannte Top-Qualität der TEIA-QE unmittelbar abhängig von der Qualifikation und vom beruflichen Standing der Autoren dieser QEs. Erfreulicherweise ist es der TEIA gelungen, für alle ihre QEs absolut hervorragende deutschsprachige Autoren zu gewinnen und sie sowohl auf das oben beschriebene universitäre Format dafür als auch auf die Mitarbeit an den von uns dafür vorgesehenen Qualitätssicherungsmaßnahmen festzulegen. Um diesen einzigartigen „Glaubwürdigkeits-Bonus" der TEIA – den offensichtlich kein anderer deutscher Bildungsträger für sich beanspruchen kann – öffentlich zur Geltung zu bringen, dokumentiert die TEIA auf ihrer WebSite für jede QE, wer ihr Autor ist und welche wissenschaftlichen und/oder professionellen Meriten ihn auszeichnen.

Eingangsvoraussetzungen sind für das Studium in „virtuellen Hochschulen" wie die TEIA – mit allen ihren Möglichkeiten der Leistungskontrolle, die an konventionellen Hochschulen völlig undenkbar sind – etwas ebenso Sinnvolles wie im täglichen Leben ein Kropf. Um die Sinnlosigkeit, ja die bodenlose Ungerechtigkeit, die aus dieser Forderung resultieren kann, soll ein kleines Beispiel zeigen: Einer der heute leistungsstärksten Software-Entwickler bei der TELES AG wurde von ihr vor Jahren eingestellt, weil er beim Einstellungsgespräch seinen starken Qualifikations-Willen glaubhaft machen konnte. Dabei hat er damals als seine „Eingangsvoraussetzung" den Beruf des Lastwagenfahrers mitgebracht. In die gleiche Richtung geht auch die Feststellung, dass mehrere ausgezeichnete Minister deutscher Bundesregierungen keinerlei Voraussetzung für den Besuch einer Hochschule erfüllten.

Die TEIA-Lehrbuchreihe

Die TELES European Internet Academy will einerseits mit ihrer TEIA-Buchreihe zum eBusiness-Manager ihren Studenten Begleitmaterial für ihr WebLearning-Studium bereitstellen und andererseits auch jenen ihr hochwertiges Qualifikationsangebot zugänglich machen, denen traditionelles Lehrmaterial vertrauter ist als die Methode des WebLearning. Die Lehrinhalte sind von hervorragenden Fachexperten auf den jeweiligen Gebieten erarbeitet, von anerkannten Gutachtern in ihrer Qualität gesichert und von der ZFU (Zentralstelle für Fernunterricht) zertifiziert. Sie sind umfassend in der Aussage, didaktisch durchdacht aufgebaut und auf universitärem Niveau angesiedelt. Sie vermitteln nicht nur das jeweilige Wissen, sondern trainieren auch den Lernenden - bis er damit souverän umgehen kann. Das Buch kann die Möglichkeiten des WebLearning jedoch nur andeuten.

Was hat nun WebLearning, was ein Buch nicht hat?

Kurz: Die Interaktivität. Sie ermöglicht die Kommunikation zwischen den betreuenden Tutoren und Studenten und der Studenten untereinander. Dafür stehen Funktionen wie Helpdesk, moderierte Foren und Chats zur Verfügung. Dazu gehört auch, dass Verständnistests sofort automatisch vom System bewertet und Hausaufgaben umgehend von Tutoren korrigiert werden. Darüber hinaus können die Studenten an interaktiven Elementen Gelerntes trainieren. Interaktivität ermöglicht also effektives Studieren in einem kommunikativen Umfeld – und das bei individueller Wahl von Ort, Zeit und Lerntempo.

Wer ergänzend zum vorliegenden Lehrbuch die entsprechenden WebLearning-Qualifikationseinheit oder das gesamte Studium absolvieren möchte, findet in diesem Buch einen Gutschein zur Verrechnung.

Seite 553

In unserer Lehrbuch-Reihe sind ab 01/2003 folgende Titel lieferbar:

- Konzepte der Internettechnik
- Recht im Internet
- Marketing für mittelständische Unternehmen
- WebSite-Administration & Grundlagen Apache
- Konzepte Content-Repräsentation & Markup-Sprachen
- PHP
- Projektmanagement und MS Project
- Vertragswesen im eBusiness
- Grundlagen Rechnungswesen & DATEV
- Webdesign mitDreamweaver
- MS Frontpage
- Macromedia Flash
- SQL
- Java & Webapplikationen
- US-GAAP & IAS
- Anwendungsgrundlagen Internet & HTML
- Mittelstands-Shopsysteme: OPENSTORE & GS ShopBuilder Pro
- Warenwirtschaft: Systeme & Dienste für kleine und mittelständische Unternehmen

Studienberatung

Unsere Studienberatung steht Ihnen sowohl persönlich als auch telefonisch Montag bis Freitag von 9 Uhr bis 18 Uhr zur Verfügung. Sie gibt Ihnen während unserer Geschäftszeiten jederzeit gern Auskunft zum Studium bei der TEIA. Wünschen Sie eine persönliche Beratung in unserem Haus, bitten wir Sie vorab telefonisch oder per eMail einen Termin zu vereinbaren.

- Sie sind sich noch nicht sicher, ob Sie die richtigen Voraussetzungen zum Studium mitbringen – dann rufen Sie uns an.
- Sie haben Fragen zum inhaltlichen und organisatorischen Ablauf des Studiums – wir geben Ihnen gern Auskunft.
- Sie wollen Einzelheiten zum Bestellvorgang, zum Zahlungsmodell, zum TELES-AusbildungsFörderungsProgramm (TAFöP) oder zur Förderung durch das Arbeitsamt wissen – fragen Sie uns.
- Läuft während des Studiums etwas nicht in Ihrem Sinne – bitte wenden Sie sich an uns.

Die Studienberater der TEIA sind Ihre Gesprächspartner vor Antritt und während des Studiums. Sie werden Ihnen in allen Situationen, die außerhalb der fachlichen Betreuung der Kurse auftreten können, zur Seite stehen und beim Studienablauf Ihre individuellen Bedürfnisse berücksichtigen.

Telefon: (030) 726 298-515
eMail: info@teia.de

Kostenloses Probestudium

www.teia.de

14 Tage lang <u>kostenlos studieren</u>. Testen Sie eine Qualifikationseinheit Ihrer Wahl aus dem TEIA-Kursangebot. Genießen Sie den vollen Zugriff auf über 20 Stunden Lehrstoff aus 3 vollständigen Lerneinheiten (ohne Hausaufgabenbewertung). Ihr Extra-Bonus: Bereits während Ihres Schnupperstudiums steht Ihnen Ihre persönliche Tutorenbetreuung in vollem Umfang zur Verfügung - und das täglich von 9 – 22 Uhr, auch am Wochenende!

16.2 Gebühren und Förderungen

Zahlungsmodell

Einzelpreise unserer Leistungen

Preis pro Qualifikationseinheit zum eBusiness Management 745,– €
Wiederholungskurs   385,– €
Preis pro Qualifikationseinheit des VIP-Program   1.490,– €

Zahlungsmodell zum „TEIA-Bachelor of eBusiness Management"

Für die Studenten des kompletten TEIA-Bachelor-Studienganges gelten Sonderkonditionen, die sich an der in Anspruch genommenen Studienzeit* und darüber hinaus an der Abschlussnote orientieren.

Eine langfristige vertragliche Bindung ist nicht erforderlich. Die Qualifikationseinheiten (QE) können einzeln gebucht werden. Das zügige Absolvieren der QE bis zum Abschluss des Studienganges wird belohnt.

Im Rahmen der Absolvierung des TEIA-Bachelor-Studiengangs kommen Sie generell in den Genuss des Mengenrabattes: Nach Buchung von jeweils zehn QE – ausgenommen Wiederholungs-QE – gibt es eine elfte QE gratis. Wird eine Studienzeit von 18 Monaten nicht überschritten, kommen Sie außerdem in den Genuss eines Zeitrabatts. Dieser Rabatt steigt mit sinkender Studienzeit. Auch die Kosten für die Gesamt-Abschlussprüfung sind abhängig von der Studienzeit. Darüber hinaus erhalten Sie bei einer Gesamtabschlussnote von mindestens 1,7 einen zusätzlichen Leistungsbonus i.H.v. € 400,00 in Form einer Gutschrift. Auf diese Weise werden wirtschaftliche Anreize für den schnellen und erfolgreichen Abschluss des „TEIA-Bachelor of eBusiness Management" geschaffen.

Das Studium bei der TEIA ist so konzipiert, dass der Studiengang im Mittel in der empfohlenen Studienzeit von 12 Monaten erfolgreich absolviert werden kann.

Bei Nichtbestehen der Prüfung sind bis zu 2 Wiederholungen kostenfrei möglich. Danach wird die Buchung eines Wiederholungskurses notwendig. Dieser ist um 50 % ermäßigt.

Das Studium bei der TEIA ist so konzipiert, dass der Studiengang im Mittel in der empfohlenen Studienzeit von 12 Monaten erfolgreich absolviert werden kann.

TEIA Bachelor of eBusiness Management	Kosten bei einer Studienzeit* von		
	max. 12 Monaten	max. 18 Monaten	über 18 Monaten
Preis pro QE	745,00	745,00	745,00
Preis für 12 QE	8.940,00	8.940,00	8.940,00
Gesamt-Abschlussprüfung	inkl.	190,00	385,00
Mengenrabatt	745,00	745,00	745,00
Zeitbonus	400,00	200,00	---
Leistungsbonus bei Abschlussnote von mindestens 1,7	400,00	400,00	400,00
Gesamtkosten inkl. Mengenrabatt, Zeitbonus und Leistungsbonus	**7.395,00**	**7.785,00**	**8.180,00**

* Studienzeit im Sinne des Zahlungsmodells bedeutet: Erfolgreicher Abschluss von zwölf Qualifikationseinheiten aus dem QE-Angebot des Studienganges inkl. der Vereinbarung eines Termins für die Gesamt-Abschlussprüfung, es sei denn, der Student fährt mit der Ausbildung fort, indem er weitere Wahl-QE des „TEIA-Bachelor"-Angebotes belegt. Der bis dahin erworbene Anspruch auf Boni und Rabatte bleibt in diesem Fall erhalten (siehe Tabelle).

Bei Nichtbestehen der Prüfung sind bis zu 2 Wiederholungen kostenfrei möglich. Danach wird die Buchung eines Wiederholungskurses notwendig. Dieser ist um 50 % ermäßigt.

Das „TELES-Ausbildungs-Förderungs-Programm" (TAFöP)

Die TELES AG legt zur Unterstützung der Berufsqualifikations-Aktivitäten ihres Tochterunternehmens „TELES European Internet Academy (TEIA)" ein Ausbildungsförderungsprogramm, das sogenannte TAFöP, auf.

Die Klangähnlichkeit mit dem bekannten Akronym „BAFöG" (Bundes-Ausbildungsförderungsgesetz) ist durchaus beabsichtigt – dienen doch beide ähnlichen Zielen. Das TAFöP will besser zielführend wirken. Deshalb werden im Rahmen des TAFöP Mengen-, Zeit- und Leistungsboni gewährt.

An wen richtet sich das TAFöP?

Die TEIA bietet mit ihrem Studiengang „TEIA-Bachelor of eBusiness Management" einen auf die Bedürfnisse des Arbeitsmarktes optimierten und sehr schlanken Studiengang an, der es Ihnen ermöglicht, sich in einem Jahr zum eBusiness Manager zu qualifizieren. Der nachhaltig hohe Bedarf des Arbeitsmarktes an Fachkräften dieses Profils ist von Industrieverbänden und staatlichen Einrichtungen wiederholt dargestellt und in den Medien diskutiert worden. Fehlende finanzielle Möglichkeiten verhindern jedoch bei vielen potentiellen Studenten eine zügige marktgerechte Berufsqualifikation.

Mit dem TAFöP bieten wir die Möglichkeit, diese attraktive Qualifikation ohne hohe finanzielle Anfangsinvestition zu erlangen. Das TAFöP ermöglicht:

- die sofortige Teilnahme an den Qualifikationseinheiten (QE) der TEIA und
- die Zahlung der Teilnahmegebühr in kleinen monatlichen Raten.

Zur Inanspruchnahme des TAFöP sind Sicherheiten nicht erforderlich. Ihre Unterschrift genügt. Mit dem TAFöP bieten wir Ihnen einen unkomplizierten und günstigen Weg in eine vielversprechende berufliche Perspektive, vor allem bei erfolgreicher und zügiger Bearbeitung der Qualifikationseinheiten.

Das TAFöP bietet Ihnen:

- feste Tilgungsraten von 100 Euro monatlich über die gesamte Laufzeit
- Mengenrabatt, Leistungsbonus und Zeitbonus

Wer kann das TAFöP in Anspruch nehmen ?

Grundsätzlich kann jeder Student aus dem deutschsprachigen Raum das TAFöP in Anspruch nehmen, unabhängig davon, ob er beabsichtigt, den kompletten Studiengang zum „TEIA-Bachelor of eBusiness Management" oder nur einzelne Qualifikationseinheiten zu absolvieren. Für die Inanspruchnahme des TAFöP gibt es keine besonderen Voraussetzungen. Auch wenn Sie bereits mit dem „TEIA-Bachelor"-Studiengang zum „eBusiness Manager" begonnen und erste Qualifikationseinheiten absolviert haben, können Sie Ihr Studium als „TAFöP- Student" fortsetzen. Diese Entscheidung müssen Sie uns lediglich bei der Buchung weiterer Qualifikationseinheiten mitteilen.

Für die erste QE kann grundsätzlich TAFöP in Anspruch genommen werden. Allerdings ist die Gewährung des TAFöP für weitere QE an ein Leistungskriterium gebunden: Sie müssen die vorangegangene Qualifikationseinheit mindestens mit der Note 2,5 abschließen. Das lässt sich durchaus erreichen, denn die Prüfungen zu den Qualifikationseinheiten können beliebig oft wiederholt werden (bis zu zwei Wiederholungen sind kostenlos). Um das TAFöP für die nächste Qualifikationseinheit in Anspruch nehmen zu können, ist es also ratsam, den jeweiligen Lernstoff so lange zu bearbeiten, bis Sie dieses Leistungskriterium erfüllen. Und in Ihrem eigenen Interesse ist es sowieso, denn Sie möchten ja einen guten Abschluss erzielen.

Wollen Sie zwischendurch auf die Inanspruchnahme des TAFöP verzichten – aus welchen Gründen auch immer – so können Sie nach Absolvierung der nächsten QE mit einer Note von mindestens 2,5 das TAFöP wieder in Anspruch nehmen.

Wie funktioniert das TAFöP?

Das Finanzierungsmodell des TAFöP sieht für die Bezahlung jeder einzelnen QE grundsätzlich acht monatliche Tilgungsschritte in Höhe von € 100,– vor. Der Teilzahlungspreis einer QE beträgt also € 800,–. Die Differenz zum Preis bei Einmalzahlung in Höhe von € 55,– entspricht einem Zinssatz von 1% bis 11,07% p.a., durchschnittlich also 6,03% p.a., je nachdem wie viele QEs Sie buchen. Bei Buchung von 12 QE zahlen Sie – aufgrund des Mengenrabatts – nur 11 QE und damit maximal € 605,– Zinsen bei einer Ratenzahlungsdauer von 88 Monaten. Grundsätzlich gilt: Die Tilgung einer neu gebuchten QE wird so lange ausgesetzt, bis Sie die letzte Rate aller vorher gebuchten QE bezahlt haben. Zusätzliche laufzeitabhängige Zinsen fallen nicht an. Sie zahlen kontinuierlich monatlich € 100,– bis die letzte QE bezahlt ist. Darüber hinaus gewähren wir Ihnen folgende Boni:

- Nach 10 bestellten Qualifikationseinheiten erhalten Sie die 11. QE gratis.
- Bei Abschluss von 12 Qualifikationseinheiten innerhalb von 12 Monaten erhalten Sie zusätzlich eine Gutschrift in Höhe von € 400,–.
- Bei Abschluss des Studiengangs (mind. 12 QE) mit einer Gesamtabschlussnote von 1,7 oder besser erhalten Sie zusätzlich eine Gutschrift von € 400,–.

Bei Erreichen der Leistungen, die den Leistungs- und den Zeitbonus auslösen, erhalten Sie insgesamt € 800,– gutgeschrieben und haben damit durch das Ratenzahlungsmodell TAFöP eine 0%- Finanzierung erlangt.

Wie bucht man TAFöP-finanzierte QE?

Qualifikationseinheiten, die nach dem TAFöP-Modell finanziert werden sollen, können zur Zeit noch nicht online gebucht werden. Bitte senden Sie Ihre Anmeldung formlos an unsere Studienberater: teia-customer-care@teia.de

Sie erhalten dann umgehend per E-Mail das TAFöP-Bestellformular. Dieses füllen Sie bitte vollständig aus, unterschreiben es und schicken es per Post oder per Fax an uns zurück. Bei Buchungen mit Inanspruchnahme des TAFöP benötigen wir grundsätzlich eine Einzugsermächtigung von Ihnen, die Sie uns bitte ebenfalls auf dem Bestellformular erteilen. Sie erhalten nach Eingang der Bestellung von uns eine Auftragsbestätigung, aus der Sie die Fälligkeit Ihrer Raten ersehen können.

Abgesehen von der ersten Bestellung einer QE ist jede weitere Bestellung im Rahmen des TAFöP davon abhängig, dass Sie die jeweils vorhergehende QE mit einer Gesamtnote von mindestens 2,5 bestanden haben. Erst zu diesem Zeitpunkt können Bestellungen für die nächste QE im Rahmen des TAFöP verbindlich angenommen werden.

Bei Fragen zum TAFöP können Sie sich gerne telefonisch an die TEIA-Studienberater wenden:

Telefon: (030) 726 298 -515

Förderung durch das Arbeitsamt (SGB III)

Jahresmaßnahme zum „eBusiness Manager"

Die TEIA – TELES European Internet Academy AG – hat zur Deckung des Fachkräftebedarfs für den Bereich eBusiness eine geeignete Jahresmaßnahme konzipiert, die die vom Mittelstand benötigten, umfassend ausgebildeten eBusiness-Allrounder hervorbringt.

Die Ausbildung zum „eBusiness Manager" enthält qualitativ hochwertige, umfangreiche Qualifikationseinheiten (QE), die alle wichtigen Themen wie Internet-Kommunikationstechnik, Internet-Anwendungstechnik, Internet-Anwendungen und Internet-Wirtschaft behandeln. Jede Qualifikationseinheit enthält für ca. 150 Stunden Lehrmaterial, welches ergänzt wird durch Übungen, Verständnistests, Hausarbeiten und fachliche Diskussionsforen.

Die Absolventen erwerben durch die Ausbildung technische und betriebswirtschaftliche Kenntnisse, die sie befähigen, vorzugsweise kleine und mittlere Unternehmen professionell bei ihren eBusiness-Aktivitäten zu beraten. Sie lösen konzeptionelle, organisatorische, technische, betriebswirtschaftliche und rechtliche Fragen bei der Realisierung von eBusiness-Modellen. Von der Konzeption des Internetauftritts über die Durchführung von Marktanalysen bis zur Einrichtung eines eShops begleiten Sie den Prozess der Entwicklung der eBusiness-Aktivitäten bis zur vollständigen Realisierung und ggfs. darüber hinaus. Sie können auf diese Weise kleinen und mittleren Unternehmen neue Geschäftsmodelle eröffnen, damit zu deren wirtschaftlicher Entwicklung beitragen und sich selbst und anderen einen attraktiven, zukunftssicheren Arbeitsplatz schaffen und erhalten.

Die zwölfmonatige Weiterbildungsmaßnahme „eBusiness Manager" setzt sich aus folgenden zehn Qualifikationseinheiten zusammen:

1. Anwendungsgrundlagen des Internets & HTML
2. Marketing für mittelständische Unternehmen
3. WebSite Administration & Grundlagen Apache
4. Projektmanagement & MS Project
5. Vertragswesen für eBusiness
6. Konzepte der Internettechnik
7. PHP
8. Konzepte in eCommerce-Anwendungen
9. Konzepte Content-Repräsentation & Markup-Sprachen
10. Mittelstands-Shop-Systeme

Aufbau der Qualifikationseinheiten

Jede einzelne Qualifikationseinheit ist in 14 Abschnitte unterteilt, die zu Hause am Computer selbstständig bearbeitet werden. Der Zugriff erfolgt über die TEIA-Lernplattform (Learning Management System). Am Ende eines jeden Abschnitts wird ein vom Learning Management System generierter Verständnistest absolviert, der online sofort bewertet wird. Dadurch rekapitulieren die Teilnehmer ihre neuen Kenntnisse und werden gleichzeitig über ihr aktuelles Leistungsniveau informiert. Der Verständnistest kann beliebig oft wiederholt werden, da das System den Teilnehmern immer wieder neue Fragekombinationen stellt. Wenn die Teilnehmer die erforderliche Anzahl an Verständnistestfragen richtig beantwortet haben, erhalten sie Zugriff auf die zum Abschnitt gehörende Hausarbeit, die sie nach schriftlicher Bearbeitung an Ihren Tutor zurücksenden. Die Bewertung und Kommentierung der Hausarbeit erfolgt durch den fachlich zuständigen Tutor. Nach der erfolgreichen Bearbeitung aller 14 Abschnitte der Qualifikationseinheit erhalten die Teilnehmer Zugriff auf den Gesamtverständnistest, nach dessen Bestehen sie zur Präsenzprüfung zugelassen werden.

Zeitlicher Ablauf, Prüfungen, Zertifikat, Reisekosten

Die Maßnahme kann, da sie online erfolgt, jederzeit begonnen werden. Für die Bearbeitung einer Qualifikationseinheit haben die Teilnehmer einen Monat Zeit. Jeder Teilnehmer hat Anspruch auf 4 Wochen Urlaub, der mit dem Bildungsträger abgestimmt werden muss.

Jede QE wird mit einer Präsenzprüfung in den Prüfungsräumen der TEIA in Berlin abgeschlossen und kann bis 6 Monate nach der ersten Freischaltung zur jeweiligen QE absolviert werden. Nicht bestandene Prüfungen können zweimal wiederholt werden. Eine Bündelung von mehreren Prüfungen zu einem Termin in Berlin ist möglich. Die TEIA unterstützt Sie auf Wunsch bei der Suche nach preiswerten Übernachtungsmöglichkeiten in Berlin. Bitte beantragen Sie die dafür erforderlichen Reisekosten bei Ihrem zuständigen Arbeitsamt.

Die Teilnehmer erhalten nach erfolgreichem Abschluss jeder einzelnen QE ein aussagekräftiges Zertifikat, in dem die erworbenen Kenntnisse detailliert aufgeführt werden. Für den erfolgreichen Abschluss der Gesamtmaßnahme ist die erfolgreiche Absolvierung aller zehn QE erforderlich. Im Anschluss findet eine Abschlussprüfung zur Erlangung des Abschlusszertifikats zum „ebusiness Manager" in Berlin statt. Hierzu stehen dem Teilnehmer über den o.g. Urlaubsanspruch hinaus zusätzlich 4 Wochen Prüfungsvorbereitungszeit zur Verfügung.

Online-Betreuung und Diskussionsforum

Die Teilnehmer werden während der Maßnahme täglich (auch am Wochenende) in der Zeit von 9–22 Uhr von unseren Online-Tutoren fachlich betreut. Vor Beginn der Maßnahme erhält jeder Teilnehmer seinen individuellen Maßnahmeplan, dem der zeitliche Ablauf der Qualifikations-einheit zu entnehmen ist.

Während der Maßnahme sind die Teilnehmer einer virtuellen Lerngruppe zugeordnet. Orts- und zeitunabhängig können sie sich mit anderen Teilnehmern in Diskussionsforen über Ausbildungs-themen austauschen. Die Diskussionsforen werden von erfahrenen Tutoren fachlich betreut und stehen allen Lerngruppenmitgliedern auch außerhalb der Betreuungszeiten offen.

Teilnahmevoraussetzungen:

- Nachweis guter Kenntnisse im Umgang mit dem Internet durch die erfolgreiche Absolvierung des TEIA-Web-Qualifikationsnachweises (kostenlos)
- Berufserfahrung im kaufmännischen oder technischen Bereich
- PC mit Internetzugang sowie eigene E-Mail-Adresse
- Erfolgswille sowie ein hohes Maß an Leistungsbereitschaft und Disziplin
- Die Fähigkeit, einen Arbeitstag selbständig zu strukturieren
- Die Bereitschaft, auch an Wochenenden zu lernen, falls die Wiederholung von Verständnistests oder Hausarbeiten nötig sein sollte

Die Kosten für die Maßnahme enthalten:

Die Gesamtkosten für die Jahresmaßnahme belaufen sich auf € 8.822,- (die Zahlung erfolgt in 10 Raten entsprechend der Einzelkurspreise) und enthalten:

■ Zugang zu den Online-Qualifikationseinheiten und Diskussionsforen auf dem TEIA-Learning-Management-System

■ Betreuung durch Online-Tutoren von 9–22 Uhr täglich (auch am Wochenende)

■ Vorlesungsskripte zu allen Qualifikationseinheiten

■ Software, die zur Bearbeitung der Qualifikationseinheiten benötigt wird (OPENSTORE, GS Shopbuilder, MS Project, MS Excel)

■ Webspace

■ Monatliche Erstattung einer Online-Gebührenpauschale in Höhe von € 50,60

Für die Jahresmaßnahme kann Förderung nach SGB III in Anspruch genommen werden.

Die Maßnahmenummer lautet: 011 0517 02.

Beratung und Anmeldung:

TEIA AG, TELES European Internet Academy,
Dovestr. 2–4
10587 Berlin
Telefon (030) 726 298-515
Fax (030) 726 298-510
info@teia.de
www.teia.de

Förderung durch das Arbeitsamt (SGB III)

Einzelkurse zu eBusiness- und Internet-Know-how

Die TEIA – TELES European Internet Academy AG – hat zur Deckung des Fachkräftebedarfs für den Bereich eBusiness 12 verschiedene Qualifikationseinheiten zusammengestellt, die das vom Mittelstand dringend benötigte eBusiness- und Internet-Know-how vermitteln.

Die qualitativ hochwertigen und umfangreichen Einzelkurse behandeln alle wichtigen Themen wie Internet-Kommunikationstechnik, Internet-Anwendungstechnik, Internet-Anwendungen und Internet-Wirtschaft. Jede QE enthält für ca. 150 Stunden Lehrmaterial, welches ergänzt wird durch Übungen, Verständnistests, Hausarbeiten und fachliche Diskussionsforen.

Die Absolventen können durch Einzelkurse oder individuell zusammengestellte Maßnahmen aus Einzelkursen ihr technisches und betriebswirtschaftliches Know-how ergänzen. Ziel der profilgerechten Qualifikationsergänzung ist es, die Befähigung aufzubauen im Bereich eBusiness tätig zu werden sowie vorzugsweise kleine und mittlere Unternehmen professionell bei ihren eBusiness-Aktivitäten zu beraten. Abhängig von der Auswahl der Einzelkurse können Sie konzeptionelle, organisatorische, technische, betriebswirtschaftliche und rechtliche Fragen bei der Realisierung von eBusiness-Modellen lösen. Von der Konzeption des Internetauftritts über die Durchführung von Marktanalysen bis zur Einrichtung eines eShops werden die Absolventen den Prozess der Entwicklung der eBusiness-Aktivitäten bis zur vollständigen Realisierung und ggfs. darüber hinaus begleiten. Sie können auf diese Weise kleinen und mittleren Unternehmen neue Geschäftsmodelle eröffnen, damit zu deren wirtschaftlicher Entwicklung beitragen und sich selbst und anderen einen attraktiven, zukunftssicheren Arbeitsplatz schaffen und erhalten.

Die ein- bzw. mehrmonatige Weiterbildungsmaßnahme kann abhängig von den bereits vorhandenen Kenntnissen aus folgenden zwölf Qualifikationseinheiten individuell zusammengesetzt werden:

1. Anwendungsgrundlagen des Internets & HTML
2. Marketing für mittelständische Unternehmen
3. WebSite Administration & Grundlagen Apache
4. Projektmanagement & MS Project
5. Vertragswesen für eBusiness
6. Konzepte der Internettechnik
7. PHP
8. Konzepte in eCommerce-Anwendungen
9. Konzepte Content-Repräsentation & Markup-Sprachen
10. Mittelstands-Shop-Systeme
11. Adobe GoLive
12. Recht im Internet

Aufbau der Qualifikationseinheiten

Jede einzelne Qualifikationseinheit ist in 14 Abschnitte unterteilt, die zu Hause am Computer selbstständig bearbeitet werden. Der Zugriff erfolgt über die TEIA-Lernplattform (Learning Management System). Am Ende eines jeden Abschnitts wird ein vom Learning Management System generierter Verständnistest absolviert, der online sofort bewertet wird. Dadurch rekapitulieren die Teilnehmer ihre neuen Kenntnisse und werden gleichzeitig über ihr aktuelles Leistungsniveau informiert. Der Verständnistest kann beliebig oft wiederholt werden, da das System den Teilnehmern immer wieder neue Fragekombinationen stellt. Wenn die Teilnehmer die erforderliche Anzahl an Verständnistestfragen richtig beantwortet haben, erhalten sie Zugriff auf die zum Abschnitt gehörende Hausarbeit, die sie nach schriftlicher Bearbeitung an Ihren Tutor zurücksenden. Die Bewertung und Kommentierung der Hausarbeit erfolgt durch den fachlich zuständigen Tutor. Nach der erfolgreichen Bearbeitung aller 14 Abschnitte der Qualifikationseinheit erhalten die Teilnehmer Zugriff auf den Gesamtverständnistest, nach dessen Bestehen sie zur Präsenzprüfung zugelassen werden.

Zeitlicher Ablauf, Prüfungen, Zertifikat, Reisekosten

Die Einzelkursmaßnahme kann, da sie online erfolgt, jederzeit begonnen werden. Die Dauer einer individuell zusammengestellten Maßnahme hängt von der Anzahl der ausgewählten Einzelkurse ab. Für jeden Einzelkurs beträgt die vorgesehene Lerndauer einen Monat.

Jede QE wird mit einer Präsenzprüfung in den Prüfungsräumen der TEIA in Berlin abgeschlossen und kann bis 6 Monate nach der ersten Freischaltung zur jeweiligen QE absolviert werden. Nicht bestandene Prüfungen können zweimal wiederholt werden. Besteht die Maßnahme aus mehreren Einzelkursen, so besteht die Möglichkeit, mehrere Prüfungstermine zu einem Termin zusammenzulegen. Die TEIA unterstützt Sie auf Wunsch bei der Suche nach preiswerten Übernachtungsmöglichkeiten in Berlin. Bitte beantragen Sie die dafür erforderlichen Reisekosten bei Ihrem zuständigen Arbeitsamt. Die Teilnehmer erhalten nach erfolgreichem Abschluss jeder einzelnen QE ein aussagekräftiges Zertifikat, in dem die erworbenen Kenntnisse detailliert aufgeführt werden. Eine gesonderte Abschlussprüfung erfolgt darüber hinaus nicht.

Online-Betreuung und Diskussionsforum

Die Teilnehmer werden während der Maßnahme täglich (auch am Wochenende) in der Zeit von 9–22 Uhr von unseren Online-Tutoren fachlich betreut. Zum Start jeder Qualifikationseinheit erhält der Teilnehmer einen individuellen Zeitplan, der den zeitlichen Ablauf und die Bearbeitung jeder einzelnen QE detailliert beschreibt.

Während der Maßnahme sind die Teilnehmer einer virtuellen Lerngruppe zugeordnet. Orts- und zeitunabhängig können sie sich mit anderen Teilnehmern in Diskussionsforen über Ausbildungsthemen austauschen. Die Diskussionsforen werden von erfahrenen Tutoren fachlich betreut und stehen allen Lerngruppenmitgliedern auch außerhalb der Betreuungszeiten offen.

Teilnahmevoraussetzungen:

Nachweis guter Kenntnisse im Umgang mit dem Internet durch die erfolgreiche Absolvierung des TEIA-Web-Qualifikationsnachweises (kostenlos)

- Berufserfahrung im kaufmännischen oder technischen Bereich
- PC mit Internetzugang sowie eigene E-Mail-Adresse
- Erfolgswille sowie ein hohes Maß an Leistungsbereitschaft und Disziplin
- Die Fähigkeit, einen Arbeitstag selbständig zu strukturieren
- Die Bereitschaft, auch an Wochenenden zu lernen, falls die Wiederholung von Verständnistests oder Hausarbeiten nötig sein sollte.

Die Qualifikationseinheiten 1 bis 10 enthalten:

- Zugang zu den Online-Qualifikationseinheiten und Diskussionsforen auf dem TEIA-Learning-Management-System
- Betreuung durch Online-Tutoren von 9–22 Uhr täglich (auch am Wochenende)
- Vorlesungsskripte zu allen Qualifikationseinheiten
- Software, die zur Bearbeitung der Qualifikationseinheiten benötigt wird (OPENSTORE, GS Shopbuilder, MS Project, MS Excel)
- Webspace
- Monatliche Erstattung einer Online-Gebührenpauschale in Höhe von € 50,60

Die Qualifikationseinheiten 11 und 12 enthalten:

- Zugang zu den Online-Qualifikationseinheiten und Diskussionsforen auf dem TEIA-Learning-Management-System
- Betreuung durch Online-Tutoren von 9–22 Uhr täglich (auch am Wochenende)

Maßnahmenummern:

Für Einzelkurse oder individuell zusammengestellte Maßnahmen aus Einzelkursen kann unter Angabe der Maßnahmenummer(n) Förderung nach SGB III in Anspruch genommen werden.

Für die QE 1 bis 10 lautet die jeweilige Maßnahmenummer 011 0517 02.

Für die QE 11 lautet die Maßnahmenummer 011 0515 02.

Für die QE 12 lautet die Maßnahmenummer 011 0511 02.

Kosten:

Kurs 01: Anwendungsgrundlagen des Internets & HTML 1
(Preis € 865,45)

Kurs 02: Marketing für mittelständische Unternehmen
(Preis € 855,55)

Kurs 03: WebSite Administration & Grundlagen Apache
(Preis € 885,45)

Kurs 04: Projektmanagement & MS Project (Preis € 938,72)

Kurs 05: Vertragswesen für eBusiness (Preis € 865,55)

Kurs 06: Konzepte der Internettechnik (Preis € 865,55)

Kurs 07: PHP (Preis € 865,45)

Kurs 08: Konzepte in eCommerce-Anwendungen (Preis € 865,55)

Kurs 09: Konzepte Content-Repräsentation & Markup-Sprachen
(Preis € 865,55)

Kurs 10: Mittelstands-Shop-Systeme (Preis € 949,53)

Kurs 11: Adobe GoLive (Preis € 745)

Kurs 12: Recht im Internet (Preis € 745)

Beratung und Anmeldung:

TEIA AG TELES European Internet Academy,
Dovestr. 2–4
10587 Berlin
Telefon (030) 726 298-515
Fax (030) 726 298-510
info@teia.de
www.teia.de

[SPC TEIA LEHRBUCH VERLAG]

TEIA-Lehrbuchreihe zum eBusiness Manager

*Gutschein** über* **25€**

für eine Qualifikationseinheit der
TELES European Internet Academy.

Gutschein über **25€**

An die
Teles European Internet Academy
Dovestraße 2–4
10587 Berlin

Name
. . . .

Adresse
. . . .

. . . .

. . . .

. . . .

Ich möchte diesen Gutschein für die Qualifikationseinheit

. . . .

. . . .

gutschreiben lassen.

**SPC TEIA
LEHRBUCH
VERLAG**